지리산의 문화와 장소정체성

지리산의 문화와 장소정체성

국립순천대 · 국립경상대
인문한국(HK) 지리산권문화연구단 엮음

 도서출판 선인

| 발간사 |

    국립순천대학교 지리산권문화연구원과 국립경상대학교 경남문화연구원은 2007년에 컨소시엄을 구성하고 '지리산권 문화 연구'라는 아젠다로 한국연구재단의 인문한국(HK) 지원 사업에 신청하여 선정되었습니다.

    인문한국 지리산권문화연구단은 지리산과 인접하고 있는 10개 시군을 대상으로 문학, 역사, 철학, 생태 등 다양한 방면의 연구를 목표로 하였습니다. 이에 따라 연구단을 이상사회 연구팀, 지식인상 연구팀, 생태와 지리 연구팀, 문화콘텐츠 개발팀으로 구성하였습니다. 이상사회팀은 지리산권의 문학과 이상향·문화사와 이상사회론·사상과 이상사회의 세부과제를 설정하였고, 지식인상 연구팀은 지리산권의 지식인의 사상·문학·실천에 관한 연구를 진행하였습니다. 그리고 생태와 지리 연구팀은 지리산권의 자연생태·인문지리·동아시아 명산문화에 관해 연구하고, 문화콘텐츠 개발팀은 세 팀의 연구 성과를 DB로 구축하여 지리산권의 문화정보와 휴양정보망을 구축하였습니다.

    본 연구단은 2007년부터 아젠다를 수행하기 위해 매년 4차례 이상의 학술대회를 개최하고, 학술세미나·초청강연·콜로키움 등 다양한 학술활동을 통해 '지리산인문학'이라는 새로운 학문영역을 개척하였습니다. 또한 중국·일본·베트남과 학술교류협정을 맺고 '동아시아산악문화연구회'를 창립하여 매년 국제학술대회를 개최하였습니다. 그 과정에서 자료총서 27권, 연구총서 9권, 번역총서 5권, 교양총서 8권, 마을총서 1권 등 총 50여 권의 지리산인문학 서적을 발간한 바 있습니다.

이제 지난 8년간의 연구성과를 집대성하고 새로운 연구방향을 개척하기 위해 지리산인문학대전으로서 기초자료 10권, 토대연구 10권, 심화연구 10권을 출판하기로 하였습니다. 기초자료는 기존에 발간한 자료총서 가운데 연구가치가 높은 것과 새롭게 보충되어야 할 분야를 엄선하여 구성하였고, 토대연구는 지리산권의 이상향·유학사상·불교문화·인물·신앙과 풍수·저항운동·문학·장소정체성·생태적 가치·세계유산적 가치 등 10개 분야로 나누고 관련 분야의 우수한 논문들을 수록하기로 하였습니다. 그리고 심화연구는 지리산인문학을 정립할 수 있는 연구와 지리산인문학사전 등을 담아내기로 하였습니다.

지금까지 연구단은 지리산인문학의 정립과 우리나라 명산문화의 세계화를 위해 혼신의 힘을 다해왔습니다. 하지만 심화 연구와 연구 성과의 확산에 있어서 아쉬운 점도 없지 않았습니다. 이번 지리산인문학대전의 발간을 통해 그 아쉬움을 만회하고자 합니다. 우리 연구원 선생님의 노고가 담긴 이 책을 통해 독자 여러분들이 지리산인문학에 젖어드는 계기가 되리라 기대합니다.

끝으로 이 책이 출간되기까지 수고해주신 본 연구단 일반연구원 선생님들, HK연구원 선생님들, 그리고 외부에서 참여해주신 필자선생님들께 깊이 감사드립니다. 또한 이 자리를 빌어 이러한 방대한 연구활동이 가능하도록 재정적 지원을 해주신 정민근 한국재단이사장님, 송영무 순천대 총장님과 권순기 경상대 총장님께도 고맙다는 말씀을 드립니다.

2015년 10월

국립순천대·국립경상대 인문한국(HK) 지리산권문화연구단

단장 강성호, 부단장 윤호진

    예부터 지리산은 三神山의 하나인 方丈山으로 일컬어졌으며, 신라시대에는 나라를 鎭護하는 南岳으로 中祀에 올랐다. 神仙과 不死藥, 그리고 나라의 환란을 통어하는 권능성 등으로 지리산은 神山으로 인식되었다. 더불어 조선시대에는 여러 유학자들이 심성을 수양하는 수신처이자, 민중들이 기복을 비손하던 산신 신앙의 제장이었다. 지리산은 신산이면서도 천지의 이치와 운행, 그리고 삶의 희원을 현시하는 聖山으로 인식되었던 것이다.

    근대 이후 지리산의 고봉연산과 대삼림은 식물학과 위생담론 등 근대적 지식 체계와 담론에 의해 재-현(re-presented)되며 지리산에는 제국대학의 연습림과 '선교사 휴양촌'이 조성되었다. 이에 따라 지리산은 천혜의 생태계와 자연경관, 명승고적을 두루 갖춘 관광 명소로 인식되었다. 1930년대 후반 전라남도·경상남도의 타당성 조사와 실지답사까지 진행된 지리산 국립공원화는 일종의 투어리즘(tourism)의 후광을 얻어 추진된 상징적인 사례라고 할 수 있다. 한편, 1920년대 후반부터 대두된 알피니즘(alpinism)으로 인해 지리산은 '남선 알프스'라 호명되며 피켈(pickel)을 든 '勇士'들을 위한 정복의 戰場이 되었다. 뭇사람의 삿된 접근으로부터 지리산을 비호하던 신성한 아우라는 점차 약화되어 1930년대에 이르러서는 투어리즘과 알피니즘이 그 자리를 대체하였던 것이다. 그리고 1967년 국립공원 제1호로 지정된 이후, 오늘날 지리산은 연간 300여만 명이 찾는 곳이 되었으며, 지리산 종주는 '20대나 30대에 꼭 해야 할' 혹은 '죽기 전에 꼭 해야 할' 목록 중 하나가 되었다. 웰빙(well-being)과 힐링(healing), 관광과 등산 등 그 목적은 다양하다. 이처럼 지리산은 먼 과거에서부터 단순히 자연지물이 아닌, 인간의 존재론적 근원 탐색과 관련된 문화적 '장소'로서 인식되어 왔던 것이다.

현상학에 토대를 둔 인본주의 지리학에서는 공간(space)과 장소(place)를 구분하여 설명한다. 공간은 일정한 활동이나 사물들 또는 환경을 가지는 위치들 간의 연장으로서 추상적이고 물리적인 범위와 관련된다면, 장소는 체험적이고 구체적인 활동의 기반이면서 맥락적이고 문화적인 의미와 관련된다. 다시 말해 장소는 인간의 활동을 통해 의미가 부여된 공간이라 할 수 있다. 에드워드 랠프(Edward Relph)는 인간의 실존과 개인적 정체성의 초석으로서 장소와 심오한 연관을 맺는 것을 '장소감(sense of place)'이라 하며, 장소—인간의 관계 속에서 형성되는 장소의 고유한 특성을 '장소 정체성(identity of place)'으로 명명한다. 이들에게 장소는 인간과 분리되어 설명될 수 없는 것이다.

이 책에 실려 있는 12편의 논문은 지리산이라는 물리적 환경 속에서 이뤄진 인간의 활동과 그 의미를 추적한 성과들이자 동시에 존재론적 근원을 탐색할 수 있는 문화적 '장소'로서의 현재적 의의와 미래 가치를 탐구한 결과물이다. 지리산과 인간의 삶, 그리고 역사의 무늬[人文]에 대해서 탐문하고자 하는 이들에게 훌륭한 입문서가 되기를 기대하는 바이다.

2015년 10월
편집자

목차

제1부
지리산권의 자연 · 인문지리

—

지리적 관점에서 본 지리산권 문화

범선규

—

Ⅰ. 지리산권 문화와 지리산 문화권에 대하여

'문화'는 전통적으로 인류의 고귀한 유산으로 받아들여졌지만, 오늘날에는 '쓸모'를 따지는 대상이 되었고, 한발 더 나아가 '돈벌이'의 수단 또는 도구화 되고 있는 경향이 없지 않다. 이러한 경향은 개인·지방 정부·국가 수준을 넘어서 세계적인 추세인 것 같다. 이러한 세태는 국내에서 각 지방자치단체들이 앞장서서 수많은 지역축제를 양산하고, 국제적으로 '문화다양성 협약 즉, 문화콘텐츠와 예술적 표현의 다양성 보호를 위한 협약이 체결되는 결과를 가져왔다.

문화다양성 협약은 2005년 유네스코 총회에서 통과되었다. '다문화주의 사회'를 지향하는 이 조약은 특정 국가의 문화적 표현이 위협받거나 취약한 상황에 처할 경우, 문화다양성 보호와 증진을 목적으로 규정을 만들거나 재정을 지원하는 방안을 채택할 수 있게 한 국제적 약속이며, 문화적 약자들이 힘의 논리로 무장한 거대한 문화포식자로부터 살아남기 위해 강구한 자구책의 하나라고 할 수 있다.[1]

지리산지는 한반도 남부에서 가장 높은 해발고도를 지닌 '한반도 남쪽의 지붕'으로 불리기는 산지로 경상남도, 전라남도, 전라북도의 3도 경계부에 솟아 있다. 이 산지는 넓게 보면 경남의 중서부, 전남의 북동부, 전북의 남동부를 포괄하는 광범한 지역에 그 자락을 드리우고 있으며, 경남의 함양·하동·산청군, 전남의 구례군, 전북의 남원시의 주요부를 품안에 두고, 멀리는 경남 진주시, 전남의 순천시와 광양·곡성군, 전북의 장수군의 일부까지 그 온기를 전하고 있다. 지리산지는 그 면적에 걸맞게 한국인의 다양한 정신문화를 담고 있어 그 깊이와 크기를 가늠하기 어려운 그릇이 되어 왔으며, 이에 어울리게 다수의 별칭과 이칭으로 불리어왔다.[2] 지리산지의 일부는 대한민국의 국립공원 1호로 지정(1967년 12월 31일) 되었다. 지리산국립공원은 경상남도 산청군 시천·삼장·금서면, 하동군 화개·청암면, 함양군 마천·휴천면, 전라남도 구례군 광의·산동·토지·마산면, 전라북도 남원시 산내·운봉·주천·동면 등 3도 1시 4군 15개 면에 걸쳐있다.

본고에서는 지리산의 산자락이 미치는 범위를 광의의 '지리산권,' 국립공원으로 지정된 지역을 '지리산'으로 지칭하기로 한다. 때문에 '지리산권문화'와 일부 학계에서 사용하고 있는 '지리산 문화권'을 구분해서 사용하기로 한다.

'문화'를 포괄적으로 정의하면 '특정한 인간 집단이 공유하고 있는 생활양식의 총체'라 할 수 있다. 문화의 공간적 차이는 '문화 지역(cultural region)'으로 구분한다. 인문지리학자 또는 문화지리학자들이 문화 지역

---

[1] 범선규, 「경남문화시론-'지형문화'의 관점에서」, 『경남문화연구』 제28집, 경상대학교 경남문화연구원, 2007, 127~134쪽.

[2] 최석기, 『남명과 지리산』, 경인문화사, 2006, 1~7쪽.

의 경계를 그어 지역을 구분하기 위해서는 문화 지역의 지도화가 필수적인데 현실적으로 문화는 끊임없이 변화하는 역동성을 지니고 있기 때문에 그 경계를 선을 그어 분명하게 경계 짓는 것은 많은 위험을 내포하기 마련이다. 때문에 문화 지역의 경계는 설사 그것이 선형으로 그어졌다 하더라도 하나의 지대(zone)로 받아들여지고 있다.

문화 지역의 구분 과정에서 특별한 의미를 부여한 문화 요소에 따라 표면적 문화 지역(formal cultural region), 기능적 문화 지역(functional cultural region), 내면적(국지적) 문화 지역(perceptual or vernacular cultural region)으로 나뉘기도 한다. 표면적 문화 지역은 문화적 등질성이 외형적으로 잘 드러나는 문화 요소의 분포, 밀도 등을 토대로 구분되며, 기능적 문화 지역은 문화적 등질성보다는 내부적인 기능의 결합을 중시하고, 내면적 문화 지역은 특정 지역의 문화 집단 스스로가 공유하는 것으로 받아들이는 문화 요소를 토대로 구분한다. 내면적 문화 지역은 앞의 두 문화 지역에 비해 그 경계를 설정하기가 쉽지 않다.

위에서 언급한 문화 지역의 개념에 따르면 '지리산 문화권'은 내면적(국지적)인 문화 지역의 성격을 가지며, '지리산권 문화'는 하나의 문화 지역의 개념이라기보다는 문화 지역의 설정이 불분명한, 그래서 총체적인 연구를 통해 문화권의 설정이 가능한가의 여부를 따져보아야 될 '연구 대상'의 성격이 강하다. 결국 '지리산권 문화'라는 표현에는 '지리산 문화권'과 달리 문화적 등질지역에 해당하는 의미를 지녔다고 보기 어려운 면도 없지 않기 때문에 그 구분을 명확하게 할 필요가 있다.

그런데, '지리산권 문화'의 실체에 접근하기 위해서 기왕에 소개된 '지리산 문화권'에 대하여 검토하는 것은 유익한 측면이 없지 않다. 지리산권 문화 전체를 조감하기에 앞서 한 부분을 성찰하는 계기를 마련함으로써 연구의 효율성을 제고할 수 있기 때문이다. 기존의 연구가 비록 인문 지리적 관점에서 시도된 것이 아니고 역사 문화적 관점에서 설정된 문화권이라 하다라도 그 의미가 크게 퇴색되지는 않는다. 다음은 한 대학의 국사학과에서 펴낸 역사문화유적총서의 책머리에 실려 있는 글이다.

한국사에서 문화권은 대체로 강이나 분지 등의 지리적 조건에 의해 구획되는 것이 일반적인데 비해, '지리산문화권'은 산을 중심으로 문화권을 설정한 점에서 특징을 이루고 있다. 산은 강이나 평지에 비해 교통이 불편하고, 사람이 적게 살기 때문에 생활권의 폭이 좁다고 보아야 할 것이다. 때문에 산은 통로나 연결의 의미보다는 장벽이나 단절의 의미가 짙을 수 있다. 더욱이 지리적으로 영·호남 한 가운데 위치한 지리산은 영·호남의 원심력에 의해 자칫 역사문화의 구심으로 설정하기 어려운 점도 지니고 있는 것이 사실이다.

그럼에도 '지리산문화권'을 설정한 것은 이 지역의 역사적 흐름을 살필 때 지리산은 그 주요 무대가 되었으며, 이를 바탕으로 주변 지역의 구심으로 작용하고 있었기 때문이다. 고유신앙과 불교문화가 영·호남을 아우르며 지리산에서 융합·발전되었을 뿐 아니라, 왜적의 침입과 근현대 변혁 운동의 흐름에서 지리산은 민족 저항과 개혁의 구심점으로 영·호남을 포괄했다. 또한 조선시대 진주 등 영남에서 발흥한 남명학파가 섬진강을 따라 순천·남원 등지까지 학맥을 확대해 갔던 사실에서도 지리산 주변지역의 문화적 동질성을 찾을 수 있었다. 고대부터 현대에 이르기까지 수많은 역사를 간직하고 있는 '지리산문화권'은 한마디로 한국사상의 보고였으며, 저항과 혁신의 보루였다고 말할 수 있을 것이다.3)

이 책에서는 '지리산문화권'을 서쪽의 섬진강·남원문화권, 동쪽의 남강·진주문화권 등으로 구분하고, 서쪽의 섬진강·남원문화권은 남원·곡성·구례·광양·순천 등지를, 동쪽의 남강·진주문화권은 진주·하동·산청·함양 등지를 아우른 것으로 보았으며, 시대에 따라 문화권의

---

3) 국민대학교 국사학과, 『우리 역사문화의 갈래를 찾아서 지리산문화권』, 역사공간, 2004, 4~5쪽.

지역 범위도 유동적이기 때문에 경우에 따라 동쪽에 거창과 사천·남해, 서쪽에 장수·여수 등을 포괄하기도 한 것으로 보고 있다.[4]

이러한 문화 지역의 구분은 표면적 문화 지역 또는 기능적 문화 지역적 성격이 다분하며 구분의 타당성도 전혀 없지는 않다. 다만 여기에서 언급된 문화 요소들이 문화적 등질성이나 내부적인 기능 결합의 측면에서 하나의 문화권을 설정하기에 충분한가 하는 점에서는 의문이 없지 않다. 지리산권과 같이 인문 및 자연 환경의 등질성이 낮은 지역의 경우 문화권 설정에서 오히려 문화 집단 스스로가 공유하는 것으로 받아들이는 문화 요소를 토대로 한 내면적 문화 지역 구분이 바람직할 것으로 판단된다.

본고에서는 지리산권 문화가 지닌 내면적 문화 요소에 대한 탐색을 통해 단일 문화 지역 설정 가능성에 대한 장기적인 연구 목적을 달성하기 위해 일차적으로 지리적 관점에서 검토하기로 한다. 검토는 '다양한 관점에서 본 지리산권의 위치'에 초점을 맞추어 수행하였다. 이렇게 지리산권의 지역문화를 다양한 관점에서 조명을 시도하는 것은 '지방화,' '자원화,' '산업화'의 대상으로 바뀌어가고 있는 문화관의 변화와 무관하지 않다.

II. 지리산권의 주요부는 북위 35°N 대와 동경 127°E 대에 들어 있다

지리산권의 주요부는 북위 35°N 대(35° 13′~35° 27′N)와 동경 127°E 대(127° 27′~127° 49′E)에 들어 있다. 이것은 지리산권의 수리적, 또는 절대적 위치를 나타내는 것으로 지리산권이 중위도문화권에 포함되어 있음을 보여준다. 지리적 위치, 즉 지리좌표를 나타낼 때 사용되는 기본 개념인 경도와 위도 중에 문화적 측면에서 상대적으로 중요한 의미를 지닌 것은

---

4) 위의 책, 23~25쪽.

위도이다. 왜냐하면 위도에는 지구 공전에 따른 태양의 고도 변화를 미루어 짐작할 수 있는 정보가 담겨 있어 기후, 식생, 토양의 분포와 그에 따른 인간의 제반 생활양식, 즉 문화를 추론해 낼 수 있기 때문이다.

지리산권 문화를 살필 때는 무엇보다도 주민의 총체적인 생활양식에 근본적인 영향을 주는 기후 환경을 먼저 고려할 필요가 있는데 지리산권은 한반도의 여타 지역과 함께 중위도 지방(30°~60°N)에 들어 있다는 점에 주목할 필요가 있다.

중위도지방의 기후는 저위도 지방의 기후와 두 가지 면에서 명확히 구분된다. 우선 중위도 지방은 저위도 지방에 비하여 기온의 연변화가 일변화보다 더 크다. 중위도 지방에서는 계절에 따라서 태양고도가 크게 달라지기 때문에 기온의 계절 변화가 크다. 아울러 중위도 지방은 대기 순환 특성도 저위도 지방과는 구별된다. 이 지역은 성질이 전혀 다른 아열대고기압과 한대고기압이 영향을 미치는 곳이다. 이렇게 성질이 크게 다른 두 고기압이 마주치는 중위도지방의 기후는 저위도 지방에 비하여 훨씬 변화가 심하다.[5]

지리산지의 기후는 산지기후의 특성을 보여주는데, 일반적으로 산지의 기후가 그러하듯 기온이 낮고 일교차가 심하며, 강수량과 구름이 많고, 바람도 강하고, 지역에 따라 상당한 차이를 보인다. 지리산권의 기후를 보다 구체적으로 살펴보면 해양성 기후와 대륙성 기후를 분리시키는 중간적인 위치를 점하고 있으며 고도에서 오는 산악의 특성이 반영된 기후가 나타난다. 남동쪽 지역에서는 빈번한 저기압의 통과와 여름철의 고온다습한 남동계절풍이 남동사면에 부딪쳐 상승함으로써 발생하는 지형성 강수가 많이 내린다. 겨울에 산지의 북서쪽은 한랭 건조한 북서계절풍의 영향으로 기온이 낮은 데 반하여, 남동쪽은 산지에 의하여 계절풍이 저지

5) 이승호, 『기후학』, 푸른길, 2007, 305~306쪽.

됨으로 추위에서 보호되어 비교적 온화하다.

지리산지의 연강수량은 1,200~1,600㎜, 연평균기온은 12~14℃를 나타낸다. 그러나 실제로는 해발고도와 지역에 따라 편차가 적지 않다. 1995년~2004년간에 걸쳐 관측한 자동기상관측자료에 의하면 해발 고도는 10~50m에 드는 화개·구례의 연평균기온은 13~14℃, 150m 내외인 함양·산청은 12.5℃ 내외, 해발고도가 500m 내외인 피아골·중산리·뱀사골은 11℃내외, 1,100m인 성삼재의 연평균기온은 8℃를 보였으며, 월별 평균기온도 전월에 걸쳐 작게는 1~2℃, 크게는 5℃ 이상 낮은 것으로 나타났다. 지리산지에서는 남사면과 북사면 간의 기온 차이도 적지 않다. 이러한 차이는 북사면과 남사면의 일사량 차이와 바람의 영향에서 비롯된 것으로 남사면은 북사면에 비해 일사량이 절대적으로 많으며, 지리산이 겨울철의 차가운 북서풍을 막아주고, 대신 남해에서 불어오는 온화한 남동풍의 영향을 강하게 받기 때문이다. 남북사면간의 기온 차이는 일조량을 좌우하는 향(向)과 결합하여 농업 양식은 물론 촌락의 발달에도 영향을 주어 남북사면간의 차이를 초래 하였다.[6]

기후 환경은 자연 식생에 반영되기 마련이다. 지리산의 식생은 고도에 따라 4개 식생대로 구분되는 것으로 알려져 있다. 제1구는 산록에서 해발 500m까지로 졸참나무·서너무·밤나무, 제2구는 해발 500~1,000m로 소나무·졸참나무·충충나무, 제3구는 해발 1,000~1,400m로 가문비나무·구상나무·신갈나무·철쭉, 제4구는 해발 1,400~1,900m로 고채목·사스레나무 등이 주 수종을 이루고 있다.[7]

그런데 지리산지의 기후와 식생은 문화 형성의 토대를 이루는 하나의 요소라고 할 수 있기 때문에 시간의 흐름에 따른 변화에 대해서도 관심

---

6) 정치영, 『지리산지 농업과 촌락연구』, 고려대학교 민족문화연구원. 2006, 29~32쪽.
7) 한국정신문화연구원, 『한국민족문화대백과사전』, 1997, 233~236쪽.

을 가질 필요가 있다. 왜냐하면 지리산권의 문화는 하루아침에 결정되는 것이 아니라 주민들의 반복된 생활양식에 의해 결정되기 때문이다. 물론 문화는 일정 부분 지속성이 유지되는 속성을 지녔지만 한편으로는 내부적 요인이나 외부적 요인에 의해 변동될 수 있는 속성도 지니고 있기 때문에 기후도 시대에 따라 변화할 수 있고, 그에 따라 식생이 바뀌며, 이러한 변화는 주민들의 생활양식 즉, 문화변동도 초래할 수 있기 때문이다.

이와 관련된 고문헌 기록으로는 『신증동국여지승람』 진주목 산천조에 실려 있는 李陸(1438~1498)의 「遊山記」와 柳夢寅이 1611년 봄에 지리산을 유람하고 남긴 「유두류산록(遊頭流山錄)」의 것이 돋보인다. 여기에는 지리산지의 기후 및 기상 현상, 식생 등의 일면을 엿볼 수 있는 내용이 남아 있다. 이에 관해서는 필자가 이미 소개한 바 있으나 그 내용이 지리산권 문화와 생태를 이해하는 데 자료적 가치가 크기 때문에 다시 한 번 소개하기로 한다.[8]

벼랑과 골짜기 사이에는 얼음과 눈이 여름을 지나도 녹지 않는다. 6월에 서리가 처음 내리고 7월이면 눈이 오고 8월이면 얼음이 크게 언다. 첫 겨울이 되면 눈이 몹시 와서 골과 구렁이 모두 편평하여지므로 사람이 왕래할 수 없게 된다. 그러므로 산에 사는 사람들이 가을에 들어갔다가 늦은 봄이라야 비로소 산에서 내려온다.

혹 산 아래에는 뇌성과 번개가 크게 치면서 비가와도, 산위에는 날씨가 청명하여 한 점 구름도 없다. …… 느티나무 지대를 지나면 삼나무와 노송나무이다. 절반은 말라 죽어서 푸른 것과 흰 것이 서로 섞여져 있으며 바라보면 그림과 같다. 맨 위에는 다만 철쭉꽃이 있을 뿐인데, 나무 높이가 한자 길이가 채 못 된다. 무릇, 아름다운 나물과 이상한 과실이 딴 산보다 많아서 산에 가까운 수십 고을이 모두 그 이익을 입는다.(李陸, 「遊山記」)

8) 범선규, 「『신증동국여지승람』과 『택리지』가 갖는 생태연구 자료적 의의: 기후와 식생을 중심으로」, 13회 우리나라 전통생태 세미나 발표문, 서울대학교 환경대학원. 2007, 26~27쪽.

산등성이를 따라 천왕봉을 가리키며 동쪽으로 나아갔다. 사나운 바람에 나무들이 모두 구부정하였다. 나뭇가지는 산 쪽으로 휘어 있고 이끼가 나무에 덮여 있어, 더부룩한 모양이 마 치 사람이 머리를 풀어헤치고 서 있는 것 같았다. 껍질과 잎만 있는 소나무·잣나무는 속이 텅 빈 채 가지가 사방으로 뻗어 있고, 가지 끝은 아래로 휘어져 땅을 찌르고 있었다.

산이 높을수록 나무는 더욱 작달막하였다. 산 아래에는 짙은 그늘이 푸른빛과 어우러져 있었다. 이곳에 오니 꽃나무 가지에 아직 잎이 나지 않고, 끝에만 쥐의 귀처럼 싹을 쫑긋 내밀고 있었다. …… 바위틈에 쌓인 눈이 한 자나 되어 한 움큼 집어먹었다. 갈증 난 목을 적실 수 있었다. …… 앞으로 나아가 少年臺에 올랐다.

천왕봉을 우러러보니 구름 속에 높이 솟아 있었다. 이곳에는 잡초나 잡목이 없고 푸른 잣나무만 연이어 나 있는데, 눈보라와 비바람에 시달려 앙상한 줄기만 남은 고사목이 10분의 2~3은 되었다. 멀리서 바라보면 머리카락이 희끗 희끗한 노인의 머리 같으니 다 솎아낼 수 없을 듯하다. …… 저 풍악산은 북쪽에 가깝지만 4월이 되면 눈이 녹는데, 두류산은 남쪽 끝에 있는데도 5월까지 얼음이 있다. 이를 통해 지형의 높낮이를 추측할 수 있다.(柳夢寅,「遊頭流山錄」)

Ⅲ. 지리산권은 한반도 남부지방의 중앙하부에 높게 솟아 있으며, 해양 가까이에 자리 한다

한반도를 남부·중부·북부 지방으로 나누는 지역구분은 오래전부터 있어 왔으며, 주로 행정구역이 그 기준이 되어 온 것 같다. 여기에서는 지리산지의 지리적 위치가 갖는 의미를 중심으로 그것이 갖는 문화적 의의를 살펴보고 있기 때문에 위도를 기준으로 남부·중부·북부 지방을 구분하고자 한다. 이 구분은 아직은 시론의 범위를 벗어나지 못하고 있음을 전제로 한다.

위도를 기준으로 남·중·북부 지방으로 지역을 구분할 경우 34°~37°N의 남부, 37°~40°N의 중부, 40°~43°N의 북부로 구분할 수 있을 것 같다. 이와 같은 구분은 각 지역이 같은 뚜렷하고 명확한 등질적 요소에 기초한 것이 아니라 위도 간격, 면적, 해륙의 분포 등을 단순 고려하여 시도한 시론적인 것이다. 만약 이러한 시론이 받아들여진다면 한반도의 남부지방은 대략 제주해협~아산만과 경북 북부 울진을 지나는 위선의 남쪽, 중부지방은 대략 아산만과 경북 북부 울진을 지나는 위선~압록강 하구 부근(신의주)과 함흥을 잇는 위선의 남쪽, 북부지방은 대략 압록강 하구 부근(신의주)과 함흥을 잇는 위선~최북단인 함경북도 온성군 두만강 사이 지역이 해당한다. 이렇게 지역구분을 한 후 지리산권의 위치적 특성은 중부와 북부의 비슷한 해발 고도의 산지와 비교했을 때 차이가 있을 것으로 추정된다.

지리산권은 남부지방의 중앙 하부지역을 이루고 있어 남부지방을 동·서로 나누거나 혹은 양쪽의 산지가 수렴하는 점이지역의 역할을 하고 있기도 하다. 산지의 수렴으로 해발고도가 높아져 최고봉(천왕봉)은 약 2,000m에 이르며 천왕봉~세석봉~연하봉~촛대봉~영신봉~명선봉~반야봉~노고단에 이르는 40여 km의 주능선의 대부분이 1,500m가 넘는 높은 산지를 발달시켜 놓았다. 천왕봉을 중심으로 경남, 전남, 전북의 경계를 따라 주능선이 뻗어 있으며, 여기에서 곁가지를 친 능선 중 10km가 넘는 것이 15개에 이른다. 그만큼 깊은 골짜기가 많다는 것이며 피아골은 30여 km에 달한 최대의 골짜기이다.[9]

개개의 골짜기에서 흘러내리는 물은 한반도 남부지방의 중·동부를 유

---

9) 『한국의 발견-전라남도』, 뿌리깊은나무, 1987, 426쪽.

역면적으로 하는 주요 하천의 물줄기가 된다. 지리산 골짜기를 타고 이 산에서 동남쪽으로 흐르는 물은 함양군과 산청군을 거쳐 남강을 이룬다. 남강은 다시 경남 서부를 서에서 동으로 가로 흘러 낙동강에 물을 합치며 부산을 거쳐 남해에 물을 더한다. 그리고 이 산에서 서북쪽으로 흐르는 물은 전라북도 남원, 전라남도 구례군을 거쳐 경상남도와 경계를 이루는 광양군을 관류한 다음 남해에 도달한다.

그런데 지리산지가 한반도의 남부지방 중앙하부에 높게 솟아 있다는 점과 관련하여 주목하여야 할 것은 해양(남해)과 직선거리로 50~80km 내외의 지근거리에 있다는 것이다. 이 점은 남해가 한반도로 올라오는 장마 전선과 태풍의 길목에 있는데다가 여름철에 고온다습한 수증기를 다량으로 공급하기 때문에 중요한 의미를 지닌다. 왜냐하면 고온다습한 공기는 남해를 건너와 곧바로 지리산지에 부딪쳐 상승하면서 다량의 강수를 뿌리기 때문이다.

그 결과 지리산권는 우리나라의 대표적인 多雨地域의 하나가 되었다. 특히 지리산 산정부에서 남해안에 이르는 지역은 최다강수지역인 동시에 집중호우가 가장 빈번한 지역으로 알려져 있다. 1995~2004년의 주요 지역 연강수량을 살펴보면 중산리 약 2,400mm, 피아골 약 2,150mm, 성삼재 2,100mm를 보였으며, 화개 1,800mm, 뱀사골 약 1,700mm, 산청, 함양, 구례는 각각 1,400mm 대의 강수량을 보였다.[10] 이것은 모두 우리나라의 연강수량 1,200mm를 크게 넘어선 것이다.

지리산지의 기후가 지닌 이러한 해양과 내륙의 점이적 기후 특성은 조선 시대에도 파악되고 있었던 것 같다. 이것은 『신증동국여지승람』 진주목 산천조에 실려 있는 李詹(1345~1405)의 '백두산이 남으로 와서 바다에 닿아 뿌리가 서리었다네. 멀고 멀리 3천리에 멧부리가 연했는데, 험한 곳

---

10) 정치영, 앞의 책, 29~32쪽.

은 모두 관문이 되고 구불거리다가 정기가 모여 갑자기 솟아났는데, 天宮이 정상에 있어 제사를 지내네. 천궁이 하늘과 한 자도 안 되는 거리여서, 뭇 산을 당기고 뭇 물을 삼킨다'라는 시문에 잘 드러나 있다. 특히 『택리지』복거총론 산수조의 '지리산은 흙이 두텁고 기름져서 온 산이 사람살기에 알맞다. 산 안에 100리나 되는 긴 골이 있어, 바깥쪽은 좁으나 안쪽은 넓어서 가끔 사람이 발견하지 못한 곳도 있고, 나라에 세금을 바치지도 않는다. 지역이 남해에 가까워 기후가 따뜻하여 산중에는 대나무가 많고 감과 밤이 매우 많아 저절로 열렸다가 저절로 떨어진다. 기장이나 조를 높은 산봉우리에 뿌려 두어도 무성하게 자란다. 평지밭에도 모두 심으므로 산중에는 촌사람과 스님들이 섞여 산다. 스님이나 속인들이 대나무를 꺾고 감, 밤을 주워 수고하지 않아도 생리가 족하며, 농부와 工匠 또한 심히 노력하지 않아도 충족하다. 이리하여 이 산에 사는 백성은 풍년, 흉년을 모르므로 富山이라 이른다'고 지리산지의 토양, 기후, 식생, 취락의 발달, 주민 생활을 일목요연하게 정리하고 있다.

해양과 가깝고 해양으로부터 지리산지로 연결되는 큰 하천인 섬진강이 있다는 점은 또 다른 문화적 의미를 가질 수 있다. 즉 해양세력과 내륙세력의 교역로나 해양세력의 내륙 침략로로 활용될 수 있기 때문에 문화의 전파 경로가 되었을 가능성이 높다. 즉 지리산지의 문화는 높은 산악으로 구성된 지역임에도 불구하고 해양과 가깝고 해양과 연결 통로가 양호했기 때문에 많은 해양 문화적 요소들이 유입되었을 가능성도 높다는 것이다.

그리고 한반도 남부지방을 대표하는 하천인 낙동강과 섬진강의 여러 강줄기가 이 지리산지에서 발원한다는 점은 비록 그 하구는 멀리 떨어져 있지만 하나의 산지에 있는 골짜기는 지근거리에 있기 때문에 그 자체로 문화 통합의 기능을 가졌을 가능성도 없지는 않을 것이다. 조선 시대 사대부들은 하천을 이해하는데 있어 그 발원지(연원)를 매우 중시하였기 때문에 지리산지는 하나의 하천문화의 기원지로 받아들였을 가능성도 없지 않다.

지리산지은 한반도 남부지방의 중앙하부에 높게 솟아 있으며, 해양 가까이에 자리한다. 때문에 지리산권 문화는 영호남문화의 점이 문화 또는 융합 문화으로 기능했을 가능성과 이 두 문화와 해양 문화적 요소가 결합된 다문화적 성격을 지녔을 가능성도 없지는 않다.

IV. 지리산권은 한반도 산지의 중추인 백두대간의 남단부에 해당한다

한국은 산지 또는 산이 약 70%에 달하는 산의 나라로 소개되기도 한다. 한국인들에게 산이 미치는 정서적·정신적 영향은 지대하며, 한국인들의 삶과 산과의 관계가 긴밀하다. 여기서 말하는 산 혹은 산지가 무엇을 지칭하는지 분명하지 않지만 절대고도나 비고의 개념이 들어 있다기보다는 지적(지목)의 하나인 임야를 지칭한 것으로 믿어진다. 지적법상의 임야는 산림법상의 산림을 포함하고 있으며, 지목상의 임야는 산림 및 原野를 이루고 있는 수림지·죽림지·암석지·자갈땅·모래땅·습지·황무지 등의 토지를 포함하며, 임야대장 및 임야도에 등록하는 토지의 지번은 숫자 앞에 '산'자를 붙인다.[11]

한국의 산지를 체계적으로 설명할 수 있는 효과적인 방법은 산맥지도를 이용하는 것이다. 그런데 근래에 이 산맥지도, 특히 교육용 산맥지도와 관련된 사회적 관심이 높아지면서 '백두대간'에 대한 논의도 활발했다. 논의의 결과는 산경표의 산지체계는 현대 지형학에서 말하는 산맥의 대칭적인 개념이라기보다는 우리의 전통정신과 물체가 결합되어 있는 융합체(convergence)라고 할 수 있기 때문에 전통적인 산지인식체계라는 별도의 관점에서 수용하는 것이 지리교육의 내용을 풍성하게 할 수 있다는

---

11) 범선규, 「법령과 자연지리 용어-지형관련 용어를 중심으로」, 『한국지형학회지』 9(1), 한국지형학회, 2002, 15~35쪽.

방향으로 모아지고 있다.[12]

'백두대간'은 19세기 후반에 저술된 것으로 추정되는 『산경표』에 구체적으로 언급된 것이 알려져 널리 유포된 조선시대 산줄기의 개념 중에 하나이다. 『산경표』에는 한반도의 산지를 분수계를 기준으로 하여 1대간, 1정간, 13정맥으로 구분하고 있는데, 이때의 분수계는 지리학이나 지질학에서 지질구조나 지반운동과 관련하여 형성된 연속적인 산지를 의미하는 '산맥'과 서로 다른 것이다.[13]

백두대간은 백두산부터 시작하여 함경남·북도의 경계가 지나는 마천령산맥를 따라 남하하다가 두류산(2,309m)에서 동으로 꺾인다. 이 후 함경산맥을 따라 함경남도의 중앙부를 달리며, 함경남도와 평안북·남도의 경계를 이루는 낭림산맥의 설한령에 이르러 남쪽으로 내려온다. 이후 강원도와 함경남도의 경계부에 가까운 강원도 회양의 철령을 경유, 태백산맥의 금강산, 오대산, 태백산을 지나 충청북도·전라북도와 경상북·남도의 경계를 이루는 소백산맥으로 접어든다. 남서 방향으로 내려오다 속리산, 덕유산을 지나 지리산에 이르는 한반도의 대동맥으로 국토를 남북으로 종단하는 산줄기를 이르는 용어이다. 2005년 1월 1일 시행된 〈백두대간보호에 관한 법률〉에서는 제2조(정의) 1항 "'백두대간'이라 함은 백두산에서 시작하여 금강산·설악산·태백산·소백산을 거쳐 지리산으로 이어지는 큰 산줄기"로 간략하게 기술하고 있다. 백두대간은 백두산에서 지리산까지 약 1,494km에 걸쳐 줄기차게 뻗어 있다.[14]

지리산지는 한반도 남부지방의 여러 산줄기를 모아 백두대간의 남단부에 뭉툭뭉툭 솟아 올라 북쪽을 향해 그 맥이 이어진다. 이것은 지리산권

---

[12] 박철웅, 「산맥 개념의 교육적 함의와 중등지리교사들의 산맥체계인식」, 『한국지리환경교육학회지』 16(1), 한국지리환경교육학회, 2008, 27~39쪽.

[13] 권혁재, 「한국의 산맥」, 『대한지리학회지』 35(3), 대한지리학회, 2000, 389~400쪽.

[14] 산림청, 『백두대간백서』, 2006, 19쪽.

이 남부에 한정된 산지로만 기능하는 것이 아니라 한반도의 중부지방과 북부지방으로도 그 존재를 전할 수 있는 입장에 있음을 보여준다. 이렇게 한반도의 중북부와 단절이 아닌 연속성을 담고 있는 지리산권은 거기에 담긴 문화적, 정신적, 정서적으로 타 지방과의 연속성을 담고 있으며, 이 것은 이 산권의 문화에 투영되어 있을 가능성이 매우 높다. 즉 지리산지는 중부와 북부로 이어지는 문화적 소통로의 역할을 했을 것이며 이 소통은 평지의 도로나 수상운수를 이용해 이루어지는 다른 문화적 속성(이를테면 산촌문화나 산악문화)을 지녔을 가능성이 있으며, 또한 남부지방의 여러 산줄기를 한데 모으는 점은 마치 산자락을 따라 펼쳐진 여러 문화 요소를 모으고 융합하는 데 유리한 면이 적지 않을 것이다.

한편, 지리산권의 지리산국립공원 등 여러 지역이 법령에 의하여 핵심구역 또는 완충구역으로 지정, 관리되고 있는 점도 지리산권 문화 이해 측면에서 주목할 필요가 있다. 이것은 특히 과거나 현재의 지리산권 문화에 대한 이해보다는 미래 지리산권 문화 형성에 적지 않은 영향을 줄 것으로 판단된다. 왜냐하면 핵심구역, 즉 백두대간의 능선을 중심으로 일정한 구역을 특별히 보호하고자하는 지역이나 완충구역, 즉 핵심구역의 연접지역으로서 핵심구역의 보호상 필요한 지역으로 지정된 면적이 광범위하여 지리산권의 주민과 방문객들의 생활에 크고 작은 영향을 줄 것이 분명하기 때문이다.

법령에 의해 백두대간의 보호지역으로 지정된 면적은 경상남도 하동군 화개면에 3,463ha(핵심구역 1,599ha 포함) 산청군 삼장·시천면에 8,546ha(핵심구역 5,842ha 포함) 함양군 마천·서상면 등에 7,065ha(핵심구역 4,879ha 포함) 전남 구례군 산동·토지,·광의·마산면에 5,223ha(핵심구역 3,420ha 포함), 남원시 산내·산동·아영·운봉읍 등 7,309ha(핵심구역 5,854ha 포함)이다.[15]

---

15) 위의 책, 528~534쪽.

V. 지리산권은 문화 · 역사적으로 변방지역으로 인식되어 왔다

　지리산권은 역사시대의 거의 대부분의 시기를 정치, 경제, 사회, 문화적으로 변방으로 인식되어 온 것 같다. 이러한 경향은 지리산권의 관계적 위치의 변화와 무관하게 계속되어 온 감이 없지 않다. 즉 지리산권은 한국 역사에서 국경지대로 남아있던, 통일국가 시대이던 관계없이 주로 변방지역으로 남아 있었던 것 같다. 여기에는 여러 원인이 있을 수 있겠지만 역사시대를 거치면서 거의 모든 시기에 정치, 행정, 문화, 사회적 핵심 기능을 지닌 중앙 도시로부터 멀리 떨어져 있었다는 점이 가장 중요할 것 같다. 지리산권이 역사시대 내내 변방으로 남아 있었음은 사회적 혼란기에 인구 유입이 지속된 것만 보아도 알 수 있다.

　삼한과 삼국시대에는 지리산지가 주요 변방지역이었으므로 이곳에서는 군사적 긴장과 충돌이 빈번했을 것으로 판단된다. 따라서 이 시기에 지리산권은 골짜기 내부 깊숙한 곳을 제외하면 사람들이 정주하기에는 적당하지 않았을 것이다. 삼국시대 때에 불교가 전래되어 고려시대를 거치면서 지리산권에는 많은 사찰과 산신당이 들어섰다. 이 사찰들은 고려시대까지 진행되었던 지리산지로의 인구 유입과 이동에 적지 않은 영향을 주었을 것으로 생각된다. 이때까지 지리산지로 유입된 사람은 주로 농민, 사대부계층 등을 제외한 특수한 계층이었을 것으로 추정된다.

　지리산권으로의 인구 유입은 16세기말의 임진왜란과 17세기 중반의 병자호란을 거치면서 본격화 되었고 그 대열에는 농민은 물론 사대부계층도 포함되어 있었던 것 같다. 혼란기에 지리산권으로 인구를 유입하게 된 주요인으로는 풍부한 임산자원과 경작에 유리한 자연 환경, 은둔과 도피처로 삼기에 유리한 지형 조건 등을 갖추고 있었기 때문이었을 것으로 추정된다. 삼남지방의 곳곳에서 민란이 발생하고, 자연 재해와 사회적 혼란기에 접어든 18~19세기에는 주변 지역 곳곳에서 흘러들 온 사람들로 인해 지리산지의 인구가 계속 증가한 것 같다. 일제강점기에도 지리산권의 인구 증가는 지속 되었으며, 조선 후기와 마찬가지로 이미 지리산지에 정착한 사람들에 의한 자연적 증가보다 전입자들에 의한 사회적 증가가 더 높은 비중을 차지하였다.

　해방 후 지리산지의 인구는 몇 차례의 변화를 겪었다. 여순사건, 한국전쟁, 1970년대 이후의 도시화·산업화의 영향을 받은 결과이다. 여순사건과 한국전쟁으로 급감하던 인구가 1950년대 말 이후 회복되었으며 1970년 무렵에는 한국전쟁 이전의 인구를 상회하여 역사 시대 전 시기를 통틀어 가장 인구가 많았던 시기이다. 1970년대 이후 지리산지의 인구는 도시화와 산업화 등 외부적 요인에 의해 인구가 급감하였으며, 1980년대에 이촌향도가 가장 활발히 진행되어 인구는 지속적으로 감소하였다. 그 결과 지리산지의 대부분의 지역에서 1970년 대비 2000년의 인구가 20~50%에 그치고 있다.[16]

　지리산권을 포함한 한국의 산지가 갖는 문화적 의미는 시간을 거슬러 오를수록 경외심·두려움의 대상물로 받아들여진 것 같다. 이러한 경향은 고대국가가 형성되면서부터 지리산은 산신신앙의 대상으로 부각되면서 본격화 된다. 신라 때에는 三山五嶽神을 제사하였다. 삼산은 봉래산, 방장산, 영주산으로 이 중에 방장산이 지리산에 비견된다. 고려시대에도 계속 지리산을 남악으로 삼아 中祀에 올렸으며, 조선시대에 들어와서도 지리산은 삼각산, 송악산 등과 함께 四嶽神으로 정하여져 나라의 제사를 받았다.

　한편, 산지가 갖는 문화적 의미는 사회·경제적 변화에 따라서도 바뀌어 왔다. 사회적 혼란기에는 은둔처·피난지로, 평온한 시기에는 각종 자원의 생산지로 부각되었던 것이다. 이 같은 산지의 문화적 의미 변화는

---

16) 정치영, 앞의 책, 42~72쪽.

지리산권도 예외가 아닌 것으로 판단된다.

오랜 역사시대를 거치면서 기도처, 피난·은둔지로 받아들여져 오던 지리산권은 20세기 후반 이후 사회·경제적 환경의 변화에 의해 그것이 갖는 문화적 의미를 탈바꿈하기 시작한다. 전체적으로 높아진 소득과 늘어난 여가시간, 그리고 때마침 갖추어지기 시작한 교통망의 보급 및 개량에 힘입어 과거의 이미지에서 벗어나 쾌적하고 즐거운 삶을 영위하는데 크게 기여하는 장소로 바뀌기 시작한 것이다. 이후 산지는 여행과 관광의 주요 목적지로 탈바꿈을 하기 시작한 것이다. 그 결과 오늘날에는 지리산권도 여가생활의 중요한 장소 중의 하나가 되었고, 점차 미래의 무한한 환경자원의 보고로 등장하여 삶의 질을 높일 수 있는 중요한 공간으로 강조되고 있는 것 같다.[17]

역사상 주류 문화를 이루어 본 적이 없이 지속적으로 변방 문화로 남아 있어야 했던 지리산권의 문화는 주류문화집단에게 끊임없는 자극을 주어 온 것으로 믿어진다. 그 결과 특정 시대의 주류 문화에 변화와 역동성을 부여한 결과를 가져온 것으로 평가할 수 있겠다. 이러한 면에 대해서는 사회·경제지리학적 측면에서 고찰이 수반된다면 의미 있는 성과를 기대할 수 있을 것이다.

VI. 선비들의 자연 체험 학습장, 주민들의 생활 터전에서 '이상향'으로

사람이 정주하는 곳이라면 아마도 '~산'이라는 지명은 어디서나 어렵지 않게 찾아 볼 수 있을 것이다. 그러나 산을 보는 관점은 각기 다를 수 있다. 우리 조상들은 이 땅 어디를 가든 산과 만났고, 산은 반드시 물을 끼고 있다. 하늘과 땅이 만나는 곳에는 지평선 대신 높고 낮은 산이 버티고

---

17) 범선규, 「경남문화시론 – '지형문화'의 관점에서」, 앞의 글, 127~134쪽.

있었다. 그만큼 산은 시각에서 벗어날 수 없었고, 그러기에 '산'은 항상 마음속에 들어 있었고, 그 결과 산은 우리네 삶의 일부가 되었다. 우리는 그것을 '산문화'로 받아들인다.

이 산을 조선시대의 선비들은 '유람'의 대상으로 삼아 그 주변을 노닐었다. 그것은 자연의 체험이요, 한 발 나아가면 학습이기도 하였다. 체험과 학습은 깊은 사색을 수반하기도 하였으며, 그것을 기록으로 남겼다. 특히 지리산권을 찾은 선비들이 그러하였다. 그런가하면 이름 한자 남기지 않은 뭇 주민들은 지리산권을 생활의 터전 삼았다. 지리산권 문화가 태동되기 시작한 것이다. 그리고 지리산권 문화의 태동은 곧 '이상향'에 대한 향수가 되었다.

지리산권이 인간 생활에서 갖는 의미는 당대의 지리·사회·경제·정치 등 제반 상황에 따라 얼마든지 그 의미가 바뀔 수 있다. 지금까지 지리산권 문화의 성격은 지리산권의 지리에 토대를 두고 시작된 지역 주민들의 삶에 의해서 꾸려져 왔다. 지리산권 문화의 의미는 결국 '인간', 특히 당대를 살고 있는 사람들에 의해서 결정된다는 것이다. 때문에 미래의 지리산권 문화도 인간이, 그것도 주민의 규모가 가장 큰 영향을 주게 될 것이다.

VII. 요약 및 결론

본 연구에서는 지리산권의 문화 지역 설정 가능성에 대한 장기적인 연구 목적을 달성하기 위해 일차적으로 지리적 관점에서 검토하였다. 검토는 '다양한 관점에서 본 지리산권의 위치'에 초점을 맞추었다.

지리산지는 한반도의 여타 지역과 함께 중위도(30°~60°N)에 들어 있다는 점에 주목할 필요가 있다. 이 같은 사실은 기후와 식생 분포에 큰 영향을 주기 때문이다. 지리산권은 영남과 호남의 경계부에 높게 솟은 산지로 해양 가까이에 자리한다. 이 산지와 해양은 섬진강과 남강 등의 하천에 의해 이어진다. 때문에 지리산권 문화는 영남과 호남 문화, 산지와 해양 문화의 점이 문화 또는 융합 문화로 형성되었을 가능성이 높다.

지리산지는 한반도 남부지방의 여러 산줄기를 모아 백두대간의 남단부에 뭉툭뭉툭 솟아 올라 북쪽을 향해 그 맥이 이어진다. 이것은 지리산권이 한반도 남부의 문화를 중부와 북부로 연결시키는 문화적 소통로 역할을 했을 가능성을 보여 주는 것이다.

오랜 역사시대를 거치면서 대부분의 기간을 변방지대로 남아 있던 지리산지는 20세기 후반 이후 사회·경제적 환경의 변화에 의해 그것이 갖는 문화적 의미를 탈바꿈하기 시작한다. 변방 문화를 대표했던 지리산권의 문화가 주류문화집단에게 끊임없는 자극을 주어 온 것도 의미가 크다.

지리산권이 인간 생활에서 갖는 의미는 당대의 지리·사회·경제·정치 등 제반 상황에 따라 얼마든지 그 의미가 바뀔 수 있다. 지금까지 지리산권 문화의 성격은 지리산권의 지리에 토대를 두고 시작된 지역 주민들의 삶에 의해서 꾸려져 왔다. 지리산권 문화의 의미는 결국 '인간', 특히 당대를 살고 있는 사람들에 의해서 결정된다. 때문에 미래의 지리산권 문화도 주민들, 그것도 주민의 규모가 가장 큰 영향을 주게 될 것이다.

이 글은 『남도문화연구』 제14집(순천대학교 남도문화연구소, 2008)에 수록된 「지리적 관점에서 본 지리산권 문화」를 일부 수정하여 실은 것이다.

문명사적 관점에서 본 지리산권 인식의 변화

정구복

―

I. 서론

역사란 과거의 역사만이 있는 것이 아니다. 현재의 역사와 미래의 역사도 있다. 우리가 흔히 역사라 함은 과거의 역사만이 있다고 착각하고 있지만 이 순간에도 역사는 끊임없이 만들어지고 있다. 과거의 역사란 현재를 이루고 있는 덩어리일 뿐만 아니라 현재는 항상 순간적으로 지나감으로 우리는 미래의 역사를 창조하며 살아감에 더 중요한 의미가 있다.

역사를 기록하고 창조하는 일은 인간만이 할 수 있다. 모든 존재가 시간의 흐름을 같이 공유하지만 시간이란 섶에 역사라는 고치를 만들어 내는 것은 오직 인간만이 할 수 있다. 그래서 인간은 역사적 동물이라고도 할 수 있다. 인간의 하루하루의 일이 모두 역사를 만드는 작업이다. 이는 누에가 고치실을 뽑어내는 것처럼 모든 역사는 연속되는 것이다.

그런데 역사 창조는 누구에 의하여 이루어질까. 보통 사람들은 위대한 사람이 역사를 앞에서 이끌어 줄 때에 발전한다고 생각한다. 그러나 그런 위대한 한 사람은 많은 사람들이 그에게 그런 막중한 임무를 맡겼기 때문이다. 이 시대를 살고 있는 모든 사람이 일정한 역할을 한다. 그 총체가 역사인 것이다.

과거의 역사는 유적과 유물 그리고 기록으로 우리에게 전하고 있다. 그런데 기록이라 함이 완전한 것이 아니다. 왜냐하면 역사라는 것이 연속적이며, 복합적이고 입체적인 것이기 때문이기도 하고, 기록을 남긴 사람이 자신의 식견과 견지에서 기록했을 뿐이기 때문이다. 특히 과거의 역사는 지배층만의 역사가 기록되었을 뿐이다. 이는 문자의 사용이 지배층에게만 국한되어 대부분의 사람들이 문자를 사용하지 못했기 때문이다. 그래서 과거의 역사의 기록에서는 역사의 주체인 모든 사람의 역할이 배제되어 있다. 이는 수십만 수백만이 함께 싸운 전쟁에서 그 실패와 공로를 지휘관 한 사람의 몫으로 돌리고 있는 것에 비유할 수 있다.

이처럼 역사에서 기록이란 역사사실의 극히 일부를 전하고 있을 뿐만 아니라 문헌 기록자라는 특수한 계층 사람들의 인식만을 보여주는 것이다. 그러므로 문헌기록을 통한 역사를 이해할 경우 아무리 새로운 해석을 한다고 해도 그 해석의 범주가 기록에 한정할 수밖에 없고 자유로운 상상력을 발휘할 수 없다. 역사 연구에서 기록이란 입론의 자료로 사용되는 것이다. 기록은 역사를 재구성함에 있어서 기둥과 같은 역할을 할 뿐이다. 기둥만으로 집을 이룰 수는 없는 법이다. 집에는 천정과 벽, 창과 문이 만들어져야 집이 되는 것이다.

알기 쉬운 예로 강을 들어 설명해보자. 강은 하류지역에 사는 사람들과 상류지역에 사는 사람들이 가지는 의미가 다를 것이다. 강을 건너는 방식은 상류지역에서는 징검다리나 나무다리가 만들어져 왕래할 수 있고, 하류에서는 나룻배를 통해 건널 수 있으며 강의 크기와 효용도 그 지역에 따라 다를 뿐만 아니라 그 부르는 명칭도 지역마다 다르다. 그런 강은 예부터 있어왔고 강은 주민들의 생활에 대단히 중요한 역할을 해 왔지만 이에 대한 기록을 남기지 않았다. 그러므로 기록을 통해서 강 문화에 대한 연구를 한다면 그 내용이 대단히 소략할 수밖에 없다. 기록을 뛰어 넘는 해석을 하려면 강에 대한 보편적 지식을 원용하여 추리와 추론을 하여야 할 것이다. 이는 산의 문화에 대해서도 마찬가지이다.

그러므로 과거의 역사를 실상 그대로 파악하려면 우리는 기록을 맹신해서는 안 된다. 모든 기록이 그런 결함을 가지고 있다는 생각에서 기록을 비판해야하며, 또한 기록되지 못한 부분을 새롭게 인식하려는 역사관을 가질 필요가 있다. 현재 한국의 역사학은 기록만을 맹신하고 역사를 연구하고 있는 경향이 주를 이루고 있다. 이런 역사학은 과거 역사의 대변자 역할을 하는 것 이상이 될 수 없다. 이런 역사를 많은 시민이 외면함은 역사가들 스스로 책임져야할 것이다. 이는 필자가 50년 역사연구를 통해서 얻은 결론이다. 과거의 우리 역사의 참다운 모습과 실상을 서술하려면 역사를 만들어온 주체는 당시의 모든 사람들이고, 이웃 나라의 사람들도 포함되어야 하고, 사람만이 아니라 주위의 자연환경, 특히 기후, 지리적 요소, 과학과 기술 등을 깊이 있게 고려하여야 한다.[1]

이 글에서는 지리산권에 대한 인간의 인식이 문명사적으로 어떻게 변해왔는가를 살펴보겠다.[2] 문명이란 말이 조금 생소하게 들릴지 모른다. 우리는 문화라는 말과 문명이란 말을 독일식 이해로 정신적인 것과 물질

---

[1] 모든 역사를 이런 견지에서 정리되어야 그것이 '올바른 역사'라고 믿고 이런 역사의식을 가지고 우리가 역사를 만들어가고 있다는 인식을 시민에게 확장하기 위한 실천적 운동으로 카페(올바른역사를사랑하는 모임)를 운영하고 있다.

[2] 한국역사를 문명사적 관점에서 큰 변화를 추적한 김용섭 교수의 다음 책을 참조했다. 김용섭, 『동아시아 역사속의 한국문명의 전환-충격, 대응, 통합의 문명으로』, 지식산업사, 2008.

적인 것으로 구분하는 인식을 가지고 있다. 그러나 문화란 인간이 이룩한 역사의 결과를 의미하고 문명이라 함은 발전시키는 과정과 행위를 의미한다고 구별지을 수 있다. 현재 한국문명의 형성과 정체에 대한 연구는 초보적인 수준의 단계이다. 서양 사람들이 흔히 한국문명이 중국문명과 다름이 없다고 인식하지만 한국문명은 뚜렷하게 밝힐 필요가 역사학자에게 있다. 한국문명은 독자적인 것도 있지만 항상 외부 문명의 도입을 통해 발전시켜 왔다. 문명의 독자성보다는 그 형성과정의 차이에서 찾아져야 할 것이다.

역사를 문명사적으로 본다함은 역사를 인문학과 과학, 기술의 발전을 포함해 총체적으로 파악하되 전 단계로부터 다음 단계로 발전한 과정을 중시한다는 것을 뜻한다. 문명사적으로 산을 본다는 의미에는 세 가지의 뜻이 들어 있다. 첫째는 산에 대한 인식의 변화의 원인과 그 시대구분을 문명사적 관점에서 보겠다는 것이다. 둘째는 산에 대한 인식을 인근 전 주민이 가졌던 것을 중심으로 파악하겠다는 것이다. 셋째 역사를 주민의 생활사의 견지에서 설명하겠다는 것이다.

지리산권은 현재 지리산을 둘러싼 둘레가 800리로 알려지고 있다. 지리산권은 지리산과 인접한 군현이 3개도(경상남도, 전라남·북도), 1개시, 4개군, 15개 읍·면의 행정구역이 속해 있으며, 그 면적이 471.758㎢로 소개되고 있다.[3] 그러나 본인 생각에는 이 권역은 비록 직접 인접하지 않았지만 지리산이 영향을 미치는 평야지대와 거기서 발원하는 강이 흐르는 지역 그리고 남쪽으로 바다에 이르기까지 더 넓은 지역으로 확대되어야 할 것이다. 여암 신경준(1712~1781)은 우리나라의 산과 강 그리고 산맥과 내를 최초로 정리한 실학자인데 그는 그가 쓴 『山水考』서문에서 "하나의 근본이 만 가지로 뻗어 나간 것이 산이요, 만 가닥의 다른 것이 하나

---

3) 지리산국립공원의 인터넷 홍보자료. 참조

로 합치는 것은 물이다"[4]이라고 설파하였듯이 산과 물은 밀접한 깊은 연관관계를 가지고 있으면서도 상호 다른 속성을 가지고 있음을 재확인할 수 있다.

이처럼 지리산권은 지리산의 줄기가 뻗어나간 부분과 이에서 발원하여 바다에 이르는 강의 전 지역이 포함되어야 할 것이다. 이는 10차례 이상 지리산을 오른 남명 조식이 「유두류록」에서 밝힌 "물을 보고, 산을 보고, 인간을 보며, 세상을 본다(看水 看山 看人 看世)"고 한 명구대로 산을 통해 인간과 세상을 보려는 뜻[5]에 부응하기 위해서도 지리산의 영향을 받는 지역은 최대한 확대되어야 할 것이다.

지리산은 1967년 12월 29일 우리나라 최초의 국립공원으로 지정되어 20개 국립공원 중 가장 넓은 면적의 산악형 국립공원이다. 최초로 국립공원으로 지정된 것은 대단히 중요한 의미를 가지고 있으며 이를 세계문화유산으로 지정하기 위한 다양한 연구와 조사가 이루어져야 할 것이다. 이를 위한 준비를 한다는 목적을 의식하고 이 글은 준비되었다.

필자는 지리산에 대해 전문적 지식을 가지고 있지 않다. 따라서 저의 발표에는 지리산에 대한 새로운 내용을 발표하려는 것이 아니다. 지리산권 문화에 대하여는 이미 순천대학교의 지리산문화연구소의 지리산권문화연구단에 의하여 기록을 가지고 깊은 연구와 자료가 축적되어 왔다.[6] 그리고 산청에 있는 남명학연구소에서도 지리산에 올라 기록을 남긴 학자들의 문헌을 연구한 업적이 축적되어 있다.[7] 그 연구 성과들은 문헌기

---

[4] "一本而分萬者 山也, 萬殊而 合一者 水也"『旅菴全書』권 10, 山水考 1 서문

[5] 최석기,『남명과 지리산』, 경인문화사, 2006. 조식이 산을 오르면서 물을 먼저 본다고 한 것은 공자의『논어』에서 "智者樂水, 仁者樂山"라는 데에 영향을 받은 것으로 추정된다.

[6] 순천대학교 지리산권문화연구원에서 출간한 업적 중 연구총서로는『지리산과 인문학』,『지리산과 명산문화』두 책이, 자료집으로는 지리산권 자료총서 23책이 출간되었고, 번역총서 3책, 교양총서 2책이 출간되었다.

[7] 최석기,『남명과 지리산』경인문화사, 2006.

록을 통한 실증적 연구였다. 이들 연구업적을 바탕으로 하여 지리산의 인식에 대한 전체를 개관한 것이다. 혹 아직 연구되지 않은 부분을 조금 밝혀 주는 점이 있다면 다행으로 여기겠다.

II. 지리산의 기능과 인식의 변화

앞서 산과 강은 밀접한 관계를 가지고 있다고 했다. 산과 물의 본질에 대한 문구로 이런 말이 있다. "만 리에서 불어오는 거센 바람에도 산은 움직이지 않고 백 년 동안 비가 와서 물이 쌓여도 바닷물은 크게 늘어나지 않는다.(萬里風吹 山不動, 百年水積 海無量)". 또한『삼국사기』에는 김유신이 한 말에 "한 잎이 떨어진다고 무성한 수풀이 줄어들지 않으며 한 티끌이 쌓인다고 큰 산은 불어나지 않는다(一葉落 茂林無損 一塵集 大山無所增)"[8]고 했다. 이 두 경구는 산의 본질을 간결하게 꿰뚫고 있다. 산 아래 사는 인간은 마음이 항상 때때로 변해도 큰 산은 변치 않고 의연한 자태를 지속하고 있음을 명료하게 말해주고 있다.

산은 바위와 흙으로 되어 있으나 기반은 주로 바위라고 할 수 있다. 지각변동에 의해서 마그마가 분출된 것일 뿐 신이 만든 것도 아니며 이에 신령이 있는 것도 아님은 현대인은 모두 알고 있는 상식이다. 그런데 산은 모진 바람을 막아주기도 하고, 때로는 평야지역의 논밭이 극심한 가뭄으로 엄청난 흉년을 당하였을 때에는 인간의 먹이를 구할 수 있는 자원으로서 구세주 역할을 하기도 했다. 그 뿐만이 아니라 인간은 산에서 나무를 베어서 밥을 짓고, 겨울의 추위를 이겨내기 위한 온돌을 덥혀주는 에너지원으로 활용해왔다. 때로는 전염병이 돌면 이를 막기 위해 가족이 산으로 피신을 하기도 했다. 전쟁이 일어나면 피신처이기도 했다. 이런

---

[8]『삼국사기』권 41 김유신 열전 상 김유신이 한 말로 인용되고 있다.

기능은 문헌기록으로 보이는 은둔의 기능이나 절묘한 가경을 관상하는 문인들의 기능이나 위대한 학자들의 심신 수련의 기능보다 일반 주민들의 생활에 있어서는 훨씬 중요한 것이었다.

그렇다고 산의 주인이 애초부터 인간이었다고 할 수 없다. 우리나라 인간의 역사를 5만년으로 잡는다면 49,000년 동안 산의 주인은 맹수였다. 지리산에는 호랑이, 멧돼지, 곰 등이 살고 있어 이런 맹수들이 49,000여 년간 지리산의 주인이었다.[9] 인간은 오직 산자락 일부를 차지하고 있었을 뿐이다. 그것도 겨우 천 여 년 전부터이다.

한국의 역사를 문명사적으로 보면 가장 큰 변화를 가져온 시기는 철기문명의 수용, 동서양의 문명이 서로 만나는 계기일 것이다. 철기문명의 수용은 기원전 4세기로부터 기원후 3세기에 걸치는 시기였으며, 서양문명과 동양문명의 교섭과 수용에는 17세기로부터 20세기까지 300년의 시간이 걸렸다. 역사에서 시대구분을 단선적으로 자를 수 없음은 자명한 것이다. 우리가 시대구분을 단선적으로 잡는 것은 역사가의 편의상일 뿐 전체 사회를 본다면 새로운 문명의 이행기에는 서로 겹치는 시기가 있다. 이는 문명이 처음으로 알려진 시기와 사회 전반에 널리 보급된 시기를 고려하기 때문이다. 한국에서 철기문명의 수용 이전은 한반도에 살았던 주민의 이주가 일단락되어 오늘의 한국민족의 큰 틀이 이루진 시기로서 한국어가 생겼으나 문자를 갖지 못했다. 민족의 큰 틀이 이루어졌다고 하여 민족의 개념이 생겼다는 말은 아니다. 한국민족의 실체는 오랫동안 형성되어왔으나 이를 민족으로 인식한 것은 19세기말이라고 할 수 있다. 신

---

[9] 조선왕조실록에는 18세기 말까지 호랑의 피해를 구하기 위해서 국왕이 윤음을 반포한 사례가 확인되며, 지리산의 구체적 기록은 1600년에 호랑이가 남원의 민가를 급습하여 여러 사람이 희생되었다. 관가에서 포수를 동원했지만 잡지를 못해서 조경남이 머리를 써서 먹이를 놓고 덫을 만들어 잡았다는 실증적 기록이 있다. 趙慶男, 『亂中雜錄』 권4 선조 경자(1600) 8월 27일자 남원, 순천의 송치, 장수의 수분원, 함양의 팔량치 등에 虎患이 극심했다고 하였다.

분적 특권 계급이 법제적으로 타파된 1894년 갑오경장으로 인하여 이후 계급과 지역, 당파를 초월하여 전 인민을 하나의 정치체로서 동포로 인식한 민족주의 이념이 나타났다.

우리나라는 신석기문명과 청동기문명의 시대를 거치면서 후대의 한 두 군현을 아우르는 지역적 국가를 건설하였으니 그 단적인 증거가 지석묘이다. 지석묘는 전 세계에 약 5만개의 것이 알려지고 있는데 한반도에 3만개가 존재한다는 것은 세계사적인 특이현상이라고 할 수 있다.[10] 지석묘 사회에 대해서는 앞으로 더 깊고 다양하게 연구되어야할 과제 분야이다. 한반도에는 당시 수백 개의 국가가 형성되었는데 3세기 말 진수가 쓴 『삼국지』 위서 동이전에 보이는 삼한 78개국과 북쪽의 몇 개의 국가명은 당시까지 지속된 국가의 명칭이었을 뿐이다. 이렇게 말하면 단군조선이 거대한 영토를 소유했다고 믿는 재야사학자에게는 충격적인 발언일 것으로 생각하나 이는 역사의 진실이라고 생각한다.

중국사에서도 하·은·주 3대는 조그만 지역국가였으나 철기문명이 도래하여 보편화되는 것은 기원전 5세기 경의 전국시대이고 중원지역을 통일한 것은 진시황대에 처음으로 이루어졌다고 할 수 있다. 하·은·주의 역사는 단선적으로 발전한 것으로 후대에 부풀리고 미화된 것이라고 할 수 있다. 주대에 수많은 국가가 있었음은 공자가 편한 『시경』에 각 나라의 노래를 정리한 점을 통해 확증할 수 있다.

우리나라는 청동기 문명의 시대에 국가가 최초로 세워지면서 통치자는 하늘님의 아들이 내려와 지신의 후예와 결혼을 하여 건국했다는 天帝 강림신화를 낳게 하였고 이 시기에는 인류의 보편적인 애니미즘과 토템사상이 함께 존재했으나 천제강림신화는 이후의 철기문명시대의 국가 건설자들에게도 계승되었으며 이후의 역사 속에 끊임없이 이어져 왔다. 한국

---

10) 이를 최남선은 '太陽巨石文化' 라고 규정했다.

상고의 고유사상으로 무격신앙(shamanism)을 부르고 있으나 우리의 전통신앙은 精靈신앙이라고 해야 올바른 표현이다. 하늘, 해와 달, 별, 산과 강, 바다, 그리고 큰 바위와 큰 나무에 정령이 깃들여 있다는 것을 뜻한다. 무격신앙은 미래를 점치는 무당의 기능이 강조되었기 때문이다.

천제강림신화는 한국과 일본에 공통되어 중국의 건국자의 感應신화와는 구조적으로 구별된다. 천제강림신화는 남자가 주체인데 반하여 감응신화는 여자가 주체이다. 천제가 강림했다는 것은 청동기 문명을 가진 집단이 새로이 외부로부터 이동해왔음을 뜻한다. 즉 청동기문명이 앞서 와서 살고 있던 토착민에 의하여 발전시킨 것이 아니라 그 새로운 문명을 가진 집단이 한반도에 이주함으로 전래되었음을 의미하고 천신족의 배우자가 된 지신족은 토착민의 세력으로 이주민과 토착민의 결합을 의미한다고 할 수 있다.

한국에서 철기문명의 수용은 중국으로부터 전래하였으며 이와 함께 한자문화가 도래하였고 유교문화, 도교문화, 불교문화가 연이어 수용되었다. 철기문명의 수용은 쇠도끼의 사용으로 목재를 마음대로 다루어 가옥이 이전의 움집에서 지상가옥으로 변하였다. 지상가옥을 지으면서 인민은 평지에서 바람을 막아주고 햇볕을 잘 받을 수 있는 산자락의 양지를 택하였다. 그리고 땔감에 사용한 나무와 집을 짓기 위한 목재, 기타 농기구에 이용할 수 있는 나무를 손쉽게 얻을 수 있는 산을 주목하게 되었다. 그러나 이때의 주민들에게는 지리산과 같은 높은 정상까지를 아우르는 산을 의식한 것이 아니라 낮은 산을 인식했다고 할 수 있다.

또한 땅을 팔 수 있는 농기구가 쇠로 만들어짐으로서 농업생산력이 석기에 의존하던 청동기 시대보다 비약적으로 증대되었으며 그 결과는 인구의 증가를 가져왔다. 거기에 전쟁무기인 철제검이 만들어지면서 전쟁은 새로운 변화를 가져왔다. 즉 이제까지 행해지던 약탈전쟁에서 인민과 그 땅까지를 차지하는 정복전쟁으로 변환되었다. 철기문명의 수용한 결과 소규모의 지역 국가는 큰 국가에 통합되어 갔으니 삼국이란 고대국가를 탄생하게 되었다. 고대국가는 인민에게 국왕과 국가에 대한 충성과 부모에 대한 효, 동료집단 간의 신의, 임전무퇴를 강조하는 유교윤리를 선호하게 되었다. 그리고 이런 덕목은 불교 승려에게도 요구되었으며 전쟁에서 죽은 사람의 영혼을 위로해주고 내생에 환생한다는 불교윤리도 한몫을 했다. 유교, 불교, 도교 등의 더 높은 수준의 사상이 수용되었지만 정령신앙은 전통신앙으로서 공존하면서 발전해왔다. 최치원은 이를 '玄妙之道'로서 유불선의 장점을 모두 공유하고 있다고 했다.[11]

서양과학문명의 전래와 수용은 자연을 과학적으로 이해하면서 자연의 신비로움을 하나하나 제대로 이해하기 시작했다. 그 결과 오랜 동안 동양사회에 지속되어 온 정령사상을 불신하게 되는 엄청난 변화를 가져왔다. 이는 하늘과 땅에 대한 종래의 신앙은 근본적으로 무너지기 시작했다. 하늘과 땅, 바다와 강에 대한 이해를 과학적으로 이해하기 시작했으며. 그 인식은 이후 축적적으로 발전해가고 있다. 과학과 기술은 거의 수직에 가까울 정도로 급격한 발전을 이루었다. 이에 따라 지리산에 대한 인식도 감상 중심의 서정적 이해에서 사실을 중시하는 서사적 이해로 바뀌어가고 있다고 할 수 있다.

지리산을 우리는 총체적인 것으로 이해하고 있다. 그러나 지리산에는 작은 수많은 봉우리와 골짜기가 있다. 어느 것이 정말로 지리산의 실체인가를 단정적으로 말할 수 없다. 지리산을 정상까지 아우르는 산 전체를 의식한 것은 국가의 강역을 넓히면서 경계지역으로 의식되었을 것이니 가야연맹의 시기나 아니면 삼국이 지역 국가에서 강역을 크게 확장한 5~6세기일 것으로 판단된다.

정령신앙과 유·불·선의 3교가 자유롭게 믿어진 삼국시대에는 큰 산

---

11) 최치원, 「난랑비」 서문 참조.

은 국가의 강역을 더 넓힘에 방해가 되는 존재로 인식했을 것이다. 큰 산을 바로 넘지 못하고 큰 산을 우회하는 길을 발견했다. 그리고 요소 요소에는 산의 계곡을 이용한 산성이 축적되었는데 지리산과 같은 큰 산에 삼국시대의 산성이 별로 존재하지 않는 것은 산이 너무 큰 산이었기 때문일 것이고 이 지역이 쟁패의 대상지역이 아니었기 때문일 것으로 생각한다.

그 뿐만 아니라 산은 인간의 왕래를 막는 큰 逆機能을 가지기도 했다. 지리산은 경상도와 전라도의 문물 왕래를 저해하였고, 그에 따라 사투리와 고유습속이 자리 잡게 되었다.

오늘날 우리가 모두 지리산으로 칭하지만 지리산이란 실체에 대한 인식도 시기마다 달랐다. 초기에는 산자락의 작은 산에 대한 인식에서부터 시작하였고, 때로는 가장 높은 봉우리인 천왕봉과 반야봉, 노고단을 지칭하여 지리산이라고 불렀다. 그러나 실제 지리산에는 천왕봉과 비슷한 봉우리가 그 주위에 수없이 많으며, 반야봉과 노고단의 경우에도 마찬가지일 것이다. 지리산 전체에 대한 정확한 인식을 하게 된 것은 조선 후기 18세기에 정상기(1678~1752) 3대에 걸친 實尺에 의한 상세한 「동국지도」가 만들어지면서부터이고[12] 이보다 정확한 인식은 등고선에 의한 측량법에 의한 지도가 작성된 이후이며 전체를 한 눈에 인식할 수 있는 것은 겨우 몇 십 년 전 20세기 말 항공사진이 촬영된 이후라고 할 수 있다. 고속도로의 개통으로 지리산은 전라남도와 경상남도 사람들의 산에서 국립공원의 지정으로 이제 전 국민의 산으로 인식되고 있으며 세계인의 산으로 만들어 보존하자는 개방적인 움직임이 유네스코 문화유산으로 등재하는 일이라 할 수 있다.

현재에도 지리산의 모든 봉우리 이름이 붙여지지 않은 곳도 많을 것이

---

12) 신경준,『東國地圖』跋.『여암전서』권5.

며 골짜기 이름이 없는 곳도 많을 것이다. 그렇다면 아직도 지리산은 인간에게 완전한 인식을 한 대상이 아닐 것이다.

III. 동양문명에서 본 지리의 의미

전근대의 동양에서는 역사의 기본 요소로서 하늘과 땅 그리고 인간으로 파악해왔다. 그래서 이를 '三才'라고 칭했다. 하늘과 땅의 이치를 '天道'와 '地道'라고 했고, 인간의 행동의 원칙은 '천도'와 '지도'를 그대로 준용하여야 한다는 생각을 중국인은 주나라시대 가졌으며,『주역사상』의 기초이기도 했다. 천도란 어김없이 오는 순환 반복하는 밤낮, 계절의 질서, 하늘의 별들 중 움직이지 않고 중심이 되는 북극성과 많은 별자리, 그리고 더위와 추위, 바람과 비, 해와 달의 운동은 모두 하늘의 기능으로 파악했다.

일찍부터 하늘은 인간의 운명을 결정지어 준다고 생각해 왔다. 하늘은 인간의 행위의 선악을 심판하다는 천인감응설이 漢 나라의 董仲舒에 의해 이론으로 정립되었다. 즉 착한 사람에게는 복을 주고 나쁜 일을 한 사람에게는 '禍:재앙'을 주며 군주의 정치적 잘잘못을 감시하여 상서와 변이를 준다고 했다. 그래서 군주의 失政에 대해서는 경고를 내리는 바 이를 '天譴'이라고 했다. 군주는 하늘로부터 백성을 다스릴 수 있는 권한을 위임받았다고 하여 '천명'을 받았다고 했고, 군주는 '하늘을 대신하여 백성을 다스린다(代天理民)'고 했다. 천견 중 군주가 가장 두려워한 것은 농사를 망치는 가뭄이었다. 이때에는 국가에서는 처음 군주의 반찬 가지 수를 줄이는 일부터 시작하여 자기 정치행위의 반성으로 시무책의 건의를 받아들이고, 전국의 감옥에 갇힌 사람의 형을 감면하는 조처와 함께 불교 승려들로 하여금 비가 오도록 비는 종교의식, 전국의 무당을 동원하여 기우제를 지내는 등 당시 할 수 있는 조처를 다 취했다. 그 구체적 실례로 조선 태종이 가뭄에 시달려 양위를 한 군주이고 이로 말미암아 '太宗雨'라는 일화를 들 수 있다.

땅의 도는 하늘의 도와 다르지 않지만 그 덕성은 만물을 땅위에 싣는 작용을 들고 있다. 그러므로 만물을 바치고 있는 기능은 만물을 낳고 기르고 [化生] 만물을 보호하는 일까지 한다고 믿었다. 그래서 국가에서는 하늘과 땅은 인간 생활을 돌봐주는 가장 큰 기능을 가졌다고 생각했다. 우리식으로 이를 해석하면 땅은 모든 생물을 낳아서 기르고 또한 죽으면 다시 품기까지 한다. 우리들의 의식주가 모두 땅으로부터 나오지만 이에는 또한 하늘의 도움을 배제할 수 없다.

이처럼 인간의 모든 문화는 하늘과 땅의 도움으로 이루어진다고 믿었음으로 하늘과 땅의 신은 가장 경외하는 존재였다. 비록 인간의 노력으로 문화가 이루어지지만 인간만의 힘 이외에 하늘과 땅의 존재를 크게 의식했다. 천·지·인을 중시한 대표적 예가 명나라시대 전통 문화를 그림으로 그리고 설명한 『三才圖繪』라는 책이 있다. 『삼재도회』라는 책에서는 하늘 현상, 지리 현상, 인간이 만든 모든 문화적 요소를 그림으로 그리고 설명을 붙이고 있다. 이런 책이 일본에서도 『和漢三才圖繪』라는 책이 18세기에 만들어졌으나 우리나라에서는 만들어지지 않았다. 이는 조선시대의 문화가 시 중심의 서정적 문화였음을 보여주는 단적인 증거라고 할 수 있다. 중국 역사의 正史라고 칭하는 25사 중 역사내용을 분야별로 정리한 '志'도 天·地·人 순서로 정리되었을 뿐만 아니라 우리나라의 문화를 단군조선으로부터 역대 왕조를 통관하여 당시까지의 문화를 분야별로 정리한 『동국문헌비고』도 이런 순서로 되어 있다.

따라서 역사와 문화를 보는 시각도 이 삼재라는 세 가지 시각에서 본 것은 유교사상의 기본이라고 할 수 있다. 불교에서는 만물의 형성요소를 '地·水·火·風'이란 4大라고 파악했다. 오늘의 과학적 상식으로 4대를 풀면 고체, 액체, 기체, 에너지라고 할 수 있다. 그러나 불교는 세속의 정치와 역사를 그리 중하게 여기지 않았기 때문에 실제 정치와 역사기록의 중심에서 멀리 떨어져 존재했다. 이는 도교도 불교와 유사한 성격을 가졌고 역사의 기록에서 차지하는 위상도 불교와 비슷했다.

그런데 삼재 중 하늘에 대한 보충 설명이 필요하다. 하늘은 천체의 현상, 기후, 시간과 길흉의 운명을 좌우하는 힘으로 파악했다. 삼재를 오늘날의 개념으로 풀이하면 시간, 공간, 인간이라고도 할 수 있지만 전통적인 하늘의 개념은 시간 외에 더 많은 내용을 가지고 있었다. 전쟁에서 승리하려면 천시보다 지리가 더 중요하고 지리보다 인화가 더 중요하다고 맹자는 갈파했는데 이는 문명의 발달에 의한 인식의 결과이다. '天時'란 기후, 시간과 함께 길흉이 정해져 있다고 본 복합적 개념이다. 그러나 무궁한 시간과 다양한 기후가 인간 생활에 미치는 영향이 크지만, 지리가 인간에 미치는 영향도 엄청나게 큰 것임을 지난 2011년 3월 11일에 일어난 일본의 재앙에서 확인할 수 있다.

한국 땅에 태어난 사람은 한국이라는 기후와 지리를 외면하고 살 수 없을 뿐만 아니라 그 도움을 잘 받도록 종교적 기원을 했다. 자연에 대한 신앙이 바로 '정령' 신앙이라고 할 수 있다. 이런 기원은 전통사회에서는 제사의 방식으로 이루어졌다. 전통시대에는 과학이 발달하지 못해 자연의 현상까지도 정치, 사회 등 인간의 활동의 결과와 연관시켰다. 아무리 과학이 발달한 오늘에도 인간은 자연의 이용과 그 재앙으로부터 겸손해야함을 일본의 3·11 재앙은 보여주고 있다. 원자력발전소라는 것은 인간문화의 최첨단 과학발단의 소산이다. 이를 파괴하는 힘이 쓰나미 현상에서 일어날 줄을 예상이나 했었던가 묻지 않을 수 없다. 원자력 발전소의 파괴의 결과는 바다와 땅을 오염시킬 뿐만 아니라 바람을 타고 전 세계에 퍼지고 있다. 이제 천재지변은 한 나라만의 문제가 아니라 지구상에 살고 있는 전 인류의 생활과 직결되고 있어 세계인들의 공동관심사가 되고 있다.

Ⅳ. 고대문명과 지리산권의 최초의 인식

지리산에 대한 최초의 인식을 알려주는 문헌자료는 없다. 따라서 이를 파악하기 위해서는 추론이 필요하다. 지리산에 대한 최초의 인식은 아직 산의 이름이 정해지기 전부터 서쪽에 사는 사람들은 해와 달이 뜨는 산, 동쪽 편에 사는 사람들은 해와 달이 지는 산으로 인식했을 가능성이 있고, 남쪽 사람들은 북쪽에서 불러오는 바람을 막아 주는 산, 북쪽 사람들은 생활을 보장해주는 든든한 버팀목의 산으로 인식했을 가능성을 생각할 수 있다. 지리산이 총체적으로 인식된 것은 가야연맹국가가 형성되어 지리산에 가까운 지역에 정치적 실체가 생겼을 때일 것이다. 이후 백제와 신라가 지리산을 경계로 국경을 맞대게 된 6세기 이후가 아닐까 한다.

문헌상 지리산을 표현함에는 '地理山'과 '智異山'[13]의 두 가지 표현이[14] 중심이었는데 현재는 우리는 모두 '智異山'을 아무 의심 없이 '지리산'으로 읽고 있다. 한글 컴퓨터에서 지리산을 한자로 전환하면 '智異山'으로 자동 전환되지만 한국의 음에서도 '異'자가 '리'자로 발음되는 예는 없고 오직 '이'자로 발음될 뿐이다.[15] 그리고 '智異山'의 '異'자는 중국 발음으로도 '羊'과 '吏'자의 반절로서 우리 음으로 '이'로 읽혀 왔다.[16]

'地理山'이란 명칭은 『삼국사기』에 네 곳에 나오고 있고 '智異山'이란 기록은 전혀 보이지 않고 있다. '地理山'이란 기록의 하나는 신라가 삼국을

---

13) '智異山'을 현재 한국 사람은 모두 '지리산'으로 읽고 있다. 그러나 그 명칭의 표기를 구분하기 위해서 본고에서는 이를 '지이산'으로 기술하기도 하였다.
14) 최석기, 앞의 책. 『남명과 지리산』에서는 지리산의 표기 상황을 구체적으로 밝혔다.
15) '智異'와 유사한 '奇異하다'의 발음도 기이로 발음된다.
16) '羊'의 발음은 '與'자와 '章'자의 반절로 '양'이었고, '陽'자의 발음과 같았다. '羊' 자가 유음인 '량'으로 읽힌 예가 없다.

통일한 후인 神文王(681~692)[17] 대로 이해되는 오악 중 남악으로 파악된 시기의 것으로『삼국사기』권 32에 잡지 제사조의 남악에 대한 편찬자의 설명인 分註에 나온다. 즉 菁州(진주)의 '地理山'이라고 쓰고 있다[18]. 신라에서의 오악은 전국토의 평안을 위해 제사를 올리는 산신이란 精靈사상에 기초한 것이다. 초기 신라의 수호신으로 믿어진 경주 주위의 호국신으로 숭앙된 3산에 대한 제사는 신라 국가에서 가장 중시된 大祀에 속했고, 오악은 다음 급으로 중시된 中祀였으며 기타의 산은 최하위의 小祀에 속했다.[19] 이는 지역주민의 인식이라기보다는 경주 중심의 국가적 인식이었다. 이 때 남악으로서 지리산의 인식은 진주에 속한 산으로 이해되었다.[20]

『삼국사기』에 '地理山'의 기록은 음악을 다룬 '玄琴'조에 두 번 보이고 있다. 경덕왕 대에 당나라에서 들어온 현금은 옥보고가 地理山 雲上院[21]

---

[17] 『동양사연표』에는 재위 연대가 681~691으로 되어 있으나 이는『삼국사기』연표에 의거한 것이다.

[18] '菁州'를 경덕왕 이전의 진주의 고호였다는 설은 근거가 박약한 것이다. 이는 고려에서 진주라고 칭하기 전의 고호였다고 해석해야 옳을 듯 하다.

[19] 신라에서의 대사 중사 소사의 등급은『大唐開元禮』에 의거한 제사 등급과는 다른 체계였다. 고려왕조 의종대에 정해진『고금상정예문』에서부터 조선왕조에서는『대당개원예』에 의거 대사는 천, 지신에 대한 제사, 사직, 종묘제사, 왕릉에 대한 제사가 속하고, 중사에는 籍田. 先蠶, 문선왕묘 제사가 속하고, 소사에는 風師, 雨師, 雷神, 靈星, 馬祖, 先牧, 馬社, 馬步, 司寒, 諸州文聖王廟, 大夫士庶人祭禮가 속하고 전통적인 산신제와 도교적인 醮祭 등은 모두 雜祀로 취급되어 있다. 이런 전통은 대체로 조선조의『國朝五禮儀』체계로 계승되었다.

[20] 『삼국사기』권 32 잡지 1 제사조 남악에 대한 분주에서 菁州라고 하였는데 청주는 진주의 고호였다.

[21] 운상원은 현재 하동군 칠불사로 추정되고 있다. 칠불사는 특이한 온돌방식인 '亞字房'이란 온돌구조가 세계건축사전에도 실려 있는 고찰이다. 김진욱 저『智異山圈 寺刹題詠詩』, 닷컴출판사, 지리산권문화연구단 자료총서 14, 2009. 이책의 해설 153~154쪽 참조. 이 해설에서는 뚜렷한 근거 없이 경덕왕 때 옥보고가 입산해 50년간 30곡을 지었다고 설명하고 있다. 칠불사는 현재 하동군 화개면에 있는 고찰이다. 이 책에 실린 제영시의 자료를 보면 삼연 金昌翕(1653~1722)의 시 중 첫 번째 시에 옥보고의 내용이 시에 실려 있음을 발견했다. "玉寶傷徽 流響遠 金輪禪梵 轉音遲" 위 책 160쪽. 이 시의 내용은 "신선 옥보고의 아름다운 소리 멀리서 들리는 듯 부처님의 범종소리 도리어 더디구나!"로 번역해 본다.

에 들어가 50년간 익혀서 최고의 전문가가 되었고, 현금으로 부르는 음악 30곡을 제작했다고 했다. 현금은 우리말로는 거문고(검은고)로 칭해지는 악기이다. 원래는 중국의 진나라 7현금이었는데 고구려에서 왕산악이 원형을 유지하면서도 그 규칙을 고쳐서 100곡을 지어 연주하니 검은 학(玄鶴)[22]이 날아들었음으로 이를 현학금이라 칭하고 이를 약칭하여 현금이라 칭한다고 『新羅古記』를 인용하여 서술하고 있다. 옥보고의 비법은 그 손제자 貴金에게 전해졌는데 귀금도 地理山에 들어가 나오지 않았다. 이 기사에서 옥보고가 지은 곡 30곡의 이름 중 지명을 딴 것으로 짐작되는 곡명은 '上院曲', '中院曲', '下院曲', '南海曲', '毅岩曲', '竹岩曲' 등이다.

옥보고나 귀금이 '地理山'에 들어갔다는 것은 진주 쪽의 지리산일 것으로 추정되지만 하동군 화개면은 하동의 끝으로 남원소경의 관할 하에 있던 구례와 접경 지역이었음을 유의할 필요가 있다. 이는 옥보고의 음악 기법을 전수받고자 하여 신라에서 파견된 관리가 남원 公事였던 이찬 允興이었다는 서술이 이를 말해준다.[23] 이는 최근 남원의 국악전통을 재현함에 큰 힘이 되었던 역사적 사실이라고 할 수 있다.

『삼국사기』에 네 번째로 '地理山'이 기록된 기사는 신라본기 흥덕왕 3년 (828)조에 나온다. 이는 견당사로 갔다가 돌아온 大廉이 차 종자를 가지고 왔음으로 왕은 이를 '地理山'에 심게 하였다는 기사이다.[24] 이는 지리산이 차를 번식시킴에 국영농장의 역할을 했다고 할 수 있다. 이로 인해 선덕

---

[22] 현학은 원래 흰학이 천년을 살면 靑鶴으로 변하고 다시 천년을 살면 검은 학으로 변한다고 해서 현학이라고 한다고 알려지고 있다.(晉나라 崔豹의 『古今注) 아마 지리산 청학동도 장수마을이라는 뜻에서 취해진 것으로 이해된다.

[23] 이는 거문고의 비법을 단절시키지 않으려고 국왕이 이찬 윤흥을 남원의 공무를 맡겼다는 기록이 뒷받침해주고 있다. 『삼국사기』 권 32, 음악조 현금항목 뒤에 이에 관한 보다 자세한 내용이 서술되어 있다.

[24] 『삼국사기』 권10 신라본기 흥덕왕 3년(828년) 12월 조에 遣使入唐朝貢 文宗召對于麟德殿 宴賜有差 入唐廻使大廉 持茶種子來 王使植地理山 茶自善德王時有之 至於此盛焉

왕 대부터 시작된 차 문화보다 더 성행하게 되었다고 한다. 대렴이 가져온 차 종자가 지금까지 현전하는지는 장담할 수 없으나 이는 자연과학적 연구로 깊이 있게 연구할 과제라고 할 것이다. 왜 지리산을 택하였는지는 앞으로 연구되어야 하겠지만 아마도 중국의 차 생산지와 비슷한 기후와 지리적 특성을 고려한 것으로 이해된다.

　신라에서 오악에 대한 제사를 올린 것은 산신령에 대한 제사일 것이다. 산신령은 산의 정상에 있다고 믿었겠지만 제사를 올린 곳이 바로 정상이라고는 생각되지 않는다. 이는 아마도 진주 쪽의 산자락일 것으로 추정되며, 옥보고와 귀금이 지리산에 들어갔다는 것도 계곡 깊숙이 들어갔을 것이며 산의 정상이라고는 생각할 수 없으며 더구나 차를 심은 곳은 지리산의 산록일 가능성이 있음으로 신라시대에 산의 정상에 대한 언급이나 기록은 보이지 않는다. 산자락이나 산중은 당시 산 주위의 사람들이 거주하고 있는 곳을 떠나 생각할 수 없다. 산중에서 나오지 않았다는 표현은 수도 경주나 도시인 남원 등지로 나오지 않았다는 의미를 가진다고 할 것이다. 그러므로 신라시대의 지리산 기사는 지방민의 거주와 밀접한 관련을 가지며 당시 인들은 "산은 조용한 곳, 세상의 명리를 떠나 순박하고 자연스러운 곳"이라는 산에 대한 인식을 보여준다고 할 수 있다.

　신라에서 산에 대한 제사를 대·중·소로 나눈 기준은 무엇일까? 이는 국가발전에 따른 것으로 고려조 이후 당나라 예제에 따라 국가에서 제사의 중요성에 따라 나눈 祀典의 개념과는 다르다. 이는 대사의 삼산은 신라 초기부터 있었던 신령스러운 산으로 경주를 지켜준다는 호국의 신으로서 상징되었고, 중사인 오악은 삼국통일 후 전국의 큰 산을 지정하여 영원한 방비를 염두에 두었으니 가야지방의 영구한 지배를 서악 계룡산은 백제지방의 영속적인 지배를 위해 제사지냈다고 해석되며 중악을 팔공산으로 파악한 것은 신문왕대의 대구천도와 관련된다는 설[25]도 있지만 5악은 당시 경주에서 본 전 영토의 중심지역에 있던 큰 산이라고 할 수 있다. 대사와 중사의 차이가 단순히 중국적인 제사에서 제물을 차리는 차이에 의한 것이라기보다는 오히려 신라에서 본 산의 중요성에 의한 차이라고 해석함이 더욱 온당할 듯하다. 신라의 전통적인 습속으로 산에 대한 제사를 대·중·소로 나누어 지냈다는 것 자체가 특이하다. 이 산신에 대한 제사를 건국시조인 박혁거세가 하늘에서 내려왔다고 하여 천신에 대한 제사의 변형으로 파악함은 타당한 해석일가를 생각해보자

산신에 대한 제사의 의미는 땅을 지켜주는 지신에 대한 제사로 해석할 근거는 없을까? 천신은 물론 지신보다 한층 격이 높은 신이라고 생각했을 것이다. 그리고 높은 산은 하늘과 가장 가까운 곳이라는 생각에도 무리는 없다. 그러나 높은 산은 큰 산이고 큰 산은 지방을 누르고 있는 힘이 크다고 믿었을 가능성은 없을까? 산신제 하면 중국에서 태산과 화산에서 하늘신에 대한 제사를 염두에 두고 있지만 신라의 산신제 중 5악의 제사나 소사에 속하는 각 지역의 작은 산에 대한 제사를 올린 것까지를 염두에 둔다면 산신제는 지역의 평화와 안정은 물론 지역을 짓누르고 있는 산의 정령을 의식한 것이지 천신에 대한 제사로 해석함은 무리라고 생각된다. 山神의 정령을 흡수한 것이 사찰의 산신각이다. 사찰의 가장 높은 지대에 산신각이 건립되어 있다. 산신각에서 호랑이를 옆에 노인이 거느리고 있는 동물은 호랑이다. 호랑이는 당시 산중의 주인이었다. 노인은 산신령을 상징한 것이다. 깊은 산속에 있는 절에서 가장 두려워한 것은 호랑이였다고 생각된다. 노인이 호랑이를 데리고 있는 모습은 산 중의 사찰을 찾는 신도들에게 위안을 주기 위한 것은 아니었을까 추정해 본다. 산신을 산의 정령으로 인식한다면 이는 지신의 대표적인 신이라고 할 수 있을 것으로 추정한다.

고대문명은 불교의 영향이 지대하였으니 철학뿐만 아니라 조형예술에

---

25) 이기백, 「신라의 오악의 성립과 그 의의」, 『진단학보』 33, 1969. 『신라정치사회사연구』 일조각, 1974. 재수록

서도 작용했다. 구례 화엄사는 신라가 통일한 후에 세워진 사찰로서 4사자석탑으로 보아 통일신라기 경주세력과 이 지방의 관계가 밀접했을 것이며, 구례는 이는 경주에서 당나라로 가는 통로상의 한 곳이었다고 생각된다. 그러므로 화엄사의 창건과 차의 재배는 어떤 상관관계가 있지 않을까 추정한다.

지리산일대는 백제의 성왕이 신라의 한강유역 점령에 따른 공격을 하다가 보은의 삼년산성(관산성)에서 전사한 후 백제의 신라공격으로 무왕과 의자왕대에 큰 관심을 끌었던 지역이었다. 합천의 대야성을 점령한 것은 남원을 거쳐 함양으로 백제의 군대가 진격했을 것으로 추정된다. 이 무렵 거창의 고견암(속칭 고개남)에서 백제의 불상[26]이 나온 점으로 확증되며, 백제의 공격은 밀양 등지를 점령하고 가야지방을 점령하게 되었다.

그러나 백제의 공격은 곧 신라의 반격으로 이어지고 나당연합군에 의하여 백제는 660년 멸망하게 된다. 통일을 이룩한 신라에서는 전주, 무주, 공주를 백제 지역에 설치함으로써 완전 지배를 이루게 된다. 668년 고구려까지 멸망시킨 신라는 당군을 몰아내기 위한 정치적 계획으로 고구려의 부흥운동으로 안승을 익산에 보덕국왕으로 삼았다가 이를 제거한 후 그 유민 세력을 남원지방으로 이주시킨 후 그들을 통제하기 위하여 남원소경(南原小京)을 설치하였다. 이후 남원지방은 신라의 중요한 행정단위로서 주목되었다. 남원에 있는 만복사는 아마도 이때에 중시된 사찰이었던 것으로 추정된다. 현재 남아 있는 조각품은 고려 문종대의 것으로 추정되지만 가람의 구조가 1탑 3가람 형식을 가진 점에서 평양의 청평사지 구조와 같다는 점이 그런 생각을 갖게 한다. 남원공사로 파견되어 거문고를 배우게 했다는 이찬 윤흥의 파견도 이런 맥락에서 이해되어야 할 것이다.

---

26) 보물 285호,『금동보살입상』간송미술관 소장, 이에 대하여는 정영호,『백제의 불상』, 백제문화개발원, 주류성, 2004. 참조.

남원지역은 백제가 신라의 영역을 점령하기 위한 군대를 남동부지역으로 파견함에 중요한 군사적 요충지로 인식되었고, 신라가 통일한 후에도 이 지역은 신라의 깊은 관심을 끌었으며 남원소경을 설치하면서부터 정치적 안목에서 중시되어 이에 따라 교종계통의 불교가 확장되었으니 대산리 신계리의 통일신라의 불상이 조각되었고, 만복사가 창건되었다고 할 수 있다. 또한 신라에서는 대당무역로를 통한 통로로서 진주, 구례지역이 중시되어 구례의 화엄사가 창건되었으니 이는 사사자석탑이 이를 입증해준다. 지리산 일대에 세우진 사찰은 인근 주민들에게 심적 영향을 지대하게 미쳤다고 할 수 있다.

요컨대 고대국가 시대 영토전쟁을 거치면서 지리산은 백제와 신라에서 국가적으로 파악되고 인식되었다고 생각되고 이에 따라 지리산 산신은 인근 주민들에게 불교적 신앙과 함께 한층 심화되었다고 할 수 있다. 이는 전체의 산을 인식하는 지리산 개념에 불교적 신앙, 산신신앙이 결부되어 精靈신앙이 발전했다고 할 수 있다.

V. 중세문명과 지리산 인식

1. 고대문명의 몰락과 호족문명의 탄생

철기문명을 기반으로 확장된 삼국의 고대문명은 정치적으로는 왕권의 강화, 사회적으로는 혈족 중심의 배타적인 골품제 사회의 구축, 법제적으로는 율령국가의 건설, 문화적으로는 전통사상과 유불선 종교의 실용적 통합으로 나타났다.

이에서 주목할 것은 고대국가의 완성으로 골품제가 완성되면서 지방의 족장세력은 중앙의 권력층에서 완전히 배제되었다는 점이다. 통일신라는 영토가 3배로 증가하고, 인구가 3배로 증가하면서 국가의 조세가 모두 경주로 징수되면서 경주의 호화스러운 왕실귀족의 생활을 영위할 수 있게 되었으니 『삼국유사』에 전하는 金入宅의 존재가 그것을 말해준다. 통일 신라는 당나라의 문화를 이해하면서도 이를 적극적으로 수용하지 못했 다. 정치적 제도와 인선제도를 수용하기에는 기득권층의 완강한 저항을 받았다. 이는 신문왕 이후의 중앙의 잦은 반란세력의 제거가 이를 말해준 다. 오직 당나라 연호의 사용, 종묘제도의 수용 등이 있었을 뿐이었다.

8세기 후반 혜공왕(765~780) 대부터 안정과 평화, 번영을 구가하던 신 라 중앙사회에는 분열과 투쟁, 혼란이 일어났으니 진골간의 극심한 왕위 쟁탈전이 벌어졌다.[27] 150년간 20왕이 왕위쟁탈전으로 교체되었다. 이런 결과는 중앙 정부의 지방통제력이 이완되어 세수의 감소, 지방 군사권의 이탈을 가져왔다. 그러는 사이 지방의 족장세력의 후예들이 새로운 세력 으로 등장했으니 이들이 소위 호족세력이라는 것이다.

군현단위에서 호족이라는 세력이 성장했음을 상정할 수 있다. 그러나 현전하는 문헌자료 상 호족세력으로 나타나고 있는 자는 문제를 일으킨 큰 호족만을 기록하고 있기 때문에 이들 작은 호족의 기록은 많이 누락 되었음이 확실하다. 이런 호족들이 새로 일어난 배경에는 지금까지 그들 이 새로운 경제력과 군사력을 증강시킨 면이 강조되었으나 그 배경에는 잦은 가뭄과 혼란한 정치현상으로부터 2중 3중으로 조세를 납부하는 농 민이 견디지 못하고 유이민이 되는 현상이 있었다. 이런 유이민은 외국으 로 탈출하기도 하고 도적으로 칭하기도 하였는데 농촌인구의 유이민 현 상은 이후 150년간 지속적으로 계속되어 호족들이 쉽게 군사력을 모을 수 있는 배경이 되었다. 장보고가 청해진을 설치하여 해상왕국을 이룰 수 있었던 배경도 바로 농민의 유이민이 있었다는 점이다. 이런 유이민은 평

---

[27] 혜공왕 4년 768년부터 대공의 난 이후 96각간의 난이 일어났다. 김창겸, 「8~9 세기 신라 정치사회의 변화와 장보고의 등장」, 2001. 『2001 해상왕 장보고 국 제학술회의 논문집, 해상왕장보고기념사업회, 254쪽.

야지역에서 먹을 것을 구할 수 없는 경우 그들이 찾을 수 있는 곳은 지리산이란 큰 산이었다. 큰 산에는 먹을거리를 쉽게 구할 수 있는 곳이었기 때문이다.

9세기 이후 변화를 가져온 새로운 것은 중국으로부터 불교계에 선종이 들어왔다. 선종은 고대국가의 정신적 지주였던 교종으로부터의 새로운 불교계의 움직임이었다. 선종의 승려들은 경주의 화려하고 풍요로운 생활을 버리고 심산궁곡을 찾아 부처님의 마음을 직접 좌선에 의하여 증득하려는 종지를 가지고 있다. 이들은 소위 '9산선문(九山禪門)'이라고 칭한다. 선종사찰은 지리산 일대에 쌍계사와 9산의 선문 중 실상사, 태안사가 세워지고 장흥의 보림사가 건립되었다. 교종이 불경을 통한 교리 중심의 신앙으로 일반 사람들에게는 근접하기 어려운 점이 있었는데 선종의 사찰은 신앙형태로 보아 일반사람들과의 거리가 좁혀질 수 있었다. 선종의 유입은 신라의 불교계의 통제가 불가능해졌고 지방의 호족세력의 정신적 지주 역할을 했다. 호족 시대에 나타난 미술이 산상에 조각해 놓은 마애불의 출현이라고 할 수 있다. 마애불은 새로운 세상이 출현하기를 소망하는 호족들의 마음을 상징한 것이라고 할 수 있으니 지리산 일대에는 정령치의 12기 마애불, 남원시 대강면의 사석리 마애불, 여원치 마애불 등이 조사되고 있다.[28] 이런 마애불의 출현은 전국적으로 공통되는 것으로 7~8미터의 미륵불을 산상에 조각했다. 호족들이 쳐다볼 수 있는 산상에 새긴 것이다.

또 하나 호족시대의 변화를 가져온 것으로 견당유학생들의 귀국과 지방교육의 활성화라는 점이다. 9세기에 국비에 의하여 파견되었던 견당유학생은 한 때 귀국할 학생의 수가 140명에 달하였다.[29] 이는 6~7년간 중국에 가서 당나라 문화를 공부한 당시 세계적인 지성인이었고, 1급의 지

---

[28] 정구복, 「호족시대의 미술」, 『心泉 李康五 교수 화갑기념논총』, 1980.

[29] 신형식, 『숙위학생고』, 『역사교육』11 · 12, 1969.

식인이었다. 이들이 신라에 돌아왔지만 골품제를 고수하고 있는 신라사회에서는 이들을 수용할 수 없었다. 대표적인 사람이 최치원이었다. 이들이 중앙정부에 수용되지 못하자 지방에 살면서 지방교육에 기여했을 것을 충분히 상정할 수 있다. 이들에 대한 기록도 거의 전하지 않는다. 그러나 고려 광종 대에 12목에 과거제도를 실시할 수 있던 배경으로 이를 추정할 수 있다. 향리의 자제로 과거를 통해 유능한 사람을 관리로 뽑았는데 향리는 바로 지방 호족들을 고려왕조에서 향리세력으로 재편한 것이다. 전라도에서 성종 대에 진출한 전주의 柳邦憲[30]의 예가 그것이라 할 수 있다.

호족시대에 견훤과 궁예가 나라를 세움으로써 후삼국 시대가 되어 호족세력은 이제 새로운 정치세력으로 성장하였다. 견훤과 궁예에 대한 기록은『삼국사기』에 반역열전으로 기록되어 있어 많은 역사사실이 왜곡되어 서술되어 있다. 그 예가 견훤이 열전에서는 892년 무진주에서 왕을 칭하였으나 나라 이름을 빼먹고 있다. 그런데 신라본기에서는 892년 전주의 도적 견훤이 후백제를 칭하였는데 무주 동남쪽의 군현이 항복하여 소속되었다고 기술하고 있다.[31] 열전에서 후백제를 칭한 것은 그가 전주에 입성한 후 도읍을 이곳으로 정한 900년이었다고 기록하고 있음을 들 수 있다. 이 두 기록을 사료비판하면 그가 전주에 입성한 것은 본기 자료에 의하여 892년임을 확인할 수 있고 무진주에서 권력을 일으킨 것은 그보다 8년 이상 앞선다고 할 수 있다. 이런 추정이 맞는다면 후백제의 건국은 886년이 아닐까 한다.

『삼국유사』에는 견훤이 궁예가 축출되고 왕건이 왕이 되었다는 소식을 듣고 사신을 보내어 공작 부채와 '地理山' 대나무 화살을 보냈다고 한다.[32] 지리산의 대나무 화살은 구례지방의 시나대가 지금까지 그 전통을

---

30) 『고려사』 93 유방헌 열전 참조.
31) 『삼국사기』 권 11. 신라본기 진성왕 6년조

있고 있어 國弓의 장소로 각광을 받고 있는 것과 유관하다고 할 수 있다.

호족의 시대에 지리산 명칭의 표현에 변화가 일어나고 있다. 이는 지리산(地理山)을 '知異山'으로 칭하게 되었다. 그 최초의 자료는 887년에 최치원이 쓴 '知異山雙溪寺眞鑑禪師碑銘'의 제목과 서문이다. 서문 중에는 선사가 '康州知異山'에 걸어서 왔다고 한 표현에 나오고 있다. 이때 최치원이 '知異山[33]'이라고 쓴 것은 당시 부르던 이름을 최치원이 쓴 것으로 생각된다. 지이산으로 표현될 때에 핵심은 '異'자에 있다. 즉 특이한 인물을 알아준다는 뜻으로 풀이된다. '異人'이라 함은 바로 옥보고나 진감선사나 수철화상과 같이 수도를 떠나 깊은 산골로 들어간 고승을 지칭했을 것이다.

요컨대 호족문명시대에 고대국가가 구축했던 정치제도와 신분제도가 붕괴되고 강역은 신라는 경주 일원을 지배하는 호족의 지위로 전락했다. 고대에서 중세로 이행되던 호족의 시대는 군대의 출동을 제외하면 주민의 삶의 터전을 가장 많이 이동시킨 대변혁기였다. 지리산 권역의 평야지대에 살던 주민들이 극심한 가뭄과 혼란한 정치가 많은 유이민을 발생하여 지리산은 피난의 장소로, 또한 그들의 굶주림을 면해주는 곳으로 인식되었을 것이다. 지역주민이 골짜기를 오르다가 수원이 풍부한 청학동과 같은 골짜기를 발견하게 되었을 것이고 정상에까지 올라 산봉우리의 명칭이 생기는 계기가 되었다고 할 수 있을 것이다.

많은 주민의 이동을 가져온 호족의 시대에 자연 중 지리를 중시하는 사상이 풍수도참설이 새로이 생겼다. 원래 풍수지리 사상은 그 보다 훨씬 전부터 이해되어 왔으나 수도의 건설이나 국가의 경영에 있어서 지리적 요소를 크게 고려하는 풍수도참설이 영암 출신의 도선 국사에 의하여 이론적으로 체계화되었다고 할 수 있다. 풍수도참설은 중세 1기인 고려조

---

32) 『삼국유사』 기이편 '견훤후백제' 조 참조.

33) '知異山'란 기록은 '知異山' 知實寺라고 하여 893년에 세워진 남원의 실상사 "수철화상탑비"에도 보이고 있다.

에는 국가적으로 신봉되어졌는데 중세 후기인 조선왕조에서는 왕조의 수도 경영, 궁궐 축조는 물론 지배층의 양택과 음택을 결정함에 중요한 요소로 확대 적용되었다. 고려조에는 양택과 음택을 풍수도참설로 확정했다는 기록이 보이지 않고 있다.

호족시대는 우리나라 역사에서 국가 유지기반이 전국으로 확대되었다. 이는 고대국가이던 백제와 고구려의 수도가 함락됨으로써 멸망되고 신라도 경순왕이 나라를 고려에 귀부함으로써 종말을 고했다. 이는 모든 권력을 수도에 살고 있는 왕과 왕족이 차지했던 상황을 의미한다. 그런데 호족의 시대를 거치면서 앞으로의 국가 기반은 전국적으로 넓혀졌다.

또한 호족의 시대에 각 지방민의 문화가 이어질 수 있는 기회가 크게 확장되었다. 따라서 지방민들이 믿었던 전통신앙인 精靈신앙이 고려 왕조에서 국가적으로 수용될 수 있었다. 그 결과는 각 지방의 성황당이나 神祠가 전국적으로 만들어지고 다양한 신령의 숭배가 이루어지게 되었다. 고대국가에서는 수도에 설치된 始祖廟나 神宮이 전통적 신령을 모시는 것이었는데 이제 神祀나 '壇廟가 곳곳에 세워지게 되었다. 그 중 하나가 호족이 마애불을 조각했던 산신과 부처가 습합된 형태로 나타나 다음의 고려조에서는 자연신과 인물신이 다양하게 모셔지는 민중의 신앙형태가 마련될 수 있었다. 이 시대에 종래의 '地理山'이란 표기에서 '知異山'이라고 표기하는 관행이 이루어진 것으로 이해된다. 그러나 지식인이 지리산을 '지이산'으로 표기했다고 하여 지리산 일대의 지역민들이 칭하는 '지리산'이란 발음은 전혀 영향을 받지 않았다고 추정된다.

2 중세문명기의 지리산 인식

호족의 시대를 마감한 것은 고려태조에 의하여 고려왕조가 건국되면서부터이다. 고려 태조는 유학자와 선승, 그리고 교종 승려를 초치하고 백성의 마음을 귀합하려 하였으며 호족들에게 성을 내려준다거나 호족과의 결혼정책, 자기 지방의 자치권을 인정해 줌으로써 그들의 귀부를 받아 후삼국을 재통일할 수 있었다. 고려 이후를 중세로 파악하는 것은 보편주의의 적용이 있었다는 점을 가장 큰 특징으로 들 수 있다. 중세는 유교에 의한 정치와 불교에 의한 신앙을 국가적 정책으로 취했을 뿐만 아니라 전통신앙을 배제하지 않았다. 즉 왕건이 후대 왕들에게 남겨준 「훈요십조」에서 고려가 후삼국을 통일한 것은 하늘과 땅 바다와 산의 도움, 부처님의 가호에 힘입었으며 나라를 잘 다스리기 위해서는 유교적 덕치에 힘쓰라는 것을 강조한 점에서 모든 사상을 아우르는 것이었음을 확인할 수 있다.

중국적 가치라도 우리에게 필요하면 수용하였으니 통지제도에서 삼성6부제의 도입, 과거와 武選을 통해 최하층에서부터 능력 있는 사람이 최고의 재상에 오를 수 있는 제도의 운용, 왕족을 정치의 일선에서 배제하고 그들을 공·후·백·자·남에 봉하는 봉작제를 실시한 것을 들 수 있다. 물론 중세 후기에는 사족 양반층만이 관직을 독차지하는 경향으로 신분제가 반동적으로 고착화되었으니 이는 근대와 다른 신분적 차별성을 가지고 있었다.

불교계에서도 원효와 의상 중심의 교리 해석에서 중국 고승들의 학설을 과감히 취하고 또한 중국, 일본 등의 대장경을 수집하여 결집 인쇄하는 보편주의가 실현되었다고 할 수 있다. 유교에서는 공자[文聖王] 이하 유교발전에 기여한 중국의 학자와 우리나라 학자를 함께 제사지내는 문묘제도가 운영되고 충효가 최고의 덕목으로 강조되는 보편주의를 걷게 된다.

중세의 보편주의는 당시 특수성보다 보편적 가치를 높이 숭상하였다. 예제에서 당나라 예제인 '大唐開元禮'의 수용으로 이어지며 자국문화에 대한 자존성은 약했다고 할 수 있다. 그 단적인 예가 우리나라라는 말을 '동국', '해동'이라고 칭하는 전통이 수립되었다고 할 수 있다.

고려왕조에서 지리산이 왕실과 밀접한 관련성을 가졌음을 밝히는 논문이 있다.[34] 이 논문은 고려시대의 산신숭배사상을 조명했다는 점에서 중요한 시사를 하고 있다. 그러나 이 중 고려태조의 4대 선조인 보육이 수도하려고 지리산에 입산했다는 기록은 사료적 신빙성이 거의 없다. 왜냐하면 이 기록은 12세기의 의종 대 김관의에 의해 편찬된 『편년통록』이란 설화중심의 자료이기 때문이기도 하고 송악에 살았던 보육이 지리산에 입산했을 가능성은 거의 상상할 수 없기 때문이다. "지리산에서 돌아온 보육은 삼한 산천에 소변을 보아 흘러넘쳐 은해로 변했다는 꿈을 꾸었다"고 해석했으나 보육이 황해도 평나산으로 이사를 했다가 마하갑으로 이사했고, 꿈에 鵠嶺에 올라가 남쪽을 향해 소변을 보았더니 삼한산천이 銀海로 변했다고 한 곡령은 경기도에 개성에 있는 산 이름이 분명하기 때문에 지리산과 연관시킨 해석은 무리이다.[35]

고려왕실이 도선 국사의 신이성을 강조한 지리산왕인 성모천왕의 계시를 받았다는 설화를 이승휴가 인용한 예도 고려 후기의 의식을 반영한 것으로 이해된다. 즉 도선을 통해 지리산의 숭배사상이 고려 왕실의 신화에 부쳐진 것은 이상할 것이 없다. 그래서 도선의 이야기를 통해 왕건의 어머니인 위숙왕후의 지리산 성모설이 배태된 것이라는 김아네스의 해석은 옳다고 본다. 김종직이 지리산 성모를 위숙왕후라는 것을 이승휴의 『帝王韻紀』를 통해서 이해한 것은 옳다. 왜냐하면 작제건이 송악에 살았는데 이에 聖智와 聖母 태어났다고 했다라는 주석에 성모는 지리산천왕이라 했다. 그러므로 위의 성모를 낳았다는 것은 위숙왕후라고 해석한 것은 당연한 것이다. 위숙왕후는 태조의 어머니이다. 聖智는 태조의 아버지인 세조 용건을 지칭한다. 천왕봉에 성모의 석상[36]이 있었다는 김종직의

---

34) 김아네스, 「고려시대 산신숭배와 지리산」, 『지리산과 명산문화』, 순천대학교 지리산권문화연구원, 2010, 153~192쪽.

35) 위의 글, 158~159쪽.

기록은 재미있는 사실을 전하고 있다.[37] 고려시대에는 위패보다 초상화나 태조의 '銅像'을 만들어 경령전에서 봉안했다. 경령전은 위패를 모신 종묘에서와는 달리 태조와 현재 왕의 4대조와 할머니 등의 초상화를 놓아두고 제사를 모시는 궁궐 안에 있었던 신전이었다.

호족 시대 '知異山'이라고 표기된 지리산 명칭은 불교가 국교적 신앙으로 중앙과 지방민에 의해 신봉되었던 탓으로 불교의 영향을 받아 '知'자가 지혜지 자인 '智'자로 바뀌어 지리산으로 읽혔다고 생각된다. 이후 고려의 문헌은 '智異山'으로 정착되었음을 문헌자료를 통해서 확인할 수 있다.

'智異山'으로 글자의 변경과 유관한 사항으로 '般若峰(1,732m)'의 명칭을 생각할 수 있다. 반야는 범어로서 지혜를 뜻하기 때문이다. '智異山'으로 쓰이면서 '異'자보다는 '智'자에 무게의 중심이 두어졌다고 생각한다.

'智異山'이란 기록이 처음으로 나타나는 것은 『삼국유사』 감통편의 "仙桃山聖母隨喜佛事"조와 피은편의 "永才遇賊"조에 보이는 바 앞의 것은 5악의 神君에 대한 일연선사의 分註에서 언급되었고, 승 영재가 자신을 해치려는 60명의 도적을 향가 노래를 불러 감동시켰고, 그들이 주는 비단 2단을 받지 않고 버리자 이에 감응하여 그의 제자가 되어 '智異山'에 이르러 피은했다고 했으며 이는 원성왕(785~798) 대의 일이라고 했지만 설화로 전하는 자료를 일연스님이 기술한 것임으로 신라 당대의 기록이라고는 볼 수 없다. 따라서 지리산을 "智異山"이라고 표기함은 고려 당대의 서술 관행을 반영한 것으로 해석된다.

『고려사』에는 '地理山'이란 표현은 두 곳에 보이고 있을 뿐[38] 17곳에는 '智異山'이란 서술이 보이고 있어 확실히 고려조에 들어와서는 지이산(智

---

36) 현재 석상은 산청군 천왕사에 옮겨져 있다고 한다.

37) 위의 글, 163쪽. 『점필재집』의 「유두류록」 해석문 참조.

38) 『고려사』 지리지 남원부 조와 같은 책 『오행지』 2, 명종대에 지리산으로부터 장성까지 대풍이 불어 큰 나무가 쓸려졌다는 기록이다. 이 기록은 전라도 지역에서 보고한 자료 내용이었던 것으로 이해된다.

異山)이란 표현이 보편적으로 사용되었다고 할 수 있다. 관찬사서만이 아니라 1388년『삼국유사』와 같은 시기에 편찬된 이승휴의『제왕운기』에도 "智異山聖母"라고 하는 표현이 보이고 있다. 성모와 관련된 지리산의 봉우리에는 老姑壇(1,732m)이란 봉우리 명칭을 관련지을 수 있을 것이다. 지리산 중 가장 높은 천왕봉(1,915m)의 명칭은 신라의 오악 숭배와 관련을 지을 수 있을 것으로 종래 해석해 왔으나 이 산봉우리 명칭도 고려조에 칭해진 이름인 것 같다. 그 이유는 신라에서는 산을 천왕이라는 칭호를 붙인 사례가 발견되지 않으나 고려조에는 태조의 선조인 성골장군 虎景이 9인을 이끌고 백두산으로부터 지금의 개성 부소산에 이르러 혼자 살아남아 산신령인 과부와 야합하였다 하여 '九龍山天王'이라는 칭호로 신사를 만들어 제사지냈다는 기록이 보이기 때문이다.[39]

고려시대에는 지리산은 진주의 명산으로 파악되던 신라시대와는 달리 남원의 지리산으로 파악하는 변화를 가져왔다.『고려사』지리지에서 지리산은 남원의 명산으로 설명되었다. 이는 남원 소경이 통일신라에 의하여 설치된 후 고려조에도 군사적 정치적 위상이 높아졌기 때문으로 생각된다. 그런데『고려사』지리지에는 지리산을 '地理山', '智異山'으로 기술하고 또 '두류산(頭流山)', '방장산(方丈山)'으로 칭한다는 명칭을 소개하고 있다. 두류산이란 이름의 유래에 대한 기록은 고려시대 이인로(1152~1220)의『파한집』에 보이고 있다. 무신집권시기의 타락한 정치행태에 불만을 품고 청담을 즐긴 죽림칠현의 수장이었다. 그는 청학동을 찾으려 지리산에 왔다가 못 찾고 되돌아갔다고 한다. 그는 '두류산'이란 명칭이 생긴 이유를 "백두산 정기가 흘러 내려와 지리산이 되었다"고 파악했다.

---

[39] 설화내용은 김관의의『편년통록』을 인용한『고려사』상권 高麗世系에 자세히 언급되었고, '구룡산천왕'이라는 표현은 이승휴의『제왕운기』하권 본조군왕세계에 호경을 지금의 '구룡산천왕'이라고 쓰고 있다. 산을 봉작한 것이 고려시대에 있었다. 김아네스, 「고려시대 산신숭배와 지리산」,『지리산과 명산문화』, 2010. 순천대학교 지리산권문화연구원, 153~192쪽.

그런데 고려조에서 백두산은 고려 태조의 4대조인 호경이 백두산에서 동료 9인과 함께 송악으로 내려왔다는 기록이 보이지만 이는 무신집권시대의 김관의의『편년통록』에 의거한 것임으로 고려 초의 사실이라기보다는 무신집권시대 이전의 설화를 의미한다고 할 수 있다. 백두산에 대한 인식은 묘청에게도 나타난다. 아마도 그는 평양출신이기 때문에 백두산에 대한 이야기를 들었을 것으로 추정된다. 백두산은 고구려 시조 주몽신화에도 나오고 있으며 이는 광종 대에 편찬된『구삼국사』에 실려 이 무렵부터 인식되었을 것이다. 그러나 고려의 강역이 대동강 이남이었던 상황에서는 백두산이 적극적으로 인식되지 못하다가 성종대 서희의 담판에 의하여 요나라로부터 압록강 어구를 강역으로 확대하면서 백두산의 실체에 대한 인식이 높아졌을 것으로 생각한다. 그러나 고려인이 백두산을 직접 가본 사람은 아마도 없었을 것이다. 그러므로 이인로의 백두산이 흘러와 지리산이 되었다는 것은 산맥을 파악한 것이 아니라 우리나라의 명산이 가장 북쪽에 있는 백두산으로 보고 남쪽에 있는 가장 큰 명산인 지리산과 연계시킨 결과가 아닌가 한다. 즉 고려의 강역을 한계를 파악하려한 의식의 소산으로 추정한다. 실제 '두류산'이라고 칭해지는, 원산 북쪽 덕원지방에 있는 산도 있다.[40] 그러나 이것도 실제 지리산권에 살고 있던 주민들이 사용한 명칭은 아니었다.[41] 지리산을 '방장산'이라고 칭함은 도교적 영향을 받은 것이다.『삼국사기』에 나오는 방장산은 부여의 궁남지에 만든 작은 동산을 '방장산'이라 했다는 기록이 보이고 있다. 백제가 도교를 숭상하여 와당에서도 산수문양을 조각한 山景塼이란 벽돌이 있었던 것은 상식에 속한다. 도교는 물론 고구려와 신라에도 전래하였다. 고려왕

---

40) 신경준,「山水考」.『旅菴全書』참조.

41)『한국어 어원사전』(김민수 편, 아세아문화사, 2008)에서 지리산의 어원을 두류산에서 찾은 것은 큰 실수이다. 지리산의 어원은 '地理山'에서 설명되어야 할 것이다. 이는 최석기 씨가 제시한 바 있으나(최석기,『남명과 지리산』, 경인문화사, 2006.) 좀 더 정치한 연구가 뒷받침되어야 할 것이다.

조에서는 도교는 별에 대한 제사로서 醮祭를 빈번히 지냈으며, '九曜神堂'이란 도교사찰이 궁중에 있었다. 『고려사』에 방장산이라는 기록은 악지 한림별곡조에 세속에서 부르는 노래 중에 봉래산, 방장산, 영주산 삼산의 아름다운 경치를 유람한다면 그 흥취가 어떨까 하는 내용이 실려 있다.[42] 이런 일반인들의 노래는 중국의 신선이 산다는 삼산을 우리나라 산 즉 금강산, 지리산, 한라산에 비정하게 되었음을 알려주고 있다.

이런 중국의 삼산을 우리나라 산에 비정하는 시기는 아마도 12세기 고려 무신집권기 전후일 것으로 추정한다.[43] 왜냐하면 무신집권기에는 몽고족의 침입으로 전국이 30년간 9차례의 침탈을 당하였으나 집권층은 강화도로 천도하여 무신집권 체제의 명맥을 유지했다. 전국의 많은 사람들은 적의 침탈에 방치된 상태여서 이인로 등 소위 죽림칠현이 나타난 시기이기도 하고 이 무렵 일연선사의 『삼국유사』가 써지고, 이승휴의 『제왕운기』가 써진 시기로서 자기문화의 소중함을 일깨워준 시기이기 때문이다. 이승휴는 특히 충렬왕의 즉위식에서 중요한 역할을 한 신하로서 고려 왕실이 무신집권기, 그리고 원나라의 공주를 맞이하면서 급격히 실추된 고려왕실의 권위 강화와 정통성 회복을 위해서 『제왕운기』를 써서 충렬왕에게 바쳤다.[44]

지리산을 '방장산'이란 별칭을 붙인 것도 지식인인 외부 사람들이 붙여 이후 일반화되어 갔지만 지리산 권역의 주민들은 지리산이라는 칭호로 불렀을 따름이다. 인간이 신선이 된다는 욕망은 지역 주민들과는 거리가

---

[42] 『고려사』 권 71, 악지2. 「한림별곡조」 참조.

[43] 방장산이 삼한 밖에 있다는 내용은 당나라 시인 두보의 시에 나온다고 한다. 그러나 두보의 시가 읽혀져 지리산에 비정하게 된 것은 이자겸의 횡포에 관직을 버리고 지리산을 찾아 은둔한 고려 인종대의 韓惟漢의 일화로 보아(『신증동국여지승람』 진주 智異山 조) 인종 전후의 시기가 아닐가 한다. 고려의 지식인들이 두보의 시를 읽어 유행한 시기가 언제인가에 대한 연구가 이루어져야 방장산을 지리산의 별칭으로 사용한 시기가 그 추정이 가능해질 것이다.

[44] 정구복, 「이승휴의 역사관」, 『한국사학사학보』, 21호, 2010 참조.

면 일부 지식인층의 희망사항이었기 때문이다.

요컨대 중세문명의 전기인 고려시대에는 자연신과 지역을 지켜 준 인물신의 '神祠'가 곳곳에 세워져 우리 역사상 자연과 친밀관계가 가장 깊어 인간적 고뇌 즉 스트레스가 적었던 시기라고 할 수 있다. 한국 전통문화의 핵심인 정령신앙이 가장 널리 확장 보급된 시기였다. 당시 민중들은 불교의 사찰에도 기복을 위한 기도를 올렸겠지만 그들의 생활에 깊이 의지했던 신앙은 마을의 안녕을 지켜준다고 믿은 성황당, 마을의 앞 뒷산의 산신령 등 精靈 신앙이었으며 이런 자연의 정령을 인간생활과 연계시키는 기능이 지역민들의 제사를 통해 이루어졌다고 할 수 있다.

3. 중세후기(고려후기~조선전기)의 자국문화정리 사업

역사적으로 조선시대라 칭하는 시기도 전반부는 고려왕조의 사회구조와 유사한 성격을 가짐으로 이를 중세 후반으로 칭한다. 조선 건국은 사회구조가 바뀐 변혁이 아니라 왕권이 교체되었을 뿐이다. 따라서 고려조의 집권층이 조선의 집권층으로 존속되었다. 조선시대의 집권층은 '士族'이라는 말이 법제적 칭호인데 이를 높여서 부르는 말이 '양반'이었다.[45]

사족이라 함은, 조선왕조가 유지된 내내 정부조직법, 조세법, 군사동원법, 교육법 등을 다룬 기본 법전으로 오늘의 헌법과 민법, 형법 등을 아우른 법전인『경국대전』에 현직관료인 양반과 그들의 가족까지, 그리고 관료지망생인 생원, 진사, 향교의 교생까지 확대되어 그들의 가족이 특권을 유지하도록 규정화했다. 사족의 활동은 독서를 전문으로 하는 신분층이라고 할 수 있다. 삼국과 고려조의 지배층이 모두 사족에 편입되었다. 역대의 기득권층이 지배층으로 존재할 수 있었다. 이들 사족의 주거지는 읍성이 아니라 촌락이었다. 서울에 관료생활을 하는 동안은 서울에 살았지

---

[45] 유형원,『반계수록』참조.

문명사적 관점에서 본 지리산권 인식의 변화 · 67

만 자신의 고향을 버리지 않았다. 이는 고려조의 중앙관료는 서울에 살 의무가 있었던 것과는 달랐다. 촌락은 산천을 자기의 정원처럼 즐길 수 있는 곳이었고, 읍성은 향리들이 사는 공간이었다. 조선조 山林川澤은 개인의 소유를 인정하지 않는 공유의 개념을 가졌다. 사족은 시를 짓고, 주자성리학을 공부하여 인격을 도야하는 학문을 하도록 되었다. 그들의 가치관은 福善禍淫이라고 하는 이론이 종교적 기능을 대치하였고, 충효를 강조하는 도덕을 가지고 있었으며 인격수양을 위하여 노력한 결과 18세기는 경제적으로는 부강한 나라가 되지 못했지만 세계적으로 가장 수준 높은 도덕국가를 이룩하였다.

조선의 건국으로 인하여 강역이 압록강과 두만강으로 확대되었고, 지배층이 확대되었으나 그 유동성은 차단되었다. 이는 향리신분으로부터 신분상승을 법제적으로 막았기 때문이다. 또한 고려조처럼 노비라도 신체가 뛰어나게 강건한 사람이 장군으로 승진할 수 있는 계기가 차단되었다. 사족을 유지해준 법제적 조처는 노비세습제였다. 조선조에 들어와 노비의 '身貢'제가 확립되어 16세기경 전 국민의 3분지 1이상이 노비였던 이상한 국가가 되었다. 그리고 제사가 자녀들에게 윤행되고 모든 재산이 자녀균분상속이 이루어졌다. 이런 관행은 18세기에 이르러 사족사회에서 장자우대 상속제로 변화되었다.

조선 건국으로 주자학이 통치이념으로 확정되면서 불교계와 민간신앙이 금기시 되었지만 완전히 금압되지는 못했다. 이들 신앙을 대치할 만한 과학과 기술의 변혁이 없었기 때문이다. 주자 성리학이 지식인들에게 보편화된 16세기 이후에는 종래의 신사 중 인물중심의 신사는 서원으로 대치되었고, 향약과 계의 보급으로 사족의 향촌지배를 이룩하게 된다.

15세기에는 전통문화가 중국식으로 변화라는 국가적 목표가 추진되면서 중국식으로 정리되는 업적을 국가의 관료에 의해서 이룩하였다. 종래 한문으로 의사가 표현되던 데에서 한글이 창제되고 이로 인하여 한자의 발음이 우리식으로 정착되는『동국정운』의 편찬, 명나라『대명회전』에 비견되는『경국대전』의 편찬, 명나라『일통지』에 비견되는『동국여지승람』,『자치통감』에 비견되는『동국통감』, 중국의『문선』에 비견되는『동문선』,『향약집성방』,『악학궤범』과『악장가사』의 편찬,『농사직설』의 편찬은 종래 우리 문화를 정리한 업적이다.

이런 자국문화의 총정리는 비록 중국문화의 본격적인 수용으로 인하여 전통문화를 보존할 필요가 있어 국가에서 정리된 것으로 전통문화의 가치를 적극적으로 평가하지는 않았지만 후일 19세기말에 민족주의가 성립될 수 있는 학문적 기초가 되었다는 점에서 한국학을 체계적으로 이룩한 제1기라 할 수 있다.[46]

여기서 지리산과 관련하여 부연 설명하고자 하는 부분은 지리서인『동국여지승람』이다. 이 책은 인문지리서로서 서사적인『세종실록지리지』 편찬을 기초로 사족의 문화인 기록을 함께 담아 서정과 서사의 지리지가 되었다. 전국을 수도와 팔도로 구분하고 각도의 지도가 앞에 붙여지고, 각 군현의 역사, 문화내용이 정리된 책이다.

『동국여지승람』에는 지리산에 대한 기록은 신라의 진주 중심의 지리산 파악과 고려조의 남원부 중심의 지리산 파악이 함께 실려 있다. 진주 쪽 서술에 비중을 더 두고 있다. 이는 지리산을 둘러쌓은 고을이 1목, 1부, 2군 5현 4附邑이라고 서술하고 둘레의 군현명을 기술하고 있음에서 확인된다. 진주목을 중시한 것은 지방행정체제가 당시 진주목이 남원부보다 상위에 속했던 까닭으로 생각한다.[47] 그리고 각 군현별로 산천을 기록했

---

46) 정구복,「한국학의 발달과정에 관한 연구」,『동방사상과 문화』동방사상문화학회, 2008.

47) 이자겸이 전횡할 때 은둔한 도사 韓維漢의 이야기, 김부의, 김돈중의 시, 이첨의 기록, 이육과 김종직의 등산기 등을 진주목 지리산 조에서 기술하고 있다. 이 중 李陸(1438년~1498년)의 유람기가 가장 주목할 만큼의 상세한 관찰기록이라고 할 수 있다.

기 때문에 남원부, 함양군, 단성, 산음, 운봉, 구례현 등의 산천조에서 지리산을 기술하고 있다. 그리고 전국의 유명한 산천에 대한 기록도 풍부히 담고 있다. 그리고 고적과 사찰, 성황당에 대한 기록도 충실히 하고 있다.

이 시기 지리산은 사족의 등산으로 등산문화의 기록을 시나 기행문으로 많이 남겼으며 이에 관한 연구는 기존 연구 성과가 있다.[48] 현재 100여 편의 등산기가 알려지고 있으며 그 내용이 소상히 밝혀지고 있다. 유람기 중에서는 사실적 내용을 잘 보여주는 것으로는 李陸(1438~1498), 김종직(1431~1492), 유몽인(1559~1623)의 기술이 구체성을 띤다. 이런 구체성을 띤 유산록을 서사적 기록이라고 한다면 대부분의 유산기는 한시로 짓는 서정적 유산기라고 할 수 있다. 그 중 가장 서사적 등산기는 이륙의 글이라고 할 수 있다. 사족의 등산기를 통해 호연지기를 기른다거나 인격 도야를 위해서 등산을 하는 것으로 기록되어 있지만 그들이 또 하나의 중요한 목적은 건강을 위해서 등산을 즐겼다는 사실이다. 이는 기록으로는 찾을 수 없지만 심신을 연마한다는 우회적 표현이 이를 말해준다고 할 수 있다. 지리산은 전국의 등산을 즐기는 선비들이 한번쯤 정상에 오르고 싶어 했던 명산으로 알려졌다.[49]

VI. 근세문명과 지리산 인식

16세기말 조선왕조는 임진왜란을 당하여 전국토가 유린되고 많은 사람들이 전쟁으로 주거지를 크게 이동했다. 이로 인해 자국의 지리와 역사에

---

[48] 최석기, 「지리산유람록을 통해 본 인문학의 길 찾기」, 『지리산과 인문학』, 지리산권문화연구단 연구총서1, 2010. 및 강정화, 「지리산 유산기에 나타난 조선조 지식인의 산수인식」, 지리산권문화연구단 연구총서1, 2010.

[49] 김준형은 계층별로 지리산에 대한 다양한 인식을 살펴보려했다. 「조선시대 지리산에 대한 다양한 인식과 이용」, 『지리산과 인문학』, 앞의 책 참고.

대한 자각운동이 학문적으로 일어났다. 비록 사회체제와 법제, 통치이념, 사족 양반들의 윤리관념, 과학과 기술은 중세체제의 지속이라고 할 수 있으면서도 이런 자국에 대한 인식과, 능력본위의 사회개혁을 위한 개혁안은 근대와 상통할 수 있다는 점에서 이 시기를 근세라고 규정했다.[50] 한백겸이 창시한 지리 중심의 역사학이 조선 후기를 풍미하는 역사학으로 크게 발전하였으니 소위 '역사지리학'이다. 이는 역사를 지리 중심으로 파악하는 학문경향으로 과거 국가의 위치 문제, 강역의 문제, 관방의 문제가 중심과제였다. 이를 대성한 학자가 여암 신경준(1712~1781)이었다. 그는 한국의 실학을 창시한 반계 유형원이 편찬한『동국여지지』의 영향을 지대하게 받아 이와『동국여지승람』자료를 중심으로 전국의 산천을 체계적으로 파악하는「山水考」를 썼다. 이는 종래의 산과 강을 지역 중심으로 낱개로 파악하던 상황에서 줄기중심으로 파악했다. 전국의 국토를 이렇게 파악한 것은 정상기 3대에 걸친 정확한 축적의 지도를 그린「동국지도」에 힘입은 바 많았다.[51] 또한 그는 지리산은 우리나라 국토의 최남단에 있는 아주 높고 큰 산으로 백두산의 신령스럽고 맑은 氣流가 응축된 산이라고 이해했다.[52] 이 시기에 백두산은 우리나라 산줄기의 시원지로 여겨 백두대간이란 산맥의 이해가 이루어졌고, 백두산은 국가의 신령스러운 산으로 인식함이 지식인 사이에 크게 확장되었다. 백두산은 우리나라의 대표적인 산으로 인식되어 오다가 백두산에 대한 신성성은 조선 후기 지식인들에게 널리 인식되었던 것으로 이해된다.[53]

---

50) 정구복,『근세사학사』, 경인출판사, 2008. 서문 참조

51) 그는 鄭尙驥 (1678~1752)의『東國地圖』발문을 썼다.『여암전서』상권의『여암유고』권5 참조

52) 신경준,『여암전서』「산수고」권2에서 "智異山 居國之極南, 極高大 白頭靈淑之氣流 畜于玆故 亦曰頭流"라 했다.

53) 成海應(1760~1839),「白頭山記」,『研耕齋全集』본집 3책 오성사 영인본 참조. 이에서 마지막에 백두산의 정기를 받아 우리나라 사람 중에 준걸한 인물이 많이 배출되어 조선왕국이 크게 번창할 것이라는 견해를 담고 있다.

신경준은 지리산 천왕봉이 지극히 높아 이에 오르면 경상도와 전라도, 거제와 대마도까지 바라다 볼 수 있다고 했다.[54] 그리고 그는 전국의 도로를 파악한 「道路考」를 썼다. 지방과 서울간의 도로를 대도, 중도, 소도로 파악하고 각 군현간의 거리를 서술했다. 이런 「도로고」는 전국의 유통 경제를 이해함에 중요한 자료이다. 이는 조선후기 활성화된 시장경제의 발전과 관련을 가진다고 생각한다. 그는 전국의 사찰을 「가람고」로 편술하였으며 그는 외국 항로를 정리하여 「四沿考」를 편찬하였다. 이들 4서는 그의 역대 국가의 강역을 다룬 『疆界考』와 함께 영조대에 편찬된 『동국문헌비고』의 「輿地考」 13권으로 종합 정리되었다. 그의 『여지고』는 『동국문헌비고』를 편찬하게 된 기초가 되었으며 『동국문헌비고』는 후일 3차례의 증보수정을 거쳐 『증보문헌비고』로 1907년에 간행되었다. 이는 우리나라 문화를 단군조선으로부터 역대의 것을 통관하고 당시까지의 문화 전반을 분류사적으로 정리한 조선 후기의 최대의 학문적 성과였다.[55]

그리고 종래 조선 후기에는 '동국'이라는 중국중심적 명칭에서 '아국', 또는 '我邦' '大東'이라는 명칭이 사용되었다. 이런 자국중심적 학문은 지구의 자전설과 둥글다는 서양과학이 전래되어 우주관과 세계관의 변화와 깊은 관련이 있었다. 지구는 편편한 것이고, 해와 달이 지구를 돈다는 전통적 인식에서 서양 과학의 전래는 지구는 둥글고 지구가 태양을 돈다고 인식했다. 18세기 실학자들의 학문은 서정적인 서술에서 사물과 현상을 사실적, 구체적로 기술하는 서사적 기록으로 전환되어가고 있었음을 확인할 수 있다.

이에 따라 지리산권이 낱개의 큰 산으로 인식되던 『동국여지승람』체계

---

[54] 『산수고』권 12 진주조 "智異山在州西一百里 其上峰曰天王 峻極于天 全羅慶尙諸山 及 巨濟對馬在眼底 若培塿"라 서술하였다. 이를 통해 순창에 살았던 신경준이 천왕봉에 올랐던 것을 확인할 수 있다.

[55] 정구복, 「문헌비고의 자료적 성격」, 『진단학보』 106호, 2008.

의 인식에서 줄기 중심으로 인식되고 또한 산의 줄기와 강이 함께 인식되는 변화를 가져왔다. 즉 지리산을 전국의 유명한 12산 중에 서술하여 동서남북으로 뻗어나간 줄기를 서술하였고 군현별로도 산과 강을 파악했다. 신경준은 산줄기에 대한 파악을 시도한 지리학자라고 할 수 있다. 이는 지리산의 실체에 대한 인식을 보다 더 정확히 인식한 것이라고 할 수 있다. 또한 명산문화론을 정립하기도 했다. 그는 전국에서 대표적인 산으로 12개를 들고 강으로 12개를 지적하면서 이를 산과 강의 '宗'이라고 했다.

VII. 근현대 문명과 지리산 인식

지리산은 현대에 들어와 우리나라는 종래의 자연의 신령 정령을 신앙하던 사상체계로부터 이를 완전히 환골탈태하던 문명사적 전환을 가져왔다. 이는 서양의 과학문명이 우리사회에 토착화되었기 때문이다. 서양의 과학사상의 토착화는 전 국민의 의무교육제가 실질적으로 수행된 1948년 대한민국의 건국으로부터 이루어졌다. 초등학교에서 배우는 교육에 의하여 서양의 과학문명은 우리 신앙체계에 엄청난 변화를 가져왔다. 그리고 이후 한글을 통해 모든 사람이 역사기록을 남기는 시대가 되었다.

한국의 자연신을 신앙하던 것에 대하여 일제에 의하여 신사가 폐지되었다고 설명하는 것은 피상적인 것이다. 일본은 지금까지 세계에서 유례를 찾을 수 없을 정도로 고대로부터 연원하는 신궁과 신사가 현존하고 있는 사회이다. 따라서 현대의 일본은, 사회생활은 서양의 과학문명에 의한 합리적 가치관에 의하여 운용되면서 가족의 통과의례는 전통적 신사에 의하여 이루지고 있는 점에서 문화적 상반의 가치관이 작용하고 있다.

일본은 세계에서 민주화와 과학화가 최고의 선진이면서 서양의 기독교가 뿌리를 내리지 못하고 있는 유일한 나라이다. 일본은 종교의 자유가 보장된 나라임에도 불구하고 전통적 신앙체계에 묶여 있는 나라이다. 전통적 신앙은 신궁, 신사 그리고 불교사원이 공존하고 있다. 불교계에서도 학문적으로는 세계적 일류의 연구를 수행하고 있으면서도 승려들의 의식은 인격적 고승을 낳지 못하는 것은 고대사상과 결합된 5산 승려제도에 의하여 보수적 외피를 벗어던지지 못하기 때문이다. 한국 불교는 조선왕조 500년간 이단시 되어 승려는 천민으로 대접하면서 국가로부터 모진 학대를 받아 왔다. 현대 불교는 기독교와 가톨릭의 영향으로 민중에게 설법하는 교리의 발전과 종단의 개혁으로 현대화에 성공의 길을 걷고 있다.

이에 반하여 현대 중국은 공산체제에 자본주의를 결합하려는 세계사적인 대 역사적 실험을 하고 있다. 전통문화의 유산은 유교, 불교, 도교에 있어서 무형, 유형의 엄청난 유산을 가지고 있다. 경제적으로 그리고 과학적으로 중국이 아무리 발전해도 뛰어넘어야할 과제가 있다. 그것은 언제까지 인민의 언론과 종교의 자유를 허용하지 않을는지가 큰 과제로 남아 있다. 이는 인간의 기본 권리인 인권의 존중을 배제하고 있기 때문이다. 이는 종교의 자유가 허용되지 않음으로 중국의 도교와 불교의 사찰과 승려는 국가의 통제 하에 개인의 기복을 빌어주는 준 국가적 기관이 되어 버렸다. 20세기 후반을 인민의 경제적 평등을 이상으로 하는 공산주의 체제 국가가 수립된 후 그 체제를 버리거나 개혁하지 못하고 자본주의의 수용으로 빈부의 격차가 엄청나게 벌어지고 있다. 사회의 체제와 실제의 괴리, 불균형을 바로잡지 않고는 중국은 세계의 주도적 국가로 변신할 수가 없다.

이처럼 서양의 과학문명은 동양의 문명을 크게 변형시켰는데 동양문명의 3대주축인 한국과, 일본, 그리고 중국은 서로 다른 세 가지 유형의 문명으로 발전하고 있다. 위에서 살펴본 바와 같이 한국은 서양과학사상을 기초로 사회 문화가 전체적으로 큰 변혁을 이루면서도 전통문화를 연계하는 제1 유형과 일본의 경우처럼 일반생활은 서양문명의 과학문명을 주축으로 하면서도 가족생활은 전통 사상에 묶여 있는 두 문명의 괴리화된 제2 유형, 제3유형은 중국의 것으로 공산주의의 기초 위에 자본주의가 수단으로 이용되어 전통문화가 그 가치를 발휘하지 못하는 역사가 진행되고 있다.

21세기 현재는 이제 동서양의 문명권적 차이를 넘어서 세계화의 시대로 진입하고 있다. 그러나 아직도 서양문명이 주도권을 쥐고 있다. 서양문명은 자연과학과 지리상의 발견 국가주의의 급성장, 산업혁명으로 인하여 세계 1, 2차대전을 일으킨 원인을 제공했다. 아직도 국가 간의 분쟁을 막기 위한 국제연합이 1차 세계대전의 결과로 만들어진 국제연맹에 비하여 엄청나게 강화되고 있으나 아직도 국가간의 분쟁을 완전히 해결하는 기구로서의 기능을 발휘하기에는 역부족이다.

근대문명의 요람지였던 유럽은 국가 간의 평화적인 합의에 의하여 유럽공동체 국가를 만들어 미국의 국제적 주도권에 맞설 준비를 하고 있음은 세계 국가의 선례가 될 것이다. 이는 21세기 IT라는 새로운 문명의 소산이라고 할 수 있다. 이제 세계사는 정보경쟁의 시대가 되어 국가 간의 장벽은 점차 줄어들고 있다. 이런 상황에서 지리산을 세계문화유산으로 만들자는 계획안은 이제 지리산을 한국의 명산이 아니라 세계적인 명산으로 만들자는 뜻으로 해석할 수 있다.

현대사에서 지리산은 6·25 전쟁을 전후하여 좌우익 투쟁의 뼈아픈 상처를 남기기도 했고, 장편소설의 소재로도 사용되었다. 또한 고속도로의 개통으로 이제 전국이 1일 생활권이 되어 지리산은 전국인의 산으로 확대되는 큰 인식의 변화를 가져왔다. 그리고 항공사진의 촬영이란 현대문명의 결과로 그 전모를 한 눈에 확인할 수 있게 되었다. 그 이전의 지리산 인식은 장님이 코끼리를 만지며 평하였던 수준이었다고 할 수 있다. 또한 그간 순천대학교의 지리산권문화연구원은 지리산에 대한 종래의 인식을 구체화하고 이를 총합하는 데에 크게 기여해왔다.

VIII. 맺음말: 지리산권 문명 연구를 위한 제언

서론에서 역사란 미래의 역사 창조가 더 중요한 것임과 역사는 연속되는 것이고 역사의 주체는 모든 사람이라는 것, 그리고 과학과 기술이 역사의 변화에 중요한 역할을 한다는 것을 강조한 바 있다. 미래의 역사를 창조하기 위하여 이제 전 주민이 참여하는 지리산권 문명을 발전시킬 필요가 있다. 그러므로 결론 부분에서는 앞에서 서술한 것을 요약하지 않고 새로운 문명을 이룩하기 위한 제안을 하고자 한다.

지리산권은 우선 여러 시군이 공유하고 있다. 지방자치제가 실시된 후 시.군간의 협조 관계가 제대로 이루어지지 않고 있음은 비단 이곳만의 문제는 아닐 것이다. 지리산에 대한 산신제를 각 군현단위로 따로 따로 여러 군현에서 지내고 있음이 그 한 예라 할 것이다. 그러나 지리산권의 보존을 위해서 인접한 행정기관의 제휴가 필요하다. 이는 관광을 위해서도 이웃 군현간의 협조와 협력이 절대로 필요하다. 지리산을 관광하러 온 사람이 지리산만을 보고 갈 것이 아니기 때문이다. 여러 가지 관광코스를 만들어 놓고 그 선택은 관광하는 사람이 택하도록 해야할 것이다. 이를 위해 지방자치단체간의 제휴와 연대 협조는 오랜 기간의 노력에 의해서 그 기반을 구축할 필요가 있다.

그리고 지리산권역은 산과 강, 그리고 평야지대 그리고 바다까지를 아우르는 넓은 광역의 범위로 설정할 필요가 있다. 이는 아마도 전라남도와 전라북도, 경상남도의 3개도가 제휴할 필요가 있다. 이는 지리산의 인식의 확대를 통해서도 이미 확인한 바 있다. 그래서 산의 문화, 그리고 그 젓줄인 강의 문화, 그리고 강의 영향하에 있는 평야지역의 문화, 그리고 멀리 지리산이 내다보고 있는 바다의 문화까지 아우르는 문화권을 설정할 필요가 있다. 개발이라는 명목으로 지리산의 환경을 훼손하지 않도록 함에도 인접 시군간의 공동 협조가 필요하다.

또한 지리산의 연구는 인문학적 연구만이 아니라 자연과학자들의 연구가 병행될 필요가 절실하다. 예컨대 지리산의 동식물을 보호하기 위해서는 생태학적인 연구만이 아니라 자연과학자들의 동참이 필요하다. 또한 산과 내는 보존만이 아니라 산림을 심고 가꾸어 특성 있는 산림지대를 만들 필요가 있다. 수백년을 내다보고 산림을 조성해야할 것이다. 그래서 어느 지역은 대나무 산림지역, 어느 지역은 소나무 산림지역, 어느 지역은 무슨 나무 지역 등으로 임학을 전공하는 사람의 도움을 받아 장기간 육성할 필요가 있다. 이런 지혜는 우리나라만의 것이 아니라 전 세계인의 지혜를 수용할 필요가 있다. 그리고 지리산은 겉만 아니라 땅속에 대한 연구를 하기 위하여 지질학자의 연구도 필요하다. 평야지대는 무슨 단지 식으로 전문화된 단지를 만들어 가면 좋을 듯하다.

지리산을 인간이 차지하는 데서서 이제 맹수들이 함께 살 수 있는 방향의 모색도 필요하다. 맹수만이 아니라 곤충, 물고기 등이 자유롭게 번식할 수 있는 환경을 만들어 주어야 할 것이다. 고속도로의 개통으로 동물들의 생활권이 국지화되어 머지않아 멸종될 생물이 대단히 많을 것이다. 그러므로 하루에 지리산에 입산하는 사람을 계획적으로 적절한 숫자를 파악하여 통제할 필요가 있다. 그리고 차량의 통제도 전체 계획 하에 미리 예약된 차만이 올라갈 수 있도록 할 필요가 있다. 가능하다면 공해를 발행하는 차량은 제한하여 입구에서 공해를 발생하지 않는 전기차를 타고 가도록 하는 계획도 필요하다.

지리산 권역에는 아직도 무명의 봉우리, 무명의 시내, 무명의 들이 있을 것이다. 이런 명칭을 밝히기 위한 지표조사가 기초적으로 이루어져야 할 것이다. 농어촌 마을이 몰락하는 위기 상황을 당하여 이런 마을을 복원할 수 있을 정도로 정밀한 지표조사가 필요하다. 이런 지표조사에는 인문학, 사회과학, 인류학, 동식물학, 지질학, 임학 등 각종 전문 학자가 참여하는 것이 바람직하다. 그리고 지리산에서 발원하는 강을 계곡을 따라 물이 모여서 내가 되고 내가 강을 이루어 바다에 이르는 과정을 영상화한다면 좋을 듯하다. 그리고 이는 요즘 어린이들의 인기인 "한반도의 공룡"이란 사진과 예술, 그리고 그래픽화할 필요까지 있다.

이상과 같은 지리산의 문명을 만들려면 지금까지 학술진흥재단으로부터 연구비를 받아 운영되는 인문학적인 연구기관인 지리산권문화연구단이라는 기구를 경상남도, 전라남북도의 차원에서 자연과학자들이 참여하는 "지리산문명연구기관—한국문명연구소"을 만들고 중앙 정부의 지원을 받는 기구로 승격시켜야 할 것을 제안하는 바이다. 이를 실현하기 위해서는 여기에 참석한 사람들이 함께 힘을 모아야 할 것이다.

이 글은 『남도문화연구』 제20집(순천대학교 남도문화연구소, 2011)에 수록된 「문명사적 관점에서 본 지리산권 인식의 변화」를 일부 수정하여 실은 것이다.

제2부

조선시대 지리산권의 장소정체성

한국의 명산문화와
조선시대 유학 지식인의 전개

최원석

I. 명산문화의 개념 정의

이 글은 한국 명산문화의 정체성을 인문지리적인 관점에서 탐구하기 위한 목적의 일환으로 연구되었으며, 조선시대의 명산문화 형성을 主導한 문화지배계층(정치사회적 통치세력 및 儒學 知識人)의 명산에 대한 인식과 태도, 실천을 중심으로 하여, 한국 명산문화의 유형, 변화 및 특징의 일면을 인문지리적인 견지에서 고찰한 것이다. 글의 체계는 명산문화의 개념 정의, 사상적 배경 및 구성 요소, 역사적 기원과 형성 유형, 유교적 명산문화의 전개와 의의 등을 주요 논제로 구성하고자 한다.

우리는 흔히 국토의 70%가 산이라는 말을 한다. 이 말은 산이 국토에 차지하는 면적의 비율만이 아니라, 우리 일상의 생활 및 문화와 의식에서

조차 산의 비중과 영향이 그만큼 깊고 크다는 뜻으로 해석해야 마땅하다. 우리에게 산은 겨레 정신의 원형질이요, 고유한 전통문화의 그릇을 구워 낸 가마였으며, 삶과 죽음으로 순환하는 생활의 근거지로서 생활환경이자 생태환경이었다. 산은 겨레의 생명과 문화를 잉태한 태반이자 탯줄이었다.

산지가 국토의 대부분을 차지하고 수려한 명산을 생활권 안에 두고 살아 온 겨레는 독특한 명산문화를 형성하였다. 산악숭배와 명산대천에 대한 제의, 도읍 및 주거지의 입지, 불교·유교·선도 사상 및 문학과 예술 등의 제반 문화적 영역에서 명산의 그림자는 깊숙하게 우리 문화에 드리웠다. 사상적인 측면에서만 보아도 한국의 명산문화는 전래적 자연신앙, 古神敎, 풍수, 신선사상 및 도교, 불교, 유교 등의 제반 사상을 모두 포함하고 있다.

한국 명산문화의 정체성과 실체를 탐구하는 거시적 안목에서 論者는 다음과 같은 물음을 던지고 이 글을 시작하고자 한다. 한국 명산문화의 기원은 무엇이고 어떠한 과정을 거쳐 형성되었는가? 한국 명산문화의 역사적 전개과정을 어떻게 유형적으로 분류하여 시기구분 할 수 있고 각 시기별 특징은 무엇인가? 명산에 대한 사람들의 문화적 인식 및 태도, 그리고 실천과의 관계는 시대적으로 어떤 특성이 나타나는가? 한국의 명산문화 전개에 조선시대의 유교문화는 어떠한 영향을 주었고 또 그 의미는 무엇인가?

1. 명산과 명산문화

아직 학계에서 명산문화의 개념 정의나 명산문화에 대한 본격적인 연구가 진행된 바가 없기에 글의 개진에 앞서 용어의 정의와 논지의 정리를 선행하고자 한다.

산이라는 말이 자연적인 개념이라면 상대적으로 名山이라는 용어는 문화적 의미가 내포된 인문적 개념이다. 명산이라는 말은 다수의 산 중에서 이름난 것으로 선별된 산으로, 그 속에는 선별하는 주체 혹은 집단, 시대와 사회적인 의미와 가치가 게재되고 전제되기 마련이다. 따라서 명산이라는 언어경관에는 이름난(名)이라는 인문적 관념과 자연지리적 산이라는 개념이 함께 복합되어 있다. 그렇다면 이름난 산(명산)에 대한 이해를 위해서는 왜 그 산을 이름난 산으로 지정했는지에 대한 주체집단 혹은 문화집단의 가치관과 세계관의 이해가 선행되어야 함을 알 수 있겠다. 명산을 지정하였던 관념은 집단과 역사와 문화 속성에 따라 달라짐도 예상할 수 있겠다.

예컨대 명산의 역사적 용례의 하나로 鎭山이 있다. 중국 문헌에 나타나 있는 '鎭'이나 '鎭山'의 辭典的인 뜻은, 『周禮』 「春官」 大司樂에 "州의 名山으로 특별히 큰 것을 그 지방의 鎭이라고 한다."고 정의하고 있다.[1] 鎭山은 말 그대로 國都 및 지방의 취락을 鎭護하는 주요한 산(主山) 혹은 명산으로서 地德으로 한 지방을 진정시키는 名山大嶽[2]을 지칭한다. 조선 태종 조에는 진산과 명산의 위계를 구분하여, 나라의 중요한 산은 鎭山이라고 하고 郡縣은 名山이라고도 하였지만[3] 일반적으로 鎭山은 수도와 지방 도읍을 鎭護하는 명산으로서 고려에서 조선시대를 걸쳐 국도 및 지방 군현마다 각각 하나씩 지정된 바 있다. 이렇듯 鎭山은 중국과 한국에서 도읍의 입지와 관련되어 지정되었던 명산의 한 역사적 형태였던 것이다.

명산문화라는 용어는 명산이라는 말과 또 다른 의미구조를 내포하고 있다. 명산이라는 용어가 집단의 가치관이 반영된 인문적 대상으로서

---

[1] 『辭源』, 商務印書館, 1979. "海州之名山殊大者 以爲其州主鎭"

[2] 이상은 감수, 『漢韓大字典』, 민중서관.

[3] 『太宗實錄』 12年 1月 8日(庚申). "나라의 鎭山으로부터 군현의 명산대천에 이르기까지…"

의 산 자체를 함의하는 개념적 용어라면, 명산문화라는 말은 명산과 관계하여 문화집단이 맺은 상호관계의 총합체로서 광의적이고 포괄적인 개념이다. 명산문화라는 말 속에는 자연지리적 산악 지형, 산지 생태는 물론이고 명산과 관련된 인간의 역사, 사회, 경제, 생활양식, 경관, 예술, 문학, 종교, 철학사상 등의 개념이 모두 함유되어 있는데, 이러한 개념적 범주는 바로 문화라는 용어가 걸쳐있는 내포와 외연의 범위에 기초한다.

명산문화의 내용은 시대와 장소, 사회, 문화 그리고 사회집단에 따라 다르며 따라서 명산문화의 기원 및 형성과정에는 역사 · 지리 · 문화 · 사회적 조건이 배경을 이룬다. 한국 명산문화의 형성과 전개과정을 개관할 때 시대적, 지역적, 사회적으로 명산의 지정과 분포는 달랐으며 거기에는 공간의 중심지적 속성, 領土의 역사적 영역성과 사회문화적인 배경 등이 반영되어 있다. 예컨대 역사상의 시대별 首位 명산은 통일신라시기에는 경주의 산들[三山]이었지만, 고려시대는 송악산이었고, 조선시대에는 삼각산이었다. 그리고 백두산은 15세기 이후에 조선의 영토로 편입되면서 국토의 宗山이라는 상징성이 부각되었다.

명산문화의 배경을 이루는 사상적 관념은 복합적인 문화요소로 구성되어 있지만 그 중 주요한 것을 보자면, 삼국 및 통일신라시대에는 국가의 운명을 명산에 의뢰하여 결부지은 산악숭배신앙이었고, 고려시대에는 산천 地勢의 善惡 및 地德의 盛衰가 국가의 運命에 큰 영향을 미친다고 여긴 풍수지리사상을 들 수 있다. 조선시대에는 유학적 자연관의 風氣論的 자연 이해와 養氣의 유학사상이 유학자들의 명산문화 형성에 철학적 바탕이 되었다.

시대적으로 다른 문화적 인식과 실천 태도는 명산에 대한 個性的인 사상과 관념을 형성, 전개시켰다. 그 사상적 범주의 흐름을 보면, 古代的인 天神의 降臨處 · 住處로서의 神山[4] 혹은 天山的 명산 관념에서, 中世的인 國都 · 지방군현의 풍수적 地勢와 地德이 뛰어나거나 산악경관이 외형적으로 빼어난 鎭山的 명산 관념으로 전개되고, 近代的인 유교사상의 영향으로 명산과 사람의 관계가 인본주의적인 수정을 겪으면서 修己的인 명산에 대한 태도를 형성하였다.

명산문화의 내용과 실체는 景觀의 형태로 可視化된다. 名山文化景觀이란 명산 및 명산권역에 可視的으로 드러난 文化主體의 명산에 대한 상호관계의 集積體이며, 명산을 대하는 각 문화주체의 세계관과 실천 이념이 장소를 통해서 체계적으로 구현된 것이라고 할 수 있다.[5] 따라서 명산문화에 대한 지리학의 경관론적인 접근과 解讀은 문헌적인 연구와 함께 명산문화의 정체성을 탐구하는 주요 방법이 된다. 문화경관은 그것이 이루어진 사회의 생활양식과 상징이 복합적으로 표현된 텍스트(text)로서 그 깊숙한 의미가 해독(reading landscape)되어야 한다.[6] 고대로부터 명산대천에 대한 국가적인 제사유적, 신라 이래로 명산의 요소요소에 들어선 불교사원, 화랑도의 유적지, 주요 명산을 鎭山으로 삼고 입지한 도읍 및 주거지, 조선시대 유학자들의 樓亭 및 別墅 등은 명산문화가 반영된 문화지리적 경관 요소이다.

더 나아가서 사회적 명산문화의 형성을 주도한 문화지배계층 혹은 사회집단에 관해 관심을 기울이는 것도 요구된다. 곧 문화경관을 창출하는 사회적 因子로서의 지리적 사회집단 혹은 문화집단(cultural group)이 어떻

---

[4] "한국의 神山 관념은 역사적으로, "고조선의 단군은 죽어서 아사달의 산신이 되었고, 신라의 탈해왕도 東岳의 산신이 되었다(『三國遺事』「奇異」古朝鮮 · 脫解王)."는 인식에서 그 기원적 사유가 엿보이고, 제의적으로는 신라시대에 널리 행해진 명산대천의 숭배에서 잘 드러난다."(최원석, 「풍수의 입장에서 본 한민족의 산 관념」, 서울대 석사학위논문, 1992, 20~21쪽)

[5] 이 개념적 내용은, "전통문화경관은 조선시대 사대부 계급의 세계관과 그 실천 이념이 장소를 통해서 구체적으로 具顯된 것이다"(김덕현, 「유교의 자연관과 퇴계의 山林溪居」, 『문화역사지리』제11호, 1999.9, 34쪽)는 대목에서 도출한 것이다.

[6] 김덕현, 「유교의 자연관과 퇴계의 山林溪居」, 『문화역사지리』제11호, 1999.9, 34쪽.

게 문화경관을 만들었고, 그들의 문화적 정체성(cultural identities)을 어떻게 강화하였는지는 주요한 논제가 된다.[7] 이러한 관점을 한국 명산문화의 전개에 적용하면, 신라의 왕족 및 중앙귀족, 고려 및 조선조의 중앙집권적 정치세력 및 지방통치세력, 그리고 조선 중·후기의 유학자들은 문화집단 혹은 문화지배세력으로 분류될 수 있으며, 각각의 문화집단들이 그들의 정치문화적 정체성의 확보 및 강화를 위해서 어떤 방식으로 공간을 영역화하고, 권위를 상징화하였으며, 경관을 정치적으로 장소화 하였는지가 주목의 대상이 된다. 사례를 열거하여 설명하자면, 고대에 왕족들이 왕도 및 왕도를 求心으로한 지정학적 요충지에 명산들을 지정하여 祭儀하는 의미라든지, 조선시대에 중앙집권적 통치세력이 명산의 또 다른 형태인 鎭山을 행정중심지(邑治) 背後에 두고 客舍 등의 상징적 건축물과 연계시킴으로써 客舍→鎭山→하늘…(왕)이라는 이미지 연결 구조로 그들의 권위와 상징을 강화시킨다든지[8], 그리고 조선 중·후기의 명산문화를 이끈 문화집단인 유학자들이 주거지뿐만 아니라 서원·향교 등의 유교적 문화경관을 명산권역에 설치함으로써 실질적으로 공간과 장소를 점유하고, 名山과 名儒의 장소이미지를 결합시킨다거나, 遊山錄 혹은 名山記 등 명산에 대한 지식을 체계화하고 저술하는 것 등은 모두 각 문화집단이 그들의 정치적 정체성을 확보하고 강화한 방식으로 해석될 수 있는 것이다.

2. 한국 명산문화의 구성 요소

명산문화는 명산을 구성하는 문화요소들의 집적체이다. 명산문화의

---

7) William Norton, *Cultural Geography* 2nd ed, Oxford university press New York, 2006, p.2.
8) 조선시대 읍치경관의 상징성 및 권위 표현 방식에 관한 신문화지리학적 해석은, 김덕현, 「조선시대 경상도 읍치의 경관구성과 상징성」, 『경남문화연구』 제28호, 2007. 12, 41~87쪽. 이기봉, 『조선의 도시, 권위와 상징의 공간』, 새문사, 2008. 등에서 상세히 연구되었다.

요소를 유·무형적 기준으로 분류해보면, 무형적 문화요소로는 명산과 관련하여 빚어진 사상과 명산대천의 자연미학, 민속놀이와 축제, 제의 및 민간신앙, 명산 권역에서 생겨난 문학(시가, 소설, 설화 및 전설, 민담) 등이 있을 수 있다. 유형적 문화요소는 명산의 권역에서 벌어지는 각종 생활사와 관련된 취락경관 및 가옥, 생활민속 및 주거문화 경관, 각종 민간신앙 시설 및 사찰 등의 종교시설, 서원 등의 유교적 문화경관, 교통로와 관련된 교통시설(驛)과 숙박시설(院), 역사적 유물 및 장소 경관, 명산이 지니는 전략적 중요성으로 말미암아 각 요충지에 포진하고 있는 산성, 봉수 등과 같은 군사시설 역시 중요한 유형적 문화요소라고 할 수 있겠다.

그 중에서 한국의 명산문화를 형성한 문화적 인식과 태도의 측면에서 요소를 살펴보면, 고대적 산악문화로서의 仙道와 산악신앙으로서의 名山에 대한 국가적 제사가 지적될 수 있으며, 신라 중대 이후 고려시대를 걸쳐 명산의 도처에 입지하여 山門 혹은 名山大刹로 대변되었던 사찰의 입지처와 관련된 불교적 명산 관념, 고려시대에서 조선시대에 걸쳐 한국의 명산문화에 강력한 영향을 미친 풍수적 명산 占地 관념, 조선조 유학적 지식인의 修己 및 治德 장소로서의 명산 관념 등이 형성과정의 요소가 되었다.

다시 이들 명산문화의 요소들을 기원 및 발생을 기준으로 분류하면, 內發的 요소와 外來的 요소로도 나눌 수 있겠다. 古神敎 및 산악신앙은 古來로부터 自生的으로 비롯된 것으로서, 이것이 중국 神仙思想의 영향을 받으면서 외래적 요소와 복합되는 과정을 거치나, 불교·풍수·유교적 명산문화 요소 및 관념은 중국에서 전파되어 한국적 환경과 조건에 적응하여 토착화된 것으로 기원 및 발생적 속성이 차별화될 수 있다. 이제 각각의 명산문화 요소를 간략히 서술하면 다음과 같다.

古神敎 혹은 仙道와 名山에 대한 祭儀는 한국에서 본래적으로 명산의 가치를 존숭하는데서 비롯된 사상과 문화이자 신앙이었다. 仙道의 궁극

적인 인간형으로서의 仙人은 명산에서의 수련을 통해서 주체적 자아가 완성된 자였다. 지리산의 영랑, 옥보고 등이 그랬지만 한반도의 주요 명산은 仙道派 들의 주 무대가 되었고 이러한 문화적 역량의 집적은『海東傳道錄』(1610)이나『靑鶴集』과 같은 仙道의 傳脈書 저술 등으로 결실되었다. 仙道가 특정 사회집단의 산악문화라면 名山祭儀는 국가정치세력이 주관하는 산악신앙으로서, 제의적 명산문화는 국가의 운명이 산천의 힘에 의하여 영향을 받는다고 하는 固有의 山川崇拜信仰에서 發露된 것이었다.

불교가 중국을 거쳐 한국에 수용되면서 토착화되자 중국에서 그랬듯이 명산을 선택하여 사찰이 입지하기에 이르며, 특히 佛菩薩의 住處나 佛菩薩이 현신한 佛跡地 등은 불교적 명산의 장소적 속성으로 지적될 수 있다. 지명에 남아있는 흔적으로 보아도 佛母山, 佛頂山, 般若山, 金剛山, 靈鷲山, 靈山 등 수많은 佛山 계열의 산들이 있어 불교적 명산문화의 존재를 일러준다. 李重煥(1690~1752)이『東國山水錄』에서, "옛 말에 천하의 명산을 중이 많이 차지하였다고 하는데, 이 열 두 명산을 모두 절이 차지하였다."[9]는 표현은 한국의 불교문화와 명산의 밀접한 관계를 여실히 말해주고 있는 대목이다.

풍수도 한국의 명산문화 형성에 크게 한 몫을 하였다. 首都나 지방 邑에 있어서 풍수적 명산 혹은 鎭山은 邑治의 주요한 입지적 경관요소가 되었고, 고려 조정은 대부분의 명산에 禪補寺刹을 설치하여 국토의 풍수적 山川順逆 질서를 조정하고 관리하였다. 풍수는 특히 민간의 명산문화 관념에 큰 영향을 끼쳤다. 속담에 "명산 잡아 쓰지 말고 배은망덕하지 마라"는 말이 있는데, 여기서 명산은 풍수적 명산 길지 혹은 명당과 동일한 뜻으로, 명당자리 잡아 발복하려 애쓰지 말고 평소에 信實하고 積德하라는 뜻을 이르는 말이다. 한국의 옛 풍수서 중에는『名山錄』이라는 이름의 책

---

9) 李重煥,『東國山水錄』(규장각 도서번호 11638), 117쪽. "古語日 天下名山 僧占多…凡此十二名山皆爲佛宮所據"

도 있는데, 이 책은 安東 및 인근 지역인 寧海, 眞寶, 靑松, 禮安, 龍潭, 靑鶴洞, 淳昌, 豊基, 順興, 榮川, 醴泉에 소재한 풍수상 주요 명산 길지들을 山圖와 함께 위치 및 풍수적 정보를 수록하여 지역별로 편집한 것이다.

　유학사상은 한국의 명산문화에 질적인 변화를 가져오게 하였다. 성리학자들은 名山의 경관을 道德的이고 理法的인 텍스트로 해석하였다. 따라서 명산은 유학적 도덕의 수양 장소와 天地動靜의 理致를 터득하는 工夫處라는 장소적 의미를 지니게 되었으며, 이에 명산 價値의 재발견이 뒤따르게 되었다. 특히 실학자들에게 명산은 修己的 목적의 可居地 생활권 선택의 요소가 되었고 아울러 遊山을 위해 체계적으로 記述되어야 할 지식이자 情報가 되었다. 이러한 실학자들의 명산에 대한 실제적 관심과 체계적 파악의 노력은 山川誌 혹은 名山誌로 결집되었다. 그런데 한국의 유교적 명산문화의 형성은 排他的으로 태동되었기 보다는 傳來의 명산문화 요소가 유교의 틀 안으로 熔融되면서 발전되는 길을 걸었다. 崇山 관념, 풍수의 山水論, 仙道的 名山에서의 養氣 및 修鍊 등의 요소가 조선시대의 유교적 명산문화의 내용 속에 함유되어 녹아 있는 것이다.

　이렇듯 한국의 명산문화는, 한국인이 한국의 도처에 산재한 명산과 관계하여 형성한 상호관계의 총체로서 그 역사적 범위와 지리적 영역은 거대하다고 할 것이지만, 조선시대 명산문화의 역사적 전개에는 몇 가지의 중요한 유형이 시기적으로 자리 잡고 繼起的이거나 質的으로 變動 및 刷新되는 과정을 거쳤다. 그 하나는 고대적 산악숭배관념에 기초한 신앙적 명산문화이고, 또 하나는 중세적 풍수사상과 도읍의 地德 鎭護 관념에 기초한 지리적 명산문화이며, 나머지 하나는 근세적인 유교사상의 영향과 조선시대 유학자들로 인해 전개된 인문적 명산문화이다.

3. 한국 명산문화의 형성

　名山에 대한 문화적 通史로서의 名山文化史는 명산문화의 역사적 형성과 전개과정을 포괄하며, 사회와 공간(명산) 관계의 역사적 반영물인데, 시·공간적 범위, 사상적 범주와 문화요소의 속성 등에 기초하여 세 가지로 분류가 가능하다. 조선시대를 중심으로 하여 문화지배계층의 명산에 대한 인식과 실천의 흐름을 살펴보면, ① 王族 및 中央權力層이 주도한 王都와 國域 공간 범위의 제의적이고 신앙적인 명산문화, ② 中央集權的인 地方統治 集團이 주도한 地方郡縣 공간 범위의 鎭山 指定 및 풍수적인 명산문화, ③ 儒學者 階層이 주도한 私的 생활권 및 精神 공간 범위의 도덕적이고 인문적인 명산문화의 세 가지 유형으로 大分될 수 있다.

이 세 가지 흐름을 역사적으로 개괄하여보면, 共時的·空間的으로 重疊되면서 전개되기도 하였고, 通時的으로는 名山에서 鎭山으로 繼起的으로 進化(cultural evolution)·發展되거나(①→②), (문화적 인식 및 태도가) 초월적 신앙 및 依他的 믿음체계에서 인문적이고 自力·自修的인 성격으로 質的으로 變動(cultural change) 및 刷新되기도 하였다(①·②→③). 이 과정을 인문지리적인 의미로 개괄하여보면, 명산의 상징화·영역화(①)→명산의 지역화·경관화(②)→명산의 인간화·장소화(③)라는 세 가지 범주의 발전과정으로 해석할 수 있겠다. 문화요소간의 전개양상을 보면 排他的이거나 孤立的이기보다는 傳來의 요소들을 包攝하고 交涉하면서 형성되는 과정을 나타냈다.

조선시대의 지배문화적 부문에서 드러난 명산문화의 유형과 특징을 역사적 전개과정과 관련하여 사회와 공간 관계, 시·공간적 범위, 사상적 범주 그리고 문화속성의 요소와 함께 정리하면 아래와 같다(표 1 참조).

첫째 유형은, 시간적으로 삼국시대에서 조선시대에 걸쳐있고, 공간영역으로 王都 및 國域圈(王都가 중심이 된 領土)의 지정학적 요충지에 명산이 분포되었다. 문화주도세력으로서의 지리적 사회집단은 왕족 및 중앙지배권력층이다. 명산에 대한 인식 및 사상적으로는 天神의 住處로서의 山岳崇拜 및 靈地 觀念이 기초를 이룬다. 명산에 대한 태도 및 관계는 신앙과 제의로 표현되며, 삼국시대 이래 조선시대에 걸치는 명산대천에 대한 國家祭祀가 대표적인 실천 형태이다.[10] 이 범주는 명산을 공간적으로 영역화하고 상징화하는 인문지리적 의미를 가진다.

둘째 유형은, 시간적으로 고려 중·후기에서 조선시대에 걸쳐있고, 공간영역으로 地方郡縣의 행정권역에 각각 명산이 분포되어 있다. 문화주도세력으로서의 지리적 사회집단은 중앙집권체제 하에서의 지방통치세력층이다. 명산에 대한 인식 및 사상적으로는 취락의 山岳鎭護 관념 및 風水地理的 관념이 복합되어 있다. 명산에 대한 태도 및 실천은 鎭護하는 山(鎭山)으로서의 지리적 상징성부여 뿐만 아니라 鎭山과 관련된 실제적인 邑聚落의 영역화 및 경관화, 입지 및 배치관계로 구체화되었다. 사회적으로 정치사회집단의 지역화과정 및 중앙권력에 의한 지방편제과정에 수반하여 명산과의 관계가 지방화되고 군현단위화되었다. 이 범주는 명산을 공간적으로 지역화하고 경관화하는 인문지리적 의미를 가진다.

셋째 유형은, 시간적으로는 조선 중기에서 조선 후기에 걸쳐있고, 공간영역으로 私的인 生活圈 및 공간 차원으로 精神的 領域에 명산의 존재가 자리 잡고 있다. 문화주도세력으로서의 지리적 사회집단은 유학자 계층이다. 명산에 대한 인식 및 사상적으로는 인문·도덕적인 유학의 자연관이 바탕을 이루고, 修己 및 明德의 성리학적 태도와 經世致用 및 利用厚生의 실학적 태도가 투영되었다. 명산에 대한 태도 및 실천을 보면 조선 중·후기 유학자들의 명산 遊覽, 道學的 觀物察己의 실천적 場所로서의 명산, 실학자들의 可居地 生活圈의 입지 요인으로서의 명산, 명산에 대한 체계적 이해와 記述 등이 포함된다. 이 범주는 명산을 공간적으로 人間化하고 場所化하는 인문지리적 의미를 가진다.

---

[10] 古代로 거슬러 올라가면 新羅 中代 敎宗 사찰지의 명산 분포 사실 등도 이 유형에 포함된다.

유형	시간 범위	공간 영역	사회 집단	명산에 대한 사상 및 認識 패턴		名山에 대한 態度 및 實踐	인문지리적 의미
①	(三國時代) ~朝鮮時代	王都·國域圈	王族 및 中央權力層	山川崇拜· 靈地觀念	天 天神 住處·山神	國家祭祀	상징화 ·영역화
②	(高麗 中·後期) ~朝鮮時代	地域圈 (地方 郡縣)	地方統治 集團	山岳鎭護· 風水思想	地 地氣·地力· 地德	郡縣의 鎭山	지역화 ·경관화
③	朝鮮 中·後期	私的 生活圈· 精神 領域	儒學者 階層	儒學思想 및 儒學的 自然觀	人 人文·道德· 性理	遊山·可居地 名山志 著述	인간화 ·장소화

II. 조선시대 유학적 지식인의 전개

1. 명산에 대한 인식과 태도

조선시대 유학적 지식인에 의해 실천된 명산문화의 전개양상에는 명산에 대한 인식과 태도와 관련하여, 道學的이거나 實學的인 인식과 태도라는 두 가지로 유형화할 수 있고, 각각은 다시 명산의 인간화와 명산의 장소화로 인문지리적인 의미 해석이 가능하다. 道學者들은 명산을 유람하거나, 명산에 주거지 · 樓亭 · 別墅 등을 두거나, 명산의 인근에 거처하면서 修身하는 곳으로 삼는 인식과 태도를 나타내었고, 실학자들은 인격도야가 가능한 可居地 생활권의 요건으로서의 명산에 대한 관심과, 한국의 명산에 대한 체계적인 인식으로 名山記 혹은 山水錄을 저술하였다.

1) 도학적 인식과 태도: 명산의 인간화

한국의 유교적 명산문화 형성에 기여한 道學的 인식과 태도를 열거하면, 修己와 存養의 場所로서의 명산에 대한 의미부여, 명산 價値의 도덕적 反影과 재발견[11], 天地動靜의 이치를 터득하는 觀物察己의 공부로서의 명산 유람(遊山), 명산 경관에 대한 인간화된 장소적 이미지의 구축, 명산의 장소이미지와 名儒의 이미지의 상호 결합 등을 들 수 있다. 유학자들에게 명산의 산수는 유학의 이치를 習得하는 경관적 텍스트이고, 遊山은 經典 읽기와 다를 바 없는 경관적 讀解로 여겼으니, 이러한 유교적 과정은 명산의 인간화라는 인문지리적 범주로 의미를 해석될 수 있다. 각각을 차례대로 서술해 보기로 하자.

첫째, 조선시대의 유학적 자연관과 사상적 이념이 유학자들의 명산에 대한 인식에 투영되자, 名山의 山水는 유교 이전에 氣의 修鍊(仙道) 및 心의 修道(佛家) 공간에서 性의 窮理 및 格物의 공간으로 변용되었다. 유학자들에게 있어 山水는 觀物察己의 경관텍스트로 인식되었고, 遊山의 과정은 경관독해로서 독서와 같았다(遊山似讀書)[12]. 이러한 명산에 대한 도학적 인식과 태도는 자연지리적 환경을 자아의 정립과 인격의 수양에 적극적으로 활용한 것이었다.[13]

아래에 인용한 시에서 退溪가 말한 것처럼 "遊山이 독서와 같은데"라는 표현에서 그의 경관읽기 방식을 看取할 수 있듯이, "앉아서 구름이 이는

---

[11] 남명 조식이 "명산에 들어 온 자 치고 그 누군들 마음을 씻지 않겠으며(入名山者 誰不洗濯其心)"(曺植, 『南冥集』 권2, 「遊頭流錄」)라는 표현은 명산이 지니는 도덕적 의미와 가치를 단적으로 말해준다.

[12] 李滉, 『退溪集』 한국문집총간 30, 126쪽.

[13] 이상필, 『남명학파의 형성과 전개』, 와우출판사, 2005, 24쪽. 유학에서의 자연 및 명산의 의미를 밝힌 학계의 선행 연구를 몇 가지 요약하면 다음과 같다. 자연은 심미적으로 감상하고 즐기는 대상일 뿐 아니라 심성 수양의 표본과 같은 것으로 간주(윤사순, 「유학의 자연철학」, 『조선유학의 자연철학』, 예문서원, 1998, 28쪽). 사유의 지형이자 감성의 양식으로서의 명산 및 自我正體를 정립하는 表象 공간(이동환, 같은 논문, 1999.10, 45쪽). 산수는 천지의 형상이었고, 莊重하고도 靜閑한 道場이었으며, 평생토록 그처럼 살고자 하는 말없는 스승(김덕현, 같은 논문, 1999, 34쪽). 유학자들은 산수를 통해 깊은 철학적 사유를 하였고, 그 덕을 배우고 실천하려 하였다(최석기, 같은 논문, 2000, 238쪽). 공부의 한 수단으로 삼아 사물의 이치를 깨닫고 심신을 수련하며 문화 역사 유산의 체험이었다(정치영, 같은 논문, 2005, 59쪽). 유가적 심성을 도야하는 교육의 공간(우응순, 같은 논문, 2006, 425쪽).

것을 보고 만물의 묘함을 알아차리고(坐見雲起因知妙), 골짜기가 시작된 그윽한 자리에 이르러 사물의 처음을 깨닫는다(行到源頭始覺初)."는 표현은, 遊山의 궁극적 목적이 性理의 窮究를 위한 讀書와 같은 學習으로 여겼던 퇴계의 인식과 태도를 잘 드러내준다.

讀書人說遊山事	사람들은 讀書를 遊山의 일로 말하는데
今見遊山似讀書	지금 보니 遊山이 독서와 같구나
工力盡時元自下	工力이 다하면 응당 내려오고
淺深得處摠由渠	깊이를 얻는 자리는 모두 자기에게 말미암는 것
坐見雲起因知妙	앉아서 구름 이는 것 보면 묘함을 알고
行到源頭始覺初	가다가 골짜기 끝에 이르면 시초를 깨닫네
絶頂高尋勉公等	그대들이여 절정의 높은 곳을 힘써 찾게나
老衰中輟愧深余	노쇠하여 어중간히 이른 내가 심히 부끄럽구나

둘째, 도학자들의 名山에 대한 태도를 살펴보면, 명산의 산수는 天理를 體現하고 外化된 대상으로까지 窮理되기에 이르렀고, 遊山 공부는 산수를 통해 仁과 智를 체득하는 공부의 즐거움으로 실천되었다. 道學者들에게 名山行의 목적과 실천은, 動靜의 이치를 터득함으로써(得於動靜之理) 仁智 之樂을 이루는(以遂吾仁智之樂) 공부 방법론의 하나였고, 이에 명산은 天 地動靜의 理致를 드러내고 있는 공부 대상이었던 것이다.[14] 土農窩 河益 範(1767~1813)의 말은 이러한 뜻을 잘 표현해 주고 있다.

단지 흐르는 물과 우뚝한 산의 기이한 경관만을 구경하고, 動靜의 이치를 터

---

[14] "유학자들은 산수를 통해 본성의 덕을 자각하고 그것과 하나 되기를 지향하는 仁智之樂을 추구한 바, 그것은 산수를 통해 내 본연의 덕성을 함양하는 즐 거움을 말하는 것으로, 산수의 아름다운 경관을 즐기는 것이 아니라, 그것을 통해 내 본성의 순수함을 되찾아 즐거워하는 것이다." (최석기, 「土農窩 河益 範의 삶과 문학」, 『남명학연구』 제25집, 2008, 168쪽. 182쪽.)

득해 우리들의 仁智之樂을 이룩함이 없었다면, 어찌 매우 부끄러워하고 두
려워할 만한 일이 아니겠는가?15)

　　이와 같은 도학자들의 명산경관에 대한 修己的 태도는 進一步하여 명산
경관에 대한 인간사회적인 이해로까지 나아갔으니, 南冥이 말했듯이, 山水
를 인간의 세상과 견주어 보는 태도나 관점(看水看山 看人看世)이 바로 그
것이다.16) 이렇게 자연을 도덕적 인식에서부터 사회적 인식으로 발전하는
것은 성리학자들의 자연에 대한 새로운 이해에 기반하여 가능하였는데, 여
기에는 자연에 대한 철저한 법칙적 · 원리적 이해와 인간 · 사회에 그 원리
를 응용하는 심화된 사상이 바탕이 되었다.17) 요컨대 도학자들에게 산수는
천지자연의 원리가 外化된 경관적 텍스트로서, 合一을 통한 體得의 대상이
자, 觀物하여 察己 및 察人, 察世까지 이르는, 자신의 심성으로 返本하여 그
돌이켜진 이치를 인간세상에 투영하고 返照하는 거울이었던 것이다.

　　셋째, 조선시대에 유학자들의 遊山 문화 성행으로 특정의 명산 경관에
대한 인간화된 장소적 이미지가 구축되었고, 유학자와 관계가 깊은 지역
명산에 대한 장소이미지와 名儒의 이미지가 서로 결합되어 표상되었
다.18) 유학자들의 명산에 대한 장소이미지 구성은, 산악의 지형적 이미지
와 경관을 유학자의 기상과 모습으로 변환시키고 결합시켜 보는 방식을

15) 河益範, 『士農窩集』 권2, 「遊頭流錄」. "若但賞流峙之奇絕 而無得於動靜之理 以逐
　　吾仁智之樂 則豈不可愧可懼之甚者歟". (최석기, 같은 논문, 2008, 208쪽, 182쪽에
　　서 재인용).

16)　曺植, 『南冥集』 권2,「遊頭流錄」 "看來高山大川 非無所得 而比韓鄭趙三君子於高山
　　大川 更於十層峯頭冠一玉也 千頃水面 生一月也 海山三百里 獲見三君子之跡於一
　　日之間 看水看山 看人看世"

17)　윤사순, 「유학의 자연철학」,『조선유학의 자연철학』, 한국사상사연구회 편저,
　　예문서원, 1998, 36쪽.

18)　"지리산과 남명 조식, 속리산과 대곡 성운, 운문산과 삼족당 김대유, 덕유산과
　　갈천 임훈, 청량산과 퇴계 이황이 그것이다." (최석기, 『남명과 지리산』, 경인
　　문화사, 2006, 28쪽).

취하고 있다. 대표적인 예로서, 퇴계와 깊은 관계가 있으며 吾家山이라고 까지 일컬어진 청량산의 장소 이미지는 아래의 표 2에서 보는 것처럼, "절개가 있고 의로운 기상과 기세가 있으며, 엄숙하여 범접하기 어렵고, 단정하고 중후하며 맑고 깨끗하여 퇴계 선생을 보는 듯한" 경관 이미지로 표현되었던 것이다.19)

<표 2> 유학자들의 청량산 장소 이미지

遊山者	청량산의 장소 이미지
주세붕	절개가 있고 올곧아 범접하기 어렵다.
권호문	공자의 엄숙한 기상을 보는 것 같다.
김득연	절개 있고 의로운 선비가 우뚝 서있는 것 같아 감히 범할 수 없는 기상이 있다.
김중청	단정하고 중후하며 맑고 깨끗하여 퇴계선생과 같다.
배유창	칼과 창이 마주한 듯, 연꽃이 고개를 내민 듯, 올곧은 사람이 좌석에 앉은 듯 범접하기 어렵다.
박종	만 길 높은 절벽에서는 굽힐 수 없고 범할 수 없는 퇴계선생의 절개를 볼 수 있고, 밝은 노을이 깃든 골짜기에는 깨끗하고 그윽한 퇴계선생의 흥취가 남아 있다.
성대중	우뚝하면서도 위태하지 않으며, 장엄하면서도 거만하지 않아 덕이 빼어난 자와 같다.
김도명	충신과 의사와 같이 빼앗을 수 없는 절개와 범할 수 없는 기운을 지니고 있는 것 같다.

※ 上記 자료는 정치영, 「유산기로 본 조선시대 사대부의 청량산 여행」, 『문화역사지리』 제11권 제1호, 2005, 67쪽에서 발췌하여 수록함.

2) 실학적 인식과 태도: 명산의 장소화

조선 중·후기에 와서 유학의 실학적 전개로 말미암아 표출된 명산에 대한 실학적인 인식과 태도의 특징은 다음과 같이 몇 가지로 열거될 수 있다. 可居地 생활권의 입지 요건 및 修己 장소로서의 실제적 관심이 증대되었고, 조선 중·후기의 산천체계에 대한 지리적 지식의 확대에 조응

---

19) 정치영, 「유산기로 본 조선시대 사대부의 청량산 여행」, 『문화역사지리』 제11권 제1호, 2005, 67쪽.

하여 명산에 대한 체계적 이해의 노력이 뒤따르게 되어 山川誌 혹은 名山誌로 결실되었으며, 아울러 주요 명산을 비교하고 지역의 명산을 일반화하여 인식할 수 있었다. 그 과정에서 국토의 산맥체계(백두대간)에 기초한 체계적인 명산의 이해가 가능하게 되었고, 한국의 명산에 대한 자긍심이 높아졌을 뿐만 아니라 국토의 祖宗이 되는 명산으로서 백두산이 주목되었다. 이러한 모든 과정은 명산의 장소화라는 인문지리적 의미로 해석될 수 있으니, 각각을 차례대로 서술하면 다음과 같다.

첫째, 사대부의 可居地 생활권 선택의 한 요건으로서 아름다운 산수의 필요성이 인식되면서 명산에 대한 儒家社會의 인지도가 커졌다. 실학자 이중환은 可居地 선정에 요구되는 性情의 도야를 위한 산수 조건을 언급하기를, "무릇 삶터를 선택하는 데에는 地理가 으뜸이고 生利가 다음이며 다음으로 人心이고 다음으로 아름다운 山水이다. 네 가지 중에 하나라도 없으면 樂土가 아니다"[20]라고 하였고, "근처에 완상할 만한 산수가 없으면 성정을 즐거이 하거나 해소할 수 없다."[21]고 하여 山水 조건을 사대부의 可居地 입지 요소의 하나로 거론하였던 것이다.[22] 단, 이중환이 말한 可居地의 필요 요건의 하나로서의 명산 요건은 生利 조건에 부속해서 규정되는 것이고 명산에 주거지를 정한다는 뜻은 아니었다.[23]

---

[20] 李重煥, 『東國山水錄』, 79쪽. "近處無山水可賞處 則無以陶瀉性情"

[21] 李重煥, 『東國山水錄』, 79쪽. "大抵卜居之地 地理爲上 生利次之 次則人心 次則山水 四者缺一 非樂土也"

[22] "이 책의 가치는 산수를 사대부 가거지의 필수 요소로 넣고, 그 의미를 정서함양을 통한 인격도야에 부여하였다는 점에 있다." (김덕현, 같은 논문, 1999.9, 37쪽).

[23] 李重煥, 『東國山水錄』. "산수는 정신을 즐겁게 하고 감정을 화창하게 한다. 사는 곳에 산수가 없으면 사람을 촌스럽게 만든다. 그러나 산수가 좋은 곳 가운데는 생리가 박한 곳이 많다. 사람은 자라처럼 살지 못하고, 지렁이처럼 흙만 먹을 수 없다. 그래서 오직 산수만 보고 삶을 누릴 수는 없다. 그러므로 기름진 땅과 넓은 들에 지세가 아름다운 곳을 골라 집을 짓고 사는 것이 좋다. 그리고 10리 밖이나 반나절 거리 안에 산수가 아름다운 곳을 사 두었다가, 생각이 날 때마다 때때로 오가며 시름을 풀고, 혹은 머물러 자다가 돌아온다면, 이야말로 계속할 수 있는 방법이 될 것이다."

이중환(1690~1752)은 『東國山水錄』에서 보는 것처럼 國中大名山이라고 하여 12개의 산을 지정하고, 그 중에서도 금강산을 제1 명산으로 부르고, 8개의 명산을 嶺脊名山이라고 분류하였다. 그밖에도 四山, 地方名山 등으로 나누었는데, 그의 명산 해설을 살펴보면 취락지(도읍, 마을, 避難地 및 隱居地 등) 용도의 적합성, 경제적 생활 영위 방식, 山水 地形 및 경관 설명, 名山의 역사적 유래와 名賢에 대한 서술, 山水美學, 풍수지리적 입지 해석 관념 등 실학적인 經世致用과 利用厚生의 사유가 대폭 반영되어 있음을 알 수 있다(표 3 · 4).

〈표 3〉 이중환의 명산 분류와 장소성 설명

分類 및 名稱		명산의 이름	명산의 장소성
國中大 名山	第一名山	金剛山	세상을 피해 숨어 사는 무리들의 수양하는 곳24)
	嶺脊八山	金剛山 雪岳山 五臺山 太白山 小白山 俗離山 德裕山 智異山	
	四山	七寶山 妙香山 伽倻山 淸凉山	
國中 四山		五冠山(개성) 三角山(한양) 鷄龍山(진잠) 九月山(문화)	산의 모양은 수려한 돌로 된 봉우리를 이루고, 산은 빼어나고 물은 맑으며, 강과 바다가 모이는 곳에 結作하여 局量이 큰 곳25)
地方 名山		淸平山(춘천) 母岳山(금구) 鶴駕山(안동) 赤岳山(원주) 茂盛山(공주) 廣德山(천안) 伽倻山(해미) 聖住山(남포) 邊山(부안) 등	큰 산은 도읍지가 될 만하고, 작은 산은 高人이나 隱士가 숨어살 만한 땅26)

"옛날에 주자도 무이산의 산수를 좋아하여, 냇물 굽이와 봉우리 꼭대기마다 글을 짓고 그림을 그려서 빛나게 꾸미지 않은 곳이 없었다. 그러나 그곳에 살 집을 짓지는 않았다. 그가 일찍이 말하기를, "봄 동안 그곳에 가면 붉은 꽃과 푸른 잎이 서로 비치는 것이 또한 싫지 않았다."라고 하였다. 후세에 산수를 좋아하는 자들이 이 말을 본받아야 할 것이다."

24) 李重煥, 『東國山水錄』, 117쪽. "此四山與嶺脊八山 爲國中大名山 爲隱流藏修之所"

25) 李重煥, 『東國山水錄』, 121~122쪽. "凡山形必秀石作峰 山方秀而水亦淸 又必結作於 江海交會處 斯爲大力量 如此者國中有四 一則開城五冠 一則漢陽三角 一則鎭岑鷄 龍 一則文化九月"

26) 李重煥, 『東國山水錄』, 125쪽, "所謂諸山 大則爲都邑 小可謂高人隱士棲遯之地"

<표 4> 이중환의 地方 名山 장소성 설명

地方 名山	명산의 場所性
淸平山(춘천)	貊國이 도읍하였던 곳이다. 두 개의 강 사이에 위치하였고, 서해와 거리가 먼 까닭에 내려온 세력이 짧다.
母岳山(금구)	산 아래 평지로 된 골이 있어서 도회로 될 만하다는 말이 전해 오나 내려온 세력이 또한 짧다.
鶴駕山(안동)	두 가닥 물 사이에 있고 산세도 오관산, 삼각산과 흡사하나 돌 봉우리가 적은 것이 유감스럽다.
赤岳山(원주)	산 안에 골과 계곡이 많고 동쪽에 이름난 마을이 많다.
茂盛山(공주) 廣德山(천안)	긴 골이 매우 많다. 절과 암자, 여염집과 밭고랑이 섞여서 긴 숲과 간수 위에 숨바꼭질하듯 하니 완연한 하나의 도원도이다.
伽倻山(해미)	동쪽에 있는 가야사 동학은 곧 상고 때 상왕의 궁궐터이고 서쪽에 있는 수렴동은 바위가 폭포가 뛰어나게 기이하다. 북쪽에 있는 강당동과 무릉동도 수석이 또한 아름다우며, 마을과 아주 가까워서 살 만한 곳이다. 바닷가의 경치를 차지한 곳이다.
聖住山(남포)	남쪽과 북쪽 두 산이 합쳐서 큰 골이 되었다. 산중이 평탄하여 시내와 산이 밝고 깨끗하며, 물과 돌이 맑고 시원스럽다. 산 밖에는 검은 옥이 나는데 벼루를 만들면 기이한 물건이 된다. 옛날에 매월당 김시습이 홍산 무량사에서 죽었다고 하는데 곧 이 산이다. 시내와 물 사이에 또한 살만한 곳이 많다.
邊山(부안)	서, 남, 북쪽은 모두 큰 바다이고 산 안에는 많은 봉우리와 구렁이 있다. 골 바같은 모두 소금 굽고 고기 잡는 사람의 집이고, 산중에는 좋고 기름진 밭들이 많다. 주민이 산에 오르면 나무를 하고, 산에서 내려오면 고기 잡기와 소금 굽는 것을 업으로 하여 땔나무와 조개 따위는 값을 주고 사지 않아도 풍족하다.

둘째, 명산 권역이 유학자들의 可居地 입지에 있어 한 공간적인 요건으로 등장하고, 조선 중·후기에 유학자들에 의해 널리 시행된 遊山行으로 인하여, 실학자들이 명산에 대한 지식과 정보를 체계화하는 노력이 뒤따랐고, 이에 따라 주요 명산의 특징에 대한 상호비교가 가능하였으며 한국의 명산에 대한 지역적 일반화가 이루어졌다.

조선 후기의 명산에 관한 지식과 정보를 集成하여 책을 편찬한 실학자로 特記할 만한 인물이 硏經齋 成海應(1760~1839)인데, 그의 저술인『東國名山記』[27]에는 우리나라 명산과 勝景에 관한 장소적 정보가 서술되었고

---

27) 成海應,『東國名山記』(규장각 5154)

(표 5), 『山水記序』에는 명산의 지역적 특성 및 주요 명산의 비교가 표현되었다. 『東國名山記』에서 그는 전국을 京都, 畿路, 海西, 關西, 湖中, 湖南, 嶺南, 關東, 關北의 아홉 권역으로 구분하여 각 지역의 명산과 명승에 대하여 위치, 형세, 형승, 故事, 名人 등의 사실을 설명하고 있다.

〈표 5〉 『東國名山記』의 地域別 名山

지역권	東國名山 項目
京都(한양)	仁王山 三角山
畿路(경기)	道峯 水落山 白雲山 白鷺洲 石泉谷 三釜淵 金水亭 蒼玉屏 彌智山 逍遙山 晚翠臺 寶盖山 聖居山 天磨山 天聖山 花潭 臨津赤壁 淸心樓 仰德村 石湖亭
湖中(충청)	雞龍山 銚潭 龍潭 屏川 俗離山 天政臺 牛月城 自溫臺 泗沘水 看月島 安興鎭 安眠島 永保亭 黃江 丹陽邑村 下仙巖 中仙巖 守一菴 遊仙臺 舍人巖 雲巖 長淮村 龜潭 島潭 風水穴 寒碧樓 桃花洞 漱玉亭 孤山亭 仙遊洞 彈琴臺 達川可興 蒜谷 法泉 興元倉 月嶽
嶺南(경상)	伽倻山 淸凉山 陶山 小白山 四佛山 玉山 氷山 太白山 錦山 內延山
湖南(전라)	金骨山 德裕山 瑞石山 金鎖洞 月出山 天冠山 達摩山 漢挐山 智異山 邊山
海西(황해)	蔥秀山 石潭 九月山 白沙汀
關東(강원)	金剛山 聖留窟 五臺山 寒溪 雪嶽 華陰山 淸平山
關西(평안)	佳殊窟 妙香山 錦繡山
關北(함경)	白頭山 七寶山 鶴浦 國島

한편, 成海應은 『山水記序』[28]에서 한국의 대표적인 네 명산(백두·한라·지리·금강)을 들어 비교하기를, "백두산은 신령스럽고 그윽하며(靈邃), 한라산은 기이하고 괴이하며(奇怪), 지리산은 넓고 후덕하며(博厚), 금강산은 아름답고 곱다(瑰麗)"[29]고 하였으니, 이러한 장소성의 설명은 한국 주요 명산 경관의 형태와 장소적 속성을 비교하여 서술하였다는 데에 의미가 있다.[30]

---

[28] 「山水記序」는 成海應의 『研經齋全集』 卷 50. 51의 山水記 上·下에 각각 所載하고 있다. 『研經齋全集』 卷 52는 『東國名山記』와 비교하여 체제는 같지만 명산 항목이 축소되었다.

[29] 成海應, 『研經齋全集』 卷 51, 山水記(下), 「山水記序」. "白頭之靈邃 漢挐之奇怪 智異之博厚 金剛之瑰麗"

특히 같은 글(『山水記序』)에서 각 지역의 명산 및 승경을 유학자의 사상적 이념에 투영하여 일반화해서 논하고 있어 주목된다. 成海應이 지역 명산을 일반화하여 서술했던 내용을 발췌 인용하면 표 6과 같다.[31]

〈표 8〉 成海應의 지역 명산론

지역권	地域 名山論
京都	빛나고 준결차서 사람으로 하여금 공경하는 마음을 갖게 한다(光明俊偉 令人可敬)
畿路	모두 그윽하다고 일컬어진다(皆以幽靚稱)
海西	수려하여 즐길만하다. 또 선현의 자취가 많다(秀麗可樂 而又多先賢之跡)
湖南	모두 빼어나서 볼만하다고 한다(皆奇偉可觀)
嶺南	선현의 자취가 많다. 이른바 높은 산을 우러르는 것이라 할만하다. 그윽한 바위를 보고 생각을 모으고 긴 내를 낭랑하게 읊으니 한갓 노니는 흥취만이 아니다(多有名賢之跡 卽所謂高山仰止者也 凝思幽巖 朗吟長川 不徒遊賞之趣也)
關北	북방의 기운을 의도하지 않았지만 빼어난 것을 품고 있는 것이 이와 같다(不意幽朔之氣 乃蘊秀異如此)

※ 湖中·關西·關東 지역은 一般論이 서술되지 않음.

---

30) 일찍이 西山大師 休靜(1520~1604)은 「朝鮮四山評語」에서 한국의 四大名山을 평해 말하기를, "금강산은 빼어나지만 웅장하지는 않고(金剛秀而不壯), 지리산은 웅장하지만 빼어나지는 못하며(智異壯而不秀), 구월산은 빼어나지도 웅장하지도 못하고(九月不秀不壯), 묘향산은 빼어나기도 하고 웅장하기도 하다(妙香亦秀亦壯)"고 비교한 바 있다.

31) 成海應, 『研經齋全集』卷 51, 山水記(下),「山水記序」. "京都之三淸洞 道峯 水落 皆足跡之所過也 光明俊偉 令人可敬 畿路之白雲 彌智 逍遙 晩翠 寶盖 天摩 天聖諸名山 或覩或未覩 皆以幽靚稱 海西之慈秀 石潭 九月 白沙汀 皆秀麗可樂 而又多先賢之跡 關西之名山稱妙香 記余幼少時 遊至獅子菴 仰見法王峯甚奇壯 老而猶不能忘 佳殊窟僻甚 恨余又不能遊也 湖西之丹陽 銚潭 龍淵 忠州之月巖 扶餘之天政臺 皆余掠過其傍而遺之也 至如大治俗離 有一遊之願而未能者也 每一思至 輒南望悠然云 湖南之名山 金骨 德裕 瑞石 月巖 天冠 達摩 漢挐 皆奇偉可觀 顧余未嘗及 湖南地無以遊賞 然每尋繹山經 馳神運思 殆孫興公所謂畫詠宵興 俛仰之間 若已升者也 嶺南之伽倻 淸凉 小白 陶山 玉山 太白 錦山 智異 多有名賢之跡 卽所謂高山仰止者也 凝思幽巖 朗吟長川 不徒遊賞之趣也 關東之聖留窟 余幼時所過 甚詭異怵奇 金剛距此纔數百餘里 華陰 石泉 淸平尤邈 要當未耄而一遊 五臺 雪嶽亦思速償宿債 心目寥朗 緩步從容 其有時也 關北之七寶 鶴浦 國島 不意幽朔之氣 乃蘊秀異如此 赤城瀑布之想 何日忘之"

위의 내용을 보면, 명산경관의 自然美學 뿐만 아니라 先賢의 자취를 강조하여 표현하였고, "경기의 명산이 사람에게 공경하는 마음을 갖게 한다."는 말에서 알 수 있듯이 사람의 정신과 도덕에 미치는 명산의 영향에 대한 인식도 드러났다. 그리고 "영남의 명산은 높은 산을 우러르는 것이라 할만하다"는 표현은『詩經』의 "높은 산을 우러러보며(高山仰止) 큰 길을 행한다(景行行止)."에서 비롯한 말로 유학자가 지향하여야 할 仁을 표상한 것이니[32], 명산의 경관 자체에 대한 서술이라기보다는 명산과 선현의 이미지가 장소적으로 종합되어 인식되는 측면이 잘 드러나 있다.

셋째, 국토의 명산에 대한 체계적 이해, 특히 백두대간과 관련한 명산 인식의 提高도 실학적인 명산의 인식과 태도에서 드러나는 한 특징이 된다.[33] 이러한 경향은 조선 중·후기에 지리지 및 지도의 발달과 함께 체계적이고 계통적인 지리적 인식에 기초하여 이루어지게 된다.

조선후기에 실학적인 지리학을 정립한 인물이자 우리나라의 산수를 체계적으로 기술하려고 노력한 대표적인 사람 중의 하나인 旅庵 申景濬(1712~1781)은 「山水考」와『東國文獻備考』의 「輿地考」라는 책을 썼는데, 그는 한국의 12명산을 "三角, 白頭, 圓山, 狼林, 頭流, 分水, 金剛, 五臺, 太白, 俗離, 六十峙, 智異"로 지정한 바 있다. 신경준이 산과 물의 經緯를 고찰한 「山水考」란 글의 첫머리는 다음과 같이 시작하고 있다.

---

32) 『禮記』의 「表記」에 이르기를, "小雅에 '高山을 우러러 보며 景行을 행한다' 하였는데, 공자께서 말씀하시기를 '詩에서 仁을 좋아함이 이와 같다. 道를 향하고 가다가 중도에 쓰러지더라도 몸의 늙음을 잊어 年數의 부족함을 모르고 열심히 날로 부지런히 하여 죽은 뒤에야 그만 둔다.' 하셨다." 하였다(表記日 小雅日 高山仰止 景行行止 子日 詩之好仁 如此 鄉道而行 中道而廢 忘身之老也 不知年數之不足也 俛焉日有孳孳 斃而後已)(성백효 역주, 『詩經集傳』 下, 전통문화연구회, 1998, 150~151쪽).

33) 지리산 역시도 頭流山이라고 별칭하기에 이르렀는데 『新增東國輿地勝覽』(16세기)에서 "백두산의 산맥이 뻗어 내려 여기에 이른 곳이라고 하여 頭流라고 한다."고 밝혀놓았다.

하나의 근본이 만 갈래로 나뉜 것이 산이고, 만 갈래가 하나로 합한 것이 물이다. 나라의 산수는 열둘로 나타낼 수 있다. 백두산에서부터 나뉘어 열두 산이 되고, 열두 산에서 나뉘어 여덟 줄기(八路)의 여러 산들이 된다. 여덟 줄기(八路)의 여러 물들이 합하여 열두 水가 되고, 열두 水는 합하여 바다가 된다. (물이) 흐르고 (산이) 솟는 형세와, (산이) 나뉘고 (물이) 모이는 妙理는 여기에서 볼 수 있다. 열두 산은 삼각산, 백두산, 원산, 낭림산, 두류산, 분수령, 금강산, 오대산, 태백산, 속리산, 육십치, 지리산이라 이른다. 열두 물은 한강, 예성강, 대진, 금강, 사호, 섬강, 낙동강, 용흥강, 두만강, 대동강, 청천강, 압록강이라 이른다. 산은 삼각산을 머리로 삼고 물은 한강을 머리로 삼으니 서울을 높인 것이다.[34]

신경준의 12명산을 분석해 보면 삼각산을 제외하고는 11개 명산 모두 백두대간의 본줄기에 소속된 산임을 알 수 있다. 특히 이 산들은 산맥체계(대간, 정간과 정맥)의 분기점이 되는 山脈 分岐의 結節地로서,[35] "백두산에서부터 나뉘어 열두 산이 되고, 열두 산에서 나뉘어 여덟 줄기(八路)의 여러 산들이 된다."는 그의 인식은 이러한 사실을 잘 말해준다. 그리고 삼각산을 12명산의 머리로 한 것은 조선의 수도를 대표하는 鎭山으로서의 위계성이라는 사회적 관념이 투영된 것으로서, 그가 말했듯이 首都의

---

[34] 申景濬, 『旅菴全書』卷之十, 「山水考一」"一本而分萬殊者山也 萬殊而合一者水也 域內之山水 表以十二 自白頭山分而爲十二山 十二山分而爲八路諸山 八路諸水合而 爲十二水 十二水合而爲海 流峙之形 分合之妙 於玆可見 十二山 一曰三角 二曰白頭 三曰圓山 四曰狼林 五曰頭流 六曰分水 七曰金剛 八曰五臺 九曰太白 十曰俗離 十一曰六十峙 十二曰智異 十二水 一曰漢江 二曰禮成 三曰大津 四曰錦江 五曰沙湖 六曰蟾江 七曰洛東 八曰龍興 九曰豆滿 十曰大同 十一曰淸川 十二曰鴨綠 山以 三角爲首 水以漢江爲首 尊京都也"

[35] 백두산은 백두대간의 시작이고, 낭림산은 청북정맥과 청남정맥의 가지가 비롯하는 곳이며, 두류산은 해서정맥과 임진북예성남정맥이 출발하는 곳이고, 분수령은 한북정맥의 가지가 뻗는 곳이며, 태백산은 낙동정맥, 속리산은 한남금북정맥과 한남정맥 및 금북정맥이, 육십치는 금남호남정맥, 금남정맥, 호남정맥이, 지리산은 백두대간이 끝맺는 곳인 동시에 낙남정맥의 줄기가 뻗어나가는 지점이다.

鎭山[36]이기에 京都를 높인 것이다.[37]

신경준의『山水考』와『輿地考』이후에는 각각 산과 강을 중심으로 한 계통적인 지리적 인식이 발전, 심화되기에 이르며 이에 우리나라의 산줄기 체계를 밝혀 놓은『山經表』와, 강줄기를 체계적으로 정리하려고 시도한 茶山 丁若鏞의『大東水經』(1814)을 낳게 된다.

넷째, 조선후기 실학자들의 백두산 祖宗論도 실학적인 명산 인식의 한 특징으로 꼽을 수 있다. 백두산이 명실상부한 국토의 머리로 역할하게 된 것은 15세기에 영토로 확보되면서부터였고, 1712년에 淸이 백두산 남쪽에 定界碑를 건립함으로써 백두산의 정치적·영토적 의의가 주목되었다.[38] 조선 중·후기에 와서, 남명이 "산하의 견고함이 위나라가 보배로 여기는 것 이상이어서…"[39]라고도 하였듯이 국토산하에 대한 자긍심이 커졌고, 실학자들의 자주적 국토인식으로 말미암아 영토의 宗主로서 백두산의 의미가 더욱 강화되었다. 古地圖를 보아도 알 수 있듯이, 1402년의 지도인 「混一疆理歷代國都之圖」에는 백두산이 표현되지 않았고 16세 중엽의 것으로 추정되는「混一歷代國都疆理之圖」에 와서야 백두산을 국토의 조종산으로 표시하고 백두대간이 뚜렷해지기 시작한 것이 이러한 사실을 방증한다.[40] 이러한 시대배경에서 여암 신경준은 백두산을 12명산의 하나로 지정하고, 茶山 丁若鏞(1762~1836)은 "백두산은 동북아시아 여러 산들의 祖宗"[41]이라고까지 의미와 가치를 부여하기에 이른 것이다.

이상과 같은 지리적 인식체계와 시대적 분위기가 유교적 명산문화의

---

36) 申景濬,『旅菴全書』卷10,「山水考」1. "三角山爲京都之鎭"
37) 申景濬,『旅菴全書』卷10,「山水考」1. "山以三角爲首 水以漢江爲水 尊京都也"
38) 양보경,「조선시대의 '백두대간' 개념의 형성」,『진단학보』83, 1997, 105쪽.
39) 曹植,『南冥集』卷2,「遊頭流錄」. "山河之固 不啻魏國之寶".
40) 양보경,「조선시대의 '백두대간' 개념의 형성」,『단학보』83, 1997, 97~98쪽.
41) 丁若鏞,『與猶堂全書』第六集 地理集 第三卷, 疆域考,「白山譜」. "白山者 東北諸山之祖也"

사유체계에 반영되었으니, 星湖 李瀷(1681~1763)의 「白頭正幹」이라는 아래의 인용문은 이러한 儒家社會의 사유와 인식을 的實하게 표현하고 있다. 그는 백두대간의 체계에서 소백산과 지리산을 논하고 다시 소백의 퇴계와 지리의 남명을 들어 백두대간의 名山과 名儒가 일체화된 장소적 이미지를 표상하였던 것이다.

> 백두산은 우리나라 산맥의 조종이다. … 산맥은 智異에 이르러 끝났는데 그 기세가 바다를 자르고 지나가는 것이 웅혼하고 충만하여 기상이 두려워할 만 하다. 인물로 논하면… 退溪가 태백산과 소백산 아래에서 태어나 동방 유학자의 조종이 되었다. …南冥은 지리산 아래에서 태어나 동방의 기개와 절조의 최고가 되었다. …대개 큰 산맥이 곧장 백두산에서 시작되어 중간의 태백산에서 지리산에서 마쳤으니, 처음에 이름 붙인 것도 의미가 있었던 듯 하며 이 지역에 인물들이 난 것으로도 인물의 창고가 된다.42)

2. 유학적 풍토론과 명산문화의 배경사상

유학적 명산문화의 한 배경사상으로서 자연환경과 인문에 대한 관계를 언급한 풍토론적인 사유를 들 수 있겠는데, 이것은 자연풍토와 인간의 상호 영향 및 관계에 관한 논리로서, '地之使然'(崔致遠)과 '風氣使然'(許穆), 그리고 '地氣使然'(崔漢綺)이라는 言說의 발전과정으로 정리할 수 있다.

조선시대 유학자들의 명산에 대한 인식과 태도는 順自然的인 유교 사상 및 자연관에 준거하였다. 『中庸』에, "공자는 위로는 天時를 따르시고 아래로는 水土를 따르셨다."43)고 하였으니, 水土는 風土의 다른 말이고 오

---

42) 李瀷, 『星湖僿說』卷之一 天地門, 「白頭正幹」. "白頭是東方山脈之祖也…幹止於頭流 其勢若截溟而過者 雄渾磅礴 氣像可畏 以人物論則…退溪生於大小白之下 爲東方之 儒宗 南冥生於頭流之下 爲東方氣節之最…蓋其一直大幹 始於白頭中於太白終於頭 流 當初命名亦恐有意而 人才之出於是爲府藏"

43) 『中庸』三十章. "仲尼 祖述堯舜 憲章文武 上律天時 下襲水土"

늘날의 환경 혹은 자연에 해당하는 것으로, 곧 "水土를 따랐다"는 말은 지리적 자연환경의 질서에 順應하고 적응하는 유교적 자연관을 잘 표현한 뜻으로 풀이될 수 있다. 이 구절에 朱子는 주석하기를, "下襲水土라는 것은 토지의 마땅함을 따랐다는 것으로 이른바 토지에 편안함은 仁을 돈독하게 하고 왕래에 불안이 없다"[44]라고 심성적이고 성리학적인 측면으로 해석하였다.

돌이켜보면 고대의 명산문화의 배경을 이루는 사상적 관념은 국가의 운명을 명산에 의뢰하여 결부지은 산악숭배신앙이었고, 고려시대의 명산문화를 형성한 사상적 배경으로는 산천 地勢의 善惡 및 地德의 盛衰가 국가의 運命에 큰 영향을 미친다는 풍수도참사상을 들 수 있었다. 그렇다면 조선시대의 유교적인 명산문화를 전개시킨 철학사상적 토대로는 風氣論과 養氣論을 거론할 수 있다.

風氣論은 氣的 세계관에 근거한 것으로서, 특정한 자연 풍토는 그 안에서 태생했거나 상주하면서 그것을 관습적으로 교섭한 인간 집단의 품성·정서·감각 등에 일정하게 공통적인 특질의 형성에 관여하고, 이를 통해 그 자연 풍토의 특질에 상응하는 성향의 문화가 형성되게 된다는 점에 그 내용 핵심 및 특징이 있다. 그리고 養氣論은 주체의 자각에 입각한 능동적인 수행으로서의 정신 생리의 질적 변화에 관한 이론이다. 신라 화랑도의 '遊娛山水'에는 養氣의 모티브가 충분히 함유되어 있다.[45]

유교적 風氣論 인식의 근원을 거슬러 올라가면 孤雲 崔致遠(857~?)의 '地之使然'[46]이라는 초기적인 言說에 닿는다. 『大嵩福寺碑銘』에서 그는 "우

---

[44] 『中庸』 三十章. "朱子曰 下襲水土是因土地之宜 所爲安土敦乎仁 無往而不安"

[45] 이동환, 같은 논문, 1999, 4~5쪽, 10쪽.

[46] 崔致遠, 『孤雲先生文集卷之一』 記「善安住院壁記」. "王制 東方曰夷 范曄云 夷者抵也 言仁也 而好生萬物 抵地而出 故天性柔順 易以道御 愚也謂夷 訓齊平易 言敎濟化之方 按爾雅云 東至日所出爲大平 大平之人 仁 尙書曰 命羲仲 宅嵎夷 曰暘谷平秩東作 故我大王之國也 日昇月盛 水順風和 豈惟幽蟄振蘇 抑亦句萌鬯懋 二字缺

리나라는 勝地라서 성질은 유순하고 기운은 생명을 발생시키는데 알맞다"[47]라고 말했고, 「無染和尙碑銘」에서, "산악이 한 신령한 사람을 내리어 그에게 君子國에 태어나게 하여 佛家에 우뚝하도록 하였으니 대사가 그 사람이다."[48]라고 하였으며, 그리고 「智證大師碑銘」에 "地靈이 이미 好生으로 근본을 삼았고"[49]라고 하였으니 이러한 표현들은 모두 풍토가 인물이나 인성에 영향을 끼친다는 風氣論的인 인식의 맹아적 반영이다.

그리고 조선 중기에 眉叟 許穆(1595~1682)의 '風氣使然'이라는 표현에는 풍토가 풍속, 생태환경, 심성에 미치는 영향 등에 관하여 보다 자세하게 기술하고 있어서 한층 더 발전된 風氣論的인 인식으로 평가할 수 있다. 허목은 『地乘』에서 다음과 같이 風氣와 風俗의 상호 관계를 말하였다.

> 조선 九域의 땅은…風氣가 다르고…중국의 풍속과 같지 않으니 대개 方外에 있는 별개의 나라이다.…南方에는 조류가 많고 북방에는 짐승이 많은데 이는 風氣 때문이며, 山峽의 習俗이 순박하고 이득을 노리는 백성이 약삭빠른 것은 습성이 그러해서인 것이다. 東方은 氣가 치우치고 얇아서 조급하고 경솔하니 常心이 없다.[50]

유학적 風氣論의 인식이 가장 정교한 논리로 발전된 것은 惠岡 崔漢綺 (1803~1877)의 '地氣使然'이라는 이해에 이르러서이다. 최한기는 地氣와 그

生化 出震爲基 加復姬詩擧西顧之言 釋祖始東行之步 宜乎九種 勉以三歸地之使然 天所假也"

47) 崔致遠, 『孤雲先生文集卷之三』 碑, 「大嵩福寺碑銘」. "爰及於東方世界 則我太平勝地 也 性玆柔順 氣合發生 東方始生萬物"

48) 崔致遠, 『孤雲先生文集卷之二』 碑 「無染和尙碑銘」. "岳降于一靈性 俾挺生君子國 特 立梵王家者 大師其人也"

49) 崔致遠, 『孤雲先生文集卷之三二碑, 「智證和尙碑銘」. "地靈旣好生爲本"

50) 許穆, 『許穆記言』 第35卷 原集 外篇, 東史 「地乘」. "朝鮮九域之地…風氣之殊…與中 國異俗…南方多鳥 北方多獸 風氣使然也 山峽之俗樸駛 機利之民儇急 習性然也 東 方偏薄之氣 噪擾無常心"

장소에 사는 유기체와의 긴밀한 연관성을 파악하였는데, 그의 地氣論은 地氣가 그 자리에서 사는 생명과 직결되어 있다는 인식으로서, 適所에서 생명을 보전하거나, 장소를 옮겨 생명을 해치는 것은 모두 地氣가 그렇게 만드는 것(地氣使然)이라는 인식이다. 이러한 인식은 장소적 유기체에 대한 地氣의 영향력을 강조한 것이다.[51]

동시에 최한기는 사람은 地氣의 영향을 받지만 地氣를 선택할 수 있는 능동적인 존재라고 하였으니 이러한 면은 養氣論으로 볼 수 있다. 그는 地氣가 인사에 미치는 영향에 관해, 인체, 음식물, 거주처를 차례로 거론한 바, 사람의 형질은 지역의 기후와 풍토, 부모의 精血, 그리고 후천적인 학습이라는 네 가지 요소에 의하여 생성되는데, 氣候 · 風土 · 精血은 정하여져 있으나, 학습 요소는 사람의 형질을 바꿀 수 있는 變通의 공부가 된다는 것이다.[52]

이상에서 살펴보았지만 유학적 風氣論과 養氣論의 철학사상은 자연풍토와 인간의 상호영향에 관한 내용으로서 명산과 인간의 관계를 설정하는 철학적 준거가 되었던 것이다.

---

[51] 최원석,「최한기의 기학적 지리관」,『실학의 자연학』, 예문서원, 1996.
[52] 崔漢綺,『氣測體義』神氣通, 卷1, 體通,「四一神氣」. "子之形質 傳受於父精母血 氤氳而成 必有相類相肖 而神明之氣 隨形質而生 隨習染而通 如穀種之隨田有異 特不過變臍爲肥換小差大 不能使麥爲稻使菽爲豆 其資賴乎天地之神氣 則今年穀昨年穀 至於千百歲穀種皆同 然則人之父祖子孫 肇因天地神氣而成質 次次傳嗣 形質終始於天地神氣之中 自有形質之神氣也 神氣則天地人皆同 形質則天地人各不同 形質大則神氣大 形質小則神氣小 大者無資於小者 小者難測其大者 人之所測於天地之神氣 只是微軀之所接 耳目之所通 則海洋之點水 陸地之微塵 以此點水微塵 何能盡海洋陸地之大體大用 況以一身之神氣 測盡天地之神氣乎 旣爲人身 宜究形質之所由生 以達所稟神氣隨形質而有異也 所居之水土 父母之精血 爲形質之根基而生成 所習陶鑄乎天地之神氣 大人國小人國及奇形怪像之鄕 卽是土宜也 就其中 又有彊弱淸濁醜美之分 在於精血之和合 是故 人身神氣生成之由有四 其一天也 其二土宜也 其三父母精血也 其四聞見習染也 上三條 旣有所稟 不可追改 下一條 實爲變通之功夫"

III. 요약 및 맺음말

한국에서 산과, 산과 관련하여 빚어진 文化는 한국의 지리적 환경과 문화적 정체성을 구성하는 핵심적 주제 및 요소가 되고, 그 중에서 명산에 대한 문화적 연구는 한반도의 명산과 생활문화의 관계를 통찰하여 의미와 가치를 밝히는 작업으로서 의의를 갖는다.

이 글은 한국 명산문화의 형성과 전개 과정을 주도한 조선시대의 정치사회 지배층 및 유학적 지식인의 명산에 대한 인식과 실천을 위주로 하여, 명산문화의 유형, 변화 및 특징의 일면을 인문지리적인 견지에서 고찰함으로써, 한국 명산문화의 정체성 규명에 一助하고자 한 것이다. 한국의 명산 및 명산문화 연구는 동아시아 공간범위의 비교 및 보편적 연구를 위해서도 필수적이다. 본고의 요지를 요약하면 다음과 같다.

조선시대를 중심으로 한 문화지배계층의 명산에 대한 인식과 실천은 세 줄기 흐름을 보이는데 첫째, 王族 및 中央權力層이 주도한 王都 및 國域 공간영역의 제의적이고 신앙적인 명산문화, 둘째, 中央集權的 地方統治集團이 주도한 地方郡縣 공간영역의 鎭山 指定 및 풍수적인 명산문화, 셋째, 儒學者 階層이 주도한 生活圈 공간영역 및 精神的 공간차원의 도덕적이고 인문적인 명산문화이다.

조선조 유교사상의 전개 및 유학적 지식인의 실천은 한국 명산문화의 정체성 형성에 인문적인 쇄신을 이끌었다. 道學者들에 의해, 旣往의 명산에 대한 제의적이고 신앙적인 태도와 풍수사상적인 사고관념은 유가사상의 자연관으로 말미암아 도덕적이고 인문적인 태도로 바뀌게 되었고, 왕도와 지방의 공간 범주로 구획되던 명산 경관은 天地動靜의 理法을 體現하고 있는 공부텍스트이자 觀物察己의 유학적 수양을 위한 장소가 되었다. 그리하여 인간화된 명산의 장소이미지가 형성되고 명산의 이미지와 名儒의 이미지가 결합되었다. 실학자들에 있어 명산은 실제적 거주지 생활권의 한 입지 요건이 되었고, 명산에 대한 체계적 이해의 노력이 뒤따르게 되어 주요 명산의 비교와 지역 명산의 일반화된 내용이 담긴 名山誌가 저술되었다. 백두대간과 관련한 명산 인식의 提高가 이루어졌고 국토의 祖宗이 되는 명산으로서 백두산이 주목되었다. 그리고 유학적인 명산 인식과 태도의 철학적인 배경을 이루는 사상은 風氣論과 養氣論으로 요약할 수 있는 자연풍토와 인간의 상호 영향 및 관계에 관한 논리로서, 崔致遠의 '地之使然'과 許穆의 '風氣使然', 그리고 崔漢綺의 '地氣使然'이라는 言說의 개념적 발전과정으로 정리할 수 있었다.

이 글의 한계와 후속 연구 과제는 다음과 같다. 이 글은 조선조 명산문화에 대한 거시적이고 개괄적인 고찰에 그치고 있지만, 향후 지역적인 단위의 명산권역에서 어떻게 민중들이 생활하였고 어떤 모습으로 경관을 구성하였으며 그것이 현재에 이르고 있는지에 대한 구체적인 생활문화적인 지역연구로 나아가야 할 것이다. 이러한 점들은 지리산권 문화의 범주 속에서 후속적인 연구로 담아낼 예정이다.

앞으로 한국 명산문화의 연구를 통합하는 학제적 大主題는 '백두대간의 문화연구'가 될 것이고, 학문적 종합 체계는 '白頭大幹學'이 될 것으로 추정된다. 그 한 부문으로서 '지리산권 문화연구'가 자리 잡고 있고, 그 중의 인문지리적 과제는 지리산의 권역에서 생활하는 사람들이 산을 삶터로 삼아 경작을 하고 마을을 형성하여 살다가 일생을 마치는 전 과정의 경제, 사회, 풍속, 주거, 신앙 등을 망라한 생활사가 중요한 구성요소를 이룬다. 한국명산 문화의 형성과 전개를 始論的으로 고찰한 이 글이, 한국적 명산문화의 정체성을 밝히고, 한국의 지리환경과 문화의 원형을 규명하는 백두대간 및 지리산권 문화 연구의 대장정에 조금이나마 기여할 수 있기를 바란다.

이 글은 『남명학연구』 제26집(경상대학교 경남문화연구원, 2008)에 수록된 「한국의 명산문화와 조선시대 유학 지식인의 전개」를 일부 수정하여 실은 것이다.

—

조선시대 지리산에 대한
다양한 인식과 이용

김준형

—

Ⅰ. 머리말

조선 후기의 유명한 지리학자인 李重煥(1690~1756)의 『擇里志』에는 지리산의 모습이 종합적이고 체계적으로 서술되고 있다. 장황하나마 이를 인용해 보면 다음과 같다.

지리산은 南海 쪽에 있다. 지리산은 백두산의 맥이 크게 끝난 곳이므로, 일명 頭流山이라고도 한다. 세간에서는 금강산을 蓬萊라 하고 지리산은 方丈이라 하고 한라산을 瀛洲라고 하니, 이 산들이 소위 三神山이다. 『地誌』에서는 지리산을 太乙이 사는 곳이며 뭇 신선들이 모이는 곳이라 하였다.
계곡이 서리어 뒤섞였고 깊고 크며, 또 흙이 두텁고 기름져서 온 산이 모두 살기에 알맞다. 산 안에 백리나 되는 긴 골이 있는데, 바깥쪽은 좁으나 안쪽은 넓어서 가끔 사람이 발견하지 못한 곳이 있고, 그곳의 사람들은 나라에 조세도 바치지 아니한다.

지역이 남해에 가까우므로 기후가 따뜻하여 산중에는 대나무가 많고 또 감과 밤이 매우 많아서 저절로 열렸다가 저절로 떨어진다. 기장이나 조를 높은 봉우리 위에 뿌려두어도 무성하게 자라고, 평지에 있는 밭에도 작물을 재배한다. 그러므로 산중에는 일반 마을과 사찰들이 섞여 있다. 승려나 속인들이 대를 꺾고 감이나 밤을 주워, 노력하지 않아도 살아가기에 족하고, 농민이나 장인들도 또한 크게 노력하지 않아도 풍족하게 살 수 있다. 그러므로 이 산에 사는 사람은 풍년이나 흉년이란 것을 모르고 살아서, 이 산을 富山이라 부른다…

산 북쪽은 모두 함양 땅인데, 그곳에 있는 靈源洞·君子寺·鍮店村을 南師古는 福地라 하였다. 또 碧霄雲洞·楸城洞도 모두 명승지이다. 지리산 북편 골짜기 물이 합쳐져서 臨川과 龍游潭이 되어 고을 남쪽에 있는 嚴川에 이르는데, 시내를 따라 위아래에 천석이 아울러 뛰어나게 기이하다. 다만 지역이 너무 깊고 막혔으므로 마을에 죄를 짓고 도망쳐 온 무리가 많고, 또 도적이 가끔 나오기도 한다. 온 산에 잡신의 사당이 많아서 해마다 봄·가을이 되면 사방에서 무당이 모여들어 기도한다.[1]

이를 간단히 종합해 보면, 첫째 지리산은 三神山의 하나인 方丈山으로서, 太乙神이 살며 여러 신선들이 모여드는 신비스러운 산이라 전해진다는 것, 둘째 지리산은 상당히 너르게 퍼져 있어 골이 깊고 사람이 발견하지 못한 곳이 있지만, 토지가 비옥하고 따뜻하여 과일이나 곡물이 잘 자라 산속의 승려나 민간인들이 살기에 부족함이 없다는 것, 셋째 지리산에는 명승지나 格庵 南師古(1509~1571)가 지적한 福地가 많이 있다는 것, 넷째 이런 조건들 때문에 지리산에는 도망온 자나 도적, 무당들이 많

---

[1] 李重煥, 『擇里志』 卜居總論 山水.

이 몰려든다는 것 등으로 정리할 수 있을 것이다. 그래서 예로부터 많은 사람들의 주목을 받았고 특히 儒者들의 대표적인 유람과 동경의 대상이 되었다.

근래에 와서 이런 지리산권 문화에 대한 연구가 활발해지고 있다. 이는 두 가지 측면에서 전개되고 있다. 하나는 지리산의 산신신앙에 대한 연구이다. '聖母' 등 지리산 산신의 실체를 밝히거나 지리산 神祠에 대한 추적 등이 그것이다.[2] 다른 하나는 지리산을 유람했던 조선시대의 지식인들이 지리산을 어떻게 이해하고 동경해 왔는가를 추구한 것이었다.[3]

그러나 이런 연구들은 지리산권 문화에 대한 일부 측면만 추구했다는 한계가 있었다. 지리산에 관심이 있는 사람들은 계층에 따라, 또는 종교적 입장에 따라 지리산을 보는 관점이나 지리산을 이용하는 방식이 달랐다. 따라서 이들의 다양한 입장을 비교해 보고, 전체적으로 지리산이 어떻게 인식되고 이용되어 왔으며, 이들 사이에 어떤 갈등이 있었는가도 살펴볼 필요가 있을 것이다. 지리산은 신비스러운 신앙대상이나 유람대상일 뿐 아니라 사회에서 낙오된 민중들이 의존해서 살아왔던 장소이기도 하였고, 또 때때로 변란이나 사회변혁운동의 중요한 거점 역할을 하기도 하였다.

이 글의 목적은 지리산이 역사적으로 여러 저항운동의 거점 역할을 하였던 점을 살펴보기에 앞서, 그 전제로서 각 계층 사람들이 지리산에 대해 어떻게 인식하고 어떻게 이용해왔는가를 알아보는 것이다. 먼저 조선 전기까지 지리산이 어떻게 인식되어 왔는가를 살펴보고, 다음에는 조선 중기 이후 무당을 포함한 일반 민중과 불교계, 儒者의 입장에서 각각 지

---

[2] 이런 연구업적에 대해서는 김아네스의 「고려시대 산신 숭배와 지리산」(『歷史學研究』 33, 湖南史學會. 2008) 23~25쪽에 잘 정리되어 있다.

[3] 이런 연구 상황에 대해서는 강정화 등의 『지리산유산기선집』(지리산권문화연구단 자료총서 2, 경상대학교 경남문화연구원, 커뮤니케이션브레인, 2008)의 '지리산 유산기 연구현황'(1~6쪽)에 잘 정리되어 있다.

리산을 어떻게 인식하고 이용해 왔는가를 살펴보려고 한다. 마지막으로 이들 간의 갈등관계 및 민중에 대한 관의 침탈 모습에 대해서도 간단하게 살펴보려고 한다.

II. 조선 전기까지의 지리산 인식

앞의 『택리지』에서 언급되었듯이 지리산은 영남과 호남의 여러 고을에 걸쳐 너르게 퍼져 있었다. 李陸(1438~1498)은 지리산 주위로 1牧(晉州), 1府(南原), 2郡(咸陽·昆陽), 5縣(山陰·丹城·河東·求禮·光陽) 및 4개 任內(屬縣이나 鄕所部曲을 지칭: 薩川·赤良·花開·岳陽)이 접해 있는 것으로 서술하였다.[4] 이처럼 지리산은 신비스러운 산이면서 여러 고을에 걸쳐 있었기 때문에, 많은 사람들이 지리산 산신에 대한 깊은 신앙을 유지해오고 있었다.

그런데 지리산에 대한 신앙이나 인식도 사회가 변화함에 따라 시기적으로 바뀌고 있었다. 특히 국가에서 행하는 山川祭가 시기적으로 변화함에 따라 여러 가지 신앙 요소가 복합되어 나타나기도 하였다.

신라 때에 행해지던 토착적인 산신신앙은 고려시대에도 八關행사나 왕실에서의 別例祈祭를 통해 전승되고 있었다. 특히 왕실과 국가의 안녕과 태평을 위하여 佛敎의 佛事나 또는 道敎의 醮禮로 행하거나 巫覡이 주관하던 명산대천에서의 別祈恩은 이와 같은 토착적인 산신신앙을 보여준다. 고려 산신신앙은 기본적으로 국가 수호신으로서, 비의 조절, 질병의 치유나 疫疾의 방지 또는 祈子·祈福 등을 위해 신앙되는 除災招福적 성

---

4) 李陸, 『靑坡集』 권2 智異山記, "智異山 又名頭流 雄據嶺湖南二路之交 高廣不知其 幾百里 環山有一牧一府二郡五縣四附 其東曰晉州 曰丹城 其南曰昆陽 曰河東 曰薩 川 曰赤良 曰花開 曰岳陽 其西曰南原 曰求禮 曰光陽 其北曰咸陽 曰山陰."

격도 보여주고 있다. 그런데 성종대에 들어와 유교의례에 따른 산천제로의 전환이 시도되었다.[5]

이런 조치는 반발을 불러와 한때 기존의 예제가 복구되기도 하였지만, 의종대에 『詳定古今禮』가 편찬되면서 고려 전통의 예제와 송의 예제 등의 유교례를 절충하여 고려 예제를 확정짓게 된다. 이로 인해 신라와 조선, 그리고 중국의 경우 嶽鎭海瀆, 名山大川을 대·중·소사로 등제한 데 반해, 고려의 산천제는 초례·성황제와 함께 『高麗史』禮志 吉禮에 '雜祀'(『상정고금례』에서는 '未分等第된 국가제사')로 분류되어 있었다. 즉 유교의례는 대·중·소사로, 전통제례는 辨祀하지 않고 '미분등제'로 둔 것이다.[6]

고려 말 성리학이 심화되고 불교에 대한 비판과 함께 '淫祀' 문제가 본격적으로 제기되면서, 조선시대에 들어와 이들 의례는 유교의례로 대체되어 갔다. 고려 이래의 道觀이 혁파되고 각종 불사가 폐지되었다. 산천을 嶽海瀆과 名山大川으로 구분하였고, 산천신에게서 封爵을 제거하고 점차 국가 제사에서 소재관 제사로 변화하였다. 고려에 비해 산천제의 위상이 낮아져 갔던 것이다. 그리고 산천제는 오로지 기우제의 기능만 담당하게 되었다. 이것은 산천신이 많은 능력을 가진 영험한 신이라는 관념에 따라 다양한 제재초복적 목적으로 거행했던 고려의 산천제 단계에서 벗어나고 있음을 말해준다.[7]

그러나 이와 같이 산천신에 대한 전통적 기복신앙을 음사라 하여 금지하고, 산천제를 유교식 祀典 체계에 통합하여 국가나 고을 수령이 행하는 조치가 취해졌음에도 불구하고, 뒤에 보듯이 불교나 무격에 의한 산천신앙은 조선 후기까지도 유지되고 있었다.

5) 박호원, 「高麗의 山神信仰」 『민속학연구』 2, 국립민속박물관, 1995, 187~201쪽.
6) 김철웅, 『한국중세의 吉禮와 雜祀』, 景仁文化社, 2007, 241~245쪽.
7) 위의 글, 181~210쪽.

신라 때부터 국가에서 지리산을 五岳 중의 하나인 南岳으로 지정하여 중요시해왔던 관행은 고려를 거쳐 조선왕조에도 이어진다. 태조 때에는 지리산이 護國伯으로 봉해지고,[8] 태종대에는 嶽·海·瀆을 中祀로 삼는 조치에 따라 지리산 제사는 中祀로 정해진다.[9] 그러나 세종 19년 3월에 이르러 악해독·산천의 壇廟와 神牌의 제도를 상정하고 봉작을 삭제함에 따라, 지리산의 산신도 봉작이 제거되고 단순히 '智異山之神'이라 호칭하게 되었다.[10]

지리산은 여러 고을에 걸쳐 있지만, 모든 고을에 단묘를 설치할 수는 없었다. 국가에서는 전라도 남원에 '智異山神祠'를 세워서 공식적으로는 여기에서만 지리산 신령에게 제사지내게 하였다. 해마다 봄·가을 및 正朝 때나 재앙이 닥쳤을 때 왕이 香祝을 내려 제사지내게 하되, 당상관을 獻官으로, 수령을 大祝으로, 생원·진사를 執事로 삼고 교생들도 제사를 돕게 하였다.[11] 『慶尙道地理志』에는 세종대에 진주에서도 수령이 성황신과 함께 지리산신에게도 제사지내는 것으로 되어 있지만,[12] 국가에서 공식적으로 인정한 것은 아닐 것이다.

그런데 국가적 제사의 대상이 되었던 '지리산신'과는 달리, 민간에서는 '聖母'라는 명칭이 많이 사용되었다. 지리산 '성모'는 『三國遺事』에 나오는 仙桃山 聖母와 명칭이 같다. 선도산 성모가 神母·女仙 등으로 불렸던 것

---

[8] 『太祖實錄』권3, 2년 1월 丁卯.

[9] 『太宗實錄』권28, 14년 8월 辛酉.

[10] 『世宗實錄』권76, 19년 3월 癸卯.

[11] 『龍城誌』권4 祠廟 智異山神祠, "在府南六十四里所義坊（新增）祠卽國之南嶽也 位牌書曰 智異山之神 每歲春秋及正朝 御諱降香致祭 或有因災別祭 例以堂上官爲獻官 守令爲大祝 執事生進 校生亦會助祭 諸生飯米 自官例給." 『世宗實錄地理志』에는 관찰사로 하여금 치제하는 것으로 되어 있다.(『世宗實錄地理志』全羅道 名山 智異山, "新羅爲南嶽中祀 高麗及本朝 皆仍爲中祀 春秋降香祝 令觀察使致祭.")

[12] 『慶尙道地理志』晉州牧官, "守令行祭所二 城隍之神 在邑城內 智異山大大天王天淨神菩薩 在州西 相去一百十七里 一百四十九步."

과 같이[13] 지리산 산신도 이와 유사한 특징을 지니고 있었고, 이런 개념이 그대로 후대까지 이어지고 있었다고 보아야 할 것이다. 그런데 일부 문헌에는 '大大天王天淨神菩薩'·'大天王'[14] 등으로도 기록된 것으로 보아, 후대에 불교적 영향도 많이 받은 것 같다. 또 여러 문헌에 지리산은 "太乙神이 살고 여러 신선이 모여들고 무릇 용들이 사는 곳"이라고 기록되어 있다.[15] 태을은 道敎의 天神인 北辰의 신명으로 太一과 같으므로,[16] 도교의 영향도 받았다고 할 수 있다. 이처럼 후대로 내려오면서 각종 종교의 신앙이 복합되면서 지리산 신의 명칭도 다양하게 나타나게 된 것이다.

어쨌든 민간에서는 지리산의 산신이 어느 산의 신령보다도 더 영험하다고 믿고 있었다. 역대의 통치자나 관료들도 이런 믿음을 이용하고 있었다. 이는 역대 왕조가 건국을 정당화하는 데 지리산을 동원한 것에서 잘 나타난다.

고려왕실은 여러 산의 신을 건국과 후삼국 통일을 정당화하는 데 이용하였는데, 지리산도 예외가 아니었다. 『高麗史』에는 王建의 조상인 寶育이 출가하여 지리산에 들어가 도를 닦았다고 하는 전설이 있고, 『帝王韻紀』에는 지리산 천왕인 聖母의 명에 의해 道詵國師가 왕건의 할아버지 作帝建에게 명당 자리를 정해주었다는 기록이 있다.[17] 또 無畏國統이 下山한 곳인 진주의 龍巖寺에도 고려와 관련된 전설이 있다. 즉 仙巖·雲巖·龍巖 등 三巖寺를 창건하면, 전쟁이 끝나고 三韓이 재통일된다는 지리산 성모천왕의 명령으로, 도선국사가 용암사를 창건했다는 것이다.[18] 이런

---

13) 『三國遺事』 권5 感通 7 仙桃聖母隨喜佛事.

14) 주12) 참조. 『世宗實錄地理志』 慶尙道 晉州牧 智異山, "在州西(一名頭流山 大天王祠在焉)".

15) 『世宗實錄地理志』 全羅道 名山 智異山, "諺傳 太乙居其上 群仙之所會 衆龍之所居也." 이외에 『龍城誌』 등에도 같은 내용이 실려 있다.

16) 김철웅, 앞의 글, 78~79쪽.

17) 김아네스, 앞의 글, 25~29쪽.

사례는 고려왕조의 창건과 통일의 정당성을 홍보하기 위해 지리산의 영험성을 이용했던 사례라 할 수 있다.

조선왕조 개창과 관련해서도 지리산이 이용되었다. 태조 이성계가 潛邸에 있을 때, 꿈에 神人이 하늘에서 내려와 金尺을 주면서 그의 등극을 예언했고, 그 뒤에 어떤 사람이 문밖에 이르러 이상한 글을 바치면서 "이것을 智異山 바위 속에서 얻었다"고 말했는데, 그 글에 "木子가 돼지를 타고 내려와서 다시 三韓의 강토를 바로잡을 것"이라는 등의 말이 있었다[19]는 것이 그 예이다. 이를 과시하기 위해 문하시랑찬성사 鄭道傳은 夢金尺과 受寶籙을 만들기도 하였다.[20] 연산군 때에 충의위 馬崇祖란 인물은 왕의 생모 懷廟尹氏의 혼령이 지금 智異山 天皇이 되었다는 설을 제기하기도 하였다.[21]

국가나 정부의 보위를 위한 전투에서의 승리나 난점 해결을 위해 지리산의 신에게 제를 올리는 경우도 있었다. 경주 반적을 진압하는 출병에 참여했던 李奎報가 상사인 統軍 尙書 金某가 갑자기 微疾에 걸려 기거가 불편하자, 그의 병을 낫게 하기 위해 智異山大王前願文을 지어 발원하였던 것[22]이 그 한 예이다. 또 鄭地도 왜구와 전투하기 전에 지리산 신사에

---

18) 『東文選』 권68 靈鳳山龍巖寺重創記(朴全之), "無畏國統下山所龍巖寺 乃在於晉陽屬縣班城東隅 靈鳳山之中也 昔開國祖師道詵 因智異山主聖母天王 密囑曰 若創立三巖寺 則三韓合爲一國 戰伐自然息矣 於是創三巖寺 卽仙巖雲巖與此寺 是也 故此寺之於國家 爲大神補 古今人之所共知也."

19) 『太祖實錄』 권1, 1년 7월 丙申.

20) 『太祖實錄』 권4, 2년 7월 己巳.

21) 『燕山君日記』 권47, 8년 12월 丙午.

22) 李奎報, 『東國李相國集』 권38 智異山大王前願文(副使已下行), "某等俱以非才 補元戎之寮佐 將問罪東都 夫軍之生死成敗 皆係于統軍 譬諸人身 統軍如首 寮佐如手臂 軍卒如足 安有首之有恙 而手臂足之安然哉 今師次于善州 統軍尙書金公某 忽有微疾 節宣頗爽 意者山行野宿 觸風犯霧之病耶 或不知有異故而然耶 一軍憂恐 莫知其由 敢發衆誠 虔禱于我大王之靈 若借以神力 保持救護 俾金公勿藥有喜 立復康和 則非唯三軍之福也 大王之威靈益顯 豈不佳哉."

서 기도하였다고 한다.[23]

한편 지리산은 그 신비함과 골이 깊고 물산이 풍족한 지리적 조건 때문에 신라 때부터 은거하는 인물들이 많았다. 景德王 22년에 信忠은 관직을 버리고 南岳(지리산)에 들어가서 斷俗寺를 세우고, 스스로 승려가 되어 거처하면서 대왕의 복을 빌기를 원하였으므로, 왕이 이를 허락하였다고 한다.[24] 鄕歌를 잘 부르던 신라 승려 永才도 지리산에 은둔하였는데, 그는 도중에 만난 도적들도 감화시켜 같이 승려가 되어 지리산에 은거하게 되었다고 한다.[25]

또 뒤에 언급하듯이 지리산 雲上院에 은거하여 거문고를 연주한 玉寶高 관련 전설이 있다. 신라 말 최치원도 말년에 관직을 버리고 지리산 쌍계사 등 여러 곳을 노닐었지만, 최후에는 가족을 데리고 가야산 海印寺로 들어가 은거하였다고 한다.[26] 그런데 조선시대에 오면 최치원이 지리산에 은거하였고 당시까지도 신선으로서 靑鶴洞에 살고 있었다는 전설이 전해지고 있었다. 그런 사실은 金馹孫(1464~1498)의 「頭流紀行錄」에도 나타난다.[27]

---

23) 『高麗史』 권113 鄭地傳, "(鄭)地帥戰艦四十七艘 次羅州木浦 賊以大船百二十艘來 慶尙道沿海州郡大震 合浦元帥柳曼殊告急 地日夜督行 或自櫂 櫂卒益盡力 到蟾津 徵集合浦士卒 賊已到南海之觀音浦 使覘之 以爲我軍惻懦 適有雨 地遣人禱智異山神祠曰 國之存亡 在此一擧 冀相子 無作神羞 雨果止."

24) 『三國遺事』 5 避隱 信忠掛冠, "景德王二十二年癸卯 忠與二友相約 掛冠入南岳 再徵不就 落髮爲沙門 爲王創斷俗寺居焉 願終身丘壑 以奉福大王 王許之."

25) 『三國遺事』 권5 避隱 8 永才遇賊, "釋永才 性滑稽 不累於物 善鄕歌 暮歲將隱於南岳 至大峴嶺 遇賊六十餘人 將加害 … 賊感其意 贈之綾二端 才笑而前謝曰 知財賄之爲地獄根本 將避於窮山 以餞一生 何敢受焉 乃投之地 賊又感其言 皆釋釰投戈 落髮爲徒 同隱智異 不復蹈世 才年僅九十矣 在元聖大王之世."

26) 『三國史記』 권46, 列傳6 崔致遠.

27) 金馹孫, 『濯纓集』 권5 錄 頭流紀行錄, "了長老云 近世有退隱師者住神興 一日語其徒曰 有客至 當淨掃除以候 俄而有一人騎白駒 結藤蘿爲鞦轡 疾行而來 履獨木如平地 衆皆駭之 至寺迎入一室 淸夜共話 不可聽記 明朝辭去 有姜家蒼頭者 學書於寺 疑其異客 執鞚以奉之 其人以鞭揮去 袖落一卷文字 蒼頭急取之 其人曰 誤被塵隷攬取 珍重愼藏 勿以示世 言訖急行 復由略彴而逝 姜蒼頭者 今白頭猶居晉陽之境 人有知者 求觀不與 蓋其人 崔孤雲不死在靑鶴洞云 其說雖無稽而亦可記也."

고려 때도 지리산에 은거하는 인물들이 적지 않았던 것 같다. 지리산에서도 靑鶴洞은 고려 중기부터 세간에 널리 알려져 있었던 것 같다. 李仁老(1152~1220)는 청학동을 동경하여 그곳에 은거하기 위해 지리산을 찾았지만, 결국 찾지 못했다고 한다.[28] 韓惟漢도 崔忠獻이 정권을 농단하는 것을 보고 처자를 데리고 지리산으로 들어가 은거하였고, 조정에서 錄事 벼슬을 내렸는데도 끝내 응하지 않았다고 한다.[29] 이처럼 지리산은 역대에 걸쳐 많은 인물들이 세상을 등지고 은거한 사례가 많은 대표적인 곳으로 알려져 있었다.

III. 조선 중기 이후 각 계층의 지리산 인식과 이용

1. 일반 민중의 지리산 인식과 이용

일반 민중은 지리산이 영험하다고 여겨 기복신앙의 중요한 대상으로 삼았다. 뿐만 아니라 지리산은 민중의 곤궁한 삶을 해결하기 위한 곳으로 이용되기도 하였다. 즉 지리산의 골이 깊어 은밀한 곳이 많고 또 비옥하여 어느 정도 생계를 해결할 수 있기 때문에, 관의 침탈을 피해 도망한 자나 도적세력들의 온상이 되기도 하였던 것이다.

우선 지리산에 대한 민중의 기복신앙의 모습부터 살펴보기로 하겠다. 일반 민중의 기복신앙과 관련된 것은 여러 가지가 있겠지만, 그중에서도 가장 밀접한 것은 무속신앙이다. 삼국시대를 이어 고려시대에도 巫覡은

---

[28] 李仁老,『破閑集』권1 智異山遊覽記錄,"古老相傳云 其間有青鶴洞 路甚狹 纔通人行 俯伏經數里許 乃得虛曠之境 四隅皆良田 沃壤直播植 有青鶴棲息其中 故以名焉 蓋古之遁世者所居 頹垣壞塹 猶在荊棘之墟 昔僕與堂兄崔相國 有拂衣長往之意 乃相約尋此洞 將以竹籠盛牛犢兩三以入 則可以與世俗不相聞矣 … 而所謂青鶴洞者卒不得尋焉."

[29]『高麗史』권98, 列傳12 韓惟漢조.

적어도 사제적 기능 면에서 유교·불교·도교와 대등하게 인식되고 있었고, 國行祭에도 당당하게 참여하고 있었다. 물론 禁巫策이 일시적으로 시행되기도 하였지만, 무속신앙은 대체로 고려 후기까지 위로는 왕실에서부터 아래로는 일반 민들에게까지 존숭받는 신앙형태로서 존속되어 왔다. 그러다가 고려 말 성리학이 대두되면서 신진사대부에 의해 黜巫論, 淫祀廢止論이 거세게 제기된다.[30]

이처럼 무속은 여말선초의 격변기 속에서 음사로 규정되어 혁파의 대상이 되었지만, 조선 전기에도 서민에서부터 왕실에 이르기까지 꾸준히 신앙되었다. 개인과 가정에서는 무속을 통해서 出産儀禮·혼례·상례·제례 등의 通過儀禮로부터 질병치료·巫蠱 등에 이르기까지 여러 가지 삶의 문제를 해결하고자 하였다. 국가와 왕실에서도 國巫를 제도화하고, 祈雨祭와 祈恩祭, 질병치료, 여타의 除厄招福의 방편으로 무속을 행하였다.

이러한 무속신앙의 열기에 대해 유자들 사이에는 '巫俗禁斷論'과 '巫俗容忍論'의 두 입장이 공존하였다. 정부는 유교의 실천윤리 보급과 그에 따른 민중교화로써 人倫에 의한 사회질서를 확립하기 위해서, 巫俗式 祭儀를 儒教式 祭儀로 전환하거나 무격의 城外逐出令을 시행하였다. 그러면서도 무속을 규제하고 집권체제를 유지하는 데 필요한 재원을 마련하기 위해 무격에게 세금을 징수하기도 하였다. 결과적으로 조선왕조는 무속을 억제하면서도 일부 용인하는 방향으로 나아가게 된 것이다.[31]

실제 조선 후기에 와서도 고을 내의 문제점을 해결하기 위해 수령이 무당을 공식적으로 동원하는 사례는 적지 않게 발견된다. 18세기 전반 고성에서는 기우제의 방안으로 관문 앞에서 土龍을 만들고 불상을 걸어 승려와 무당들이 피리를 불고 북을 치며 기도하는 모습들이 자주 거론된

---

30) 박호원, 「高麗 巫俗信仰의 展開와 그 內容」, 『민속학연구』 창간호, 국립민속박물관, 1994, 74~82쪽.
31) 민정희, 「朝鮮前期의 巫俗과 政府政策」 『학림』 21, 연세대, 2000, 43~46쪽.

다.[32] 함안에서도 1894년 승려와 무격이 함께 太平樓 밑에서 토룡제를 주도하고, 주위에 천여 명의 사람들이 구경하고 있었다.[33] 고성에서는 조선 말기까지 태조 李成桂와 崔瑩장군 등을 모시는 風雲堂이 있었는데, 본 고을 아전들이 총괄하는 이 신당도 실제 무격들이 관리하고 제사도 맡고 있었다고 한다.[34]

무격들이 모시는 신령은 山川神, 人物神, 疫神 등으로 나누어 볼 수 있다. 이밖에도 馬神, 朱雀神, 星辰, 豆朴神, 부처님, 帝釋天 등이 있다.[35] 불교나 도교 등 외래 종교의 신들도 무격의 신앙대상에 포함되어 있는 것이다. 불교나 도교가 그 본래의 종교적인 목적과는 달리 제재초복을 주로 하는 신앙을 수용한 것이 무속신앙의 기복적인 요소와 유사하여, 서로 영향을 주고 받았을 것이다. 이 현상은 외래신의 한국적 토착화를 의미함과 동시에, 무속의 자기 발전을 의미하는 것이기도 하다.[36]

이런 무격의 신앙 대상으로 중요한 위치를 차지하는 것이 산신이었다. 특히 지리산과 같이 영험하다고 알려진 산은 중요한 신앙대상으로서, 많은 무당들이 몰리게 마련이었다.

---

32) 仇相德,『勝聰明錄』제2책 丁巳 7월 16일, "是時作土龍掛佛像 祈雨浥塵." 7월 21일, "今此之旱 近年之最 僧巫聚禱于官門前 簫鼓之聲 日夜不絶." 제3책 癸亥 윤4월 26일, "掛佛土龍簫鼓 雜陳于官門 而祈雨." 戊辰 윤7월 3일, "余入邑 見僧道巫祝之雜噪 一爲可笑 一爲可憐."

33) 吳宖黙,『固城叢瑣錄』甲午 7월 16일, "至咸安邑 直入見本倅 出衙門 … 適時太平樓下 造置土龍 設祭需于床卓 僧徒巫覡 鳴鉦鼓呼念佛 環視者 無慮千餘人 是夜鄕人數十人 亦次第來見 皆因土龍祭而入邑."

34) 吳宖黙,『固城叢瑣錄』癸巳 3월 초1일, "從容問在傍 以風雲堂來歷 盖堂在松樹洞竹林間 瓦屋三間 前以板廳 左前草舍三間 卽守直人所居 自來以巫覡遞代 擧行享祀 每歲端陽除夕 例自本府作廳公兄及時任各房 排備祭物設奠 時衆樂齊進 第一座 太祖康獻大王御眞 … 第二座 前輔崔將軍瀅 具甲冑左釰 … 是堂之設 未知在何時 而乃在遐州寂寞之濱 只任吏輩奉祀 俱未可知也 況所謂守直之節 誘諸巫覡 不能尊嚴奉護 有若叢祠佛龕之視以尋常 由是之故 堂宇傾側 眞影漫滅 若將不保朝夕."

35) 민정희, 앞의 글, 10~11쪽.

36) 박호원, 앞의 글, 99~100쪽.

원래 산천제는 유교제례에 입각하면, 왕만이 행할 수 있고 일반 민에 의한 제례는 허용될 수 없었다. 그래서 세종도 壇을 산 밑에 설치하고 제사하여야 하는데, 廟를 산 위에 세우고 그 산을 밟으며 귀신에게 제사를 지내는 것은 不敬하며, 古禮에는 국왕만이 封疆 안에 있는 山川에 제사를 지내므로 서민이 제사하는 것은 명분이 없다는 의견을 제시하였다. 이에 대해 대제학 卞季良 등이 본국에서도 산신에 爵을 봉하고 산 위에 廟를 세워서 윗사람이나 아랫사람이 공동으로 제사하는 역사는 이미 오래 되었다는 이견을 제시하자, 세종은 자신의 의견을 철회한다.[37] 이후 국가에서는 중요한 산마다 신사를 세워 공식적으로 제례를 지내고, 이와 관계없이 무당 등 일반 민간인들이 해당 산신에 대해 거행하는 기복신앙은 방관하는 형태를 취했던 것 같다.

원래 지리산 산신제는 중사에 해당되어, 관찰사 등 당상관이 주관하고 남원이나 인근 고을 수령들도 참여하게 되어 있었다. 그런데 이 제례가 이후 소홀해지는 경향이 나타났다. 智異山祭는 교생에게 대행시키지 말고 지방관이 친히 지낼 것을 요구하는 의견이 제기된 것[38]이나, 남원 지리산 秋例祭에 불참하였다 하여 구례현감이 파출된 사례[39]에서 그런 모습을 살펴볼 수 있다. 이런 가운데 남원의 智異山神祠가 부사 鄭東卨 (1677~1680년 재임)에 의해 새로운 모습으로 중건된 이후 관에서 체계적인 관리가 되지 않자, 무당들이 신사까지도 점령하여 기도장소로 사용하는 모습까지 나타난다.[40]

---

37) 『世宗實錄』 권23, 6년 2월 丁巳.

38) 『承政院日記』 제163책, 顯宗 元年 7월 3일.

39) 『承政院日記』 제210책, 顯宗 9년 9월 20일.

40) 『龍城誌』 권4 祠廟 智異山神祠, "去丁巳 自官以本坊 元定本祠修理 永除他所修理 之役 而凡干民結納官之役 皆許半減 坊民爲聚財力 先立客舍五間 燔瓦盖之 儒生廳 及支應廳馬廐大門 各有儀 則府使鄭東卨 又令改修殿宇 自春始役 至秋乃訖 神門有 樓 省牲廳亦有樓 自此廟貌一新 事無苟簡 但巫覡祈禱 自古成習 遠近奔波 褻慢狼 藉 而距官府絶遠 禁令不得行 謬俗之難革 有如此哉."

어쨌든 지리산 근처 사람들은 天王이 영험하다고 하여 질병에 걸리면 으레 지리산 신에게 기도하였고, 산내 여러 사찰도 신당을 세워 지리산 신에게 제사를 지냈다고 한다.[41] 조정에서 남원에 설치한 지리산신사 이외에 민간에서 가장 중시하였던 신당은 지리산의 가장 높은 곳인 천왕봉에 있는 聖母祠였다. 그러나 지리산의 신당으로 성모사만 있는 것은 아니었다. 지리산을 끼고 있던 각 고을에는 지리산으로 오르는 여러 중요 지점에 신당이 세워졌을 것이다. 다만 현재 문헌으로 확인할 수 있는 것은 함양과 진주의 신당이다.

『新增東國輿地勝覽』에 의하면, 함양에는 성모사가 두 곳이 있다고 기록되어 있다. 하나는 천왕봉의 성모사이고 하나는 嚴川里에 있다고 하는데,[42] 후자는 뒤에 언급하듯이 龍遊潭의 신당을 지칭한 것으로 보인다. 진주의 祠廟조에도 천왕봉의 성모사가 소개되고 있다.[43] 천왕봉 성모사는 지리산을 끼고 있는 여러 고을의 주민이 공유하고 있었던 것 같다.

우선 무당들의 활동이 가장 활발한 함양 쪽의 신당 상황을 살펴보기로 하자. 李東沆(1736~1804)의 「方丈遊錄」은 여러 신당의 상황과 무격들이 지리산에서 기복활동을 하는 모습을 잘 보여주는데, 이를 인용하면 다음과 같다.

> 龍游潭에 이르렀다. 못의 서쪽 가에는 古廟가 있는데, 神龍을 제사하며 무격들이 기도하는 곳으로 이용된다. 나무를 짜서 다리를 만들어 왕래할 수 있게 하였다. … 白母堂에 이르렀다. 나무판으로 지붕을 만든 백무당에는 그 안에 돌로 만든 부인상을 모셔놓았고, 8, 9호의 주민들이 살고 있었다. 이

---

41) 李陸, 『靑坡集』 권2 遊智異山錄, "天王峯 堂有天王石像 頂上劍痕宛然 諺傳 … 近山之人 皆以天王爲靈 凡有疾病必禱 山內諸寺 無不建堂以祀之."

42) 『新增東國輿地勝覽』 권31, 咸陽郡 祠廟 聖母祠, "祠宇二 一在天王峯上 一在郡南嚴川里."

43) 『新增東國輿地勝覽』 권30, 晉州牧 祠廟 聖母祠, "在智異山天王峯頂."

산은 전국에서 이름났고 신령스러운 응보가 있기 때문에, 삼남의 무당들이 봄과 가을이 되면 으레 산에 들어와서 먼저 용유담의 사당에서 기도를 올리고, 그 다음에 백무당과 帝釋堂에서 차례로 기도하였다. 이어서 上堂까지 올라가 산신령께 치성을 드리고, 물건을 잔뜩 싣고 와 마치 시장바닥처럼 북적대었다. 堂主는 그 쌀과 돈과 포백들을 거두어서 관아에 늘 바쳐왔다. 그런데도 언제나 여유있게 쓰고도 남음이 있어, 이곳 사람들은 궁벽한 깊은 산골에 살면서도 어려움이 없었다.[44]

지리산은 전국적으로 이름났고 영험이 있어서 삼남지역 무당이 봄과 가을마다 몰려들어 용유담→백무당→제석당→상당(성모사) 순으로 옮겨가며 기도하는데, 쌀·돈 등 많은 물건들을 가져오기 때문에, 堂主는 이것으로 官에 일정량 납부하고도 여유가 있었다는 것이다.

그런데 각 신당의 성격이 조금 달랐던 것으로 보인다. 용유담 고묘는 신룡을 제사하는 곳인데 반해, 백무당·제석당·성모사는 성모를 모신 신당으로 표현되고 있기 때문이다. 朴汝樑(1554~1611)도 용유담에 龍王堂이 있다고 한 것으로 보아 성모를 모신 다른 신당과는 신앙대상이 달랐던 것 같다.[45] 그래서 일부에서는 성모사·백무당과 함께 용유담이 '巫覡의 三窟'로 지칭되기도 하였지만,[46] 일반적으로 白武堂[47]은 下堂, 제석당은 中堂, 성모사는 上堂으로 지칭되고 있었다.[48]

---

44) 李東沆, 『遲菴集』 권3 雜著 方丈遊錄, "至龍遊潭 … 潭之西岸 有古廟 祀神龍 爲巫覡祈禱所 編木爲橋 以通往來 … 至白母堂 堂以板爲屋 中安石婦人 民居八九戶 此山爲一國之望 且有靈應 故三南巫覡 必春秋入山 先禱龍潭之祠 次禱白母 又禱帝釋 因登上堂 致誠乞靈 而馱載貨物 闐如歸市 堂主斂其米錢布帛 以充官府常納 而尙有餘用 故僻居深壑 生理不艱."

45) 朴汝樑, 『感樹齋集』 권6 頭流山日錄, "潭之少東南偏 有龍王堂 創未久也."

46) 柳夢寅, 『於于集』 後集 권6 雜識 遊頭流山錄, "故聖母祠白母堂龍遊潭 爲巫覡之三窟."

47) 위의 白母堂을 지칭. 梁大樸의 '頭流山紀行錄'에서는 '白門堂' 또는 白巫堂'으로 표현.

진주 방면에서도 성모사에 오르기까지 별도의 신당이 있어 무격들이 기도를 행하고 있었다. 현재 파악할 수 있는 것은 중산리에서 천왕봉에 오르는 코스이다. 東堂村과 중산리의 중간 지점에 있는 鍾湫라는 못에서는 가을인 10월이 되면, 봄에 상당(성모사)에 올라갔던 守直者가 내려오는 때에 맞추어 무당들이 三丈木을 세우고 신을 맞이하는 행사를 치렀다고 한다. 이외에 천왕봉에 오르는 중도에 紙錢을 태우는 山神堂과 神長·堂直 및 몇 명의 일반 무당이 머무르는 護鬼堂[49]이 있었다고 한다.[50]

이처럼 지리산에는 무당과 민중들의 기도가 성행하여, 임란으로 일반 촌락은 황폐해진 상황에서도 지리산의 신당은 중축되고 더 늘어난 것으로 보인다. 박여량에 의하면, 제석당의 규모는 확대되고 성모사도 증축되었으며, 龍王堂·西天堂 등 새로운 신당이 신설되었다고 한다.[51] 柳夢寅(1559~1623)은 영·호남의 기복인들이 성모사로 몰려들어, 원근의 무당들이 이에 의존해 살아간다고 하였다. 이들은 관이나 儒士들이 오면 피해 숨었다가 그들이 하산하면 다시 모여 기복행위를 하였으며, 봉우리 주변

---

[48] 洪모,『三友堂集』頭流錄, "白武堂在地異下麓 是所謂下堂也 自下堂 至中堂帝釋堂 三十里 … 至中堂 日已夕矣 … 艱登主峰 … 堂之中有塑像."

[49] 河益範, 南周獻은 '虎口堂'이라 지칭.

[50] 朴來吾,『尼溪集』권12 遊頭流錄, "遂行四五里 見有十丈深潭 隱映於林木之間者 卽 所謂鍾湫也 湫上有如椽三丈木 裹以紙白其身 一行怪問之 前導者言 此卽巫覡迎神 竹也 上堂守直者 每於三月初三日上山 十月初吉下山 而及其下山之日 巫覡雜進 護 來此木 競奏迎神之曲於此地云 … 發行 至山神下 此亦巫覡燒紙錢所也 醜惡不可言 … 俄而壁路已盡 上面地形 少有平衍之勢 中有神人堂 … 一行艱關扶下 直抵于護 鬼堂 中有神長堂直及覡若干人矣."

[51] 朴汝樑,『感樹齋集』권6 頭流山日錄, "(帝釋)堂之制 頗宏闊 樑之長 幾至二十三四 尺矣 除左右夾房外 作廳三大間 上以板覆之而不釘 旁亦以板子圍之 而無泥壁 … (天王)峰上有板屋 亦非舊制也 前者 只有一間 架上覆板子 以石壓之 使免風雨飄落 之患 今則頗宏 其制 架屋三間 以釘下板 板壁之外 累石圍之 極其堅緻 其內可坐數 十人 經亂之後 人民死亡 百不存一 閭落蕭條 無復昔時風烟 而方外異類 視昔日尤 爲盛 以其僧利而言 則金臺無住頭流之外 靈源兜率上流大乘 則古所無也 以其神舍 而言之 則白母帝釋天王諸堂 皆務侈前作 而龍王西天 新所設也 逃役之輩 祈福之氓 日以雲集 粒米狼戾峯壑之間 而國家不能禁 誠可歎也."

에는 벌집같이 즐비하게 板閣을 세워 기복인들이 머물 수 있게 하였다는 것이다.[52] 심지어 영호남 기복인들의 이런 열성과 빈번한 지리산 왕래로 지리산 봉우리가 저잣거리처럼 되기도 하였다고 한다.[53]

앞의 『택리지』의 서술에서도 나타나듯이, 지리산은 골이 깊고 주변이 매우 기름져서 여러 가지 작물들이 노력하지 않아도 풍성하게 자라났기 때문에, 이곳에 사는 사람들의 생계는 그다지 곤란하지 않았던 것 같다. 실제 이런 곳은 많은 문헌에 언급되고 있다.

세간에 잘 알려진 청학동 이외에 여러 儒者들의 언급 대상에 올라 있었던 곳은 지리산 상봉 근처에 펼쳐진 細石坪이다. 李陸은 靈神寺 서쪽으로 20여 리 내려가면 너른 평원 같은 곳이 나타나는데, 이곳은 매우 기름지고 습해서 곡식을 심기에 알맞다고 하였다.[54] 이곳이 세석평전일 것이다. 宋秉璿(1836~1905)도 세석평을 둘러보고 지역이 넓어서 수천 호가 살 수 있다고 하면서, 일찍이 수십 집이 있었는데 관에서 이를 허물고 이곳에서 나가게 했다고 한다. 이어서 그는 지리산에는 사람이 들어가 살지 않은 곳이 10곳 중 5, 6곳이나 된다고도 하였다.[55]

『택리지』에서 특별히 언급되었던 지리산 북쪽의 嚴川里 부근도 여러 사람들의 주목을 받고 있었다. 이동항은 엄천・馬川 지역에 대해 다음과

---

52) 柳夢寅, 『於于集』 後集 권6 雜識 遊頭流山錄, "登天王峯 峯之上有板屋 乃聖母祠也 … 嶺湖之間 要福者歸之 奉以爲淫祠 仍成楚越尙鬼之風 遠近巫覡 憑玆衣食之 登絶頂 俯察儒士官人來 卽雉兎散藏身林薄中 其間其遊覽者下山 還聚焉 環峰腰列板閣 如蜂房 將迎祈禳者宿留焉."

53) 宋光淵, 『泛虛亭集』 권7 頭流錄, "至今兩南之民求福者 奉以爲淫祠 奔走上下 晝夜無休息 遂使去天盈尺之地 至成通衢大道."

54) 李陸, 『靑坡集』 권2 智異山記, "靈神寺 西下二十餘里 有虛曠之地 平衍肥膄 縱橫皆可六七里 往往水濕宜種穀 有老栢參天 落葉沒脛 中處而四顧 無涯際 宛然一平野."

55) 宋秉璿, 『淵齋集』 권21 頭流山記, "余欲觀細石坪 … 轉入內細石 山麓環如城堞 外險內夷 有臺三層 廣可居屢千戶 嘗有數十人家 自官毁出云 … 夫此頭流爲山 廣據嶺湖之間 千重萬疊 堆積天半 人迹不通者 十居五六."

같이 언급하고 있다.

> 아, 嚴川과 馬川은 예로부터 살기좋은 樂土로 알려진 곳이다. 60리에 걸쳐
> 있는 큰 골짜기의 논과 보리밭은 한 조각의 땅도 놀리는 일이 없고 뽕나무,
> 삼나무, 닥나무, 옻나무, 살대, 木器, 감나무, 밤나무 등의 이익은 도내에서
> 최고이다. 그래서 사람들이 빽빽이 모여 사는 마을이 이어져 있으며 주민
> 모두 즐겁게 생업에 종사하고 있다.56)

이동항은 德山에 대해서도 지리산 골짜기 깊숙한 곳에 너르게 형성되
어 있는 낙토라고 감탄하였다.57) 丁錫龜(1772~1833)는 지리산 주변의 중
요한 곳을 20개 정도 소개한 후, 이것을 다시 생리, 형승, 깊고 그윽한 곳
으로 분류하고 있다. 그리고 산속 사람들이 높은 곳에서는 화전을 일구고
경사가 완만한 낮은 곳에서는 논농사를 지으며, 농사지을 수 없는 곳은
목기 제작이나 누에치기를 일삼는다고 하였다.58) 金鍾順(1837~1886)도 산
속 사람들이 사는 곳은 토굴과 다름없고 주로 채소와 과일만 먹고 살지
만, 비록 어린이라도 가을에 온 산에 널려 있는 상수리 열매를 주워 식량
으로 삼으며, 장년층은 나무를 베어 화전을 일구어 고구마를 심으니, 생
계가 부족하지 않다고 하였다.59)

---

56) 李東沆, 『遲菴集』권3 雜著 方丈遊錄, "噫嚴川馬川 古稱樂土也 六十里巨谷 禾畦麥壟
無片土之閑 桑麻楮漆 竹箭木器 柿栗之利 甲於一道 故民居稠密 村落相連 皆樂其生."

57) 李東沆, 『遲菴集』권3 雜著 方丈遊錄, "入德山 … 入山門 洞府開曠 周遭百里 村
落星羅 竹林翳蔚 田原平曠 中貫大溪 卽頭流南洞 而號稱樂土也."

58) 丁錫龜, 『虛齋遺稿』卷下 頭流山記, "其居 雲峰之山內 咸陽之嚴馬 山淸之雙嶺生林
晉州之橫溪德山靑巖 河東之橫甫岳陽花開 求禮之吐旨馬山放光 南原之所義山洞源泉
而生理 則吐旨爲最 花開次之 嚴馬又次之 形勢 則花開爲最 德山次之 實相又次之
深邃 則南之稷田檀川墨溪鶉頭 北之深院白巖景庄(深院白巖今無人) 山人之賴而資生
者 高亢則火耕 卑衍則水耨 不穀處 則木物甚事而已."

59) 金鍾順, 『直軒集』권2 頭流山中聞見記, "深山之人 所居無異土窟 所食純用菜果 滿
山皆是橡木 秋間橡實盈谷 雖少兒 可拾其糧 壯者斫木 火田種藷 生理自足 此眞窮
儒避世之地也."

이처럼 지리산에는 다양한 작물이 풍성하게 자라고, 또 목기 제작이나 누에치기·양봉 등 여러 가지 생계대책이 마련되어 있었다. 따라서 생계가 어려운 사람, 도망친 자들은 자신과 가족의 생존을 위해 지리산을 찾는 사례가 적지 않았던 것 같다. 이외에도 지리산의 매가 좋다고 해서 이를 사냥하는 사람들도 출입이 빈번하였다. 이들은 관에 납부할 의무가 있기도 했지만, 자신의 수익을 위해 산의 도처에 鷹幕을 지어놓고 열심히 이 사냥에 종사하였던 것이다.[60]

2. 불교계의 지리산 인식

고려시대에 번성하던 불교는 억불정책을 표방하는 조선왕조에 들어와 대대적으로 정리되었다. 종래 불교 전체 교단의 통제기구 역할을 하던 僧錄司도 혁파되었고, 불교종단도 禪·敎 양종으로 통합되고 그 소속 사원도 각각 18곳으로 크게 축소되었다. 또한 불교 사원에 절급해 오던 收租地를 극히 일부만 남긴 채 축소하고, 거기에 소속된 노비는 아예 혁파하였다. 승과도 점차 축소되어 16세기 후기에는 사실상 폐지되었다. 결국 이 시기에 와서 불교는 국가의 공식적 보호에서 벗어났고, 민간신앙으로서 명맥만 유지하게 되었다.[61]

따라서 불교는 전에 비해 크게 위축되기는 했지만, 후대로 가면서 전국 각지에는 민간신앙에 힘입어 산악 지역을 중심으로 새로운 사찰들이 많이 들어서기도 하였다. 사찰이 증가할 수 있었던 것은 불교가 우리나라에 전래된 이래 지리도참설·산신숭배·용신신앙과 같은 재래 토속신앙과

---

[60] 柳夢寅, 『於于集』後集 권6 雜識 遊頭流山錄, "祠下有小幕 編栢葉而障風雨 僧曰 此鷹幕也 每年於八九月 捕鷹者 設罾罻於峰頂伺焉 盖鷹之善飛者 能度天王峯 故得之此峯者 其才絕群 遠邇官鷹 多出諸此峯 冒風雪耐凍餓 了死生於此者 豈徒官威是惕 抑多射利而輕生者.";裵璡,『錦溪集』권3 遊頭流錄, "又攀木緣崖 行十餘里 到馬巖山幕 幕是鷹者木器者之所處."

[61] 金煐泰,「불교」『한국사』26, 국사편찬위원회, 1995, 246~255쪽.

습합되어 전개되었기 때문이다.[62] 따라서 여러 사찰에는 불교 본연의 불사를 드리는 本堂 이외에, 기복을 중시하는 일반 대중을 끌어들이기 위해 冥府殿·十王殿·山神閣·七星閣 등이 세워졌다. 이중 산신을 모신 산신각은 우리 나라 토속신앙과 불교가 습합된 양상을 보여주는 좋은 예이다. 산신각의 신앙기능은 무속신앙의 기능과 다름없는 제액, 병마퇴치, 수호 기원에 있었다.[63]

지리산 주변에도 많은 사찰이 들어서 있었다. 許筠(1569~1618)은 지리산의 사찰 상황에 대해 다음과 같이 언급하였다.

> 이른바 方丈이란 곧 세상에서 말하는 지리산이다. 그 산의 우람하고 우뚝 솟은 모습이 영남과 호남에서 으뜸이고, 승려 중 수행이 높은 자가 여기에 모이며, 사찰과 암자 중 크고 화려한 것이 거의 수백 군데이며, 그 층층진 돌길과 우뚝한 정상의 풀·나무·안개·구름의 기이하고 굉장하고 풍부함이 三神山 중 제일이니, 유람하는 이들은 눈이 어지럽고 정신이 아찔하여 돌아가기를 잊는다.[64]

지리산에는 사찰이 수백 곳에 이르고, 높은 수행으로 유명한 승려들도 많이 배출되었다는 것이다. 승려 應允(1743~1804)도 옛날에는 이 산 주위에 절이 8만 아홉 곳이나 있었다고 하여, 절이 많았음을 강조하고 있다.[65] 丁錫龜(1772~1833)도 지리산의 여러 유명 사찰을 소개하면서, 어떤 것은 크고 어떤 것은 작으며 어떤 것은 현존하고 어떤 것은 사라졌다고

---

62) 李永子, 「대각국사 의천의 불교개혁운동과 천태종의 창립」 『한국사』 16, 국사 편찬위원회, 1994, 65쪽.

63) 崔光植, 「巫俗信仰이 韓國佛教에 끼친 影響 ── 山神閣과 長栍을 중심으로 ──」 『白山學報』 26, 1981, 49~63쪽.

64) 許筠, 『惺所覆瓿藁』 권7 文部4 記 沙溪精舍記, "夫所謂方丈 卽世所稱智異山也 山之磅礴鎭峙 雄於二南 釋子之行持者 咸萃於玆 而伽藍蘭若之巍煥者 殆數百區 其層崒絶頂 草樹烟雲之奇壯富有 甲於三山 游者目眩神奪而忘返."

65) 釋應允, 『鏡巖集』 卷下 智異山記, "環山僧院 古有八萬九所 今以七佛無住金臺碧松 大源爲最."

언급한 후, 이에 소속된 암자는 기록할 수 없을 만큼 많다고 하였다.[66]

실제 지리산을 끼고 있는 고을의 읍지를 살펴보면, 지리산의 사찰이 무척 많음을 알 수 있다. 그런데 각 고을의 官撰邑誌는 대부분 사찰의 일부만 소개하는 형식을 취하고 있어서, 전체 면모를 살펴보기 어렵다. 관련 고을 중 남원·구례·함양·진주의 私撰邑誌[67]를 토대로 지리산에 있는 사찰을 표로 제시해 보면, 다음의 〈표 1〉과 같다. 여기에는 이전에 존재하다가 사라져 버린 사찰도 포함되었다.

〈표 1〉 남원 · 구례 · 함양 · 진주의 지리산 사찰

고을	사찰명
남원(25)	波根寺, 甘露寺, 修道菴, 丙院菴, 明鏡菴, 三日菴, 上東菴, 黃嶺菴, 波根菴, 高山菴, 七星菴, 下東菴, 西菴, 龍壑菴, 烟觀菴, 龍溪菴, 妙峯菴, 深源菴, 松林寺, 黃嶺菴, 妙峯寺, 深院菴, 石秀菴, 江淸菴, 龍寫菴
구례(7)	華嚴寺, 九層菴, 鳳泉菴, 影仙菴, 內院菴, 金井菴, 鷰谷寺
함양(19)	見佛寺, 君子寺, 先洹庵, 古洹庵, 新洹庵, 嚴川寺, 馬迹寺, 金臺寺, 安國寺, 無住庵, 靈源庵, 頭流庵, 碧松庵, 天仁庵, 兜率菴, 隱寂庵, 東庵, 西庵, 蓮坮庵
진주(85)	香積寺, 法界寺, 般若寺, 三莊寺, 本石南寺, 岐林寺, 順鏡臺, 古无爲菴, 南臺菴, 翰林寺, 德山寺, 上流菴, 雙溪寺, 白巖寺, 黑龍寺, 朴化主菴, 長興寺, 南上元寺, 塔菴, 臨江寺, 長安寺, 會講寺, 佛出庵, 靈臺菴, 玉水菴, 寶文菴, 道土菴, 南臺菴, 小隱菴, 古靈庵, 兜率菴, 地藏菴, 佛日菴, 普照菴, 七佛菴, 隱菴, 通日菴, 金紗菴, 靑紗菴, 神興寺, 社堂菴, 中菴, 樂堂, 普賢菴, 沙惠菴, 東菴, 能仁菴, 上水谷庵, 下水谷菴, 隱靜臺, 大勝庵, 古大勝, 上大勝, 西臺, 東菴, 圓寂菴, 圓通菴, 義神寺, 松老菴, 圓棲菴, 寂住庵, 銀峯菴, 淸凉臺, 東菴, 北菴, 普明庵, 靈雲菴, 西臺, 鐵窟菴, 中鐵窟菴, 下鐵窟菴, 隱仙庵, 靈神寺, 花糚菴, 觀音方, 白雲菴, 斷俗寺, 五臺寺, 千佛菴, 安養寺, 黔溪寺, 靑巖寺, 智居寺, 華嚴寺, 靈臺菴

이 표에 의하면 남원은 사찰이 25개, 구례는 7개, 함양은 19개, 진주는

---

66) 丁錫龜, 『虛齋遺稿』 卷下 頭流山記, "其寺刹 雙溪七佛燕谷華嚴泉隱波根黃嶺實相水聲百丈藥水君子靈源無住金臺碧松法華嚴川文殊智谷玉山鼇臺佛藏靑巖 或大或小 或存或亡 而其它屬菴 則不可殫記."

67) 남원은 『龍城誌』 권4 佛宇조, 구례는 『鳳城誌』 上 佛宇조, 함양은 『天嶺誌』 上 寺刹조, 진주는 『晉陽誌』(목판본) 권2 佛宇조를 참고하였다. 다른 고을에는 사찬읍지가 없어서 제외하였다.

85개로 모두 136개 곳이나 된다. 이중 남원과 진주에 사찰이 많은데, 이는 영역이 넓은 큰 고을이기 때문이다. 특히 진주는 지리산 주변의 사찰의 수가 다른 3개 고을의 사찰 합계를 압도할 정도로 많다. 이는 진주가 지리산의 남쪽과 동쪽을 너르게 끼고 있던 것에서 연유하기도 하지만, 다른 이유도 있었다.

南孝溫(1454~1492)은 「智異山日課」에서 진주의 부곡의 하나였던 矢川洞을 언급하면서, 이곳 아전들의 특이한 모습을 전하고 있다. 즉 그들은 지리산 불교를 흠모하여 우두머리인 戶長·記官이 되면 머리를 깎고 승려 옷을 입었다가 물러나면 다시 속인으로 돌아오는데, 이것이 풍속이 되어 수령도 그것을 고치지 못한다는 것이다.[68] 이것은 『慶尙道地理志』나 『世宗實錄地理志』, 『新增東國輿地勝覽』의 진주목 花開·矢川 부곡에 대한 기술에서 '其長吏削髮 稱爲僧首'라고 한 것과도 연관된다. 旗田巍 등 일부 학자가 이를 賤民 집단부락이었음을 증명하는 근거의 하나로 인용하였지만,[69] 이런 추정은 잘못된 것이다. 이 부곡이 지리산 기슭에 자리잡고 있어 유명 사찰과 바로 접해 있었기 때문에 불심이 매우 강했던 것이고, 진주 쪽에는 이런 현상이 특히 강하게 남아 있었다고 보는 것이 타당할 것이다.

이렇게 지리산에 사찰이 많은 것은 지리산의 지역적 범위가 넓은 데서 기인하기도 하지만, 지리산의 영험성이 크다는 것도 한 원인이 될 것이다. 영험성이 크면 기복인들이 많이 몰려들 것이고, 이들을 대상으로 한 사찰도 많아지게 될 것이기 때문이다. 이육이 지리산 천왕의 신령스러움 때문에 산에 기복인들이 많이 몰려서, 신당을 세워 제사지내지 않는 사찰이 없다고 하였던 것[70]도 이를 보여준다고 할 수 있다.

---

[68] 南孝溫, 『秋江集』 권6 智異山日課, "其右有矢川洞 矢川者 晉州屬縣也 其縣吏希智異山釋教 仕至戶長記官 則髡髮着緇 遞仕則復爲人 遂成古風 官長不能改其俗."

[69] 旗田巍, 「高麗時代の賤民制度 部曲について」 『和田清博士還暦記念東洋史論叢』 1951.

지리산 주위 사찰의 승려들은 더 나아가 지리산의 성모천왕이나 이외의 상징물에 대해서도 불교와 적극적으로 연결시켜서 지리산에서의 불교의 위상을 높이려 하기도 했다. 이중 가장 주목되는 것은 성모가 석가의 어머니 摩耶夫人이라고 하는 전설이다. 金宗直이 동행 승려에게 성모가 어떤 신으로 전해지는지 물었을 때, 그들은 마야부인이라고 대답하였다.[71] 승려들의 이런 대답은 이후의 다른 유자들의 유람기에도 자주 나타난다. 또 지리산천왕이 초료새나 매로 변해 義神庵에 있던 義神祖師를 上無住로 인도해 주었다는 전설도 승려들 사이에 퍼져 있었던 것 같다.[72]

　　靈神寺 북쪽에 있는 迦葉像과 관련된 전설도 있다. 즉 가섭상의 오른팔에 불에 그을린 듯한 흉터가 있었는데, 승려 혜공이 김종직에게 "이는 劫火에 그을린 것으로 조금 더 타면 彌勒세상이 된다"고 말하였다는 것이다.[73] 이런 전설은 이육의 「遊智異山錄」에도 나타난다.[74] 신흥사 뒷산 봉우리에 있는 坐高臺에 올라가 4번 절하면 佛性을 얻는다는 전설도 전

---

70) 주41) 참조.

71) 金宗直, 『佔畢齋集』 文集 권2 遊頭流錄, "空宗(승려 解空과 法宗)先詣聖母廟 奉小佛 呼晴以弄之 余初以爲戱 … 東偏陷石壘 空等所弄佛在焉 是號國師 俗傳聖母之淫夫 又問聖母 世謂之何神也 曰 釋迦之母摩耶夫人也 噫有是哉 西竺與東震 猶隔千百世界 迦維國婦人 焉得爲玆土之神 余嘗讀李承休帝王韻記 聖母命詵師 註云 今智異天王 乃指高麗太祖之妣威肅王后也 高麗人習聞仙桃聖母之說 欲神其君之系 創爲是談 承休信之 筆之韻記 此亦不可徵 矧緇流妄誕幻惑之言乎 且旣謂之摩耶 而汚衊以國師 其褻慢不敬 孰甚焉 此不可不辨."

72) 南孝溫, 『秋江集』 권6 智異山日課, "抵義神庵 … 殿內有金佛一軀 西側室有僧像一軀 余問此何人 僧曰 此義神祖師也 到此修道 道旣半 此山天王 勸祖師移住他所 自爲鷦鷯鳥引路 師隨之 及一大岾 化爲鵰 至今名其岾曰鷦鷯鵰云 鵰又引路 至下無住基 師曰 此地幾日成道 鵰曰 三七日 師遲之 師又至中無住基 師曰 此地幾日成道 鵰曰 一七日 師又遲之 鵰又至上無住基 不能入 曰 此地可一日成道 非女人所得入 師自入擇地 結幕精盡 改名曰無住祖師."

73) 金宗直, 『佔畢齋集』 文集 권2 遊頭流錄, "寺之北崖 有石迦葉一軀 世祖大王時 每遣中使行香 … 其右胈有瘢 似燃燒 亦云 劫火所焚 稍加焚 則爲彌勒世."

74) 李陸, 『靑坡集』 권2 遊智異山錄, "靈神寺: 東壇有迦葉石像 肩臂如火燒然 諺傳 燒盡 人世當更 卽有彌勒佛往世 甚有靈驗云."

해지고 있었다.[75]

　지리산 雲上院에 은거하여 거문고를 연주한 玉寶高 관련 전설도 좀더 불교적인 것으로 윤색된다. 원래『三國史記』에 의하면, 옥보고가 지리산에서 거문고를 공부하여 새로운 곡조 30개를 만들어 命得에게 전하고, 명득은 貴金에게 전한 것으로 되어 있다. 귀금 역시 지리산에서 나오지 않아 그 음악의 전수가 끊어질 것을 염려한 왕이 이찬 允興으로 하여금 그음악을 전할 방안을 마련하게 하였다. 남원 수령으로 간 윤흥은 여러 방법을 동원하여 귀금이 安長과 淸長에게 그 음악을 모두 전수하도록 하였다고 한다.[76]

　이런 내용이 남효온의「智異山日課」에도 나타나듯이, 조선왕조에 와서는 약간 변화한다. 즉 옥보고가 거문고를 타는 소리를 들은 景德王이 악사인 安長과 請長에게 묻자, 玉寶 仙人이 거문고를 타는 소리라고 답하였다. 왕이 7일간 재계하자 옥보고가 왕 앞에 나와 거문고를 연주하였다. 왕은 크게 기뻐하며 안장·청장에게 그것을 익혀 樂府에 전하도록 하였고, 그가 사는 사찰에 큰 가람을 지어주었는데, 이것이 七佛寺라는 것이다.[77]『晉陽誌』에는 이를 계기로 왕의 아들 7명이 성불하여 七佛菴이란

---

75)『新增東國輿地勝覽』권30 晉州牧 佛宇 靈神寺,“在智異山 寺之後峯 有石削立 其頂戴小石如床 號坐高臺 俗云 有能上而四拜者 得佛性.”

76)『三國史記』권32, 雜志1 樂,“羅人沙湌恭永子玉寶高 入地理山雲上院 學琴五十年 自製新調三十曲 傳之續命得 得傳之貴金先生 先生亦入地理山不出 羅王恐琴道斷絕 謂伊湌允興 方便得其音 遂委南原公事 允興到官 簡聰明少年二人 曰安長淸長 使 詣山中傳學 先生敎之 而其隱微不以傳 允興與婦偕進曰 吾王遣我南原者 無他 欲傳 先生之技 于今三年矣 先生有所秘而不傳 吾無以復命 允興捧酒 其婦執盞膝行 致禮 盡誠 然後傳其所秘飄風等三曲.”

77) 南孝溫,『秋江集』권6 智異山日課,“抵七佛寺 寺本名雲上院 新羅眞平王朝 有沙湌 金恭永之子 名玉寶高者 荷琴入智異山雲上院 以琴修心五十餘年 作曲三十調 日日 彈之 景德王於街亭 翫月賞花 忽聞琴聲 王問樂師安長一名日聞福 請長一名日見福 者曰 此何聲 二人曰 此非人間所聞 乃玉寶仙人彈琴聲也 王齋戒七日 玉寶至王前 奏曲三十調 王大喜 使安長請長習之 傳於樂府 更於所居寺 設大伽藍 三十七國 皆 宗此寺 爲願堂.”

명칭으로 바뀌게 되었다고 서술하고, 그 근처에 있는 梵王村, 大妃村이란 명칭의 마을도 이에 연관시키고 있다.[78]

이외에 신라 眞平王이 靈淨寺에 피난왔다가 여기에서 아들을 낳았다고 해서 절의 이름을 君子寺라 개칭한 전설도 소개되고 있다.[79] 또 신라 승려 義相의 것이라 전해지던 「靑丘記」에 "두류산은 1만의 文殊菩薩이 머무는 세계이다. 산 아래 지역은 해마다 풍년이 들고 백성들은 공손하다."라는 내용이 있다는데,[80] 이것은 불교와 지리산을 밀접하게 연결시켜 마치 지리산을 불국토처럼 여기려는 불자들의 희망이 秘記類에 담기게 된 것이 아닌가 추측된다.

3. 유자의 지리산 인식과 이용

유자들의 입장에서는 산천신에 대한 유교적인 제사를 국가나 관에서 공식적으로 수행하고 있기 때문에, 자신들이 별도로 이에 끼어들 필요는 없다고 여기고 있었다. 그러나 위에 언급된 무격이나 불교계의 지리산 관련 제례나 민중들의 활동에 대해서는 음사나 백성을 미혹하는 것으로 여겨, 경멸하거나 격렬한 비판을 가하고 있다.

조선 초기 사림파의 종장이었던 김종직은 다음과 같이 언급하고 있다.

아, 두류산은 숭고하고도 빼어나다. 중국에 있었다면 반드시 嵩山이나 岱山
보다 우선하여 天子가 올라가 玉牒의 글을 金泥로 봉하여 上帝에게 올렸을

---

78) 『晉陽誌』(목판본) 권2 佛宇 七佛菴, "在三神洞 古稱雲上院 一名眞金輪 昔有玉浮
仙人 隱于此吹玉笛 得聞於新羅王耳 王尋其聲 乃金輪寺也 於是率其七子 與仙人同
遊 七子則成佛 王則自爲梵王 於神興上 今有梵王村 下有大妃村 妃王之妃 七佛王
之子也 故改雲上院 以爲七佛菴."
79) 朴汝樑,『感樹齋集』권6 頭流山日錄, "君子者 古之靈淨寺也 新羅眞平王 避亂居此
寺 生子 因改以今名 其曰安國寺者 亦因其時而得此稱歟."
80) 李圭景,『五洲衍文長箋散稿』권47 天地篇 地理類 山 智異山辨證說, "新羅釋義相靑
丘記 頭流山一萬文殊住世 其下歲豊民愿 地誌 以知異山爲太乙所居 羣仙所會."

것이다. 그렇지 않으면 마땅히 武夷山이나 衡岳山에 비유해야 할 것이다. 昌黎 韓愈나 晦菴 朱熹, 西山 蔡元靜과 같이 학식이 넓고 단아한 사람이나 孫綽, 呂巖, 白玉蟾과 같이 煉丹術을 닦던 사람들이 옷깃을 나란히 하고 뒤따르며 그 속에서 배회하며 살았을 것이다. 그런데 지금은 오직 못난 백성, 도망친 하인, 戶籍에서 빠져나온 자, 佛法을 배우는 자들의 소굴이 되고 말았다.[81]

지리산은 중국에 있었다면 天子가 올라가 하늘에 제사지내야 할 숭고한 산이고, 또는 昌黎 韓愈나 晦菴 朱熹 등과 같은 선현이나 孫綽 등과 같은 道家들이 은거해야 할 산인데, 못난 백성, 도망친 하인, 戶籍에서 빠져나온 자, 佛法을 배우는 자들의 소굴이 되어버렸다는 것이다. 朴來吾(1713~1785)도 신라 이후 지리산에 제사를 지낸 의미는 옛날 천자가 하늘과 산천에 제사지낸 것에서 나온 것인데, 지금은 무당이 신당을 차려 주야로 잡된 놀이를 벌이는 장소가 되어버렸다고 한탄하였다.[82]

지리산에 올랐던 박여량도 지리산의 상황을 보고 한탄하였다. 즉 난리를 겪은 이후 백성이 많이 죽고 촌락은 쓸쓸한데, 반면에 지리산에는 이단적인 부류들이 옛보다 성행하여 사찰과 무당들의 神舍가 새로 생겨나고, 또 역을 피한 자들이나 복을 기원하는 자들이 날마다 지리산을 찾아오는데도, 국가에서는 이를 금지하지 못한다는 것이다.[83]

지리산을 불교 신앙과 관련시키는 것에 대해서도 유자들은 믿을 수 없는 것으로 단정하고 비판하였다. 천왕봉에 올랐던 김종직은 동행한 승려가 성모를 마야부인이라고 한 것에 대해 멀리 떨어져 있는 나라의 여자

---

81) 金宗直, 『佔畢齋集』 文集 권2 遊頭流錄, "嗚呼 以頭流崇高雄勝 在中原之地 必先嵩岱 天子登封金泥玉牒之檢 升中于上帝 不然 則當比之武夷衡岳 博雅如韓昌黎朱晦菴蔡西山 修煉如孫興公呂洞賓白玉蟾 聯裾接踵 彷徉棲息於其中矣 今獨爲庸夫逃隸竄籍學佛者之淵藪."

82) 朴來吾, 『尼溪集』 권12 遊頭流錄, "盖其羅初躋祀之意 似若出於古昔封禪之義 而其末弊滋甚 以至設神堂置巫覡 而爲日夜雜戲之場 則其爲靈境之累 不亦大乎."

83) 주51) 참조.

가 어떻게 이 땅의 신이 될 수 있느냐고 비판하였다. 그리고 성모사에 봉안되어 있는 한 國師가 성모의 淫夫라는 설도 불경하다고 지적하였다. 아울러 그는 李承休의『帝王韻紀』에 기재된 威肅王后라는 설도 믿을 수 없다고 보았다.[84] 이를 계기로 위숙왕후설은『新增東國輿地勝覽』에도 기재되고,[85] 이후의 일부 유자들도 이를 받아들였다.[86] 그러나 마야부인설에 대해서는 대부분의 유자들이 비판하고 있다.[87]

신흥사 迦葉像의 팔이 더 그을리면 미륵세상이 된다는 설에 대해서도 김종직은 "돌에 난 흔적이 본래 그러한 것인데, 황당하고 괴이한 말로 어리석은 백성을 속여 내세의 이익을 구하는 사람들로 하여금 다투어 돈과 면포를 보시하게 하니, 참으로 가증스럽다."고 비판하였다.[88]

불교계 관련 전설에 대한 이같은 비판은 불교계의 인물과 친밀하게 지내고 그들을 칭송하는 글을 썼던 孤雲 崔致遠에 대한 원망과 비판으로도 이어졌다. 김일손은 최치원이 쓴 雙谿寺故眞鑑禪師碑를 어루만지면서 자신이 최치원과 같은 시기에 있었더라면 불자들과 어울리지 못하게 하였을 것이라 한탄하고 있다.[89]

---

84) 주71) 참조.

85) 『新增東國輿地勝覽』 권31, 咸陽郡 祠廟 聖母祠, "祠宇二 一在天王峯上 一在郡南嚴川里 高麗李承休帝王記云 太祖之母威肅王后."

86) 金馹孫, 『濯纓集』 권5 錄 頭流紀行錄, "問諸居民 以神爲摩耶夫人者誣 而佔畢金公吾東方之博通宏儒 徵者李承休之帝王韻記 以神爲麗祖之妃威肅王后者信也 提甲烈祖以一三韓 免東人於紛爭之苦 立祠巨岳而永享于民 順也."

87) 梁大樸, 『靑溪集』 권4 文 頭流山紀行錄, "屋內有架 架上設聖母像 卽釋迦佛母摩倻夫人也 僧云 夫人自言飛過東方萬八千士 顧爲頭流第一峯主云 故設像而祀 歷千百年 可敬不可褻也 余大笑曰 汝言足以惑世 宜乎巫覡之奔波也." 이외에도 비판자들은 많이 있다.

88) 金宗直, 『佔畢齋集』 文集 권2 遊頭流錄, "夫石痕本如是 而乃以荒怪之語詿愚民 使邀來世利益者 爭施錢布 誠可憎也."

89) 金馹孫, 『濯纓集』 권5 錄 頭流紀行錄, "使某生於孤雲之時 當執杖屨而從 不使孤雲踽踽與為佛者為徒 使孤雲生於今日 亦必居可為之地 擒華國之文 賁飾太平 某亦得以奉筆硯於門下矣."

이런 비판 속에서도 일부 유자들은 지리산 신령에 기원하는 행위에 융통성을 보이기도 하였다. 천왕봉에 오른 김종직은 성모에게 빌면 날 씨가 청명해진다는 말을 듣고 告由文을 지어 제례를 지냈다.[90] 朴致馥 (1824~1894)도 주위의 의혹에도 불구하고 성모사에 절하면서, 경배의 대 상은 마야부인이 아니고 산신령이라고 변명하였다.[91] 鄭載圭(1843~1911) 도 성모사에 절하면서, 산의 혜택을 받는 남부 주민으로서 산신에게 절하 는 것이니 아무런 하자가 없다고 하였다.[92] 김종직의 제자인 김일손도 성모사에서 제문을 지어 기원하려 했으나, 그것이 성모나 가섭에 제사지 내는 음사가 된다는 동료 鄭汝昌의 반론 때문에 제례를 포기하였다.[93]

이처럼 유자들은 지리산의 신령스러움에 대한 경배는 그다지 신경쓰지 않았다. 그것은 국가 기관이 지리산신사에서 공식적으로 행하는 것이기 때문에, 자신과는 관련이 없다고 생각하였기 때문일 것이다. 그들이 지리 산을 찾는 이유는 다른 데에 있었다.

우선 그들은 산수 유람을 통해 아름다운 경치를 즐기고 그것을 시나 글로 표현하면서, 문학적 浩氣를 기르는 데 치중하고 있었다. 지리산에 대한 유자들의 시와 글들이 많이 남아 있는 것이 이를 말해준다. 또 그들 은 지리산 유람을 통해 속세에서 찌들렸던 정신을 환기시키고, 자신의 도

---

[90] 金宗直, 『佔畢齋集』 文集 권2 遊頭流錄, "空宗先詣聖母廟 奉小佛 呼晴以弄之 余初 以爲戱 問之 云 俗云如是則天晴 余冠帶盥洗 捫石磴入廟 以酒果告于聖母曰 …."

[91] 朴致馥, 『晚醒集』 권7 南遊記行, "上頂之傍 有石室 中安塑像 意其爲嶽祠 獨往拜之 益謝其冥佑也 有謝山靈詩 或曰 此世尊母摩耶夫人也 子何拜爲 余曰 我自拜山靈 摩耶非所知也 鬼神之道在思成 拜山靈 則山靈與我感通 彼塑像 何拘焉."

[92] 鄭載圭, 『老柏軒集』 권32 頭流錄, "不知不覺 到得上頂 飭衣帶序立 禮神祠 有一後 生疑之 余曰 此山靈也 山南服之鎭也 居南服者 皆衣被此山之利澤 可無拜 世俗所 云摩耶夫人之說 傳者何人 吾不信也."

[93] 金馹孫, 『濯纓集』 권5 錄 頭流紀行錄, "文旣成且酹 伯勖曰 世方以爲摩耶夫人 而子 明其威肅王后 恐未免世人之疑 不如已之 余曰 且除威肅摩耶 而山靈可酹 伯勖曰 曾謂泰山不如林放乎 且國家行香 不於山靈 而每於聖母或迦葉 子將奈何 余曰 然則 頭流之靈 不享矣 棄山鎭而瀆淫祀 是則秩宗者之過也 遂止."

리를 되돌아보는 기회로 삼았던 것 같다.[94]

일부 유자는 잠시 인간세상을 떠나 근심을 덜어버리는 것에서 더 나아가, 神仙세계나 이상향을 동경하는 道家的 취향을 드러내기도 하였다. 金之白(1623~1670)은 「遊頭流山記」에서 다음과 같이 소회를 털어놓았다.

아, 사람이 이 세상에 사는 것은 긴 세월 속의 한 마리 하루살이와 같을 뿐, 티끌같은 세상을 벗어나 항아리 속의 초파리가 되지 않을 자가 몇이나 되겠는가. 옛날 산수를 찾아다닐 적에 빼어난 시내나 조그만 봉우리를 만나면 문득 명승구경을 많이 하였다고 자부하였는데, 이곳에 와서 삼십 년 동안의 내 신세가 허망함을 비로소 깨달았다. 아, 이 유람이 참으로 즐거웠지만 한 달의 반도 채우지 못한 즉, 백년에 비하면 한 순간에 불과하다. 그런데도 오히려 스스로 고상하게 여겨 하찮은 인간세상을 슬퍼하는 마음이 생겼는데, 물외에서 정신적으로 노닐며 사해를 아침저녁으로 보는 眞仙에게 있어서겠는가.[95]

이상향을 거론할 때 청학동이 특히 많이 거론된다. 曺植도 청학동을 3번 방문하였지만, 아직도 속세의 때를 벗지 못하였다고 한탄하였다.[96] 成汝信(1546~1632)도 지리산 유람에서 동행자들과 함께 각기 다른 신선을 뜻하는 八仙의 명칭을 쓰기도 하였다.[97]

---

94) 南孝溫, 『秋江集』 권4 遊天王峯記, "余坐天王堂之石角 回眺移時 塵懷散落 神氣怡然 第念俗士 身繫名韁 仰事俯育之際 登山臨水之日爲少 問諸同來釋者一唱義文親 所目擊 異日還家 妻子啼飢 奴婢呼寒 百慮亂心 習氣盈懷 觀此 庶幾有今日之興云."

95) 金之白, 『澹虛齋集』 권5 遊頭流山記, "噫 人生天地 藐爾一蟻蠓耳 脫却塵臼 能不爲瓮裏之醯鷄者 有幾人耶 向來登山臨水 得一涓流一丘垤 輒嘗自多其勝賞 到此始覺卅年前身世 爲虛之耳 吁斯遊 其足樂矣 而滿一月 尙未得其半 則不過爲百年間一瞬息 猶且自高而有悲世之志 矧乎眞仙之物外遊神朝暮四海者乎."

96) 曺植, 『南冥集』 권2 遊頭流錄, "將入靑鶴洞一老夫憶曾三度入來 俗緣猶未盡除 方知八十衰翁無職秩 憶曾三度鳳池來者 則猶不讓矣 若比三入岳陽人不識者 則未也."

97) 成汝信, 『浮査集』 권5 方丈山仙遊日記 참조.

지리산은 지리적으로 은거하기 좋은 곳이기 때문에, 앞에서 언급했듯이 신라 때부터 유명한 은거지로서 많이 거론되고 있었다. 조식도 은거지를 찾으려 지리산을 10번 이상 찾았다고 한다.[98] 그래서 결국 德山을 말년의 은거장소로 정한 것 같다. 그는 지리산이 자신의 고고한 학문적 입장을 잘 표현해 준다고 생각하고 있었던 것이다.

Ⅳ. 계층 간의 갈등관계와 관의 침탈

이처럼 일반 민중과 무당, 불교계, 유자층들이 각각 지리산을 인식하고 이용하는 입장은 서로 달랐다.

이중에서도 유자층들은 조선왕조의 이데올로기인 유교주의를 확산시키는 지배층의 입장에서 여유있는 지리산 유람을 즐기고 있었다. 그들의 산행에는 짐꾼과 안내자로서 승려들이 자주 동원되었다. 게다가 일부 유자들은 산을 유람할 때 시를 지으며 경치를 감상하는 이외에, 歌舞를 즐기기도 하였다. 여기에는 기생과 악사들을 동원하는 경우도 더러 있었는데, 악기를 잘 다루는 노비를 악사로 대용하기도 하였다.[99]

한편 지리산을 유람하던 많은 유자들이 신당의 모습이나 또는 무당들

---

98) 曺植, 『南冥集』 권2 遊頭流錄, "余嘗往來茲山 曾入德山洞者三 入靑鶴神凝洞者三 入龍遊洞者三 入白雲洞者一 入獐項洞者一 豈直爲貪山貪水 而往來不憚煩也 百年 齋計 唯欲借得華山一半 以作終老之地已 事與心違 知不得住 徘徊顧慮 涕洟而出 如是者十矣."

99) 曺植, 『南冥集』 권2 遊頭流錄, "北上彳吾巖 緣木登棧而進 右釋打腰敲 千守吹長笛 二妓隨焉 作前隊 諸君或先或後 魚貫而進 作中隊 姜國年膳夫僕夫運饋者數十人 作 後隊 僧愼旭向道而去."; 梁大樸, 『靑溪集』 권4 文 頭流山紀行錄, "薄晚載琴歌鳴籩 而行 … 旣到潭(용유담)邊 … 春澗顧余日 … 不如勿吟詩 姑與之飮酒可也 於是絃 歌交奏 酒籌無數 極歡而罷."; 朴汝樑, 『感樹齋集』 권6 頭流山日錄, "至潭踰時 汝 昇與其弟若婿 及愼光先朴明益來會 余等以先登 頗有矜氣以加之 笛奴二手 在馬前 而奏技 一爲汝昇奴 兼彈?琴 一爲愼家奴 且善其才."

이 기도를 하는 모습에 대해서는 인상을 찌푸리고 모멸적인 입장을 취했
다. 이는 천왕봉 성모사에서 하루 밤을 잤던 박래오가 성모사에서의 무격
의 기도 모습을 비판한 것에서 잘 나타난다.

> 더구나 신당 안에는 더러운 기운이 있어 사람의 마음을 불편하게 하였다.
> … 갑자기 무당 두세 명이 신당에서 나와 燒紙錢을 태우고 대통밥을 올린 뒤
> 허공을 향해 두 손을 비비며 정성껏 기도를 올렸다. 그런데 그 기도 내용이
> 요망하고 허탄하여 차마 들을 수가 없었다. … 밤이 되자 무당들이 앞다투
> 어 굿판을 벌이고 노래하며 춤추는데, 난잡하게 굿하는 것이 거의 한밤중에
> 이를 정도였다.100)

그는 무당과 민중들의 굿판이 너무 지저분하고 요망하여 자신들의 지
리산 유람의 분위기를 해치고 있다고 생각했던 것이다. 그러나 민중들이
지리산에 온 목적은 유자들처럼 지리산에 와서 시나 글을 짓고 가무를
즐기며 자신의 찌들렸던 정신을 환기시키는 데 있는 것이 아니었다. 그들
은 무당과 승려를 통해 자신의 고민을 해결해 보려는 절박한 입장에서
지리산 산신과 사찰의 諸佛에 대한 숭배와 제례로 경건한 마음을 유지하
려 했던 것으로 보인다. 따라서 민중 입장에서는 무당을 통한 가무와는
다른 유자들의 쾌락적인 가무가 좋게 보일 수는 없었을 것이다.

유자들의 산행에서 일반 민중을 자극하는 극단적인 예는 일부 관리들
의 산행에서 나타난다. 순조 7년(1807) 당시 경상도 관찰사이던 尹光顔이
함양의 南周獻, 산청의 鄭有淳, 진주의 李洛秀 등 여러 수령과 함께 지리산
을 유람하였다. 이를 위해 전년 가을부터 함양의 주민들을 동원해 천왕봉
근처에 이들의 숙소를 짓게 하였고, 또 오르는 길을 평지길처럼 정비하기

---

100) 朴來吾, 『尼溪集』 권12 遊頭流錄, "且其堂中 汚穢之氣 令人心惡 … 俄而有巫覡數
三輩 從堂而來 燒紙錢薦筒飯 向空又手 而祈禳備至 其說妖誕 不可聽 … 至夜 巫
覡輩爭設狂戲 且歌且舞 雜然而前進者 幾至夜將分矣".

위해 함양·진주·하동의 군인들을 동원하였는데, 이에는 많은 비용이 들었다고 한다. 다른 길로 산에 올랐던 河益範(1767~1815)은 이를 목도하고 목민관으로서 할 짓이냐고 비판하였다.[101] 함양현감 南周憲(1769~1821)의 「智異山行記」에도 靈神臺에 관찰사와 수령의 숙소가 만들어진 것뿐만 아니라 함양의 엄천·마천리 주민들이 나무등걸을 태워 집을 따뜻하게 데우고 기타 하인 천여 인이 모닥불 주위에서 노숙하는 모습이 그려지고 있다.[102]

이런 사례들은 모든 유자들에 해당되는 것은 아니고 일부 유자나 관리에만 해당되는 것이다. 그러나 민중들은 이런 모습을 보고 유자들에 대한 상당한 반감을 가지는 한 계기가 되었을 것이다.

또 지리산을 둘러싸고 계층 간의 갈등이 폭발하는 경우도 없지 않았다. 그 사례의 하나가 조선 중기에 한 승려가 무당들이 신성시하는 성모상을 파괴한 사건이다. 중 天然이 지리산을 지나가는데, 天王峯 淫祠로 사람들이 현혹되고 피해를 본다는 소문을 듣고 격분하여 천왕봉의 성모상을 파괴해버렸다는 것이다. 천연은 奇大升(1527~1572)의 제자이기도 하므로, 유자적 입장에서 이런 일을 벌였다고 할 수도 있다.[103] 그러나 무격들의

---

101) 河益範, 『士農窩集』 권2 遊頭流錄, "咸陽吏林著烑林相彥 曁石手三人 方刻巡相曁咸陽倅南周獻山清鄭有淳晉州李洛秀諸使君名也 且觀宿所 排布突房帳御粧繕廚次 一切完備 林吏云 上峰則咸陽所屬 故昨年秋 自監營有是令 廊舍業已造置 而以秋寒停行矣 今春又有是令 三月初上山經紀 而矣等爲監 峽中各村所費 小不下五六十金治路則本邑晉州河東三邑軍人 以萬計 自上峰至七佛菴九十里 左右蔽天之樹木 隨刊而斥之 廣坦如平路 民之弊極矣 此擧之作俑效顰者 豈牧民者之事乎."

102) 南周憲, 『宜齋集』 권5 智異山行記, "爲巡行宿所 如靈神臺之構數架草屋 亦構諸守宰所歇處 動巖馬川兩面之民 而六十年 三有之擧 方春民力益覺勞瘁 令燒楛柮以熏屋 隸屬千餘人 皆露處圍火而坐."

103) 鄭弘溟, 『畸庵集』 續錄 권12 漫述, "天然 南中僧也 … 嘗行過智異山側 有所謂天王峯淫祠 夙著靈怪 過者若失虔祈 行不數步 人馬傷斃 以此行旅無不畏敬 天然以爲怪妄 攘臂過去 俄見所騎踣地 天然大恚 卽以死馬屠於祠中 血汚祠壁 因復張拳 打破神像 縱火焚滅以去 是後神怪遂絶 商旅晏如 退溪高峯 皆有詩軸 一時名人和而張之者甚多天然早從高峯學易 頗通大義 及退溪高峯論辨性理 然持簡牘往復 能記其間語意."

기도행위가 지리산 주위에서 성행하자, 이에 대한 불교계의 위기의식을 대변해 이런 일을 벌였다고 추측해 볼 수도 있을 것이다. 이후 얼마 안되어 민간에서 다시 천왕봉에 신상을 세웠다고 하지만,[104) 이 사건은 지리산을 둘러싸고 민간의 무격신앙과 불교계의 경쟁관계도 형성되어 있었음을 암시해 준다.

기대승, 李珥 등의 유자들은 승려 천연의 성모상 파괴행동을 장하게 여기고 있었다.[105) 성여신도 그의 행동을 장하게 여겨, 특별히 진주의 읍지인 『晉陽誌』에 관련 사실을 기록하고 있다.[106) 자신들이 차마 할 수 없었던 일을 승려가 대신해 주었기 때문일 것이다.

그런데 성여신은 23세 때 다른 유림들과 함께 斷俗寺에서 조성중이던 佛像을 파괴하고 佛板을 불태운 적도 있었다. 즉 단속사에서 休靜이 지은 『三家龜鑑』의 책판을 만들었는데, 이 책에는 儒家가 말미에 위치해 있었다. 이에 단속사에 공부하러 모였던 유림들은 유가를 모멸하였다고 격분하였고, 조성하던 四天王像도 기괴한 모습을 띠었다 하여 이런 일을 벌였던 것이다.[107)

조선 중기 이후 지리산에서는 이런 갈등관계가 형성되어 있는 가운데, 관의 침탈도 증가하고 있었다. 1558년 지리산을 유람하던 조식은 관가의 부역 수탈이 가중되고 있는 것을 목도하고 다음과 같이 언급하고 있다.

---

104) 『晉陽誌』 권1 壇廟 聖母祠, "其後愚氓等 改作神像 淫祠如初."

105) 奇大升, 『高峯集』 권1 詩 携天然到義神作詩贈之; 李珥, 『栗谷全書』 拾遺 권1 詩 贈天然上人(余到安峽巖泉寺 天然來謁 是曾破智異山天王峯淫祠者也).

106) 『晉陽誌』 권1 壇廟 聖母祠, "浮屠天然者 關西韻釋也 … 上天王峯 峯頭有聖母祠 撞碎神像 投諸巖下云 余聞而壯之 … 於是浮查野老記其事."

107) 成汝信, 『浮查集』 권4 年譜 隆慶 2년, "冬與同儕 居接于斷俗寺 毀佛像焚佛板 因入德山 謁南冥先生 受尙書 因與崔守愚永慶定交(… 先是僧休靜者 撰三家龜鑑 入梓於寺 而儒家居末 且造佛像 名日四天王 形甚怪偉 接中一人 印取其書 先生心甚憤然 聚會同接 面責其人 而裂其書 仍日 毀吾道侮吾儒 是書與佛 不以誣乎 卽命僧徒 火其板 又令曳出五百羅漢及四天王者 幷火之 僧皆股慄 莫敢違越 …)."

雙溪寺와 神興寺 두 절은 모두 두류산의 한복판에 있다. … 사람의 손길이 잘 닿지 않을 것 같은데도, 이곳 절까지 관가의 부역이 폐지되지 않고 있다. 그래서 양식을 싸들고 무리를 지어 오고가는 자들이 그 고통을 이기지 못해 모두 흩어져 떠나갔다. … 산에 사는 중의 형편이 이러하니 산촌의 우매한 백성들의 사정은 알 만하다.108)

부세 수탈로 일부 사찰이 피폐화되는 현상도 나타난다. 梁大樸은 君子寺가 퇴락해 쓸쓸해진 모습을 보고 놀라, 승려에게 그 사유를 물어보았다. 승려들은 유람인들이 줄을 잇고 관아의 부역이 산처럼 증가해서 그렇다고 대답하였다.109) 인조대에는 각 아문의 부세 징수가 과다하다는 논란이 있었는데, 그중에는 '智異山二十三峯別將'이라 칭하고 승려와 무당에게까지도 모두 身布를 징수하고 산골짜기 火田에도 부세를 징수하고 있는 문제도 제기되었다.110)

肅宗 4년에는 지리산 깊은 골짜기에 있는 엄천·마천의 토지를 龍洞宮에 折受하는 문제가 논란되었다. 거기에는 토지없는 많은 백성들이 토지를 개간, 경작하며 생계를 유지하고 있었는데, 이곳의 토지까지 宮房이 침탈하는 지경에 이르게 된 것이다.111) 또 守禦廳이 진주 지리산 밑에 설치한 硫黃店도 폐단을 일으키고 있었다. 硫黃監官들이 硫黃 煮取 이외에 주민들의 蜂桶에 대해서도 장부를 만들어 부당하게 수세하고 있었다는 것이다.112)

1790년 지리산을 유람한 이동항은 당시 지리산에 살던 사람들이 수십

---

108) 曺植, 『南冥集』 권2 錄 遊頭流錄 4월 22일조.

109) 梁大樸, 『靑溪集』 권4 文 頭流山紀行錄, "兩箇老僧出迎門外 陰廊半頹 佛殿寥落 殊非昔日之君子寺也 余怪而訊之 有僧蹙頞曰 遊人織路 官役如山 僧安得不殘 寺焉能依舊哉 因屈指數其官役之所侵 而備述其所以焉."

110) 『仁祖實錄』 권43, 20년(1642) 2월 壬寅.

111) 『承政院日記』 제264책, 肅宗 4년 4월 28일.

112) 『承政院日記』 제323책, 肅宗 13년 8월 12일.

년 전부터 관에 바치는 벌꿀과 각종 공물의 액수가 매년 증가하여, 그중 과반수가 목숨을 부지하기 위해 다른 곳으로 도망쳤다고 한다. 또 지리산을 찾는 무당들도 전과 같지 않아 10여 년 전부터 관아에 바칠 것과 자신들이 써야 할 것 외에 산에서 나는 오미자·잣·바가지·녹용 등 전에 없던 공물을 매년 바쳐야만 하였다. 그 때문에 堂主들이 편히 살 수 없었고 당집 역시 무너지고 지저분해져만 갔다고 한다.[113)]

이와 같은 관의 침탈로 인해 사찰의 승려나 무당, 그리고 지리산에 의지해 사는 일반 민중들의 불만이 고조되지 않을 수 없었다. 게다가 지리산은 골이 깊어 숨을 수 있고, 또 풍요롭다는 지리적인 이점도 있었다. 따라서 어떤 조건이나 계기가 마련된다면 이들이 조정에 대해 저항하는 세력으로 변할 수 있는 가능성이 어느 지역보다도 높았다.

V. 맺음말

이상의 논지를 정리하면 다음과 같다.

지리산은 영·호남의 여러 고을에 걸쳐 너르게 퍼져 있고 영험하다고 알려져, 많은 사람들의 깊은 신앙의 대상이 되고 있었다. 그런데 지리산에 대한 신앙이나 인식도 국가에서 행하는 산천제가 변화함에 따라 여러 가지 요소가 복합되면서 변화하였다.

고려시대까지 전승되던 제재초복적이고 토착적인 산신신앙은 조선시대에 들어 점차 유교의례로 대체되어 갔고, 산천제의 위상도 낮아져 갔다. 신라 때부터 국가에서 지리산을 오악 중의 하나로 지정하여 중요시해

---

113) 李東沆, 『遲菴集』 권3 雜著 方丈遊錄, "聞山中居民 以蜂蜜與各樣貢額 自數十年來 逐歲增數 逃命者過半 … 自十餘年來 巫覡之踏山 不如往時 而官責自如 且山查五 味子栢子瓢茸 無前之貢 年年責出 故堂主不能聊生 堂屋亦弊破湫陋矣."

왔던 관행은 조선왕조에도 이어지지만, 산천제 정비에 따라 지리산 산신의 봉작이 제거되고 단순히 '智異山之神'이라 부르게 되었다. 조정에서는 전라도 남원에 '智異山神祠'를 세워서 제사지내게 하였다.

지리산 산신의 명칭으로 민간에서 많이 사용되었던 것은 '聖母'였지만, 후대에 불교와 도교 등 여러 신앙이 복합되면서 지리산 신의 명칭도 다양하게 나타난다. 역대의 통치자들은 지리산의 산신이 어느 산의 신령보다도 더 영험하다는 민간의 믿음을 이용하였다. 한편 지리산은 그 신비함과 골이 깊고 물산이 풍족한 지리적 조건 때문에 신라 때부터 은거하는 인물들이 많았다.

민중의 기복신앙과 밀접한 무속신앙은 조선왕조에 와서도 음사로 규정되어 억제되면서도 일부 용인되고 있었다. 무격의 신앙 대상으로 중요한 위치를 차지하는 것이 산신이었다. 영험하다고 알려진 지리산에는 많은 무당과 민중이 몰렸다. 민간에서 가장 중시하였던 신당은 천왕봉의 聖母祠였지만, 지리산을 끼고 있는 고을마다 지리산으로 오르는 중요 지점에 여러 신당들이 세워졌고, 봄과 가을마다 삼남지역의 무당과 일반 민중에 의한 기도가 성행하였다. 임란으로 일반 촌락은 황폐해진 상황에서도 지리산의 신당은 더 늘어났다. 봉우리 주변에는 기복인들이 머물 수 있는 판각들도 즐비하게 세워져 있었다.

지리산은 골이 깊고 매우 기름져서 여러 가지 작물들이 풍성하게 자라나고, 이외에 목기 제작이나 누에치기·양봉 등 여러 가지 생계대책이 마련되어 있었다. 따라서 생계가 어려운 사람, 도망친 자들은 자신과 가족의 생존을 위해 지리산을 찾는 사례가 적지 않았다.

고려시대에 번성하던 불교는 조선왕조에 들어와 대대적으로 정리되었지만, 후대로 가면서 지리산 주변에는 많은 사찰이 들어서 있었다. 여러 문헌에는 지리산에는 사찰이 수백 곳에 이르고 높은 수행으로 유명한 승려들도 많이 배출되었다고 한다. 천왕의 신령스러움 때문에 산에 기복인들이 많이 몰리면서, 신당을 세워 제사지내는 사찰도 많았다.

불교계에서는 지리산의 성모천왕이나 이외의 상징물에 대해서도 불교와 적극적으로 연결시켜서 지리산에서의 불교의 위상을 높이려 했다. 성모가 석가의 어머니 摩耶夫人이라는 설, 迦葉像 등과 관련된 전설이 그것이다. 그리고 지리산이 '1만의 文殊菩薩이 머무는 세계'라는 비기류의 내용도 퍼져 있었다.

유자들은 산천신에 대한 제사를 국가나 관에서 공식적으로 수행하고 있기 때문에, 자신들의 별도의 경배는 필요치 않다고 여기고 있었다. 한편 무격이나 불교계의 지리산 관련 제례에 대해서는 경멸하거나 비판하고 있었다. 지리산은 천자가 하늘에 제사지내거나 선현이나 도가들이 은거해야 할 숭고한 산인데, 도망친 하인, 호적에서 빠져나온 자, 불법을 배우는 자들의 소굴이 되어버렸다는 것이다. 지리산을 불교 신앙과 관련시키는 것에 대해서도 유자들은 믿을 수 없다고 비판하였다.

그들이 지리산을 찾은 것은 산수 유람을 통해 경치를 즐기고 문학적 호기를 기르거나, 속세에서 찌들렸던 정신을 환기시키고 자신을 되돌아보는 기회로 삼기 위해서였다. 나아가 신선세계를 갈망하는 도가적 취향을 가끔 드러내기도 하였다. 지리산은 지리적으로 은거하기 좋은 곳이어서, 이를 위해 찾는 경우도 적지 않았다.

이처럼 일반 민중과 무당, 불교계, 유자층들이 각각 지리산을 인식하고 이용하는 입장은 서로 달랐다. 이중에서도 유자층들은 지배층의 입장에서 지리산을 유람하면서 시나 글을 짓고 가무를 즐기기도 하였다. 그러면서도 무당이나 민중이 벌이는 굿판이나 가무에 대해서는 모멸적인 입장을 취했다. 반면에 민중들은 유자들의 가무행위에 대해 반감을 가질 수밖에 없었다. 또 지리산을 둘러싸고 계층간의 갈등이 폭발하는 경우도 없지 않았다.

게다가 지리산에 의존해 생활하던 승려·무당이나 골짜기 깊숙한 곳에 사는 민간인에게는 일찍부터 관의 침탈이 가해지고 있었다. 이 때문에 많은 주민이 떠나고 무당의 당집도 운영하기가 어려워졌다. 이로 인해 그들의 불만이 고조되지 않을 수 없었다. 따라서 어떤 조건이나 계기가 마련된다면 이들이 국가에 저항하는 세력으로 변할 수 있는 가능성이 컸다.

이외에도 조선시대에는 지리산과 직접 관련된 비기들이 존재하고 있었다. 게다가 지리산에는 일찍부터 신선들이 모여살고 있던 신비한 곳으로 전해지고 있었다. 또 지리산에는 피난지나 복지들이 적지 않게 거론되고 있었다. 게다가 지리산은 골이 깊어 숨을 수 있고 또 풍요롭다는 지리적인 이점도 이용될 수 있는 가능성이 컸다. 이 점은 이후의 다른 글에서 구체적으로 언급하고자 한다.

이 글은 『남명학연구』 제29집(경상대학교 경남문화연구원, 2010)에 수록된 「조선시대 지리산에 대한 다양한 인식과 이용」을 일부 수정하여 실은 것이다.

—

조선 초·중기 명산문화로서
지리산의 정체성

박용국

—

I. 머리말

智異山은 한국을 넘어 세계 어느 지역과도 비교할 수 없는 역동적인 콘텐츠를 지닌 인간 삶의 무대였다. 세계 어느 지역을 가더라도 그 지역의 인간에게 동경의 대상이 되거나 삶을 품어 안은 名山이 존재한다. 그러나 지리산처럼 오랜 세월 다양한 인간의 삶의 무대로서 역동성을 지닌 경우는 세계의 명산 가운데 그렇게 흔하지 않을 것이다. 다시 말해서 동경과 신앙의 대상은 되었을지라도 삶의 일상이 빠졌거나 반대로 삶의 일상으로 관철되는 경우이지 지리산처럼 동경과 신앙 및 민초의 삶, 그리고 혁명의 공간이었던 명산이 과연 몇 곳이나 될까.

그렇지만 지리산권이 지닌 인간의 역동적인 콘텐츠를 인문적 고찰을 통해서 제대로 밝혔다고 볼 수 없다. 적어도 지리산이 갖고 있는 역사적인 콘텐츠를 제대로 담아낸 연구가 그렇게 많지 않다. 물론 靈山으로서 지리산은 일찍부터 산신이나 신라의 산악숭배인 五岳을 구명하려는 과정에서 中祀의 한 곳으로 주목을 받았다.[1] 이렇듯 지리산의 산신 연구는 고대사회의 영역적 측면의 접근이 없지 않으나 주로 그 신앙적 측면의 것이 대부분을 차지한다. 이는 주로 민속학의 측면에서 다루어졌다고 볼 수 있다.[2]

한편 조선시대 지식인의 삶에서 지리산은 명산으로서 꼭 遊覽해야 할 곳으로 인식되었던 것으로 보인다. 이와 무관하지 않은 분야가 1990년대 이후 지리산이라는 공간에 얽힌 이야기를 풀어서 지리산을 이야기하거나 형상화,[3] 현대소설 속의 지리산 이미지 변화[4] 등 지리산의 문학성에 관

---

1) 朝鮮鐵道協會會誌, 「南鮮の靈山智異山」, 『朝鮮鐵道協會會誌』 제11권, 조선철도협회, 1932; 孫晉泰, 「朝鮮 古代 山神의 性에 就하여」, 『震檀學報』 제1호, 진단학회, 1934; 李基白, 「新羅 五岳의 成立과 그 意義」, 『震檀學報』 제33호, 진단학회, 1969; 이기백, 『新羅政治社會史研究』, 一潮閣, 1974; 洪淳昶, 「新羅 三山·五岳에 대하여」, 『新羅文化祭學術發表會論文集』 제4집, 신라문화선양회, 1983; 김아네스, 「고려시대 산신 숭배와 지리산」, 『歷史學研究』 제33권, 호남사학회, 2008. 위의 「南鮮の靈山智異山」은 靈山으로서 지리산을 연구한 것이 아니라 지리산이 외국선교사에게 피서지로서 각광받고 있다거나 유람 대상지·명승지로서 소개하는 정도의 짧은 안내서에 불과하다.

2) 지리산 산신 연구의 주요한 성과들은 위의 주와 다음 논고이다. 金逵暎, 「智異山聖母祠에 就하야」, 『震檀學報』 제11호, 진단학회, 1939; 趙庸鎬, 「智異山 山神祭에 관한 研究」, 『東洋禮學』 제4집, 동양예학회. 2000; 이해준, 「구례 南岳祠의 유래와 변천」, 『南岳祠址 地表調査報告』, 목표대학교 박물관·전라남도 구례, 1992; 손정희, 「智異山 山神에 관하여」, 『문창어문논집』 제37집, 문창어문학, 2000; 김갑동, 「고려시대의 남원과 지리산 성모천왕」, 『역사민속학』 제16호, 한국역사민속학, 2003; 송화섭, 「智異山의 老姑壇과 聖母天王」, 『道敎文化研究』 제27집, 한국도교문화학, 2007.

3) 崔錫起, 「南冥의 山水遊覽에 대하여」, 『南冥學研究』 제5집, 경상대학교 남명학연구소, 1995; 崔錫起, 「浮査 成汝信의 智異山遊覽과 仙趣傾向」, 『韓國漢詩研究』 제7호, 한국한시학, 1999; 홍성욱, 「조선전기 「유두유록」의 지리산 형상화 연구」, 『漢文學論集』 제17집(1999), 단국한문학회; 최석기, 「조선 중기 사대부들의 지리산유람과 그 성향」, 『韓國漢文學研究』 제26집, 한국한문학, 2000.

4) 이동재, 「한국문학과 지리산의 이미지」, 『現代文學理論研究』 제29집, 현대문학이론학, 2006.

한 일련의 연구이다. 특히 전자의 연구들은 전통문화에서 지식인의 삶과 자연, 그리고 遊戲文化를 재인식할 수 있는 토대를 마련하였다. 뿐만 아니라 지리산이 갖는 대중성을 더욱 확대할 수 있는 계기를 제공하였다는 점에서도 연구사적 의의가 크다고 하겠다.

지금까지 지리산에 관한 역사 연구를 일별하면 지리산 山神 연구 이 외에는 祀典,[5] 盜賊[6] 관련 단편적인 언급에 지나지 않아 그것이 갖는 역사성이 제대로 드러나지 않았다. 물론 현대사에서 지리산이 갖는 의미와 과제를 제시한 연구,[7] 공간에 얽힌 인간 연구[8]가 없었던 것은 아니다. 하지만 지리산이 지닌 시간성과 공간성, 그리고 인간을 고려한 통시적 고찰의 측면에서 볼 때 지리산 연구는 많은 미해결의 과제를 안고 있다고 본다. 또한 새로운 역사인식의 관점에서 본다면 앞으로 지리산권 문화를 서술 대상으로 할 것이 아니라 문화를 통해서 지리산권을 서술할 필요도 있다.

다만 이 글에서는 지리산권의 의미라기보다 이상의 시각에 입각하여 지리산에 관련된 직접적 사료에 초점을 맞추어 논지를 전개하려고 한다. 그리하여 인간 삶의 무대로서 지리산의 성격과 그 변화를 정리함으로써 名山文化로서 지리산의 正體性을 구명하겠다. 이 글의 목적은 지리산이 명산으로서 갖는 전통 그 자체만이 아니라 그것에 대한 조선 초·중기의

---

[5] 조선시대 祀典 개편은 다음 논고가 참고 된다. 韓㳓劤, 「朝鮮王朝初期에 있어 서의 儒敎理念의 實踐과 信仰·宗敎-祀祭問題를 中心으로」, 『韓國史論』 제3집, 서울대학교 국사학, 1976.

[6] 조선 초·중기 도적에 관한 전반적인 이해에 다음 논고가 참고 된다. 李正守, 「조선초기 도적발생과 국가적 대응」, 『한국중세사연구』 제1호, 한국중세사학, 1994; 한희숙, 「농민층의 사회경제적 처지와 저항」, 『한국사-중세사회의 발전Ⅱ』 제8권, 한길사, 1994; 한희숙, 「17세기 후반 도적활동과 국가의 對策」, 『朝鮮時代史學報』 제21집, 조선시대사학, 2002.

[7] 강정구, 「지리산이 품은 한국현대사와 우리의 과제」, 『社會科學硏究』 제10권 제2호, 동국대학교 사회과학연구, 2003.

[8] 김복순, 「지식인 빨치산 계보와 『지리산』」, 『인문과학연구논총』 제22호, 명지 대학교 인문과학연구, 2000.

인식의 변화가 어떠한 含意를 지니고 있는가를 구명하여 그 정체성을 밝히는 데에 있다.[9] 그리하여 먼저 문제의 소재를 밝힌 다음 명산과 명산문화를 검토하겠다. 이를 바탕으로 조선 초·중기 智異山의 神聖性 변화와 그 含意, 그리고 지리산의 정체성을 구명할 것이다. 이 글은 지리산을 통시적으로 고찰하려는 장기적 의도에서 기획된 것이다. 따라서 이 글에서는 精緻하지 못한 점도 있을 것이다. 이 글은 앞으로의 과제를 제시한다는 측면에서 시론의 성격도 갖고 있다. 先學의 많은 叱正을 바란다.

II. 名山과 名山文化

먼저 명산으로서 지리산의 정체성을 구명하는 데에 문제의 소재를 미리 밝혀 이 글의 관점을 명확히 해 둘 필요가 있다. 명산으로서 지리산이란 단순히 행정적·지리적 경계권으로서 설정될 수 있는 것이 아니라 그 공간을 둘러싼 인간들의 정치·경제·사회적 일상의 의미를 띤 공시적이면서 통시적 생활영역이다. 이러한 의미에서 본다면 명산에는 이미 문화의 속성을 내포하고 있다. 후술하겠지만 전통적 의미에서 본다면 명산에는 사대부 지배층의 엘리뜨 문화에 국한된 측면이 내포되어 있음을 부인할 수 없을 것이다.

그러나 지리산의 역사성의 해명에서는 南冥 曺植이든지, 아니면 張永己 같은 賊徒이든지 간에 그 모두를 소홀히 해서 안 된다. 명산으로서 지리산의 정체성은 역사성에 근거하여 이끌어 낼 필요가 있다. 다시 말해서 기존의 중앙 정치사 중심의 시각에서 왕이나 사족을 비롯한 지배층 인물

---

[9] 이 글이 지리산의 직접적 자료에 국한함으로써 갖는 한계는 조선시대에 들어와 정치세력의 변화와 지리산권에 서원이 들어서면서 갖는 지리산의 성격 변화의 의미를 논지 전개상 다음의 기회로 미룰 수밖에 없다는 데에 있다.

을 그 대상으로 하여 그들의 업적 및 행위 결과에만 초점을 맞추던 방식을 극복해야 한다. 중요한 역사적 사건이나 시대를 대표할 수 있는 인물이라면 그 계층이나 성별에 관계없이 연구의 대상이 되거나 역사학습의 대상이 되어야 함은 당연하다[10]. 그렇다면 명산으로서 지리산의 정체성의 문제는 두 말 할 필요도 없이 士族이나 常民, 혹은 賊徒이든지 간에 그 공간에 얽힌 삶이라면 논의 대상으로 하는 것이 당연할 것으로 본다. 그래야만 인간이 역사와 공간, 그리고 자연을 어울러서 빚어낸 문화를 제대로 읽어낼 수 있을 것이다.

한편 명산으로서 지리산의 정체성 구명은 지역사의 관점이 필요하다. 한국에서 '지방'이라는 개념이 중앙 중심의 권력의 합법화와 긴밀한 관계 아래 사용되어 오히려 중앙의 헤게모니를 강화하는 데 기여하고 있다[11]고 한다. 이러한 시각에서 본다면 이 글은 일상생활과 역사에 뿌리 깊게 자리 잡은 중앙 중심의 지식 권력을 성찰하는 계기를 제공하여 이를 해체하는 단서[12]가 될 수도 있을 것이다.

요컨대 명산으로서 지리산은 장기간에 걸친 사회 변화 속에서 형성된 역사의 실체이다. 따라서 명산으로서 지리산의 정체성은 역사 전개 과정에서 목격되거나 형성된 다양한 구성 요소를 중앙 중심에서 벗어나 지역의 관점에서 파악해야 한다.

그런데 지금까지 지리산과 관련된 논저들은 공간에 우선을 두거나 아니면 시간이나 인간의 측면에 주로 초점을 맞춘 경우가 대부분이었다. 문화사[13]로서 지리산의 구명은 거의 보이지 않는다. 따라서 시간과 공간,

---

10) 정선영 외, 『역사교육의 이해』, 三知院, 2001, 193~194쪽.

11) 이훈상, 「타자로서의 '지방'과 중앙의 헤게모니: '지방'의 중앙의 이분 구도에 기초한 지식 권력에 대한 비판 담론의 구축」, 한국사연구회 편, 『韓國地方史研究의 現況과 課題』, 景仁文化社, 2000.

12) 李勛相, 「미시사와 多聲性의 글쓰기: 지역사, 향리집단, 그리고 이들을 둘러싼 복수의 시각들」, 『韓國史論』 32, 국사편찬위원회, 2001, 70쪽.

그리고 인간이 융합된 명산문화로서 지리산을 신문화사적 시각에서 고찰할 필요가 있다. 이는 이 글의 논제를 '명산문화로서'라고 설정한 이유이다. 종교가 특정 지역이나 특정 집단의 정체성이고 문화임은 주지의 사실이다. 그렇다면 지리산과 그 산신을 둘러싼 인식 변화의 含意를 통해서 명산문화로서의 지리산의 정체성을 좀 더 명확히 구명할 수 있을 것이다. 이러한 점은 신문화사적 지리산 인식이라고 볼 수 있을 것이다. 신문화사는 문화를 서술 대상으로 보는 것이 아니라 문화를 통해서 역사를 인식하기 때문이다. 물론 신문화사가 상대주의를 한 특징으로 한다[14]는 점에서 본다면 '명산문화로서' 지리산의 '정체성'이나 명산문화로서 '전통'은 그것과 모순에 빠지게 된다. 요컨대 이 글은 인식이나 연구대상의 문제에서 신문화사적 시각을 차용하지만 전통적인 연구방법에 의존하여 명산문

---

13) 문화 개념의 정의는 인류학자의 관점이나 용어 사용의 맥락에 따라 매우 다양하게 내려지고 있다. 그렇지만 모든 문화의 개념 정의는 '한 인간집단의 생활양식의 총체'로 파악하는 총체론적 관점에서 출발하고 있다. 이 문화는 "지식, 신앙, 예술, 법률, 도덕, 관습뿐만 아니라 사회의 한 구성원으로서의 인간에 의해 얻어진 다른 모든 능력이나 관행들을 포함하는 複合總體"(Edward B. Tylor, Primitive Culture. London: J. Murray, 1871)라고 정의되고 있다. 이는 정치, 경제, 사회와 구분되는 별도의 인간 활동의 한 영역으로서 사상·문학·예술·종교 등에 국한된 것이 아니라 자연현상이 아닌 인간 활동과 관련된 모든 현상을 문화로 파악하는 것에 해당한다. 그렇다면 문화사는 인간들의 삶의 제 양상을 사건의 흐름 속에서 종합적으로 이해함을 목적으로 한다(최갑수, 「문화사란 무엇인가?」, 『韓國史論』 35, 국사편찬위원회, 2002, 308쪽)고 볼 수 있겠다. 그런데 문화는 지적 활동과 경험의 차원만이 아니라 문화가 만들어지는 방법내지 양식의 차원, 앞의 두 차원에 대한 표상체계 및 방식의 차원에서도 생각할 수 있다. 이는 문화사가 지적, 사회적 삶은 물론이요 그 표상의 측면까지도 포괄하는 속성을 지녔음을 의미한다. 최갑수, 위의 글, 297~302쪽.

14) 그 특징으로 첫째, 문화적 상대주의, 둘째, 문화의 범위가 크게 확대되어 '사회적 행위의 모든 상징적 차원'을 포괄함으로써 일상생활 전체가 곧 문화사의 연구대상, 셋째, 구 문화사의 중심개념인 '전통'에 대해 새로운 대안적 개념으로서 문화의 생산자나 전달자보다 수용자나 소비자에 초점, 넷째, 문화와 사회의 관계에 대해 이전과는 다른 관점으로 문화의 생성적인 능력이 새롭게 인정된 것을 들 수 있다. 위의 글, 303쪽, 재요약.

화로서 지리산의 정체성을 구명하게 될 것이다.

이상과 같은 시각에서 이 글의 연구 대상은 지리산이라는 공간에 얽힌 인간의 사회활동과 사회적 영향에 관한 문헌 기록이다. 따라서 전설과 구비설화가 갖는 신문화사적 지리산의 문화와 정체성 문제는 다음의 과제로 삼을 것이다. 그리고 그 정체성을 어떻게 인식하고 어떠한 방법으로 歷史上에서 구명할 수 있는가. 명산문화로서 지리산 연구는 추상적 개념의 틀에 너무 얽매일 경우 구체성의 문제를 결여할 수 있다. 다시 말해서 이 글에서 문화의 정의는 반드시 전제되어야 하지만 그것에 구속되기보다 구체적 전개과정을 통해서 지리산 문화의 구체성을 이해해야 할 것이다. 따라서 이 글에서는 명산으로서 지리산의 정체성을 과거 인간의 삶이 특정한 시공간의 맥락에서 전개되는 이야기에 초점을 맞추었다. 그 이야기의 생산양식이나 표현체계를 소홀히 할 수밖에 없다.

다음으로 名山과 名山文化에 대해서 살펴보겠다. 명산은 무엇이며, 문화란 무엇인가. 결국 이 글은 무엇보다 명산문화란 무엇인가의 문제가 우선 해결되어야 함을 말한다. 따라서 '명산문화'로서 지리산 정체성은 지리산이 갖는 역사성을 문화를 통해서 바라보는 것이다. 그 명산문화란 공간과 인간, 그리고 시간이 펼쳐놓은 파노라마의 성격을 갖지만 역사 발전과 아울러 변화의 의미를 내포하는 것으로 봐야한다. 연속성의 의미를 전통으로 하고 그 변화성을 추가함으로써 얻게 된 정체성을 '명산문화로서 지리산의 정체성'의 추상적 결론이라고 우선 말하고 싶다.

흔히 인간은 복잡한 공간을 단순한 공간보다 더 넓게 보고 길게 본다고 한다. 바꾸어 말하면 인문적 요소로 가득 찬 공간은 인간에게 더 많은 시간을 할애할 수 있는 이야기 거리를 제공해주는 것으로 이해할 수 있다. 그 공간은 그 만큼 많은 콘텐츠를 내포하고 있음을 말하는 것이다. 그 공간 가운데 명산이 포함될 것이다. 명산은 자연과 인간의 관계를 보여주는 물리적 공간이면서 그 자체 역사성을 내포하고 있다. 즉 명산은 인간으로 인하여 드러난 공간이다. 이러한 名山의 의미를 좀 더 파악하기에 앞서 산은 인간에게 무엇인가.

司馬遷의 『史記』에서 "太古에 천명을 받은 제왕치고 名山大川의 신에게 제사 지내는 의식을 행하지 않은 예가 없었다."라고 하여 인간의 삶에서 산이 갖는 의미가 신성의 장소로서 기능을 하였음을 알 수 있다. 이러한 동양에서 산에 대한 인식은 일찍이 천명과 소통할 수 있는 의미를 지녔다고 봐도 될 것이다. 물론 산은 이미 수렵문화단계부터 山神의 駐在處[15]로서의 의미를 지니고 있었다. 아직도 쓰이는 '山所'라는 말도 死後 귀의처의 의미이지만 산을 우리 삶에서 신의 공간으로 받아들였던 것과 전혀 무관하지 않은 생각에서 나왔을 것이다. 이러한 전통 속에서 나온 石假山[16]은 동아시아 문화에서 인간과 산의 관계를 잘 보여주는 것 가운데 하나인데 산을 신성으로부터 일상생활 속의 미적 감상의 대상으로 끌어들인 예라고 볼 수 있겠다.

우리의 경우 산악국가라고 할 수는 없지만 金富軾이 "古朝鮮遺民分居山谷之間 爲六村"[17]이라고 표현한 것에서 크게 어긋나지 않을 정도로 산지가 발달한 자연환경에서 산과 산에 기대어 촌락이 형성되고 이것이 小國으로 발전하여 갔던 것이다. 이러한 촌락의 시원은 이미 청동기 시대의 유적지[18]에서 확인되고 있듯이 대체로 산이 흘러내린 구릉에 자리를 하고 있었다. 농경이 발달함에 따라 사람들은 背山臨水의 지리적 조건을 충족하는 공간을 농경생활에서 가장 유리한 곳으로 보고 삶의 터전으로 삼

---

15) 依田千百子, 「狩獵民の山の神及び狩獵民文化」, 『朝鮮民俗文化の研究: 朝鮮の基層文化とその源流をめぐつて』, 琉璃書房, 1985.

16) 석가산의 조경적 관심에서 나온 다음 책은 석가산을 통한 동아시아 산에 대한 인식의 한 면을 엿볼 수 있다. 박경자, 『조선시대 석가산 연구─문헌연구와 복원계획을 중심으로』, 학연문화, 2008.

17) 『三國史記』권1, 新羅本紀, 始祖赫居世居西干 卽位條.

18) 대표적인 곳으로 부여 송국리 유적지를 들 수 있으며, 지리산권역에서는 진주 이곡 유적지를 들 수 있다.

앉던 것으로 보인다.

한국의 전통사회에서 산은 농경생활에서 매우 중요한 衣食住의 배경이었다. 또한 산은 神의 降臨處이고 神이 사는 곳이기도 하여 신과 교류할 수 있는 장소로서[19] 여러 건국신화의 배경무대이기도 하였다. 고대사회에서 산은 국가 제사의 주요 대상[20]이 되기도 하였다. 일찍이 『後漢書』나 『三國志』에서 濊族은 "그 풍속에 산천을 중시하여 산과 내마다 각기 구분이 있어 함부로 들어가지 않는다"[21]고 하였으며, 『舊唐書』나 『新唐書』에서는 신라인은 "산신에게 제사하기를 좋아한다"[22]고 하여 산악숭배의 모습을 보여주고 있다.

그러면 명산이란 무엇인가. 명산은 '이름난 산'의 의미를 지니게 된 사회적 含意를 지니고 있다. 따라서 그 함의를 구명하는 것은 인문학의 과제일 것이다. 중국인에게 명산이라는 곳은 그 지역내의 가장 높거나 웅대한 산으로서 신성시되며, 그 지역의 수호신으로 숭배된다. 따라서 명산에 대한 제사는 천자나 제후만이 그 영토 내에서 가장 뛰어난 산에 제사할 수 있었던 것이다. 산은 天祭를 지내는 제사장소일 뿐만 아니라 신으로서 숭배되기도 하였다. 산은 하늘과 땅이 만나는 곳이며, 세계 중심으로서의 상징적 의미를 포함하고 있었던 것으로 본다.[23]

한국사에서 명산은 祀典에 封爵된 명산만이 아니라 각 읍의 鎭山도 포

---

[19] 姜英卿, 「韓國 古代 山神信仰에 나타난 理想人間型」, 『종교와 문화』 제7호, 서울대학교 종교문제연구, 2001, 155쪽.

[20] 신라인에게 山嶽은 山岳崇拜의 대상으로서 三山·五嶽, 小祀의 대상이었다. 『三國史記』 권32, 雜志 1, 祭祀條, 참조.

[21] 『後漢書』 권85, 東夷列傳 제75 濊傳. "其俗重山川 山川各有部界 不得妄相干涉"; 『三國志』 권30, 魏書 東夷傳 제30 濊傳. "其俗重山川 山川各有部分 不得妄相涉入"

[22] 『舊唐書』 권199, 東夷列傳 第149 新羅傳. "好祭山神"; 『新唐書』 권220, 東夷列傳 第145 新羅傳. "好祠山神"

[23] 琴章泰, 「古代中國의 信仰과 祭祀-그 構造의 宗敎史學的 考察」, 『宗敎硏究』 제1집, 한국종교학회, 1972, 88쪽.

함되는 경우가 많다. 『慶尙道地理志』에 '鎭'이라고 표시한 鎭山은 남향으로 배산임수한 고을의 治所에서 북쪽에 위치한 주산을 의미하는 경우가 대부분이다. 진산은 名山과도 일치하는 경우가 있으며, 『경상도지리지』에는 이를 각각 표시하였으나 『世宗實錄地理志』에는 이를 명산으로 기재한 경우가 많다. 명산대천의 표기는 『경상도지리지』보다 『세종실록지리지』에서 단순화하고 간략하게 정리하였다.[24] 이것은 명산이 인간과 관계속에서 의미가 결정됨을 말한다. 실제 명산은 "산을 좋아하는 자는 반드시 명산에 스스로 의탁하였다"[25]고 하듯이 수많은 인간을 불러들이고 그것으로 더 많은 의미가 쌓여갔던 것이다. 곧 문화가 축적되어 갔다.

명산은 시대에 따라 의미도 변화를 겪지만 그 대상도 크게 변화를 보인다. 보는 자의 시각에 따라 한 고을에 다양한 규모의 명산이 존재할 정도로 그 수의 증가를 가져오게 된다. 이제 명산도 국가나 국왕에 의해서 의미 규정되는 것이 아니라 지식인층의 의미 부여, 즉 사고의 결과와 그와 무관하지 않은 행위의 결과들이 쌓이고 후대인에 의해서 담긴 의미의 추억 공간으로서 기능을 할 때 그 명산의 의미도 당연히 달리 볼 수 있을 것으로 본다.

현대적 의미의 명산은 결국 자연환경에 사회적 의미가 쌓이면서 명산으로, 명산문화로 규정되어 가는 것이다. 따라서 명산도 시대에 따라 변화를 겪는 것은 당연하다. 명산은 天子의 天下觀을 뒷받침하는 神聖의 장소로서, 이후에는 국가의 영토를 이미지화하는 존재로서, 그 領域的 世界觀을 반영하면서 명산의 수나 의미도 점점 확대되어 갔다. 예를 들면 신라 같은 경우 소국에서 출발할 때 경주 분지를 벗어나지 못했던 산악숭

---

24) 許興植, 「조선전기 慶尙道 山川壇廟」, 『民族文化論叢』 제28집, 영남대학교 민족문화연구소, 2003, 205쪽.

25) 李滉, 『退溪集』 「陶山雜詠」(『韓國文集叢刊』 제29책), 민족문화추진회, 1989. "古之愛山者 必得名山以自託"

배 대상으로서 명산이 통일신라 시기가 되면 새롭게 영토로 편입된 지역을 공고히 하는 의미도 포함하여 이제 인문지리적 인식의 확대, 세계관의 확대로 이어졌던 것이다. 따라서 명산은 사회가 발전함에 따라 명산에 대한 인식도 천자에서 제후로, 제후에서 지식인층으로, 드디어 일반 서민에 이르기까지 향유의 대상으로서 형상화되고 이미지화하였다.

이상과 같이 名山은 처음부터 명산이 아니었다. 산은 자연에 의존하여 살아가던 원시공동체사회의 인간에게 물과 더불어 생존 그 자체였다. 따라서 산은 그들에게 敬畏의 대상으로서 자연신앙의 주요한 부분을 차지하였다. 그러다가 고대사회에 이르러 정치적 공간 내의 수많은 산 중에서 巨山을 주목한 정치적 인간이 信仰的 含意를 지닌 神聖을 강화하여 名山을 탄생시켰던 것이다. 명산은 처음 물리적 공간으로서 성격이 주목을 받아 신앙적 함의를 지닌 신성을 얻게 되었다면 명산으로서 가치는 역사가 발전할수록 정치·사회적 함의를 포함한 문화 축적의 형태에 의해서 커져갔던 것으로 파악할 수 있겠다.

역사에서 지리산은 명산이었기 때문에 산신숭배의 대상이 되었던 것이 아니라 巨山으로서 五岳의 하나로 인식되면서 中祀로 정해졌던 것이다. 이는 이후 전통으로 계승되어 신앙의 의미에서 靈驗이 확대 재생산되었다. 지리산이 산신으로서 갖는 含意는 더욱 세상에서 회자되고 신격으로 자리를 잡게 되었다. 물론 지리산의 역사성이 고정불변의 것은 아니었다. 명산은 인간이 산에 부여한 인위적인 의미와 그 의미를 파악할 수 있는 인식수준에 따라 변화를 겪었다. 이는 삼국에서 조선시대에 걸쳐서 명산과 그 명산에 부여한 의미가 달라졌던 것에서 잘 알 수 있다. 명산은 문화의 속성을 지녀 변화를 내포하고 있다는 의미이다.

요컨대 명산은 인간이 관계를 맺으면서 형성된 의미체계에서 나온 개념이다. 명산은 인간이 인위적으로 창출하고 결정한 의미에 의해서 규정·이해되는 것이므로 그 성격이 고정되는 경우보다 변화를 겪는 존재이다. 결국 명산은 공간과 시간, 인간이 다층적 관계 속에서 빚어낸 사회적 생산물이다. 따라서 명산은 현재적 맥락에서 향유·형상화·이미지화 등의 인문적 요소가 그 가치의 提高로써 무엇보다도 중요성을 지닌 공간이다.

역사는 과거 인간의 삶을 대상으로 한다. 그 인간은 특정 지역에서 일상의 삶을 영위하면서 문화를 창조한다. 문화는 특정 지역의 자연과 인간의 합일점이다. 따라서 지리산권 문화는 고대 이후 지역의 인간이 자연생태에 기반을 두고 일상의 삶 속에서 경험한 독특한 역사의 산물이자 현재적 관점과 맥락에서 전통을 재창조한 것으로 볼 수 있다. 그리고 지리산권 인간의 전체 일상생활을 통시적으로 서술함으로써 지금까지 우리가 경험하지 못했던 역사의 새로운 면을 이해하게 될 것이다. 이러한 점에서 지리산권 문화는 새로운 역사인식에 의한 연구 대상의 확대를 전제로 하여 접근할 필요가 있다.[26]

명산문화는 동아시아에서 하나의 전통문화였다. 우리의 경우도 마찬가지여서 삼국시대 이후 명산은 하나의 문화로서 전통성을 지니고 시대의 맥락에 따라 변화를 거듭하여 왔다. 명산이 문화로서 성립할 수 있는 전통적 근거이다. 명산문화는 명산이 의미하는 바의 개념까지 수렴하는 보다 광의의 의미를 내포하고 있다. 따라서 명산문화로서 지리산 정체성의 고찰은 학제간의 연구를 넘어 統攝 연구를 요한다. 이 글에서는 명산문화

---

[26] 지난 20세기 우리 사회는 전통문화를 박물관 유물처럼 멀리서 바라다보는 구경거리로 전락시켰다. 이는 전통문화가 식민지배와 서구 중심의 근대화, 분단과 이념의 갈등, 급속한 산업화와 삶의 양식 변화 등으로 인해서 일상의 삶에서 유리되었던 것과 무관하지 않다. 또한 서구의 가치가 온 사회에 넘쳐나면서 학문 연구와 교육현장에서 식민성을 키워 온 것에서도 전통문화 홀대의 원인을 찾을 수 있다. 이러한 현실에서 근대 이전의 전통적인 지식인상과 그들의 이상사회 지향의 노력이 제자리를 잡을 수 없었던 것은 너무나 당연했다. 따라서 다양한 설정이 가능한 중심과 주변의 상관관계에서 전통문화의 다양성을 구명할 필요가 있다.

의 성격으로 수렴되는 지리산의 정체성이 역사발전에 따라 변화하였을 것으로 본다.

끝으로 명산문화로서 지리산권 문화의 공간적 범위를 생각해 보자. 우리 말에 '십리를 가면 말이 다르고 백리를 가면 풍속이 다르다'는 말이 있다. 이는 일상생활 속에서 형성된 이질적 문화의 경험이 일상의 언어로 표현된 것이다. 따라서 문화권의 설정 범위의 실제성을 보여주는 것으로 봐도 될 것이다. 전근대 사회에서 동서고금을 막론하고 피지배층은 사방 백리를 크게 벗어나지 않은 가운데 일생을 다하는 삶을 살았다는 지적[27] 이 지리산권 문화의 공간적 범위를 설정하는 데에 참고가 될 것으로 생각된다. 비록 역사적 배경이 다르고 공간이 다를지라도 인간이 갖는 보편성에 바탕을 둔 일상생활상의 의미 규정은 때로는 합당한 면이 있을 경우가 있다. 노명식이 프랑스의 예를 통한 지역의 공간적 범위 설정도 그 경우일 것이다. 요컨대 지리산권 문화의 공간적 범위 설정은 행정과 물리적 공간의 차원만이 아니라 인간의 과거 경험과 공통의 기억거리가 빚어낸 문화적 요소에 의해서 규정될 수 있을 것이다.

Ⅲ. 조선 초기 지리산의 신성성 변화와 그 함의

신라에서 名山大川은 大祀와 中祀, 그리고 小祀에 골고루 분포하였다. 그러나 고려시대에는 封爵에 대한 단편적인 기록만 보이고 전국 산천의 봉작에 대한 일괄적인 기록은 확인되지 않는다. 이는 산신 명칭과 호칭에 大王이나 菩薩로서 불교에 종속된 사실에서 확인되듯이 경상도의 산천단묘가 신라와 고려를 거치면서 불교로 윤색되었고 많은 수효가 불교에 종

---

27) 盧明植, 「地方史 硏究의 歷史와 槪況－프랑스를 中心으로」, 『大丘史學』 제30집, 대구사학, 1986.

속되어 신령으로서 독립성을 크게 상실하였던 사실에서 잘 알 수 있다.[28] 하여튼 고려시대에는 사원이 대찰로 확장하면서 주위의 산천단묘를 사원에 종속된 소규모의 산신각이나 국사단으로 흡수함으로써 산신의 성격에 큰 변화가 있었던 것은[29] 틀림이 없다고 하겠다. 이렇듯이 고려시대 지리산은 불교의 영향으로 말미암아 앞 시대와 다른 神聖性을 갖게 되었던 것으로 보인다. 지리산은 麗末鮮初 정치·사회·경제적 변화와 더불어 神聖의 성격에도 다른 含意를 갖게 되었을 것이다. 이는 이 장에서 밝히고자 하는 바이다.

지리산은 권력자의 정치 행위 정당화에 이용할만한 정치·사회적 가치를 지니고 있었던 것 같다. 지리산은 고려 건국의 신화에 등장하듯이[30] 조선 건국 관련 사실에서도 확인되기 때문이다. 즉 이성계가 潛邸에 있을 시 이미 지리산 산신의 계시가 있었다는 것이다. 지리산과 이성계의 관련은 1380년 지리산 운봉에서 倭寇를 만나 阿其拔都를 섬멸하였던 것[31]에서 비롯된다. 이성계가 '나라 제일의 거산'인 名山에서 승리를 거두었다. 그래서 그는 민심도 충분히 호응할 수 있는 기회를 얻게 되었을 것이다. 지리산이 이성계에게 전국의 다른 명산에 견줄 수 없는 정치적 함의를 갖게 되었을 것으로 생각된다. 아래 기록은 그 함의가 무엇이었는가를 보여주는 내용이다.

---

[28] 許興植, 앞의 글, 217~218쪽.

[29] 許興植, 「名山과 大刹과 神堂의 의존과 갈등: 妙香山과 普賢寺와 檀君窟의 사례」, 『佛敎考古學』 제1호, 위덕대학교 박물관, 2001.

[30] 『高麗史』 序, 高麗世系, 참고. 이견이 없는 것은 아니지만 고려 왕실과 지리산 산신의 관계를 이해하는 데에 다음 논고가 크게 참고 된다. 김아네스, 앞의 글.

[31] 『太祖實錄』 권1, 太祖 總書; 『太祖實錄』 권1, 太祖 1년 7월 17일(丙申). 아기발도는 이성계가 사로잡고 싶어 할 정도로 뛰어난 무장이었다. 그러나 그 과정에서 큰 피해를 입을 것이라는 견해를 받아들여 먼발치에서 이성계가 빈틈이 없는 아기발도의 투구를 떨어뜨리고 이어 두란이 활을 쏘아 죽였다. 이후 혼란한 틈을 노려서 왜구를 섬멸하였다.

① 潛邸에 있을 때, 꿈에 神人이 金尺를 가지고 하늘에서 내려와 주면서 말하기를 "侍中 慶復興은 청렴하기는 하나 이미 늙었으며, 都統 崔瑩은 강직하기는 하나 조금 고지식하니, 이것을 가지고 나라를 바룰 사람은 公이 아니고 누구이겠는가"라고 하였다. ② 그 뒤에 어떤 사람이 문밖에 이르러 이상한 글을 바치면서 말하기를 "이것을 智異山 바위 속에서 얻었습니다"라고 하는 데 그 글에 "木子가 돼지를 타고 내려와서 다시 三韓의 강토를 바로잡을 것이다"라고 하고 또 "非衣·走肖·三奠三邑" 등의 말이 있었다. 사람을 시켜 맞이해 들어오게 하니 이미 가버렸으므로 이를 찾아도 찾아내지 못하였다.[32]

위의 내용은 태조가 잠저에 있을 당시 여러 가지 건국의 조짐이 나타났음을 보여주는 여러 기록의 일부이다. ①은 神人이 우왕 당시 세 명의 유력자 중에서 이성계가 나라를 맡을 가장 적임자임을 말하고 있다. 이 내용은 신인의 입을 빌린 그들의 의사가 반영된 것이었다. 따라서 고려 말의 유력한 인물 가운데 이성계가 나라를 맡아 정사를 바르게 할 인물이었다는 것을 합리화하려는 의도에서 다분히 꾸며진 이야기이다. 그렇지만 이성계가 정치권력의 정점에 있었던 사실을 반영하고 있는 일종의 건국신화이다.

②의 내용은 현실의 권력관계를 뒷받침하기 위해서 신성의 장소이자 이성계가 크게 승리를 거둔 지리산을 이용하여 圖讖化하였던 것이다. 물론 도참의 목적은 이성계의 집권과 조선 건국을 합리화하려는 데에 있었다고 본다. 이 도참설의 내용 중에 보이는 "非衣·走肖·三奠三邑"은 이성계의 건국에 裵克廉·趙浚·鄭道傳 세 사람의 도움이 컸음을 보다 신비화하여 나타낸 것이다. 위의 내용은 조선 건국의 사실에 이은 두 번째 공식기록에 해당한다. 그만큼 그들에게 조선 건국을 합리화하고 정당화하는 일이 선결과제였다는 사실을 보여준다. 뿐만 아니라 무장으로서 얻은 그

---

[32] 『太祖實錄』 권1, 太祖 1년 7월 17일(丙申).

의 명성을 이용하여 조선 건국을 보다 신성화할 필요도 있었을 것으로
보인다.

지리산 운봉에서 대승을 거둔 이성계는 전과 확연히 다른 정치적 위상
을 확보하였다. 또한 이성계에게 지리산은 민심을 통한 천심을 얻는 주요
한 공간이었다. 결국 지리산은 이성계나 건국 주도세력에게 정치적 목적
의 실현에서 중요한 공간이었다.

요컨대 智異山은 太祖 李成桂에게 조선 건국과 관련해서 중요한 신성의
땅이자 그들의 정치적 목적의 정당화를 위한 장소였다. 따라서 지리산은
이성계에게 신성의 장소로서 상당한 정치적 함의를 지닌 곳이었음을 틀
림이 없다고 하겠다.

지리산의 정체성 변화를 본다면 神聖性으로서 지리산이 갖는 정체성이
조선시대에도 지배세력에게 영향력을 미치지 않았다고 할 수 없다. 이는
조선 건국을 주도한 세력이 이성계의 건국을 지리산의 異書에 依託하여
합리화하고 정당화하려고 했던 사실에서 잘 알 수 있다. 그러나 그 세력
들이 지리산 산신 그 자체의 영험을 믿어서라기보다 신성성으로서 지리
산을 정치적으로 이용하고자 했던 것이다.[33]

다음은 조선 건국 이후 지리산에 대한 太祖의 인식을 보여주는 기록이다.

> 吏曹에서 境內의 名山·大川·城隍·海島의 神을 封하기를 청하니 松岳의 城隍은
> 鎭國公이라 하고, 和寧·安邊·完山의 城隍은 啓國伯이라 하고 智異山·無等山·錦
> 城山·鷄龍山·紺嶽·三角山·白嶽의 여러 산과 晉州의 城隍은 護國伯이라 하고 그
> 나머지는 護國의 神이라고 하였는데 대개 大司成 劉敬이 진술한 말에 따라서
> 禮曹에 명하여 詳定한 것이었다.[34]

---

[33] 반면에 고려시대 태조 왕건은 지리산의 신성에 의존하여 후삼국 통일을 합리
화하고 정당화하였다. 고려시대 신앙을 위시한 지리산 인식은 신라 이후 내
려오는 신성과 더불어 중앙세력이 지방으로, 특히 백제지역으로 지배력 확산
하고자 하는 적극적 정치적 태도와 관련이 깊었다.

위의 내용은 태조가 건국 다음 해 전국의 名山·大川·城隍·海島의 신에게 봉작을 내렸던 것을 말한다. 지리산이 진주의 성황과 함께 護國伯으로 봉작을 받은 것은 특별할 수 없다. 왜냐하면 지리산은 대체로 앞 시대의 명산으로서 신성의 대상이었기 때문이다. 물론 和寧·安邊·完山의 城隍을 啓國伯으로 봉작한 것은 이성계와 그 선조의 본향과 관련이 있는 정치성을 띤 특별한 봉작에 해당한다. 지리산의 호국백 봉작은 진주 지리산이라고 하는 점에서 보면 약간 특별하다. 그러나 진주 성황을 호국백으로 봉작한 것은 神德王后 康氏의 본향과 관련이 있을 듯 하다.

그런데 호국백으로 봉작을 받은 지리산에 태종 1년 '4월에 주먹만한 우박이 내려 禾穀이 손상되고 초목이 누렇게 변하였으며,'[35] 그리고 태종 6년 4월에도 지리산에 눈이 두 자 깊이나 내렸다.[36] 이는 天災에 다름이 없다. 그럼에도 불구하고 별다른 조치가 나오지 않았다. 이는 지리산의 신성의 모습에 변화가 있었음을 보여주는 것으로 이해된다. 이제 천재도 하늘의 뜻으로 여기거나 天命의 有不利로 해석하지 않았다는 의미이다. 그러므로 명산 지리산의 천재에 대해서 아무런 정치적 조치가 나오지 않았던 것이다. 그만큼 지리산의 신성에 인간의 의미가 더해졌음을 말한다. 한편으로 그 기록은 지리산이 명산 중에서도 '最巨'이고 건국과 관련한 산이어서 중앙에서 늘 주목하는 곳이었음을 반증한다. 이와 관련한 아래 내용은 당시 상황을 이해할 수 있는 하나의 실마리이다.

사간원에서 상소하였다. 상소는 이러하였다. "이제 우리 盛朝에서 모든 施爲가 한결 같이 옛 것을 따르시어 生民의 利害에 관한 것을 興除 하지 아니함이 없으나 유독 神佛의 弊만은 아직도 다 개혁되지 못함이 있어 삼가 一得의

---

34) 『太祖實錄』 권3, 太祖 2년 1월 21일(丁卯).

35) 『太宗實錄』 권1, 太宗 1년 4월 13일(辛未).

36) 『太宗實錄』 권11, 太宗 6년 4월 12일(壬申).

어리석음으로써 우러러 上聰을 더럽히니 엎드려 바라건대 성상께서 재가하여 시행하소서. … 엎드려 바라건대 전하께서는 攸司에 특명하여 喪祭의 의식을 한결같이 『文公家禮』에 따르고 佛事를 엄금하게 하소서. 천자가 된 다음에야 天地에 제사하고 諸侯가 된 다음에야 山川에 제사하는 것이니, 존비와 상하는 각각 分限이 있어 截然히 범할 수 없는 것입니다. … 대저 산천의 신은 卿·大夫·士·庶人이 제사할 바 아닙니다. … 나라의 鎭山으로부터 군현의 名山大川에 이르기까지 모독하여 제사하지 아니함이 없으니 그것이 예에 지나치고 분수를 넘음이 심합니다. … 곡식을 허비하는 폐단 또한 적지 아니하니 원컨대 이제부터는 중외의 대소 신하들이 함부로 산천에 제사지낼 수 없게 하심으로써 존비의 분수를 밝히소서. 만일 어기는 자가 있으면 통렬히 법으로 다스리시고 人鬼의 淫祀에 이르러서도 모두 엄격히 금하여 풍속을 바르게 하소서."[37)

위의 내용은 사간원에서 불교의 嚴禁과 卿·大夫·士·庶人이 나라의 진산과 명산대천의 제사를 함부로 지내지 못하도록 하고 人鬼의 淫祀도 엄격히 금할 것을 주장한 상소이다. 이는 지리산이 포함된 명산대천의 제사가 제도로서 엄격히 지켜지지 않았음을 의미한다. 바꾸어 말해서 명산대천의 제사가 일반에 널리 유행하여 폐단에 이를 정도였다. 이를 시정하여 山川의 祀典 제도를 정하게 된다. 다음 내용을 보자.

禮曹에서 山川의 祀典 제도를 올렸다. "삼가 『唐禮樂志』를 보니, 嶽·鎭·海·瀆은 中祀로 하였고, 山·林·川·澤은 小祀로 하였으며, 『文獻通考』의 宋 제도에서도 또한 嶽·鎭·海·瀆은 中祀로 하였습니다. 本朝에서는 前朝의 제도를 이어받아 山川의 제사는 等第를 나누지 않는데 바라건대 境內의 名山大川과 여러 山川을 古制에 의하여 等第를 나누소서"라고 하니 임금이 그대로 따라서 嶽·海·瀆은 中祀로 삼고 여러 山川은 小祀로 삼았다. 京城 三角山의 神·漢江의

37) 『太宗實錄』 권24, 太宗 12년 10월 8일(庚申).

신, 경기의 松嶽山·德津, 충청도의 熊津, 경기도의 伽耶津, 전라도의 智異山·南海, 강원도의 東海, 풍해도의 西海, 永吉道의 鼻白山, 평안도의 鴨綠江·平壤江은 모두 中祀이었으며, 京城 木覓, 京畿 五冠山, 紺岳山 … 永吉道 永興城隍, 咸興城隍, 沸流水, 平安道 淸川江, 九津, 溺水는 모두 小祀이고 전에는 所在官에서 행하던 것이다. 京畿 龍虎山, 華嶽, 慶尙道 晋州城隍, 永吉道 顯德鎭, 白頭山은 이것은 모두 옛날 그대로 所在官에서 스스로 행하게 하며, 永安城·貞州牧監·九龍山·因達巖은 모두 革去하였다. 또 아뢰었다. "開城 大井, 牛峰, 朴淵은 이미 名山大川이 아니니 바라건대 華嶽山·龍虎山의 예에 의하여 所在官에서 제사를 행하게 하소서." 임금이 그대로 따랐다.[38]

　위의 내용은 예조에서 산천에 지내는 제사에 대한 규정을 상정한 것이다. 물론 "古典 所載山川之神이 도태된 것이 한 둘이 아닌데 문헌도 부족하여 도태되어버린 이유를 상고하기 어렵다"[39]고 하였던 내용에서 보면 앞 시대에 상당히 차이가 있었을 것임을 보여준다. 그렇더라도 위의 내용에서 조선 초기 지리산은 고려시대의 神聖性을 어느 정도 이어받았음을 알수 있다. 명산으로서 지리산이 갖는 신성성은 中祀에 잘 반영되어 있다.

　그런데『世宗實錄』권34, 세종 8년 11월 7일의 기사를 보면 그 이후 祀典에 따른 엄격한 제사가 지켜지지 않았음을 알 수 있다. 이 기록을 보면 '백성들이 舊習에 오래 젖어서 귀신을 崇尙하는 풍조가 만연하여 禮에 지나치고 분수를 넘어 가산을 탕진하는 유행의 폐단이 심각하였으며, 더구나 경대부까지 음사를 이상하게 보지 않고 보통으로 여겨 그 폐해가 한 둘이 아니었던 것'으로 나온다. 그래서 사간원에서는 '國巫堂을 폐하고 朝臣이 예법대로 제사를 지내게 하여 무당과 박수들의 요망하고 허탄함을 막고 아래 백성들의 耳目을 새롭게 할 것'을 상소하였던 것이다. 이처럼 名山大川의 제사가 祀典의 규정과 달리 卿·大夫·士·庶人이 가릴 것 없

38)『太宗實錄』권28, 太宗 14년 8월 21일(辛酉).
39)『世宗實錄』권40, 世宗 10年 閏4月 18日(己亥).

이 지내는 유행의 폐단을 초래했음을 알 수 있다.

위의 내용은 사간원의 상소이어서 사실과 차이가 있을 수 있다. 그러나 거의 같은 문제가 시간을 두고 두 번에 걸쳐서 사간원에서 제기되었다[40]는 것은 결코 사실에서 크게 벗어나 있다고 생각되지 않는다. 따라서 中祀로 지정된 지리산도 사전에 규정된 예에서 벗어나 음사의 형태로써 숭상되었을 것이다. 이러한 점은 지리산이 국가에서 규정된 중사로서 성격을 벗어났다는 단순한 의미가 아니라 명산이 갖는 신성의 성격에 변화가 일어났음을 말해주는 것이다.

이상과 같이 卿·大夫·士·庶人이 명산대천의 제사를 신앙의 측면에서 지나치게 신앙화함으로써 국가와 갈등을 겪는다. 즉 치자로서 이해하는 명산대천의 신성과 현실의 인간이 길흉화복의 대상으로서 인식하는 신성으로 인한 갈등을 말하는 것이다.

다음 내용은 지리산의 성격 변화를 살펴보는 데에 전혀 무관한 것으로 여겨지지 않는다. 세종 18년 奴 衆伊란 자가 如意珠를 바치면서 이것이 가뭄을 해결 줄 것으로 말하였는데 아래 내용은 그 대강을 간추린 것이다.

① "如意珠가 경상도 智異山 五臺寺에 있사오니 만약에 불러서 서울에서 맞게 하면 비가 억수로 쏟아질 것입니다"라고 上言하였다. 이에 세종이 경상감사로 하여금 조사하여 水精珠임을 밝혀내었다. 그럼에도 불구하고 오대사의 중들이 계속 "이 구슬은 바로 동해 용왕의 如意珠인데 용왕이 洛山觀音에게 바친 것을 이제 이 절에다가 옮겼다"고 주장하였다.[41]
② 또 祈雨한 뒤에 중들에게 상을 주는 일은 이번이 처음인 것도 아니며, 또 비를 내리게 한 것이 어찌 중들의 祈雨한 소치이겠느냐. (기우를 위해)신을 받들지 않은 것이 없는데 중을 모아 기우하여 최후에 내린 비가 마침

---

40) 『太宗實錄』권24, 太宗 12년 10월 8일(庚申); 『世宗實錄』권34, 世宗 8년 11월 7일(丙申).
41) 『世宗實錄』권72, 世宗 18년 6월 4일(己亥).

그 때에 해당했으므로 상을 주어서 비가 내린 것을 기뻐하는 뜻을 보였을 뿐이었다.[42]

위의 기록 ①은 세종 18년 奴 衆伊란 자가 지리산 오대사의 여의주가 극심한 가뭄을 단번에 해결해 줄 것이라고 하자 이를 백성들이 惑信하였다는 내용이다. 이처럼 지리산 오대사의 중들이 허무맹랑한 말을 만들어 퍼뜨렸는데도 불구하고 혹신한 사람들이 다투어가면서 숭배하고 믿었다. 조정에서 이를 괴이하고 허탄한 것이라고 하면서 경상 감사로 하여금 백성들의 숭배와 신앙을 금하게 하였다. 그럼에도 불구하고 백성들은 오대사 여의주를 혹신하였다. 이는 당시 극심한 가뭄을 겪었던 사정과 무관하지 않을 것이다. 백성들이 비를 억수 같이 내려줄 오대사 여의주 이야기에 혹신할 수밖에 없을 상황이었다. 실제『世宗實錄』의 기록을 검토하면 세종대(1418. 8~1450. 2) 祈雨祭 내용이 326건이고 그 가운데 위의 오대사 여의주 기록이 나오는 세종 18년은 4월 17일부터 7월 25일까지 불과 100일도 안 되는 사이 기우제 내용이 58건이나 된다.[43] 이처럼 세종대는 특히 농사철에 극심한 가뭄에 시달렸다.[44] 그리하여 세종은 僧徒를 모아 기우제를 지내게 하였던 것이다. 그런데 위의 내용 ②를 보면 세종 본인은 강우를 승도의 기우제와 그렇게 상관지어 생각하지 않았다는 사실을 알 수 있다.[45] 그만큼 자연 현상에 대한 인식이 합리적이었음을 말해준다.

---

42) 『世宗實錄』 권72, 世宗 18년 6월 10일(乙巳).

43) 『世宗實錄』 권72·73·74, 世宗 18년 4월 17일(癸丑)부터 7월 25일(戊午), 참고.

44) 세종대의 가뭄을 비롯한 15세기 자연 재해의 특징과 그 예방대책은 다음의 논고를 참고하기 바란다. 오종록, 「15세기 자연재해의 특성과 대책」, 『역사와 현실』 제5호(1991), 한국역사연구회.

45) 세종은 즉위 초부터 불교를 異端이요, 하나의 僞道로서 그 화복설을 무익한 것으로 보았다. 그러면서도 역사적으로 전승되어 온 불교를 전적으로 廢絶할 수 없는 것이며, 그 근본에서 淸淨寡慾의 정신, 靈魂危害의 심정은 전적으로 무시할 수 없는 것으로 보아 寺社를 건립하였던 것이다. 따라서 세종은 불교를 崇神하지 않으면서도 寺社를 건립하는 모순된 태도를 보여주기도 하였다.

명산대천에 드리는 제사도 마찬가지였을 것이다.

요컨대 世宗代는 조선 초기의 명산문화로서 지리산 정체성의 다양한 함의를 읽을 수 있다. 세종은 전통문화로서 명산대천의 신성을 인정하였다. 한편으로 세종은 최고 권력자로서 명산대천의 제사를 정치행위의 일환으로 규정하는 祀典에 철저할 것을 강요받는 시대에 살았다. 그런데 그는 극심한 가뭄이 들자 심지어 禁佛의 시대에 승도에게까지 祈雨祭를 지내도록 하였다. 그러나 세종은 승도의 기우제를 降雨와 직접 관련시키지 않았다. 세종은 명산대천의 신성은 인정했지만 지리산 오대사의 여의주처럼 혹신하는 신성에 대해서 철저하게 조사하여 금지하였다. 이러한 면에서도 世宗은 治者로서 만이 아니라 爲政者로서 뛰어난 능력의 소유자였다.

조선 초기 정치에서 가장 중요한 작업이 제도 정비였다. 국가 祀典의 문제도 중요한 정치적 행위를 규정하는 제도였으므로 정비과정을 겪는다. 이에 따라 지리산의 정체성에도 변화가 일어났다. 지리산의 정체성으로서 신성은 태조의 건국 신화의 내용에서 잘 드러난다. 한편 이 신성은 지리산권 居民에게도 찾을 수 있다. 이 신성은 卿·大夫·士조차 숭배 대상으로 하였던 산신으로서 인간의 吉凶禍福에 관계하는 신앙의 성격을 말한다. 반면에 왕을 비롯한 지배층에게 지리산은 이중적 함의를 지녔다. 祀典에 규정된 동아시아 명산문화로서 명산대천의 신성성이다. 다시 말해서 生死는 命에 있고 禍福은 天에 있다고 하여 최고 권력자의 정치행위의 대상으로서 명산대천의 신성성을 인정하였다. 이는 신앙으로서 성격이라기보다 최고 권력자의 통치 행위로서 정치적 성격의 것이었다고 하겠다. 그러므로 司諫院은 卿大夫조차 淫祀를 좇는다고 비난하고 卿·大

(韓㳓劤, 「世宗朝에 있어서의 對佛敎施策」, 『震檀學報』 제25~27집, 진단학회, 1964) 그러나 기우의 내용에서 보면 상당히 합리적인 행동에서 나온 태도라고 생각한다.

夫·士·庶人의 명산대천 제사를 유행의 폐단이라고 하여 국가에서 금지 시킬 것을 주장하였다. 세종도 명산대천의 신성은 인정했지만 지리산 오대사의 여의주처럼 혹신하는 신성에 대해서 철저하게 조사하여 금지하였다. 요컨대 조선 초기 지리산의 정체성은 신성성에 정치성과 신앙성의 함의를 지녔던 것이다.

Ⅳ. 조선 중기의 사회 변화와 智異山의 正體性

조선 사회는 15세기 중엽 이후에 이르러 정치만이 아니라 사회·경제적으로도 많은 변화가 나타났다. 대표적인 것이 과전법의 변화와 사림세력의 등장이었다. 토지제도의 문란은 민의 삶에 크나큰 고통이었다. 특히 토지로부터 유리된 농민의 삶은 더 갈 데가 없는 막다른 길로 나아갔다. 그것이 문헌기록에 보이는 賊徒 張永己[46]이다. 이러한 적도가 늘 지리산을 피난처로, 활동 공간으로 삼았던 것은 아니지만 영·호남의 적도가 일어나면 대개 지리산이 활동의 무대가 되었다. 조선시대에 들어와 지리산을 무대로 활동했던 적도가 처음으로 나타나는 시기가 바로 15세기 중엽 이후이다. 이러한 적도가 지리산의 정체성에 어떤 함의를 갖게 되는지를 살펴보자.

睿宗 1년(1469) 10월 23일 刑曹判書 姜希孟(1424~1483)이 全羅道와 慶尙道에 도적이 활개를 치고 있다고 보고를 하자 임금이 院相 등을 命召하여 도적을 체포할 것을 의논하였다. 주요 내용을 개략하면 아래와 같다.

---

[46] 조선 초기·중기 조선왕조실록에 보이는 賊徒는 북쪽의 야인을 칭했던 경우가 절대 다수이고 대마도를 칭하기도 했다. 불특정 다수의 도둑 무리를 지칭했던 경우도 있다. 사회·경제적 요인과 관련한 대규모·지속적인 도적 무리로서 넓은 지역에 걸쳐 활동했던 도적은 적도로 지칭된 장영기가 사실상 처음이다.

이 때 賊徒가 경상도의 晉州·花開·薩川 등 지리산을 무대로 활동하였는데 求
禮縣監이 추적하였으나 체포에 실패하였다. 뒤이어 11월 1일 慶尙右道節度
使 李克均이 '지리산 花開縣 일대의 도둑이 횡행하여 군사를 동원하여 추적
하였으나 여의치 않았다'고 馳啓하였다. 중앙에서는 이들을 일러 '도둑의
이익을 노린 적도이며, 우매한 백성이 飢寒, 혹은 役을 피해서 무리를 이루
고 마침내 관군에 맞서 대적하기에 이르렀다'고 하면서 회유를 병행하면서
진압에 나섰다. 이 가운데 務安人 張永己는 처음 無賴한 도당 1백여 인을 불
러 모아 경상도와 전라도에서 도둑질로 그 儀物이 宰相과 비등하였으며, 일
찍이 지리산에 草屋 20여 간을 지어 활동하였던 인물이었다. 그는 힘세고
튼튼하여 보통을 넘었으며, 꾀도 많고 날래어 大軍도 추적하여 잡지 못하였
을 정도에 이르자 더욱 날뛰어 節度使 許琮이 한 도의 兵馬를 專制하면서도
겁을 먹고 그를 능히 제압하지 못하였다. 뒤에 장영기가 長興府使 金舜臣에
게 잡혔다.[47]

위에서 보듯이 예종 1년 賊徒가 인명 살상을 마음대로 하면서 지리산
일대를 무대로 크게 활동하였는데 처음 관군도 제대로 진압을 못할 정도
로 세력을 이루었다. 예종대의 적도는 白晝에 인명을 함부로 살상하고 재
물을 약탈하였다. 뿐만 아니라 관군이 그들을 3일이나 추적하고 接戰을
하여도 잡지를 못하고 도리어 약간의 일[48]에도 혼비백산할 정도로 지리
산에서 세력을 이루고 있었다. 그들은 일찍이 지리산에 초옥을 지어 근거
지를 마련하여 활동을 하였다. 그들이 비교적 큰 세력을 이루어 지리산에

---

[47] 『睿宗實錄』 권8, 睿宗 1년 10월 23일(癸酉);『睿宗實錄』 권8, 睿宗 1년 11월 1일
(辛巳);『成宗實錄』 권1, 成宗 卽位年 12월 16일(乙丑).

[48] 慶尙右道節度使 李克均이 적도를 추적하는 중에 '날이 약간 어둑할 무렵 군졸
하나가 돌이 구르는 소리를 듣고 도둑들의 짓이라고 말하자, 모두 놀래어 도
주하였다. 모든 군사들이 서로 짓밟으면서 삽시간에 흩어졌다가 한참 뒤에야
적도들의 소행이 아닌 줄을 알고 조금씩 도로 모여서 행군하였던 것'(『睿宗實
錄』 권8, 睿宗 1년 10월 23일(癸酉))에서 관군이 적도를 상당히 두려워했던 것
을 짐작할 수 있다.

서 관군과 맞서 싸우기 훨씬 전에 이미 지리산 근거지를 마련하였을 것으로 짐작된다. 따라서 지리산은 적도 장영기에게 관군의 추격에 맞서 싸운 공간[49] 이상의 의미였다고 본다. 그렇다면 대략 어느 시기일까. 이는 이 시기를 전후하여 지리산을 유람하였던 인물들의 유람기를 통해서 어느 정도 파악 가능하다. 먼저 靑坡 李陸(1438~1498)은 1463년 8월 중·하순에 지리산 유람을 하고 「遊智異山錄」을 남겼다.[50] 이를 통해서 보면 張永己의 무리가 지리산에 근거지를 마련한 시기는 1463년을 올라갈 수 없다.

한편 장영기는 경상우도절도사 이극균의 대대적인 포위 소탕을 피해 장흥으로 옮겨갔던 것 같다. 그는 全羅道兵馬節度使 許琮의 馳啓에 따르면 성종 1년(1470) 1월 21일 장흥에서 잡히고 무리 중 徐佛丁이 화살에 맞아 죽었으며, 도망한 무리도 그 곳에서 대부분 잡혔기 때문이다.[51] 물론 일부는 기존의 水賊에 합쳐 16세기 초까지 활동하였을 것이다.[52] 이로써 예종 1년 지리산 일대에서 위세를 떨쳤던 적도의 활동이 막을 내렸다. 이후 지리산 일대도 급속히 안정을 되찾았던 것으로 보인다. 이는 1472년 8월 佔畢齋 金宗直(1431~1492)이 지리산 유람에 나서고 있었던 사실[53]에서도 잘 알 수 있다. 따라서 이 시기 지리산에서 적도가 활동했던 기간은 길어도 6년을 넘을 수 없다.

요컨대 張永己가 활동하던 무렵 지리산의 적도는 전후 시기의 적도와

---

49) 한희숙, 앞의 글.

50) 李陸, 『靑坡集』 「遊智異山錄」(『韓國文集叢刊』 제13책), 민족문화추진회, 1988, 참고.

51) 『成宗實錄』 권3, 成宗 1년 2월 1일(경술).

52) 한희숙, 「15세기 도적활동의 사회적 조명」, 『역사와 현실』 제5호, 한국역사연구회, 1991, 146~148쪽.

53) 金宗直, 『佔畢齋集』 「遊頭流錄」(『韓國文集叢刊』 제12책), 민족문화추진회, 1988, 참고.

사회·경제·정치적 성격에서 차이가 있다.[54] 그러나 그 밑바탕에 유리화한 농민과 국가의 침탈이 놓여 있다는 점에서 일치했다고 볼 수 있다. 또한 지리산이 기층민에게 현실 탈출의 통로로서 사회적 함의를 지닌 공간으로 인식되었던 것에서도 일치했던 것으로 짐작된다.

한편 당시 지리산은 일군의 사람들에게는 색다른 공간으로 받아들여졌던 것 같다. 지리산은 지역의 사족이나 수령만이 아니라 사림의 종장이었던 佔畢齋 金宗直을 위시한 일군의 사람들에게 성지 순례하듯이 일생에 한 번은 오르고 싶은 순례의 공간이었다. 이 산을 찾은 李陸은 天王峯으로부터 서쪽 般若峯에 걸친 1백여 리의 지리산의 운치만 본 것이 아니라 牧 하나, 府 하나, 郡 둘, 縣 다섯, 附邑(屬邑) 넷의 백성이 기대어 살아갈 수 있는 삶의 원천을 보았다.[55] 한편으로 지리산은 南冥 曺植(1501~1572)에게 '千仞壁立의 기상'으로 '하늘이 울어도 울지 않는' 삶의 전범으로서 수양의 공간이었으며, 완전한 인격체로 받아들여졌다. 한 평생의 삶을 마무리할 최후의 의지처이었다.[56] 동시에 지리산은 남명에게 훈척정치 폐단을 개혁할 실력과 세력 양성의 공간이었다.[57]

---

[54] 크게 보면 15세기 전반까지 자연재해나 사회·정치적 요인을 배경으로 한 도적이 주를 이루며, 이에 비해서 후반의 장영기는 상대적으로 규모가 크고 활동 범위도 넓고 비교적 지속성을 보였다(한희숙, 앞의 글, 1991; 한희숙, 앞의 글, 1994; 李正守, 앞의 글, 참고). 반면 북한에서는 15세기 농민항쟁을 정치적 성격의 것이라기보다 인민들의 자주성 투쟁이며, 후반에 농민항쟁은 큰 규모로 확대 발전하였는데 그 대표적 예가 賊徒 張永己와 水賊이라고 한다(사회과학원 역사연구소, 『조선전사』 제8권, 과학백과사전출판사, 1979). 이후 明宗代 도적 활동의 특징은 지역이나 규모의 확대, 횟수의 빈번에서 찾을 수 있다(韓嬉淑, 「조선 명종대 群盜의 발생배경과 활동의 특징」, 『朝鮮時代史學報』 제10집, 조선시대사학회, 1999.)

[55] 李陸, 『靑坡集』「遊智異山錄」(『韓國文集叢刊』 제13책), 민족문화추진회, 1988 참고.

[56] 여기서 남명의 지리산 인식은 더 이상 논의하지 않겠다. 이에 대해서 많은 논의가 있어 왔으며, 이 글의 논지를 전개하는 데에 남명과 관련한 지리산의 정체성은 크게 문제가 되지 않을 것으로 본다. 남명과 지리산에 관한 논의는 아래 논저를 참고하면 되겠다. 최석기, 앞의 글(2000); 이상필, 『남명학파의 형성과 전개』, 와우출판, 2005; 최석기, 『남명과 지리산』, 경인문화, 2006.

유람록에 보이는 지리산 산신의 존재에 대한 사람들의 인식을 살펴보자. 지리산 산신은 점필재 김종직의 「遊頭流錄」에서 성모 석상의 존재를 통해서도 확인할 수 있다. 김종직은 이 성모 석상에 대해서 摩耶夫人이라는 세상의 이야기에 대해서 '서축이 여기서 거리가 어디인데 어떻게 이 땅의 신이 될 수 있겠는가' 하면서 자신이 일찍이 보았던 이승휴의 『帝王韻紀』에 보이는 세주의 설명에 따라 고려 태조의 어머니 威肅王后일 것으로 보았다.[58] 濯纓 金馹孫(1464~1498)도 「頭流記行錄」에서 천왕봉의 성모의 사당에 들러 스승과 유사한 경험을 하면서 스승이 주장했던 위숙왕후가 믿을만하다고 하였다. 그런데 동행했던 一蠹 鄭汝昌(1450~1504)은 '세상 사람들이 마야부인이라고 하니 그대의 위숙왕후 얘기를 믿어주지 않을 것'이라고 하면서 마야부인이라는 세상의 얘기에 일면 동조하는 듯한 태도를 보여주었다.[59] 秋江 南孝溫(1454~1492)의 「智異山日課」를 보면 그도 天王의 존재에 대해서 부정하였다. 그를 안내하던 僧이 마야부인이라고 하자 그는 '요원하고 문헌에 의거할 데가 없다'고 하였다.[60]

그러나 지리산권 사람들은 김종직이나 김일손과 달리 지리산 산신을 마야부인이라고 이해하였다. 이는 고려시대를 거치면서 불교가 사회와 문화에 절대적 영향을 끼친 결과라고 생각된다. 이러한 영향으로 말미암아 지리산권 피지배층은 조선이 유교 국가로서 사회·문화질서 재편에도 불구하고 여전히 지리산 산신을 마야부인으로 생각하였던 것이다. 조선 사회의 유교적 성격이 아직 피지배층의 일상의 삶에까지 뿌리내리지 못하였기 때문이다. 따라서 피지배층은 지리산의 산신인 마야부인에게 의지하여 화를 물리치고 복을 빌면서, 새로운 세상을 고대하면서 성모 석상

57) 설석규, 앞의 책.

58) 金宗直, 『佔畢齋集』 「遊頭流錄」(『韓國文集叢刊』 제12책), 민족문화추진회, 1988, 참고.

59) 金馹孫, 『濯纓集』 「頭流記行錄」(『韓國文集叢刊』 제17책), 민족문화추진회, 1988.

60) 南孝溫, 『秋江集』 「智異山日課」(『韓國文集叢刊』 제16책), 민족문화추진회, 1988.

을 미륵불로 대신하기도 하였던 것이 아니었을까.

그런데 왜 지리산권 인간의 삶에서 지리산의 산신으로 여신이 받아들여졌을까. 지리산의 산신으로 형상화된 석상의 존재는 시대와 계층에 따라 麻姑聖母, 摩耶夫人, 仙桃聖母, 威肅王后 등 다양한 여신으로 받아들여졌다. 그런데 문제는 이러한 지리산 산신으로서 여신을 무엇으로 볼 것인가가 중요한 것이 아니라 왜 여신이 산신으로 받들어 모셔졌으며, 왜 그곳의 석상이 다양한 여신으로 해석이 되고 신앙되었던가 하는 점이다. 이것은 사회·정치적 의미에서 파악할 수밖에 없다. 요컨대 지리산 산신의 모습은 시대에 따라서 다양하게 나타난다. 그만큼 지리산 산신이 사회와 정치의 영향을 많이 받았을 반증한다. 이 문제를 좀 더 살펴보자.

金馹孫은 그의 「頭流記行錄」에서 벼슬을 그만두고 고향에서 늘 한가하게 보내면서도 두류산에 발걸음을 들여놓지 못한 것을 늘 안타깝게 생각하면서 "두류산만큼은 마음속에 잊어본 적이 없었다"고 하였다. 이러한 김일손이 드디어 1489년(성종 20) 4월 14일 지리산 유람에 나섰다. 그 과정에서 겪었던 다음의 내용을 보자.

> 몇 리를 더 가서 한 고개를 오르니 종자가 말하기를 "말에서 내려 절을 해야 합니다"라고 하였다. 내가 "누구에게 절을 하느냐"고 묻자 그가 답하기를 "天王입니다"라고 하였다. 나는 천왕이 무엇인지도 살피지 않고 말을 채찍질하여 그냥 지나쳐버렸다"[61]

김일손이 지리산 유람을 위해 함양을 출발한지 얼마 가지 않아 '천왕'상을 만났다. 從者가 말에서 내려 절을 할 것을 권하였으나 그냥 무시하고 지나쳤던 것이다. 물론 여기서 말한 천왕은 지리산 산신과 전혀 무관하고 신격에서 차이가 있을 수 있겠으나 그 이름에서 보면 지리산 산신

---

[61] 金馹孫, 『濯纓集』「頭流記行錄」(『韓國文集叢刊』 제17책), 민족문화추진회, 1988.

으로 봐도 크게 무리가 없을 것이다.

　이제 지리산은 김일손 같은 이에게 산신의 주재처가 아닌 名山으로서 遊覽의 대상일 뿐이었다. 이렇듯이 金馹孫의 지리산 산신에 대한 인식이 당대 모든 지식인을 대표하는 것은 아니다. 하지만 분명히 그의 天王에 대한 인식을 통해서 유학자들의 명산에 대한 변화된 인식을 엿볼 수 있다. 더구나 그들에게 지리산 천왕에 대한 신비함과 경외로움이 있을 리가 없었다. 따라서 앞에서 논한 김일손은 스승 김종직의 견해에 따라 천왕봉 성모 사당의 상을 위숙왕후가 믿을만하다고 하였다. 이는 유학자적 판단에서 성모상을 인격체로 받아들였던 것으로 이해할 수 있다. 그리고 성모 사당도 인간의 향사 공간으로 받아들였던 것이다.

　그런데 지리산은 조선 초기에서 중기에 접어드는 시점에서도 전통성으로서 산악숭배가 행해지기도 했다. 성종 25년(1494) 左副承旨 姜龜孫 (1450~1505)이 '왕의 쾌차를 위해 宗廟·社稷·昭格署와 京畿 근처는 모두 기도하게 하였으니 외방의 名山大川에도 기도하도록 하자'고 하니 왕이 허락하였다. 이에 正郎, 校理, 佐郎, 司議, 僉正, 判官, 文學, 司成의 職에 있는 자를 명산대천에 보내어 기도를 하였다.[62] 이 때 佐郎 李希洛이 智異山에 와서 기도를 하였다. 이처럼 왕의 질병 같은 국가 중대사에서 명산대천에 기도를 드렸음을 알 수 있다. 그런데 이 때 명산대천에 기도를 드린 행위는 최고 권력자로서 통치에 해당한다. 따라서 초기 명산대천 기도 유행의 폐단과 달리 명산대천의 제사 주체나 그 목적이 국왕에게 있었다. 그렇다고 완전히 명산으로서 中祀에 해당하는 지리산의 신성을 부정할 수는 없을 것이다. 그리고 기도는 節祭가 아니기 때문에 굳이 산신제라고 표현하지 않았던 것이 아닐까 한다. 아니면 명산대천에 대한 祀典의 성격에 변화가 일어났기 때문일까. 둘 모두의 가능성이 있지 않을까 한다. 왜

---

[62] 『成宗實錄』 권297, 成宗 25년 12월 23일(戊寅).

냐하면 성종대에 이르러 사림세력의 등장과 맥락을 같이 하는 모종의 변화를 분명히 내포하고 있을 것이기 때문이다. 이는 다음의 내용으로도 간접적인 뒷받침이 될 것이다.

燕山君 8년(1502) 忠義衛 馬崇祖가 家廟를 세우지 않는 등의 죄를 지어 국문을 당하였다.[63] 이 때 마숭조가 자신을 변명하는 단자의 대략에 智異山 天皇이 나온다. 그 내용은 아래와 같다.

掌令 金千齡이 아뢰기를 "忠義衛 馬崇祖가 家廟를 세우지 않고 … 지금 무죄를 변명하는 單子를 살펴보니 試箴과 贊頌을 그 뒤에 붙였는데 그 글이 매우 허탄합니다. … 그 대략에 "懷廟 尹氏의 혼령이 지금 智異山 天皇이 되었는데 그 혼이 항상 내 몸에 의지하고 있으므로 나는 항상 받들어 모시고 지낸다. 그가 孝思廟를 고쳐 殿이라고 하고 懷墓를 고쳐 德陵이라고 하기를 원하고 있다. 우리 집을 내놓아 神堂을 만들고 내 奴婢를 모두 신당에 바쳐 제사지내고 있다"고 하였다. … 전교하기를 "곧 馬崇祖를 의금부에 가두어 국문하고 마숭조가 지은 글은 다른 사람에게 전파하지 못하도록 불사르라"고 하였다.[64]

마숭조가 처벌을 받은 주된 이유는 家廟를 세우지 않았기 때문이다. 왜 가묘를 세우지 않은 것이냐에 대한 변명에서 지리산 천황이 된 폐비 윤씨의 神堂을 만들어 모시고 있었기 때문이라는 것이다. 내용으로 보아 집안에 가묘를 세우지 않은 죄를 면탈하기 위해서 마숭조가 연산군의 생모 폐비 윤씨를 끌어들이고 있는 것으로 보이지 않는다.

---

[63] 司猛 馬崇祖는 태조 31년(1398) 제1차 王子의 난 때 공을 세운 定社功臣 馬天牧의 嫡長孫으로서 右議政 李克均(1437~1504) 등이 狂妄人이라고 하여 중죄로 다스리지 말 것을 燕山君에게 아뢰었으나 결국 논란 끝에 처형이 되었다.(『燕山君日記』 권47, 燕山君 8년 12월 8일(丙午); 『燕山君日記』 권47, 燕山君 8년 12월 9일(丁未); 『燕山君日記』 권47, 燕山君 8년 12월 19일(丁巳); 『燕山君日記』 권47, 燕山君 8년 12월 21일(己未))

[64] 『燕山君日記』 권47, 燕山君 8년 12월 8일(丙午).

요컨대 마숭조가 가묘를 폐하고 신당을 세워 지리산 천황을 모신 것으로 인하여 단죄를 받았던 것이다. 이는『朱子家禮』가 지배층에게 일반화된 사회적 상황을 반영하는 것이다.

　　이상과 같이 지리산을 둘러싼 사회적 함의의 변화와 아울러 지리산이 갖는 정치적 함의가 드러나는 사건을 살펴봄으로써 그 공간의 정체성 변화를 좀 더 검토하겠다. 앞에서 일부 살펴본 적도는 16세기 말 이후 적도와 성격에서 차이가 있다. 지리산은 이제 지배층의 仙遊의 공간으로서 정체성만이 아니라 정치·사회적 함의도 갖게 되는 것이다. 예를 들어 지리산은 己卯名賢의 한 사람인 金湜(1482~1520)이 훗날을 도모하면서 숨어 지내는 공간이기도 했다.[65] 이후 선조 22년(1589) 鄭汝立의 모역사건[66]에도 지리산은 어김없이 등장한다.

　　그런데 16세기 말 임진왜란이 일어난 이후 토적들이 지리산 등의 險地를 점거하고 서로 내응하면서 관군의 토벌을 물리치기도 하였다. 이 토적은 1594년 諸郡의 병력이 湖南·嶺南·畿甸의 토적을 사방에서 모여 수색 토벌하자 점차 약해져서 평정되었다.[67] 여기서 더 나아가 지리산은 선조 27년(1594) 자칭 의병대장이라는 宋儒眞을 따르는 자가 모여들었던 공간이기도 하였다. 송유진 사건의 전모는 아래의 내용을 통해서 파악할 수 있다.

<hr>

[65] 金湜(1482~1520)은 사림파의 대표적 인물로 南袞 일파가 기묘사화를 일으키자 金山, 靈山, 漆原으로 도피하다가 山陰 땅에 이르러 오희안이 잡혔다는 말을 듣고는 계책이 궁하여 智異山에 숨어들었으나 엄하게 수색하자 끝내 자결을 하였던(『中宗實錄』권39, 中宗 15년 5월 29일(丙辰)) 기묘명현의 한 사람이다.

[66] 지리산은 '木子가 망하고 奠邑이 일어난다'는 讖言에 등장하며(『宣祖修正實錄』권23, 宣祖 22년 10월 1일(乙亥)), 역모 관련자 吉三峰이 지리산에 들어가 의지하였으며, 지리산 아래에 살던 최영경을 길삼봉으로 지목하고 그를 정여립 모역사건에 엮어서 죽였다(『宣祖修正實錄』권24, 宣祖 23년 4월 1일(壬申);『宣祖修正實錄』권28, 宣祖 27년 5월 1일(戊寅);『宣祖修正實錄』권35, 宣祖 34년 12월 1일(甲子);『宣祖實錄』권144, 宣祖 34년 12월 22일(乙酉);『光海君日記』권23, 光海君 1년 12월 23일(庚午).

[67]『宣祖修正實錄』권28, 宣祖 27년 12월 1일(甲辰).

역적 宋儒眞이 伏誅되었다. 송유진은 본래 경성 庶族 출신의 무뢰배로서 天安과 稷山 사이에 출몰하며 도적질을 하였는데, 점점 방자해져 경성의 수비가 허술한 것을 보고는 결국 역모할 마음을 갖게 되었다. 여러 도적들을 속여 유인하고 자칭 의병 대장이라고 하면서 말하기를 "나는 사람을 죽이지 않고 오직 군량과 기계를 모을 뿐이다"고 하였다. 그를 따르는 자가 매우 많아 智異山·俗離山·廣德山·淸溪山 등 여러 산골짜기에 분포된 자가 2천여 인이었다. 송유진은 여러 적과 더불어 1월 10일에 군사를 동원하여 牙山·平澤 지방의 兵器를 빼앗아 가지고 경성에 쳐들어가기로 약속한 다음 먼저 全州의 分朝에 글을 보내었는데 임금을 모욕하는 말이 매우 흉참하였다. … 戰馬와 兵器를 수집하여 官軍을 가탁하고 곡식과 재물을 취하여 군량을 삼았다. 장차 譯官의 힘을 빌어 내응하려 하였으니 큰 화가 거의 경성에 미칠 뻔하였다. 그 通諭·召募의 글을 보건대 실로 그 죄악이 천지에 가득하다. 다행히 神人이 돌보시어 그들이 거사하기 전에 고발되었다. 날뛰던 도적들이 天網을 피하기 어려워 결탁한 무리들이 모두 典刑에 伏誅되었다. 이미 이달 25일에 적의 괴수인 송유진 및 吳元宗·金千壽·柳春福·金彦祥·宋萬福·李秋·金永 등을 모두 능지처참하고 家産을 籍沒하였으며, 連累人을 律대로 처단하였다.[68]

위의 내용에서 보면 송유진은 명백히 왕조 타도를 명백히 했던 것 같다. 그는 通諭·召募의 글을 내어 여러 세력과 힘을 합치고 1월 10일 군사를 동원하여 牙山·平澤 지방의 兵器를 빼앗아 무력을 키워 경성에 쳐들어가기로 약속하였던 것이다. 한편으로 全州의 分朝에 글을 보내어 임금을 모욕하였다는 것이다. 그를 따르는 자가 매우 많아 智異山·俗離山 등 여러 산골짜기에 분포된 자가 2천여 인이었다고 전한다. 이는 송유진 일당을 능지처참한 후 민심 동요를 우려하여 전국에 대사면령의 교서를 내렸던 것[69]에서도 잘 알 수 있을 것이다. 그만큼 실록의 기록처럼 단순한

[68] 『宣祖修正實錄』 권28, 宣祖 27년 1월 1일(庚辰).
[69] 『宣祖修正實錄』 권28, 宣祖 27년 1월 1일(庚辰).

賊徒는 아니었던 것으로 보인다.

요컨대 송유진 사건은 왕조 교체에 관한 명백한 내용이 보이지 않으나 임금을 모욕하는 말이 매우 兇慘하고 通論·김募의 글 내용이 천지에 죄악으로 가득 찰 정도였다는 것은 왕조를 부정하는 것으로 이해할 수밖에 없다. 지리산의 정체성에서 이 사건이 갖는 의미는 왕조 타도를 기치로 내걸었던 자의 지지자가 무리를 지어 그 공간에 의거하고 있었다는 데에 있다.

이상과 같이 지리산은 조선 초기가 끝나갈 무렵부터 연속성으로서 산악 숭배의 모습은 점점 옅어져 갔다. 지리산은 지리산권역의 사림들과 수령들에게 유람의 공간으로서 명산의 의미를 지니게 되었다. 이제 지리산은 사림세력에게 仙遊의 공간이자 修養의 공간, 그리고 勳戚政治 개혁을 위한 모색의 공간으로서 다양한 함의를 담게 되었다. 이럴 때 馬崇祖가 지리산 天皇 숭배하다가 죽임을 당한 사건이 발생했던 것이다. 이처럼 지배층이 지리산을 신앙 대상으로 하거나 그 신상을 모시는 것은 이제 사회적으로 용납할 수 없는 행위였다. 이 사건은 지배층이 지리산과 그 신상을 길흉화복의 신앙 대상으로 마음대로 할 수 없었던 사실을 보여준다. 그만큼 지리산의 신성성에서 커다란 변화가 일어났다. 한편 張永己는 지리산이 인간의 삶 속으로 급속히 편입되는 과정에서 지리산에서 세력을 떨친 15세기 후반 賊徒를 대표한다. 이 보다 더 정치성을 보여주는 사건이 자칭 의병대장 송유진 사건으로 볼 수 있다. 지리산은 왕조를 부정하였던 宋儒眞을 따르는 한 무리의 활동 공간이었다. 이처럼 조선 중기에 이르러 지리산의 정체성은 지리산의 정치·사회적 함의가 커져갔다는 데에서 찾을 수 있다.

V. 맺음말

이 글은 名山文化로서 智異山의 正體性을 조선 초·중기의 문헌사료를 통해서 구명한 것이다. 본론에서 얻은 결론을 정리하면 다음과 같다.

名山은 인간이 관계를 맺으면서 형성된 의미체계에서 나온 개념이다. 명산은 인간이 인위적으로 창출하고 결정한 의미에 의해서 규정·이해되는 것이다. 그러므로 그 성격이 고정되는 경우보다 변화를 겪는 존재이다. 결국 명산은 공간과 시간, 인간이 다층적 관계 속에서 빚어낸 사회적 생산물의 성격을 갖고 있어 문화의 의미를 내포하고 있다. 이는 삼국에서 조선시대에 걸쳐서 명산과 그 명산에 부여한 의미가 달라졌던 것에서 잘 알 수 있다. 그리고 名山文化는 동아시아에서 하나의 傳統文化였다. 우리의 경우도 마찬가지여서 삼국시대 이후 명산은 하나의 문화로서 전통성을 지니고 시대의 맥락에 따라 변화를 거듭하여 왔다. 명산이 문화로서 성립할 수 있는 전통적 근거이다. 명산문화는 명산이 의미하는 바의 정체성까지 수렴하는 보다 광의의 의미를 내포하고 있다.

조선 초기 지리산의 神聖은 太祖의 건국 신화의 내용에서 잘 드러난다. 지리산은 太祖 李成桂에게 조선 건국과 관련해서 중요한 신성의 장소이자 그들의 정치적 목적의 정당화를 위한 含意를 지닌 곳이었다. 한편 이 지리산 신성은 卿·大夫·士·庶人이 숭배 대상으로 하였던 山神의 성격, 즉 인간의 吉凶禍福에 관계하는 신앙의 성격을 갖고 있었다. 반면에 왕을 비롯한 위정자에게 지리산은 이중적 含意를 지녔다. 祀典에 규정된 동아시아 명산문화로서 神聖性이다. 다시 말해서 生死는 命에 있고 禍福은 天에 있다고 하여 최고 권력자의 정치행위의 대상으로서 명산대천의 신성은 신앙의 성격이라기보다 최고 권력자의 통치 행위로서 정치적 성격의 것이었다고 하겠다. 그러므로 司諫院은 卿大夫조차 淫祀를 쫓는다고 비난하고 卿·大夫·士·庶人의 명산대천 제사를 분수에서 벗어난 유행의 폐단이라고 하면서 금지시킬 것을 주장하였다. 지리산의 신성은 信仰性의 측면보다 사회성과 정치성이 강화되는 방향으로 변화를 겪으면서 다양한 함의를 보여준다. 이 과정에서 주목되는 世宗은 전통문화로서 명산대천의 신성을 인정하면서도 지리산 五臺寺의 如意珠처럼 惑信하는 신성에 대해서 철저하게 조사하여 금지하였다. 이처럼 鮮初 지리산의 정체성은 신성에서 신앙성·정치성 등 다양한 함의를 지녔다.

조선 중기 지리산은 지리산권역의 사림들과 수령들에게 遊覽의 대상으로서 명산문화의 창조 공간이었다. 그리하여 지리산은 仙遊·修養의 공간, 그리고 勳戚政治 개혁을 위한 모색의 공간으로서 의미를 갖게 된다. 이럴 때 馬崇祖가 지리산 天皇을 숭배하다가 죽임을 당한 사건이 발생하였다. 이처럼 지배층이 지리산을 신앙 대상으로 하거나 그 신상을 모시는 것은 이제 사회적으로 용납할 수 없는 행위였다. 이 사건은 지리산이 신앙으로서 神聖性을 크게 잃어갔음을 보여준다. 이처럼 조선 중기에 이르러 지리산의 정체성은 지리산의 정치·사회적 함의가 커져갔던 것이다. 한편 지리산에서 세력을 크게 떨쳤던 賊徒 張永己 사건을 주목하지 않을 수 없다. 張永己가 활동하던 무렵 지리산의 적도는 전후 시기의 적도와 사회·경제·정치적 성격에서 차이가 있다. 그러나 그 밑바탕에 유리화한 농민과 국가의 침탈이 놓여 있다는 점에서 일치한다. 또한 지리산이 기층민에게 현실 탈출의 통로로써 사회적 함의를 지닌 공간으로 인식되었던 것에서도 일치했던 것으로 짐작된다. 적도 장영기보다 더 사회성과 정치성을 보여주는 사건이 자칭 의병대장 宋儒眞 사건으로 볼 수 있다. 16세기 말 지리산은 王朝를 부정하였던 송유진을 따르는 한 무리의 활동 공간이었다. 이는 그만큼 지리산의 정체성에 커다란 변화가 일어났음을 보여준다.

이 글은 『남명학연구』 제26집(경상대학교 경남문화연구원, 2008)에 수록된 「조선 초·중기 명산문화로서 지리산의 정체성」을 일부 수정하여 실은 것이다.

조선조 문인의 지리산에 대한 인식과 그 변화

지리산 유람시의 검토를 중심으로

황의열

Ⅰ. 머리말

공자는 일찍이 "어진 사람은 산을 좋아한다."[1]라고 파악하여 산의 이미지와 인자의 이미지를 연결시켜 놓았다. 뿐만 아니라 "산을 만드는 데에 비유하자면, 한 삼태기만큼 이루지 못하고 그치는 것도 나는 그쳤다고 한다."[2]라 하여 학문의 진보를 산을 만드는 과정에 비유함으로 해서 사람들

---

[1] 『論語』「雍也」. "仁者樂山"

[2] 『論語』「子罕」. "譬如爲山 未成一簣 止 吾止也" 이 대목은 "산을 만드는 데에 비유하자면 한 삼태기만큼 이루지 못하고 그치는 것도 내가 그치는 것이다."라고 번역하기도 한다. 그러나 필자는 包咸, 皇侃 등의 설을 따라 위와 같이 보는 것이 더 타당할 것으로 생각된다.

로 하여금 산을 보면서 학문을 생각하게 만들었다.

이어서 맹자는 "공자가 동산에 올라 노나라를 작게 여겼고, 태산에 올라 천하를 작게 여겼다. 그러므로 바다를 본 사람과는 물을 논하기 어렵고, 성인의 문하에서 공부한 사람과는 말을 논하기 어렵다. 물을 보는 데에도 방법이 있으니, 반드시 그 물결을 보아야 한다. 해와 달은 밝아서 틈만 있으면 반드시 비춘다. 흐르는 물은 웅덩이를 채우지 않으면 더 흘러가지 않는다. 군자가 학문에 뜻을 두면 문채가 드러나지 않으면 통달하지 않는다."[3]라고 하여, 학문에는 실제로 대단한 경지가 있으며, 그 경지에 이르기 위해서는 단계를 밟아 정진해야 함을 설파하였는데, 거기에서 산과 물을 비유로 끌어 씀으로 해서 산수는 학문 탐구와 인격 수양을 말할 때 비유개념으로 사용되었다. 산에 대한 이러한 인식은 산을 자연물의 하나로 보는 데에서 나아가 인간과의 관계 속에서 그 의미를 파악하는 단초를 제공하였다.

물에 대해서도 마찬가지이다. 공자가 냇가에서 자주 "물이여, 물이여!"라고 하였고,[4] 또 "저토록 밤낮을 가리지 않고 흘러가는구나."라고 하였는데,[5] 맹자를 비롯한 많은 사람들이 그 단순한 말에 많은 의미를 덧씌웠다.

唐의 柳宗元이 몇 편의 산수유기를 쓰면서 인생의 감회를 서술하는 전통을 세웠으며, 그 후로는 유기가 단순한 서사의 범주를 벗어나게 되었다. 그러한 전통은 산수에 대한 인문학적 접근을 더욱 활발하게 만들었던 것이다.

우리나라에도 산을 단순히 자연으로서의 산, 또는 공간으로서의 산

---

3) 『孟子』「盡心 上」. "孔子登東山而小魯 登太山而小天下 故觀於海者難爲水 遊於聖人之門者 難爲言 觀水有術 必觀其瀾 日月有明 容光必照焉 流水之爲物也 不盈科不行 君子之志於道也 不成章不達"

4) 『孟子』「離婁 下」. "徐子曰 仲尼亟稱於水 曰 水哉 水哉 何取於水也"

5) 『論語』「子罕」. "子在川上 曰 逝者如斯夫 不舍晝夜"

으로만 보지 않고, 산에서 의미를 찾아내고 인간과의 관계를 중시하는 언급을 하는 경우는 수없이 많이 있어 왔다. 산이 아름답다고 하는 것은 그것을 바라보는 사람의 눈에 아름답게 보이고, 그의 마음속에서 아름답게 작용하고 있다는 것을 말한다. 또 산이 험하다는 것도 마찬가지이다. 즉 인간에게 있어서 산은 그 자체의 존재로서가 아닌, 인간과의 관계 속에서, 인간의 체험 속에서 비로소 의미가 있는 것이다. 그래서 산을 말하는 글에서 우리는 그 인간의 생각을 추적해 볼 수 있는 것이다.

지리산에 대한 기록은 유람기나 유산시 등을 통해 많이 접할 수 있다. 그 가운데 이른 것은 고려시대 문인들의 문집에서 몇 편 찾아볼 수 있다. 그러나 당시의 기록들은 대부분 지리산으로 가는 사람을 전송하거나, 혹은 지리산에서 보내온 물건에 감사하는 내용을 담은 것이고, 지리산을 직접 탐방하고 지은 것은 거의 없다. 다만 金克成(1338~1384) 한 사람이 쌍계사와 불일암, 그리고 천왕봉에 이른 감회를 적은 시를 몇 편 남겼을 뿐이다.

조선시대에 들어와서는 점차 지리산 유산기가 많이 지어졌고, 지리산의 곳곳을 노래한 시도 많이 지어졌다. 근래에 와서 이런 작품들에 대한 연구가 활발하게 이루어져 이제 어느 정도 윤곽이 드러나고 있다. 그러나 아직도 조선시대 문인들의 지리산 유람은 아득한 옛날 일처럼 느껴지는 것도 사실이다. 그것은 조선시대 문인들이 지리산을 유람하면서 유산의 전통을 이어받고, 어떤 정해진 틀에 따라 사고하는 모습을 보인 면이 있었고, 그것이 오늘날의 감각과 불일치하는 점이 있기 때문이 아닌가 하는 생각이 든다. 따라서 본고에서는 조선시대 문인들의 지리산에 대한 인식을 먼저 살펴보고, 이어서 조선 말기에 지어진 작품에서는 어떤 변화가 있었는지를 검토해 보고자 한다.

II. 지리산에 대한 조선조 문인들의 인식

조선조 문인들의 지리산에 대한 일반적 인식이 어떠했는지에 대해서는 선행 연구도 있었지만[6] 시각을 달리 하는 부분이 있으므로 여기에서 다시 검토하기로 한다.[7]

조선시대에 들어와서는 비교적 많은 문인들이 지리산을 찾은 기록을 남겼다. 그러나 막상 지리산 유람이 그다지 호락호락한 일은 아니어서 어렵게 기회를 갖게 되었다는 얘기를 하는 경우가 많다. 또 영호남 사이에 있는 가장 높은 산에 올랐으니 하늘에 닿기라도 한 것 같이 환호작약하는 모습을 보이는 경우도 많다. 예를 들면 일월과 삼라만상이 발아래로 내려다보인다고 으스대거나, 하늘이 가까우니 큰 소리를 내면 상제가 놀랄까 걱정이라며 능청을 떠는 것이다. 그러나 그런 상식적인 얘기나 언어적 유희 같은 것에서는 그들의 지리산에 대한 인식을 추출하기 어렵다. 따라서 본고에서는 높은 산에 올랐을 때 흔히 말하는 희열 같은 것은 논외로 하고, 지리산이라고 하는 특정의 산에 대한 인식이 담겨 있는 부분에 초점을 맞추어 거기에서 포착되는 인식의 면면을 살펴보고자 한다.

첫째, 지리산은 삶의 터전이라는 인식을 담아내는 것이다. 지리산을 의지하여 살아가는 수많은 사람들에게 있어서 지리산은 觀賞의 대상도 아니고 무슨 철학의 계시를 주는 역할을 하는 것도 아니었으리라 생각된다. 그것은 마치 중국 계림의 산수가 아름다워 많은 사람들이 찾아와 둘러보고 감탄을 하지만, 그곳에 사는 농부들에게는 채소 하나 가꿀 수 없는 가파른 땅으로 밖에 인식되지 않는 것과 마찬가지이다. 산이 심미의 대상이 되거나 철학적 계시가 되지 않는 것은 아니지만, 가장 가까이 살면서 날

---

[6] 윤호진의 「漢詩에 나타난 智異山 認識의 思想的 外延과 內包」, 강정화의 「智異山 遊山記에 나타난 조선조 지식인의 山水認識」 등이 있다.

[7] 본고에서는 『지리산 한시 선집-천왕봉』과 『지리산 한시 선집-청학동』(강정화·구경아 편저)을 주로 참고하였다.

마다 마주하는 사람들에게는 어머니처럼 의지할 수 있는 곳이자 극복해야 할 대상일 수 있는 것이다. 權克中의「三神山歌」가운데「方丈山歌」에는 그런 생각의 일단이 잘 나타나 있다. 작자는「金剛山歌」에서 다음과 같이 노래하였다.

> (전략)
> 온 산의 형세가 삼엄하게 벌였는데 　　　一山形勢森然羅
> 구름과 노을 속에 백옥 같은 바위로다. 　青雲霞裏白玉骨
> 늘어선 봉우리들 높고도 험악하니 　　　散爲列嶂高嵯峨
> 유람객 예 이르면 속세 인연 끊어지네.[8] 遊人到此俗緣盡
> (후략)

이처럼 금강산이 인간세상과 동떨어진 세상임을 노래하려 했던 반면, 「方丈山歌」에서는 사뭇 다른 기분을 표현해 내고 있다.

> (전략)
> 구름 일고 비 내려 만물 이롭게 하니 　興雲養雨利萬物
> 사방에서 모두들 산의 덕을 입고 있네. 四面皆蒙山蔭庥
> (중략)
> 대체로 바닷가에 있어 풍토가 좋고 　　大都濱海好風土
> 온 산이 훌륭한 밭 아닌 곳이 없네. 　　一山無不良田疇
> 해마다 들불이 나뭇잎을 태워서 　　　年年野火燒木葉
> 땅이 기름지고 온갖 생물 모여 있네. 　壤地膏腴生物稠
> (중략)
> 벼 거두듯 감과 배 가을에 영그니 　　柿栗秋登如穫稻
> 산 속의 생계는 전혀 걱정 없다네. 　山居生計百不憂

---

8) 權克中, 『靑霞集』 권2, 「三神山歌」.

(중략)

신선이 사는 산 지척에 있다지만	神山咫尺如履閾
여기 사는 사람은 무슨 근심 있는가?	此地居人有底愁
직접 본 건 하찮게 여기기 마련이라	雖然物情賤目見
선계가 가까이 있어도 찾으려 하지 않네.9)	仙區在近不知求

(후략)

위에서 보는 바와 같이 작자는 지리산을 현실로 끌어들여 백성들의 삶의 지평 안에 두려 했던 것이다. 심지어 신선과의 연관성은 일부러 배제하려 하는 모습까지 보여 주고 있다. 이처럼 지리산을 백성들의 삶이라는 측면에서 관찰하는 모습은 시보다는 유산기에서 훨씬 쉽게 찾아볼 수 있다.

산에 나는 감·밤·잣은 과일로 쓰이고, 인삼·당귀는 약재로 쓰이고, 곰·돼지·사슴·노루·산나물·석이버섯은 반찬으로 쓰이고, 범·표범·여우·너구리·산양·날다람쥐는 가죽으로 쓰이고, 매는 사냥에 쓰이고, 대나무는 공예품에 쓰이고, 나무는 집 짓는 데 쓰이고, 소나무는 관을 짜는 데 쓰이고, 냇물은 농토에 물을 대는 데 쓰이고, 상수리는 구황식품으로 쓰인다. 이는 높고 큰 산악이 비록 그 운동하는 것을 볼 수 없지만 이처럼 모든 사물에 그 공이 미치니, 비유컨대 성인이 소매를 드리우고 팔짱을 낀 채로 가만히 있어 비록 임금의 힘이 나에게 미치는 것을 보지 못하지만 裁成하고 輔相하는 방도를 만들어 사람을 돕는 것과 같은 것이다. 이 산은 참으로 성인과 많이 닮았다 하겠다.10)

---

9) 위와 같음.

10) 南孝溫, 『秋江集』 권4, 「遊天王峰記」, "山有柿栗柏子資果 人蔘當歸資藥 熊豕鹿獐 山蔬石茸資饌 虎豹狐狸山羊靑鼠資皮 鷹資搏獵 竹資工用 木資室屋 松資棺槨 川資 灌漑 橡資凶歉 蓋高山大嶽 雖不見其運動 而功利及物如是 比如聖人垂衣拱手 雖未 見帝力之我加 而設爲裁成輔相之道以左右人也 甚矣 玆山之有似於聖人也"

남효온은 지리산을 유람하면서 본 것 중에 백성들의 삶에 보탬이 되는 것을 빠뜨리지 않고 기록하였다. 반면에 이 글에는 지리산의 경관이나 지리산 신령에 관한 내용이 하나도 없다. 또 역시 남효온이 쓴 「智異山日課」에도 지리산의 지리나 지리산에서 만난 사람들에 대한 얘기는 많아도, 막상 시에서는 이와 같은 언급을 많이 발견할 수 없는데, 그것은 함축을 요구하는 시의 특성상 지리산이 백성들의 삶과 연결되어 있다는 너무나도 당연한 사실을 새삼스럽게 언급하는 것이 부적절하다고 판단했기 때문은 아닐까 생각된다.

둘째, 지리산이 우리나라에서 가장 큰 산이므로 그것을 畏敬의 대상으로 보는 태도를 보이는 것이다. 지리산이라는 거대한 산 그 자체에 이미 압도되는 한편, 그렇게 큰 산에는 신령이 깃들어 있을 것이라는 생각이 있어 산에 대해 경외심을 갖게 되는 것이다. 다음 작품에서 그런 모습을 엿볼 수 있다.

杜子美가 靑城山에 들어가서는	子美入靑城
청성 땅에 침도 뱉지 않았네.	不唾靑城地
내가 방장산의 손님이 되어	身爲方丈客
감히 나태한 맘 먹을 수 있나.	敢作怠惰意
술을 끊고 훈채도 먹지 않고서	斷酒不茹葷
잠 안 자고 새벽까지 앉아 있었네.[11]	達曙坐不寐
(후략)	

이 시에서 작자는 누가 뭐라고 하지 않아도 스스로 재계하면서 지리산에 대해 예의를 갖추고 있는 모습을 묘사하고 있다. 이런 태도는 지리산 중에서도 가장 높은 봉우리인 천왕봉을 대할 때 더 엄숙해진다.

---

[11] 南孝溫, 『秋江集』 권1, 「遊天王峯」.

방장산 제일 높은 봉우리는 천왕봉	方丈上峰是天王
천왕이란 그 이름 존귀하고 위대하네.	天王之號尊且皇
세인들은 천왕봉의 귀중함을 모르고	世人不識天王重
천왕봉을 마당처럼 함부로 여긴다네.	足踏天王如唾場
우러를 봉우리지 어찌 밟을 봉우리랴!	寧可仰止那可踏
산이 귀중하기보다 그 이름이 황송한 것.	山非重也名是惶
이번 산행 이 봉우리 능멸할 맘 아니니	今行未敢凌高意
춘추의 대의가 마음속에 있다네.12)	春秋大義在腔腸

(후략)

이 시에서 작자는 천왕봉을 올라간다는 것 자체를 무척 황송해하고 있
다. 우선 '天王'이라는 이름만으로도 이미 발로 밟을 수 없다고 느낄 정도
의 존숭의 태도를 보이고 있다. 오늘날 산에 오르는 것을 두고 산을 정복
한다는 표현을 잘 쓰는데, 이런 것은 자연, 혹은 자연신에 대한 공경이며,
어떤 면에서는 민간신앙적인 요소와도 결부된다고 할 수 있을 것이다.

(전략)

산신령이 장난을 치시는 것처럼	山靈似戲劇
안개와 비에 폭풍까지 부는구나.	霧雨兼顚風
마음을 가다듬고 조용히 기도하며	齊心且默禱
가슴 속 티끌 말끔히 씻어버렸네.	庶滌芥滯胷
오늘 아침 갑자기 맑게 개니	今朝忽清霽
신령이 나의 충심 헤아린 듯하네.13)	神其諒吾衷

(후략)

여기에서 작자는 험악한 기상 조건을 산신령의 조화라고 여기고, 자신

---

12) 張錫藎, 『果齋集』 권2, 「天王峰歌」.

13) 金宗直, 『佔畢齋集』 권8, 「再登天王峯」.

이 재계하자 신령이 자신의 마음을 헤아려서 날씨를 맑게 해 주었다고 말하고 있다. 당시의 시대적 상황으로 보아 유자가 드러내놓고 한 이런 말을 빈말이라고 보기 어렵다. 귀신을 멀리 하고 이단을 배척하는 데 앞장서야 할 유자가 이렇게 말할 정도라면, 일반 백성들의 지리산에 대한 경외심은 충분히 미루어 짐작할 수 있겠다.

셋째, 지리산이 비록 큰 산이기는 하지만, 그 위용에 압도당하기보다, 그 산 정상에 오른 감격을 노래하고, 자신의 호연지기를 드러내는 것이다. 명산대천을 두루 구경하여 호연지기를 기른다는 말은 예부터 있어왔던 바, 수많은 산을 발아래로 굽어보는 장쾌한 기분을 표현하려 한다면 지리산에 오르는 것보다 더 나은 것이 있을 수 없다.

은하수 떠받치고 구름 속에 서 있으니	高撐星漢立雲中
천지간의 정신이 여기에 다 모였구나.	天地精神到此窮
해와 달 떠 가는 것도 멀지 않아	玉兔金烏飛不遠
서로 지고 동에서 뜨는 모습 앉아서 보노라.14)	坐看西落又生東

구름 뚫고 하늘까지 닿을 만큼 높이 솟은 지리산에 온 세상의 기운이 다 모여 있는 듯한데, 그 꼭대기에 오르니 해와 달도 멀지 않은 곳에 떠 있는 것 같다고 느낀다. 그런데 그 해와 달이 뜨고 지는 것을 작자는 앉아서 볼 수 있다고 하였다. 말하자면 해와 달을 발 아래로 굽어본다는 것인데, 호연지기의 표출로 이보다 더 대단한 말이 있을까 싶을 정도이다. 물론 이것은 지리산이 그만큼 대단한 산이기 때문에 가능한 것이다. 지리산의 웅대함을 칭송함으로 해서 자신의 호연지기가 대단함을 표현하고, 호연지기를 드러냄으로 해서 지리산의 웅대함을 설명하는 방식을 사용하여, 두 가지를 동시에 강조하는 상승효과를 노리고 있는 것이다.

---

14) 鄭栻, 『明庵集』 권1, 「再上天王峰」.

창해에 우뚝 솟아 우리나라 진압하니	雄蟠滄海鎭吾東
학을 타고 올라서 푸른 하늘에 기대노라	駕鶴登臨倚碧空
넓고 넓은 천지는 우주 간에 떠 있고	浩蕩乾坤浮積氣
뜨고 지는 해와 달은 허공중에 걸려 있네.	升沈日月掛虛中
흥망이 아슴하다 삼한의 세상이여	興亡杳杳三韓世
총욕도 아득해라 바람결의 피리 소리로다.	寵辱悠悠一笛風
소맷자락 펄럭이며 하늘 가까이 오니	雲袂飄然天路近
몇 차례 긴 휘파람 上帝에게 들리리라.15)	數聲長嘯帝城通

지리산에 오르고 보니 시야가 툭 트이고 금세라도 해와 달을 잡을 수 있을 것만 같다. 상하 사방으로 넓고 넓은 공간을 보면서 고금의 흥망성쇠를 상기하고, 그 가운데 흔적도 남지 않을 만큼 보잘 것 없는 寵辱에 울고 웃는 인간을 생각한다. 작자는 지리산에 오름으로 해서 사고의 폭이 시공간적으로 대폭 확장된 모습을 보여 주고 있는 것이다. 게다가 하늘이 가까워졌다는 생각으로 上帝와도 뭔가 소통이 될 수도 있을 것 같은 느낌을 갖는다. 작자는 자연의 위대함에 위축되기보다는 자연에 도전하는 모습에서 자기의 정체성을 찾으려는 태도를 보이는 것이다.

방장산은 남쪽의 제일가는 산	方丈爲南嶽
수고를 마다 않고 올라갔노라.	不辭一努攀
하늘이 내려앉아 바다뿐이고	天涵只有海
땅이 끝난 곳까지 산이 없도다.	地盡更無山
티끌세상 처음으로 눈이 열리고	塵世初開眼
구름 낀 산 갑자기 모습 바뀌네.	雲巒倏改顏
공자의 도량이야 없다고 해도	雖無尼父量
잠시 한가한 틈이야 낼 수 없으랴.16)	不是暫偸閒

---

15) 李東沆, 『遲庵先生文集』 권1, 「上天王峰」.

작자는 일망무제로 펼쳐진 산하를 보며 자연에 도전하여 수고한 사람만이 만끽할 수 있는 환희 같은 것을 느낀다. 자신이 비록 공자처럼 훌륭하진 못해도 공자가 태산에 올라 감개했던 것을 공감할 수는 있다고 느끼며, 그런 기회를 지리산을 통해 얻을 수 있음을 다행으로 여긴다. 이처럼 지리산은 많은 문인들에게 호연지기를 기르는 기회의 장이 되어 왔던 것이다.

넷째, 지리산을 憧憬의 대상으로 보는 것이다. 그 곳에 가면 낙원이 있을 것 같고, 잘 하면 신선이 될 수도 있을 것 같은 막연한 기대를 나타내는 것이다. 이것은 도가적 사상과도 일정한 연관이 있다. 도연명이 「도화원기」를 쓴 이후 많은 사람들이 무릉도원을 하나의 이상향으로 설정하게 되었고, 산수 자연을 현실에서 겪는 어려움의 도피처로 여기게 되었다. 더구나 지리산은 최치원이 머물렀던 곳이라는 점 때문에, 지리산을 찾는 것을 마치 최치원을 만나러 가는 것처럼 생각하고, 또 그렇게 묘사하기도 하였다.

인간 만사 상념들 버린 지 오래 되고	萬事人間念久灰
초연히 방장산을 꿈속에서 자주 찾네.	超然方丈夢頻回
천 년토록 학사의 붉은 글씨 남아 있고	千秋學士丹書在
한 굽이 신령한 곳에 푸른 난간 열려 있네.	一曲靈區翠檻開
노을이 물든 골엔 신선의 말 가까운 듯	霞洞怳聞仙語近
구름 낀 봉우리엔 학이 날아오는 듯.	雲岑疑見鶴飛來
못 속에 숨은 용이 노니는 손 붙잡으려	潭龍有意挽遊客
비 온 뒤 계곡 물이 우레처럼 포효하네.17)	雨後溪流吼作雷

이 시에서 작자는 신흥사 계곡에서 학사 최치원을 회상하면서, 어디서

16) 權憲貞, 『遯窩遺稿』 권1, 「上天王峯」.
17) 申命耉, 『南溪集』 권3, 「遊頭流續錄」 所載 詩.

금세 신선들의 얘기 소리가 들려오기라도 할 것처럼 느끼고, 구름 낀 봉우리에서는 학이 날아오를 것처럼 느낀다. 이 속에서 작자는 인간 만사를 잊고 초연히 지리산에 심신을 의탁하는 것이다.

바라보니 선계가 바로 여긴데	望裏仙區是
바위산은 흡사 會稽山일세.	巖巒似會稽
마른 시내 골짜기엔 가을이 가득	溪翻秋滿壑
솔 그늘의 학은 둥지를 찾네.	松暝鶴尋棲
소매 휘저으니 바람이 내려앉고	振袂風斯下
참 이치 찾는 길 헤매지 않네.	尋眞路不迷
고상한 그분은 어디에 있나	高人在何許
속절없이 잔나비 소리만 듣네.[18]	空聽白猿啼

이 시의 작자는 실제로 지리산을 유람하였고, 많은 작품도 남겼다. 그런데도 지리산을 마치 상상 속의 산으로 그려내고 있다. '仙界'라고 단정하는 것도 그렇고, 중국의 會稽山과 흡사하다는 말도 그렇다. 청학동에 갔지만 학은 날아가고 없다고 말하는 사람은 많이 있었다. 그런데 여기에서는 학이 둥지를 찾고 있다고 하고 있다. 심지어 원숭이 울음소리를 듣는다고까지 하여, 현실과 상상을 혼동하는 듯한 모습을 보여주고 있다. 그러면서 고상한 그분이 어디 있는지 찾고 있는데, 고상한 그분이란 아마도 신선이 되었다는 최치원을 두고 하는 말일 것이다. 작자는 지리산에서 금방 신선을 만나기라도 할 것처럼 들떠 있는 것이다.

실제로 많은 문인들이 이런 식으로 지리산을 선계와 연관 지어 언급하였는데, 그것은 일정 부분 문학적인 유희가 없는 것은 아니지만, 자신도 모르는 어떤 이상향에 지리산을 대입시키려는 의식이 작용하였기 때문이

---

18) 黃俊良, 『錦溪集』 권1 外集, 「靑鶴洞」.

었던 것으로 보인다.

　다섯째, 尙友千古의 공간으로서의 지리산 인식이다. 산의 존재가 인간
과의 관계를 통해서 그 의미가 있다고 할 때, 지리산을 찾는 사람은 예전
에 지리산을 찾은 사람이 지리산과 어떤 관계를 갖고 있었는가에 대해
관심을 두지 않을 수 없다. 그리하여 지리산을 찾았던 인물을 회상하고,
그와 연관 지어 지리산의 의미를 찾으며, 그의 가르침을 되새기곤 한다.
즉, 지리산을 찾는 사람에게는 선배 유람인과의 공감대를 형성하는 것도
지리산 유람의 중요한 이유가 되는 것이다. 이 경우 그 대상으로 자주 등
장하는 인물이 崔致遠을 비롯하여 韓惟漢·金宗直·鄭汝昌·曺植·奇大升
등이고, 후대에 가서는 朴致馥·李震相·金麟燮·郭鍾錫·崔益鉉 등도 다
시 후배의 선도가 된다. 먼저 다음 시를 보자.

산을 덮으려 해도 다 덮지 못하니	籠山山未籠
내 귀를 씻는 것만 못하리.	無寧洗吾耳
산 밖은 이제 다시 어찌 되어 가는가?	山外今復何
묵묵히 물가에 앉아 있노라.[19]	黙黙坐臨水

　이 시는 시기는 매우 늦지만 상우천고의 좋은 예가 될 것 같아 인용하
였다. 작자는 최치원의 시「題伽倻山讀書堂」[20]을 염두에 두고 지은 것으
로 보인다. 최치원이 귀를 씻었다는 洗耳巖에서 작자는 최치원이 가야산
에 은거하면서, 계곡물소리로 온 산을 뒤덮어 세상과 단절하려 했던 일을
상기한다. 그리고는 세상에서 벌어지고 있는 상황 — 아마도 일제가 조선
을 강점하고 있는 상황 — 에 대해 무기력한 자신을 최치원의 처지에 비
기고 있는 것이다. 또 다음 시를 보자.

---

19) 鄭琦, 『栗溪集』 권2, 「過孤雲洗耳巖」.
20) 崔致遠, 『孤雲先生文集』 권1. "狂奔疊石吼重巒　人語難分咫尺間　常恐是非聲到耳
　　故敎流水盡籠山"

큰 종을 크게 치지 않으면	洪鐘無大扣
천고에 끝내 소릴 내지 않으리.	千古竟含聲
저 두류산을 보게나.	請看頭流山
산이 어찌 하늘처럼 울기를 배우리오.21)	山豈學天鳴

이 시는 저자가 지리산을 두 번째 유람하면서 曹植의 시 「題德山溪亭柱」22)를 본떠서 차운하여 지은 것이다. 상당 부분 조식의 시를 재배치한 것처럼 보이는 이 시는, 지리산을 오르면서 조식과 정신적 교류를 하고 있음을 짐작하게 한다. "천석의 종을 보게나, 크게 치지 않으면 소리 내지 않는다네."라고 한 조식의 말을 전폭적으로 수용하고, 오히려 더 확대 해석하여 영원히 소리를 내지 않을 것이라고 강조하고 있으며, 지리산이 하늘보다 더 우뚝한 기상을 갖고 있다는 의견에 동조하고 있다. 작자는 거기에서 한 발 더 나가, 조식을 지리산에 비유하는 것은 아닌가 하는 느낌마저 들게 한다. 이러한 분위기는 특히 남명학파 문인들에게서 흔히 찾아볼 수 있다.

이 밖에도 선유들의 시에 차운한 시가 무수히 많다. 특히 청학동의 입구인 화개를 지나면서 鄭汝昌의 오직 하나 전해지는 시 「岳陽」23)에 차운하거나, 정여창을 회상하는 시가 많이 전해진다. 또 고려 인종 때 이자겸의 횡포가 심해지자 장차 화란이 일어날 것을 알고 악양에 은거했던 한유한을 떠올리는 시도 많다. 이렇게 산수와 인물을 오버랩 시키는 정황은 지리산 기행에서 두드러지게 많이 나타나는 현상으로 보인다.

여섯째, 修己와 학문의 자세를 비유하는 관념으로서의 산을 노래하는 것이다. 조선조 문인들은 산을 보면서 수기의 자세를 가다듬고, 산행을 통해 공부의 의지를 다지는 태도를 보이는 경우가 많이 있다. 그러한 풍

---

21) 朴泰茂, 『西溪集』 권2, 「重遊頭流」.

22) 曹植, 『南冥先生集』 권1. "請看千石鍾 非大扣無聲 爭似頭流山 天鳴猶不鳴"

23) 鄭汝昌, 『一蠹先生遺集』 권1. "風蒲泛泛弄輕柔 四月花開麥已秋 看盡頭流千萬疊 孤舟又下大江流"

토는 대체로 조식으로부터 조성되었으며, 남명학파에 속하는 학자들 사이에 특히 유행하였던 것으로 보인다.

> 방장산 높다하나 하늘 아래 있으니　　方丈雖高在天下
> 제군들은 못 오른다 말하지 말지어다.　諸君休道我不能
> 힘들여 올라가 천왕봉에 앉아서　　　努力躋攀峰上坐
> 꼭대기에 더 높은 곳 있음을 보게나.[24]　試看頂上尙餘層

이 시의 작자는 천왕봉에 오른 감회를 노래하면서, 산을 오르는 일이 어려운 일이지만 불가능한 일은 아니며, 더욱 노력한다면 그 보다 더 높은 곳에도 오를 수 있을 것임을 강조하는 것처럼 보인다. 그러나 사람들은 이 시를 단순히 산을 오르는 어려움만을 말한 것으로 받아들이지 않는다. 무슨 일을 하든 주어진 상황과 처지에서 포기하지 않고 최선을 다해 노력해야 할 것이며, 특히 학문에 있어서 그렇게 하면 백척간두진일보의 희열을 맛보게 될 것이라고 노래하고 있음을 간파한다.

> 지난 날 이 산을 우러러보고　　　昨日仰玆山
> 너무 멀어 오를 수 없다고 했지.　邈然不可攀
> 나아가고 나아가 쉬지 않으면　　進進終無息
> 언젠가는 꼭대기에 이를 수 있네.[25]　乃能達上巒

이러한 언급도 단순히 산에 오르는 일만을 얘기하는 것이라고 보는 것은 너무 평면적이다. 수많은 道學派 문인들의 일견 단순해 보이는 시에 도학적 의미를 부여하는 것과 마찬가지로, 이러한 시들 또한 학문적인 연마, 혹은 인생에 있어서 모든 일의 수행 과정에 대한 철학과 연관 지어

---

24) 河益範, 『士農窩集』 권1, 「登天王峰 二首」.

25) 愼守彝, 『黃皋集』 권1, 「遊智異山」.

보는 것은 무리가 아닐 것이다.

이와 같은 이해의 패턴은 이미 어느 정도 공감대가 형성돼 있다. 그리고 그 공감대 속에서 지리산은 수기와 학문 연마의 메타포로서 역할을 하게 된 것이다. 그리고 그것이 남발되므로 해서 지리산은 학문에 있어서 '암시적 은유'였던 것이 급기야 너무나도 뻔한 '죽은 은유'가 되어버릴 정도가 되었다.

이상에서 살펴본 바와 같이 지리산을 대하는 마음가짐은 자연물로서의 공간 인식이 아니면 대체로 경외와 동경, 그리고 학문의 자세와 연관되어 있다고 할 수 있을 것이다.

III. 지리산 인식의 변화에 따른 시의 변모

위에서 살펴본 지리산에 대한 인식의 여러 면모는 조선 후기까지도 대체로 큰 변화 없이 유지되고 있는 것으로 보인다. 그리하여 그것은 오랜 세월이 지나는 동안 하나의 패러다임이 되어버렸다. 그러나 어떤 것이든 오래 지속되면 변화가 생기기 마련이다. 몇 백 년 동안 큰 변화 없이 지속되어온 지리산 看法도 조선 말기에 이르러서는 얼마간의 변화의 기미를 보이기 시작한다. 물론 전체적으로 그러한 변화가 일어났다는 것은 아니다. 대체적으로는 위에서 든 몇 가지 간법이 주류를 이루고 있지만, 경우에 따라 몇몇 작품에서 전과 다른 태도가 엿보인다는 것이다. 따라서 본고에서는 일단 조선 말기에 태어난 인물들의 작품 가운데 변화의 면모를 보이는 작품을 검토 대상으로 삼아 살펴보기로 한다.[26] 우선 다음의

---

26) 본고에서 말하는 조선 말기라 함은, 1850년 이후를 가리킨다. 조선 말기에 주목하는 것은 대개 고종 즉위, 혹은 갑오경장을 근대의 출발점으로 보는 관점에 따라, 급변하는 시대 상황에서 근대적 사고가 형성되어가는 가운데 문인들의 자연 인식 또한 변화했으리라는 추정에 입각한 것이다.

작품을 보자.

숲길을 헤치며 깊이 들어가니	去去穿林邏
지팡이 머리에 햇빛이 스러지네.	筇頭日影殘
숲 저편에 종소리 쓸쓸히 들려오니	禪門知不遠
禪門이 멀지 않은 줄을 알겠네.27)	樹裏鍾聲寒

이 작품에서는 천왕봉에 올랐다는 흥분 같은 것은 찾아볼 수 없다. 마치 고즈넉한 숲길을 걷다가 절간에 이른 것과 같은 차분한 느낌이다. 여기에는 어떤 경외감이나 동경의 태도도 담겨 있지 않고, 무언가 대단한 것을 말해야 한다는 강박관념이 보이지 않는다. 보다 자유로워진 것이다. 그저 눈에 보이는 대로 말하고, 귀에 들려오는 것을 읊을 뿐이다. 말하자면 지리산을 노래할 때는 이러이러해야 한다는 관행을 벗어 던진 것이다. 다분히 서정적이며, 농후한 당시풍이다. 예전의 지리산 시에서는 이와 같은 모습을 찾아볼 수 없다. 물론 조선 말기에도 이런 경향의 작품은 많지 않지만, 이러한 작품의 출현은 긴장된 의식의 이완이 없이는 불가능하였을 것이라 생각된다. 또 다른 작품을 보자.

바다가 삼면을 허리띠처럼 두른 곳에	瀛海三方衣帶繞
우리 땅은 돛배처럼 떠있네.	靑丘全幅帆船浮
사람들은 힘들게 오른 줄은 모르고	世人不解登登力
신선 되어 세상 밖에 노닌다고 떠드네.28)	謾說飛仙物外遊

이 작품에서 작자는 자신이 천왕봉에 오른 것이 결코 신선놀음이 아니라고 항변하고 있다. 이전까지 대부분의 작자들이 힘들게 올랐지만 오르

---

27) 文晉鎬, 『石田遺稿』 권1, 「踰天王峰」.
28) 李準九, 『信菴集』 권1, 「登天王峯」.

고 보니 선계에 와 있는 느낌이라고 노래하던 것과는 달리, 이제는 지리산에 오르는 어려움을 숨김없이 토로하고 있다. 예전 같으면 지리산에 갔으면 의당 신선이 된 것 같다고 해야 할 터이지만, 그런 관념의 지배를 받기보다 자신의 경험에서 우러나는 현실적 감각을 더 중시하는 모습을 보여주는 것이다. 그리고는 돌아오는 길에 또 다음과 같은 시를 지었다.

첩첩이 싸인 두류 둘러보고 돌아오니   萬疊頭流歷覽歸
물소리 산 빛깔이 아직도 삼삼하네.   泉聲岳色尙依依
봄이 오면 복사꽃 떠 오는 물을 따라   春來擬逐桃花水
옛날처럼 노니는 것 안 될 것도 없으리.[29]   更續前遊未必非

지리산을 둘러보고 온 감회를 대표하는 것은 무슨 대단한 경치나 큰 깨달음이 아니고, 골짜기의 물소리와 산줄기의 푸른빛 같은 소소한 것들이다. 그리고 그것은 아련한 추억으로 기억 속에 남아 있다. 그래서 마치 무릉도원을 찾아갈 때처럼 물에 떠오는 복사꽃을 따라 거슬러 올라가서 이를 수 있는 것처럼 표현하고 있으며, 그런 모임을 다시 갖는 것이 꼭 어려울 것도 없다는 것이다. 대단한 일을 하고 나서 스스로 감격스러워하거나, 대단한 것을 보고 나서 감탄하는 모습을 보이는 것이 아니라, 언제든 마음만 먹으면 다시 할 수 있는 일상의 일을 치루고 난 것 같이 소회도 가볍다.

세상에 점잖은 천황봉   從容海內天皇峰
속세 일로 분망한 姜聖中.   奔汩人間姜聖中
한 번 작별하고 돌아간 뒤엔   一別眞顏歸去後
언제나 이곳을 다시 찾을까?[30] 何時重得此相通

29) 李準九, 『信菴集』 권1, 「頭流山歸路 奉和趙應章昺奎」.
30) 姜聖中, 『梨堂遺稿』 권1, 「別天皇峰」.

이 시에서 작자는 '감히' 천황봉과 자신의 이름 석 자를 對仗으로 사용하고 있으며, 천왕봉을 떠나는 것을 마치 친근한 친구와 작별하는 것처럼 묘사하고 있다. 그리고 나중에 서로 통할 날이 언제일까 생각하고 있다. 천왕봉을 찾게 되었을 때는 훈채도 먹지 않고 재계를 한다거나,[31] 천왕봉이라는 이름이 황송하여 감히 천왕봉을 밟지도 못한다는[32] 분위기와는 딴판이다. 훗날 다시 찾고 싶지만, 그렇게 하지 못한다면 그것은 자신이 바빠서 그렇다는 식이다. 비록 진중한 천왕봉과 세사에 쫓기는 자신을 극명하게 對比시키고는 있지만 작자의 자존감이 묻어나는 작품이다.

방장산 경치가 꿈속에 차갑더니	方丈煙霞入夢寒
오늘에야 올라보니 마음 정말 한가롭다.	登臨此日意全閒
크나큰 사해와 천지를 품에 안고	胸吞四海乾坤大
넓고 넓은 삼한 세계 끝까지 둘러보네.	目極三韓世界寬
이제는 대한민국 발 디딜 곳 없는데	至今民國難容足
태고의 천왕봉은 모습 변치 않았네.	太古天王不改顔
계수나무 갈바람에 산속 해는 저무는데	桂樹秋風山日暮
왕손은 어디에서 오래도록 올라오나?[33]	王孫何處久援攀

이 시의 작자 이도복은 아마도 다리를 절었던 것 같다.[34] 그럼에도 불구하고 지리산에 올라 사방을 둘러보았으니, 그 감회가 남달랐을 것임은

<hr />

[31] 2장에서 소개한 南孝溫의 「遊天王峯」 참조.

[32] 2장에서 소개한 張錫藎의 「天王峰歌」 참조.

[33] 李道復, 『厚山集』 권2, 「登天王峯」.

[34] 이도복의 시 「秋日 同郭仰汝成鍾煥姜元實 遊頭流山紀行」이란 장편시에 "나는 다리를 저는 게 부끄러워 문을 닫고 웅크리고 살았는데, 하루 아침에 좋은 구경하였으니 이제는 만족할 줄 알게 되었다.[愧我躄躄者 掩戸常瑟縮 一朝成大觀 自是知止足]"라고 하였다.

미루어 알 수가 있다. 그렇게 힘들여 올라간 지리산에서 상하사방을 둘러보고 문득 떠오르는 생각은, 만고에 변치 않는 천왕봉과 달리 세상은 자꾸 변해간다는 것이다. 발 디딜 곳 없이 들어찬 이 나라에 가을바람 불고 해는 지고 있다. 그것은 마치 신라가 망해갈 때 계림의 나뭇잎이 시들어 갔다고 하는 전설과도 같다. 그래서 작자는 왕손이 어디에선가 나타나 구원의 손길을 뻗어 줄 것을 기대하고 있다. 이와 같이 일제 강점기에 접어든 이후에는 지리산에 올라 나라를 걱정하는 심정을 토로하는 내용을 담은 작품도 더러 지어졌는데,[35] 그것은 우리나라의 가장 높은 산에 올라 사방을 내려다보았을 때, 불현 듯 나라 전체를 생각하고 국운을 염려하는 마음이 생겼기 때문인 것으로 보인다.

조선 말기에 이르러 나타난 이와 같은 약간의 변화는 대체로 문인들의 사고가 피상적인 것에서 현실적인 것으로 바뀌어 가는 모습의 반영으로 보인다. 그리고 그것은 이른 바 근대적 사고에로의 전환과 행보를 같이 하는 것은 아닌가 하는 생각이 든다.

Ⅳ. 맺는 말

'賤視貴聞'이란 말이 있다. 자기가 눈으로 본 것은 대단찮게 여기고, 말로만 들은 것은 귀하게 여긴다는 말이다. 우리는 중국의 五嶽을 막연하게

---

35) 예를 들면 李圭南의 「以上天王峯分韻得上字」(『南湖集』 권2)에 "귀신과 짐승이 강토에 가득하니, 대도가 다시는 빛나지 못하리.[鬼獸滿疆土 大道不復見]"라고 하였고, 河祐植(1875~1943)의 「與趙士欽鋪蕭韓希甯諸友 踏雪登天王峰」(『滄山集』 권1)에 "창해 가운데 한 묶음 높은 곳, 천지간에 어느 곳인들 비린내와 티끌 날리지 않는 곳이 있으랴.[滄海當中高一撮 乾坤何處不腥塵]"라고 하였으며, 鄭道鉉의 「登天王峰 謹次勉菴崔先生韻」(『厲菴集』 권1)에는 "대지 삼천리가 옛 지역이 아니니, 고금에 몇 사람이나 神州에 눈물 흘렸을까[大地三千非舊域 幾人今古泣神州]"라고 하는 등, 일제의 강점을 비관하는 내용을 담아낸 작품이 더러 있다.

나마 대단한 산으로 여기지만, 오악 중에 둘만이 지리산보다 약간 높을 뿐이고, 전체적으로 그리 대단한 면모를 가진 것도 아니다. 반면에 우리나라에서 가장 높은 지리산에 대해서는, 그저 잠시 다녀올 수 있고, 가 보아도 별스럽게 대단한 경치도 없는 산으로 여기는 경향이 있다. 하지만 교통이 불편하던 조선시대에는 지리산도 접근하기 그다지 용이하지 않았을 것이고, 오르는 일 또한 지금보다 거역이었을 것임은 분명하다. 게다가 과학적 지식이 지금 같지 않아서, 여러 자연물과 자연 현상을 대하는 마음가짐도 얼마간 신비주의적인 경향이 있었다고 보인다. 따라서 지리산을 대하는 태도도 지금과는 사뭇 달랐다고 할 수 있다. 그런 태도는 유산시에 그대로 표출되어 있어, 우리는 유산시를 통해 조선조 문인들의 지리산 인식을 엿볼 수 있었다. 그 내용을 간추려 보면 대강 다음과 같다.

첫째,   지리산을 삶의 터전으로 인식하여, 그 중요성을 부각시킨 것.
둘째,   지리산에 대한 경외심을 담아낸 것.
셋째,   지리산에서 호연지기를 기르고 발산하는 모습을 표현한 것.
넷째,   지리산을 선계나 이상향의 소재처로 보아 동경하는 태도를 드러낸 것.
다섯째,   지리산과 연관이 있는 인물을 연상하면서 상우천고의 자세를 보인 것.
여섯째,   지리산 등산을 修己, 또는 학문 연마의 비유로 삼는 것.

물론 이 외에 다양한 인식이 있겠지만, 여기서는 빈도가 높은 것을 정리한 것이다. 지리산 유산시의 이와 같은 성향은 조선 말기까지 큰 변화 없이 유지되었다. 그러나 조선 말기에 이르러서는 시작 태도에 약간의 변화된 모습도 보이기 시작하였다. 그리하여 당시풍의 서정적인 작품이 등장하는가 하면, 보다 현실적인 사고를 담아내기도 하고, 경우에 따라서는 자신의 자존감을 여과 없이 드러내는 작품도 등장하였다. 또 시국의 변화에 따라 국운을 염려하는 마음이 삽입되기도 하였다. 그러나 이런 것은 어디까지나 일부에 지나지 않는 것이었으며, 대체적으로는 지리산을 노래하는 투식을 크게 벗어나지 못하였다. 그러나 그것이 이른 바 근대적 사고에로의 전환과 발맞춘 것이라면 의의가 있다고 해야 할 것이다. 물론 조선조 말기 이전에도 투식과는 다르게 쓴, 색다른 인식을 담아낸 시를 만날 수 있을지도 모른다. 하지만 그 비중은 아무래도 조선조 말기보다는 작을 것으로 보인다. 본고의 준비 과정에서 미처 검토하지 못한 작품들에 대해서는 훗날을 기다리기로 한다.

이 글은 『남명학연구』 제29집(경상대학교 경남문화연구원, 2010)에 수록된 「조선조 문인의 지리산에 대한 인식과 그 변화」를 일부 수정하여 실은 것이다.

제3부

19~20세기 지리산권의 장소정체성

19~20세기 江右學者의
지리산 유람과 그 특징

강정화

—

I. 서언

근년에 현재까지 발굴된 100여 편의 지리산유람록이 모두 완역되었다.[1]
시기적으로는 최초의 지리산유람록으로 알려진 靑坡 李陸(1438~1498)의
「遊智異山錄」[2]에서부터 梁會甲(1884~1961)의 「頭流山記」[3]에 이르는, 조선

---

[1] 최석기 외,『선인들의 지리산유람록』, 돌베개, 2000;『용이 머리를 숙인 듯 꼬
리를 치켜든 듯』, 보고사, 2008;『선인들의 지리산유람록 3』, 보고사, 2009;
『선인들의 지리산유람록 4』, 보고사, 2010;『선인들의 지리산유람록 5』, 보고
사, 2013;『선인들의 지리산유람록 6』, 보고사, 2013.

[2] 강정화 외,『지리산 유산기 선집』, 브레인, 2008. 이륙은 단성 단속사에서 공부
하고 있던 1463년 8월 지리산을 유람하고 「遊智異山錄」과 「智異山記」를 남겼다.

[3] 위의 책. 양회갑은 1941년 4월 30일부터 5월 6일까지 지리산을 유람하고 「頭
流山記」를 남겼다.

초부터 일제강점기까지 수백 년에 걸친 기록이다. 2000년에 첫 성과물이 출간된 이후 10여 년의 장정이었다. 그간에 병행된 지리산 유람문학 관련 선행연구를 살펴보면 대략 다음과 같다.

우선 기초자료인 유람록과 유람시를 발굴 및 출간하여 본격적인 연구 기반을 확보하였다.[4] 초창기인 2000년 이전에는 金宗直(1431~1492)·曺植(1501~1572) 등 특정 작가에 대한 개별 작품 연구가 간헐적으로 이루어졌으나,[5] 이러한 기초자료가 발굴되고 번역서가 출간된 이후 조선초기의 金馹孫(1464~1498)·南孝溫(1454~1494)은 물론이고, 柳夢寅(1559~1623)·邊士貞(1529~1596)·梁大樸(1544~1592)·朴汝樑(1554~1611) 등 17세기 인물까지로 연구 범위가 확대되었다.[6] 내용에 있어서는 遊覽路上에 나타나는 핵심 유적에 대한 연구,[7] 특히 지리산 유람의 두 정점인 천왕봉과 청학동에 대한 깊이 있는 연구[8]가 진행되었다. 지리산을 대표하는 인물 崔致

---

4) 위의 책; 강정화 외, 『지리산 유산시 선집, 천왕봉』, 이회, 2009; 『지리산 유산시 선집, 청학동』, 이회, 2010; 『지리산 유산시 선집, 덕산·단성·산청·함양·운봉』, 이회, 2010.

5) 최강현은 『한국기행문학연구』(국학자료원, 1996)에서 김종직과 조식의 유람록만 언급하였고, 이 외에 정우락, 「남명의 유두류록에 나타난 기록성과 문학성」, 『남명학연구』 4집, 경상대 남명학연구소, 1994; 최석기, 「남명의 산수유람에 대하여-遊頭流錄을 중심으로」, 『남명학연구』 5집, 남명학연구소, 1995 등이 있다.

6) 안세현, 「柳夢寅의 遊頭流錄 연구」, 『동양한문학연구』 24집, 동양한문학회(2007); 전병철, 「感樹齋 朴汝樑의 지리산 유람과 그 인식」, 『경남학』 31집, 경상대 경남문화연구센터, 2010; 강정화, 「濯纓 金馹孫의 지리산 유람과 續頭流錄」, 『경남학』 31호, 경상대 경남문화연구센터, 2010; 강정화, 「지리산 유람록으로 본 최치원」, 『한문학보』 25집, 우리한문학회, 2011; 정출헌, 「秋江 南孝溫과 遊山」, 『한국한문학연구』 47집, 한국한문학회, 2011; 최석기, 「黃俊良의 紀行詩에 대하여」, 『동방한문학』 47집, 동방한문학회, 2011.

7) 강정화, 「지리산 유산시에 나타난 명승의 문학적 형상화」, 『동방한문학』 41집, 동방한문학회, 2009.

8) 김아네스, 「한국인의 이상향과 지리산 청학동」, 『동북아문화연구』 20집, 동북아시아문화학회, 2009; 최석기, 「조선시대 士人들의 지리산·천왕봉에 대한 인식」, 『남도문화연구』 21집, 순천대학교 남도문화연구소, 2011; 강정화, 「유람록으로 본 지리산 유람과 그 형상」, 『지리산과 한국문학』, 보고사, 2013.

遠9) · 韓惟漢10) · 鄭汝昌11) 등에 대한 연구12)도 진행되었다.

지리산유람록 전체를 대상으로 한 통시적 관점의 연구가 가능하게 됨으로써 연구방법론의 확대를 가져온 것은 주목할 만한 성과이다. 예컨대 초창기에 15~17세기 유람록 연구가 주로 진행되었다면, 전체 작품의 절반 이상을 웃돌고 있음에도 연구자의 관심이 全無했던 19~20세기의 지리산 유람 연구가 진행된 점을 들 수 있겠다.13) 이 시기의 지리산 유람은 7~8할이 南冥學을 계승한 江右學者에 의해 이루어졌다. 이는 당시 강우학자에게서 지리산 유람이 급증했다는 증빙이기도 하다. 또한 이들의 유람에는 이전과는 다른 독특한 특징들이 발견된다.

따라서 본고는 19~20세기14) 강우학자의 지리산 유람에 집중하고자 한다. 이 시기 강우학자의 유람 기록을 통해 지리산 유람이 폭증하게 된 요인을 살피고, 나아가 당시 강우지역에서 행해진 이들의 다양한 지적 활동을 살필 것이다. 이에 의거하여 먼저 Ⅱ장에서 19~20세기 강우학자의 지리산 유람을 개괄하고, Ⅲ장에서는 그들 유람의 특징들을 살피며, 이러한

---

9) 강정화, 「지리산 유람록으로 본 최치원」, 앞의 글.

10) 김아네스, 「고려 무신집권기 지리산의 은자, 한유한」, 『역사학연구』 41집, 호남사학회, 2011.

11) 정우락, 「一蠹 鄭汝昌의 학문과 문화공간으로서의 岳陽亭과 灆溪書院」, 『남명학연구』 36집, 경상대 남명학연구소, 2012.

12) 강정화, 「유람록으로 본 지리산의 인물과 그 형상」, 『동양한문학연구』 37집, 동양한문학회, 2013. 지리산을 대표하는 최치원 · 한유한 · 정여창 · 조식을 함께 다루었다.

13) 강정화, 「19~20세기 江右學者의 지리산 인식과 천왕봉」, 『한문학보』 22집, 우리한문학회, 2010; 「한말 지식인의 지리산 유람」, 『동방한문학』 53집, 동방한문학회, 2012,

14) 19세기 초 · 중기에도 裵瓚 · 河益範 · 柳文龍 · 安致權 · 閔在南 등 강우학자의 지리산 유람이 있었으나, 이는 여느 앞 시기의 개별 유람과 크게 다르지 않는 현상이었다. 따라서 본고에서 설정한 '19~20세기'는 당시 강우지역에 폭증했던 유람 현상과 연관한 것이므로, '19세기 말~20세기 중반'까지로 한정하여 살피고자 한다.

특징이 나타나는 요인을 Ⅳ장에서 확인하는 과정으로 진행하고자 한다. 이 작업을 통해 통시적 관점에서의 지리산 유람문학 연구는 일차적으로 일단락되었다고 할 수 있다.

Ⅱ. 지리산 유람의 개관

19~20세기 강우학자의 지리산 유람 기록은 대개 유람록과 유람연작시[15]로 정리할 수 있다. 이를 개관하면 아래 표와 같다.

<표 1> 지리산유람록

유람자	작품명	거주	사승	유람 시기	주요 경로
許 愈 (1833~1904)	頭流錄	합천	李震相	1877.08.05~08.15	덕산-대원사-천왕봉
朴致馥 (1824~1894)	南遊記行	합천	柳致明 許傳	1877.08.24~09.16	덕산-대원사-천왕봉
鄭載圭 (1843~1911)	頭流錄	합천	奇正鎭	1887.08.18~08.28	단성-대원사-천왕봉 -덕산
姜柄周 (1839~1909)	頭流行記	하동	許傳	1896.08.15~08.17	덕산-중산리-천왕봉
河謙鎭 (1870~1946)	遊頭流錄	진주	郭鍾錫	1899.08.16~08.24	수곡-하동-청학동
文晉鎬 (1860~1901)	花岳日記	하동		1901.04.06~04.26	북천-악양-청학동

---

15) 여기서의 '연작시'란 일정별 유람을 산문이 아닌 운문으로 연작한 작품을 일 컫는다. 한글과 일어로 쓴 유람 기록이 이 시기에 산출되었으나, 이는 기존의 한문 유람 기록과 차별화를 요하는 자료이다. 따라서 별도의 연구가 필요하 므로 여기서는 다루지 않는다. 이외에도 이 시기 산출된 수많은 유람시를 통 해 당시 유람의 폭증을 확인할 수 있다. 그러나 본고는 '일정에 따른 지리산 유람'이 핵심이므로, 일정 확인이 가능한 유람록과 연작시를 대상으로 하여 살펴보고자 한다.

金會錫 (1856~1933)	智異山遊賞錄	안의	宋秉璿	1902.02.03~03.12	산청-대원사-덕산- 중산리-천왕봉
李宅煥 (1854~1924)	遊頭流錄	단성	崔益鉉	1902.05.14~05.27	덕산-중산리-천왕봉
安益濟 (1850~1909)	頭流錄	의령	金奎泳	1903.08.27~1개월	덕산-중산리-천왕봉 -청학동
裵聖鎬 (1851~1929)	遊頭流錄	산청	許傳	1910.03.14~03.20	함양-용유담-영원암
李喜安 (1859~1929)	遊頭流錄	진주	郭鍾錫	1917.08.02~08.14	덕산-중산리-천왕봉 -대원사
郭泰鍾 (1872~1940)	順頭流錄	단성	李道復 宋秉璿 崔益鉉 田愚	1922.03	순두류 방면
金箕彩 (1874~1930)	方壺遊錄	함안		1922.04.13~04.22	함안-산청-옥종-쌍 계사-칠불사
金奎泰 (1902~1966)	遊佛日瀑記	합천 구례	鄭琦	1928.05.10~05.11	불일폭포
吳政杓 (1897~1946)	遊佛日瀑記	합천 구례	鄭琦	1928.06.07~06.08	불일폭포
鄭 琦 (1879~1950)	遊方丈山記	합천 구례	鄭載圭	1934.08.17~08.24	구례-반야봉-세석- 칠불암-쌍계사
金學洙 (1891~1974)	遊方丈山記行	단성	郭鍾錫	1937.08.16~08.22	단성-산청-중봉-천 왕봉-대원사
李鉉燮 (1879~1960)	頭流紀行	창원	金炳璘 盧相稷	1940.08.16~08.29	덕산-거림-천왕봉- 덕산
鄭德永 (1885~1956)	方丈山遊行記	덕산	李道容 河謙鎭 韓愉	1940.08.27~09.07	덕산-거림-세석-천 왕봉-덕산

　이 시기 발굴된 강우학자의 지리산유람록은 모두 20편 정도이다. 유람
자의 거주지는 합천·진주·단성·덕산·의령·안의 등 강우지역에서
골고루 나타나고 있다. 사승관계를 살펴보면 당시 대학자로 이름났던 寒
洲 李震相(1808~1886)·定齋 柳致明(1777~1861)·性齋 許傳·蘆沙 奇正鎭
(1798~1879)을 비롯하여, 다음 세대인 俛宇 郭鍾錫(1846~1919)·老柏軒 鄭

載圭·晦峰 河謙鎭(1870~1946) 등의 문인이 주로 지리산을 올랐다. 이들의 유람 코스는 주로 천왕봉과 하동 청학동 방면이었다. 그중에서도 '덕산→대원새(또는 중산리)→천왕봉' 코스가 특히 집중적으로 나타나고 있다.

이 시기 지리산 유람에서 '구례' 지역의 등장은 주목해 볼 만하다. 이전까지의 지리산 유람에서 서쪽 권역인 구례는 배제된 곳이나 다름없었다. 인근의 하동 청학동이 천왕봉과 함께 지리산 유람의 정점이었고, 수백 년 동안 수많은 유람자가 청학동으로 찾아들었지만, 구례를 유람지로 채택하는 경우는 없었다. 게다가 구례 출신 유람자의 유람기록이 발굴되지도 않았고, 遠地의 유람자가 전라도 곡성이나 순천을 거쳐 청학동을 들고날 때 구례 화엄사를 경유하는 일정이 보이는 정도였다. 이 시기 강우학자에게서 구례가 유람지로 등장할 수 있었던 직접적인 요인은 합천사람 정재규의 문인 鄭琦가 1927년 문인들과 함께 구례군 토지면에 移居하면서 그의 문하생인 김규태·오정표·양회갑 등의 지리산행이 잦았기 때문이었다.

<표 2> 유람연작시

유람자	작품명	유람 시기	거주	사승	주요 경로
趙性家 (1824~1904)	頭流錄八首丑	1877	하동	奇正鎭	중산-천왕봉
郭鍾錫 (1846~1919)	頭流記行二十五篇	1877.08.05~08.15	단성	朴致馥 李震相	대원사-천왕봉
權奎集 (1850~1916)	遊山記行十五首	1877.08.05~08.15	단성	許傳	덕산-대원사-천왕봉
郭鍾錫 (1846~1919)	後頭流記行三十篇	1877.08.25~09.16	단성	朴致馥 李震相	대원사-천왕봉
權奎集 (1850~1916)	後遊山記行二十一首	1901.08.	단성	許傳	덕산-법계사-천왕봉
鄭敦均 (1855~1941)	方丈紀行	1904년 이전	안계	河達弘 許愈 郭鍾錫	덕산-중산-천왕봉
李泰夏 (1888~1973)	方丈紀行	1911.04.08~10여 일	의령		의령-덕산-내원-천왕봉

柳海曄 (1889~?)	丁巳秋同李可允 西遊頭流紀行五首	1917.08.02~08.14	丁台	金鎭祜	덕산-벽송암-천 왕봉
金進東 (1882~1966)	頭流記行	1932.08.02	단성		옥종-덕산-천왕 봉
權鳳鉉 (1872~1936)	與趙復齋遠儒鏞肅 遊順頭流三十首		단성	崔益鉉	순두류 방면
鄭德永 (1885~1956)	頭流山記行十五首	1940.08.27~09.07	덕산	河謙鎭	덕산-거림-세석 -천왕봉
李鉉德 (1887~1964)	後頭流詩	1941	진주	郭鍾錫	덕산-거림-세석 -노고단-천왕봉
李圭南 (1870~1944)	頭流紀行		산청	金鎭祜 郭鍾錫	덕산-법계암-천 왕봉
韓禹錫 (1872~1947)	頭流山雜詠		元塘	郭鍾錫	덕산-법계사-천 왕봉
河啓輝 (1874~1943)	頭流紀行		진주	尹冑夏	덕산-중산-천왕 봉
鄭憲喆 (1886~1969)	頭流紀行三十首		진주	河謙鎭	덕산-대원암-천 왕봉
南伯熙 (1886~1969)	方丈紀行二十首		옥종	河謙鎭	덕산-거림-세석 -노고단-천왕봉 -순두류-내원사

　　연작시는 유람 일정에 따라 운문으로 기록한 것으로, 지리산 유람의 경
우 대개 19세기 중반부터 나타나기 시작한다. 유람록과 달리 이 시기의
연작시는 의령·산청·진주 등 강우학자에게서만 17편이 확인되었다.

　　강우지역 내 蘆沙學脈의 대표적 인물로 알려진 趙性家는 하동 옥종에
세거하면서도 만년엔 지리산 中山里에 은거하여 살았다. 중산은 법계사
를 거쳐 지리산에 오르는 최단거리 코스의 초입에 해당한다. 그는 그곳에
거주하면서 지리산에 오르는 뭇 유람자를 만났다. 위 작품은 1877년 가을
10여 명의 동행자와 함께 천왕봉을 유람한 기록이다.[16]

---

16) 趙性家, 『月皐集』 권3, 「頭流錄八首」. 조성가는 「天王峰」이란 작품에서 "十有
　　一人丁丑秋 同登方丈作豪遊"라 읊었고, 또한 「下山」에서 "卅載胸中此一山 白頭
　　今日偶偷閒"이라 하였다.

곽종석의 「頭流記行二十五篇」은 1877년 8월 5일부터 15일까지 합천의 許愈를 비롯해 金鎭祜·李道默·李道樞·朴圭浩·河龍濟·曺垣淳·權奎集 등 강우지역의 여러 학자들과 지리산을 유람하고 지은 것이다. 이들의 유람은 덕산을 거쳐 대원사 방면으로 천왕봉에 올랐다. 이때의 유람록이 바로 허유의 「두류록」이고, 연작시 중 권규집의 「遊山記行十五首」가 이 때 지어졌다.

곽종석은 이 유람에서 돌아 온 10일 뒤 합천사람 晩醒 朴致馥이 스승인 이진상과 함께 지리산을 유람하기 위해 단성 南沙로 찾아오자, 인근의 여러 인사와 함께 다시 이전의 그 코스로 유람 길에 올랐다.[17] 이때의 유람록이 박치복의 「南遊紀行」이다.

권규집의 「後遊山記行二十一首」는 1901년 8월에 역시 덕산→법계사→천왕봉 코스로 유람한 기록이다. 권상정의 「頭流紀行九首」 또한 이 유람에 동행한 연작시이다.[18] 정돈균의 「方丈紀行」은 중산리에 은거 중인 스승 조성가를 찾아뵈었다는 첫 首의 첫 句[19]로 보아, 1904년 이전의 작품임을 알 수 있다.

李泰夏의 「方丈紀行」은 각각의 시에 長文의 序를 붙여 기행문을 대신하였는데, 특히 강우지역의 당시 상황을 비교적 상세히 기록하고 있다. 유해엽은 산청사람으로, 1917년 8월 2일부터 14일까지 덕산을 거쳐 천왕봉을 유람하였다. 이때의 유람록이 李壽安의 「遊頭流錄」이다. 이수안의 아들 이현덕이 이 유람에 동행하였고, 그는 1941년에도 거림→노고단→천

---

17) 곽종석의 「後頭流記行三十篇」이란 詩題 아래의 細註에 "洲上及晩醒諸公 因作上 山之遊 故余不免再作此行"라 하였다. 『俛宇集』 권3 참조.

18) 詩題 아래에 "辛丑八月 與權兼山(奎集)·權沙上·崔達天 上頭流 因下山 觀海"라는 細註가 붙어 있다.

19) 「方丈紀行」의 첫 작품인 「中山趙月皐性家丈宅」의 전문은 아래와 같다. "世路崎 嶇摠哂魚 碧山深處丈人居 別界寬開雲霧裏 生涯自足典墳餘 看鹿應同張氏隱 漑田 須似白公渠 函席從容承誨久 豈徒勝讀十年書"

왕봉 등을 유람하고 「後頭流詩」 18수를 남겼다.

권봉현의 「與趙復齋遠儒鏞肅 遊順頭流」는 순두류 방면을 읊은 것이다. 일명 중산리 코스는 중산에서 법계사를 거쳐 천왕봉에 오르는 것이 일반적인데, 이 시기에 이르러 순두류 방면으로의 일정이 나타난다. 1922년 3월 이 방면으로 유람한 郭泰鍾의 「順頭流錄」이 대표적이다. 권봉현의 이 작품은 순두류 방면만을 유람한 것이므로 여타의 연작시와 달리 별도의 小題 없이 일정별 30수로 이루어져 있다.

덕산사람 정덕영의 「頭流山記行」은 1940년 8월 27일부터 9월 7일까지의 일정으로 천왕봉을 유람한 기록이다. 이때의 유람록이 「方丈山遊行記」이다. 덕산을 거쳐 거림→세석→천왕봉에 올랐다가 법계사를 구경하고 하산하는 일정이었다.

정리를 하자면, 19~20세기 지리산 유람은 대개 영·호남 지식인에 의해 행해졌으나, 특히 강우학자에게서 집중적으로 나타난다. 이 시기 지리산 유람이 성행했던 만큼 유람록이 많이 산출되었고, 발굴된 전체 유람록의 절반에 해당한다. 특히 이때부터 강우학자에 의해 유람연작시가 꾸준히 지어지는 것은 이전 시기와 구별되는 점이다. 유람 코스로는 '덕산→중산리[대원사]→천왕봉' 코스가 대세를 이루었고, '덕산→거림→세석→천왕봉' 코스가 새로이 부상하였다.

III. 지리산 유람에 나타난 특징

1. 덕산 일대로의 유람 편중

조선시대 지리산 유람의 목적지는 천왕봉과 청학동이었다. 100여 편의 유람록을 중심으로 수백 년 간 이루어진 그 경로를 정리하면 다음

몇 가지 유형으로 집약할 수 있다.

 A : 함양 백무동→하동암→천왕봉
 B : 덕산→중산리→법계사→천왕봉
 C : 쑥밭재→하봉→중봉→천왕봉
 D : 하동 청학동→삼신동→세석평→천왕봉
 E : 화개→쌍계사→불일암→삼신동
 F : 덕산→대원사→중봉→천왕봉
 G : 구례→노고단→반야봉→세석평→청학동
 H : 순두류
 I : 덕산→거림→세석평→천왕봉

A는 주로 함양이나 운봉에서 출발하는 유람자가 즐겨 애용하던 경로이다. 중산리에서 산행을 시작하는 B는 천왕봉까지 오르는 가장 짧은 코스로, 예전에도 즐겨 애용하였다. C는 지리산 동부능선의 끝자락에서 천왕봉으로 오르는 경우로, 주로 쑥밭재[艾峴]를 경유해 하봉과 중봉을 차례로 거쳐 정상에 오른다. D는 청학동을 찾아 하동 쌍계사 일대와 삼신동에 들렀다가 영신봉을 거쳐 천왕봉으로 오르는 코스이다. 천왕봉을 오르지 않고 청학동만을 위한 유람이 바로 E이다. 여기까지는 19세기 중반까지 보편적으로 나타나는 지리산 유람로이다.

F~I까지는 19세기 말기부터 나타나는 코스이다. F는 덕산에서 유람을 시작하여 대원사를 거쳐 천왕봉에 오르는 길이다. 합천사람 허유·정재규 등의 유람에 보인다. G는 노고단과 반야봉을 오르는 코스이다. 노고단과 반야봉은 이전까지의 지리산 유람에서 배제되었던 곳인데, 이 시기에 이르러 각광받는 명승으로 자리하였다. 이로 인해 지리산의 서쪽 권역인 구례 또한 유람의 핵심지로 부상하였고, 구례를 거쳐 노고단을 오르거나, 천왕봉에서 노고단을 거쳐 하산하는 경로가 보인다. 정읍의 金澤述, 구례

의 鄭琦·梁會甲 등 호남지역 문인에게서 주로 나타난다.

이 코스로의 유람이 성행했던 것은 노고단에 설립된 '선교사휴양촌' 때문이었다.[20] 일제강점기에 내한하여 포교활동을 하던 수많은 미국인 선교사들은 낯선 기후와 풍토로 인해 발생되는 질병을 치료하기 위해 1920년부터 지리산 노고단 일대에 휴양촌을 건립하였다. 절정인 1940년 대에는 50여 채가 넘는 서양식 가옥에 숙박시설은 물론 수영과 골프 등을 즐길 수 있는 각종 피서 시설들이 갖추어졌다. 보는 것만으로도 물질적 위화감을 느끼게 할 만큼 새롭고 화려한 휴양시설이었다. 이 휴양촌이 입소문을 타면서 노고단은 지리산 유람의 새로운 공간으로 부상하였던 것이다.

노고단 외에도 이 시기 새로이 부상한 곳이 바로 H의 順頭流와 I의 '내대~거림' 간 코스이다. 순두류는 중산리에서 천왕봉을 오르는 도중의 800여 미터 높이에 위치한다. '順頭村'이라는 마을이 있어 오르내리는 유람자의 숙소로 활용되었다. 이 또한 이전 유람에서는 주목받지 못한 곳이었다. 기록상으로는 덕산의 남명 유적지를 둘러보고 거림의 도장골까지 갔다가 돌아 나오는 유람이 1920년대에 있었으나,[21] 거림을 거쳐 세석으로 오르는 유람은 1940년을 즈음하여 나타난다. 주로 강우학자인 이현섭·정덕영·남백희·이현덕 등에게서 보인다.

그런데 위의 두 표에서도 확인되듯, 19~20세기 강우학자의 지리산 유람은 매우 심하게 편중된 코스로 나타난다. 특히 '덕산→중산리→법계사→천왕봉' 혹은 '덕산→대원사→천왕봉' 행로가 집중적으로 나타난다. 남

---

[20] '선교사휴양촌'의 조성과정 및 가치 등에 관한 선행연구로는 한규무의 「지리산 노고단 선교사 휴양촌의 종교문화적 가치」(『종교문화연구』 15집, 한신대학교 종교와문화연구소, 2010)가 있다.

[21] 장화식의 유람이 이에 해당한다. 그는 1925년 1월 18일부터 2월 3일까지 덕산~거림 일대를 유람하였다. 최석기 외, 『선인들의 지리산 유람록 6』, 앞의 책, 58쪽, 유람지도 참조.

명의 유적지 덕산으로 들어가는 초입인 단성 · 남사에서부터 陶邱臺 · 入德門 · 濯纓臺를 둘러 본 후 만년에 은거했던 山天齋와 德川書院을 참배하고, 중산리를 통해 법계사로 천왕봉에 오르거나 대원사로 길을 잡는 경우가 일관되게 나타난다. 특히 전자의 코스는 천왕봉에 오르는 최단거리임과 동시에, 중산리에 은거하고 있던 조성가 등 대학자를 내방하거나 법계사에서 老人星을 보고자 하는 것이 유람의 큰 목적 중 하나였다.

예컨대 1902년 5월에 있었던 李宅煥의 유람에는 포천에 거주하는 崔益鉉(1833~1903)이 지리산 유람을 위해 강우지역을 찾아오자 인근의 수많은 인사들과 함께 중산리의 조성가를 내방하는 일정이 나타난다. 조성가는 강우지역의 대표적인 노사학맥의 일원으로, 당시 연로하여 산행에 동행하지 못하니 최익현 일행이 일부러 찾아와 회동하였던 것이다.[22]

대원사를 거쳐 천왕봉으로 오르는 코스가 이 시기에 부상한 것도 특징이라 할 수 있다. 대개 대원사 방면에서 '큰 근원[大源]'을 찾고자 하였다. 이 방면의 유람은 18세기에 明庵 鄭栻(1683~1746)과 冥庵 李柱大(1689~1755) 등에게서 확인되나, 대개는 대원사까지 갔다가 되돌아오는 일정이었다. 19세기에 들어와 1849년에야 민재남이 대원사를 지나 천왕봉에 올랐고, 뒤이어 1877년에 박치복과 허유가, 1887년에 정재규가 이 코스로 유람하였다. 특히 19세기 말의 유람에는 溪南 崔琡民(1837~1905)을 비롯해 이택환 · 權雲煥 등 강우학자 수십 인이 동행하였다. 이 방면의 유람은 이후 일제시기까지 지속적으로 나타나는데, 어지러운 시기에 儒學의 道를 扶持하려는 당대 지식인의 시대의식이 발현된 것이라 할 수 있다.[23]

이 시기 어느 쪽을 택하든 이들 유람에서 반드시 거쳐 갔던 곳은 바로

---

22) 李宅煥, 『晦山集』 권9, 「遊頭流錄」.
23) 최석기, 「함양지역 사대부들의 지리산유람록에 나타난 정신세계」, 『경남학』 31호, 경상대 경남문화연구센터, 2010, 9~21쪽.

남명의 유적지 덕산이었다. 실제 강우학자가 거주하던 남사·단성 및 하동 일대는 덕산과의 거리가 채 몇 리에 불과하였다. 하루에도 수없이 오르내렸을 덕산 일대를 지리산 유람 일정에 반드시 포함시켜 남명 유적을 탐방하였던 것이다. 따라서 앞에서 거론한 덕산의 남명 유적은 물론이고, 남명이 손수 그렸다는 네 儒賢의 肖像,[24] 그리고 남명과 그의 문인 德溪 吳健과의 일화가 전하는 面傷村과 送客亭[25]에 이르기까지 이 시기에 남명 관련 작품이 무수히 쏟아져 나오는 현상도 같은 맥락에서 이해할 수 있다.[26]

당시 노고단의 휴양촌이 지리산 유람지로 급부상했지만, 강우학자에게서는 관련한 기록이 거의 확인되지 않는다. 이현덕·남백희에게서 보이는 정도인데, 이들도 덕산을 거쳐 가는 일정으로 유람하였다. 반면 당시 새로운 코스였던 거림과 순두류 방면의 유람은 제법 많은 강우학자에게서 확인된다. 그리고 이때도 덕산을 거쳐 남명 유적을 탐방한 후 거림이나 순두류로 향하였다. 주로 거림 방면에 사는 知人을 방문해 그들의 안내로 등정하는 것이 일반적이었고, 이들 안내자는 세상을 피해 거림 골짝을 찾아 은거하는 사람들이었다.[27] 따라서 이들에 의해 오르내리던 코스가 이 시기에 이르러 등정 코스로 활용되었으리라 추정할 수 있다. 이는 순두류

---

24) 조식은 산천재 마루 벽면에 孔子·程明道·程伊川·朱子의 초상을 손수 그려 두었는데, 이후 덕산 일대를 방문한 유람자는 반드시 이 네 초상을 대하고서 많은 작품을 남겼다. 강정화 외, 『지리산 유산기 선집』, 앞의 책 참조.

25) 현 경상남도 산청군 삼장면 덕교리에 있었던 정자이다. 오건이 스승인 조식을 찾아왔다가 작별을 고하고 돌아가는데, 작별을 아쉬워하던 남명이 배웅하며 베풀어 준 전별주에 취하여 그만 말에서 떨어져 이마에 상처를 입었다고 한다. 이 고사로 인해 남명이 덕계를 전송한 곳에 송객정을 세우고, 덕계가 말에서 떨어져 이마를 다친 곳을 면상촌이라 부르게 되었다고 한다.

26) 강정화 외, 『지리산 유산시 선집, 덕산·단성·산청·함양·운봉』, 앞의 책.

27) 당시 내대에 살고 있던 安華埴이 대표적 인물이다. 그는 장화식과 이현섭의 유람에 안내를 겸하여 동행하였고, 일행은 그의 집에서 숙식 등 유람에 필요한 물자를 제공받았다. 蔣華植, 『贅翁續稿』 권4, 「江右日記」.

방면도 마찬가지인데, 이수안·곽태종·권봉현·남백희 등이 이 길로 유람하였다. 일제시기에는 꽤나 많은 사람들이 이 순두류에 숨어들어 어려운 삶을 살아가고 있었다. 요컨대 어느 방면으로 오르든 덕산의 남명 유적은 19~20세기 강우학자의 지리산 유람에서 반드시 거쳐 가는 코스였던 것이다.

2. 집단 유람과 禮式의 성행

그간의 지리산 유람은 혼자만의 산행이었던 南孝溫이나, 벗과의 무전기행 같았던 金馹孫과 鄭汝昌의 遊山이 있는가 하면, 金宗直·柳夢寅과 같이 지리산권역의 관료로 부임하였다가 동료나 문인과 함께 오르기도 하였고, 曹植처럼 지리산 자락에 살면서 인근의 벗과 유람하는 것이 일반적이었다. 따라서 짐꾼이나 도중에서 만나고 헤어지는 일행을 제외한 유람의 주요 동행인은 많아도 십여 명을 넘어서지 않았다. 그런데 이 시기 지리산 유람은 대개 십여 명이 기본이었고, 많게는 수십 여 명이 함께 하는 대규모 집단으로 나타난다.

- 許愈의 유람 : 郭鍾錫, 金鎭祜, 李道默, 李道樞, 曹垣淳, 權奎集 등 20여 명
- 朴致馥의 유람 : 李震相, 金麟燮, 郭鍾錫, 河龍濟, 金基淳, 趙鎬來, 河禹瑞 등 20여 명
- 鄭載圭의 유람 : 權雲煥, 李宅煥, 李養浩, 崔琡民, 金賢玉, 趙鏞韶 등 20여 명
- 文晉鎬의 유람 : 崔琡民, 李道默, 奇宇萬, 趙性家, 李宅煥 등 50여 명
- 宋秉珣의 유람 : 卞士永, 金會錫 등 28명
- 李宅煥의 유람 : 崔益鉉, 崔琡民, 鄭載圭, 金賢玉, 趙鏞韶, 姜聖秀 등 35명
- 鄭德永의 유람 : 李基元, 金昌炫, 金鍾萬 등 20여 명

허유의 유람은 산청 남사의 곽종석이 서신을 보내 성사되었고, 유람 일정에 맞춰 남사에 도착하자 김진호·이도묵 등 인근의 여러 학자들이 동행

하였다. 박치복 또한 경북 성주의 이진상이 지리산 유람을 위해 百鍊齋를 내방하자 단성의 김인섭과 곽종석 등에게 동행을 청하였다. 당대 최고의 학자들이 지리산 유람에 나서자 인근의 인사들이 대거 동행하기에 이르렀다. 정재규의 유람에는 하동의 최숙민·이택환·이양호, 산청의 김현옥, 단성의 권운환 등 일대의 인사들이 대거 동행하였다. 이택환의 유람은 스승 최익현이 지리산 유람을 위해 멀리서 찾아오면서 성사되었고, 또한 최숙민·정재규·김현옥 등 당시 강우지역의 수많은 학자들이 동행하였다. 이택환은 천왕봉 일월대에 앉아 등정한 사람의 이름을 기록하였는데, 모두 35인이라 하였다. 이처럼 이 시기 지리산 유람은 강우지역 인사들이 집단을 이루어 행해졌다.

집단 유람이라는 점에서 문진호의 유람은 특히 주목해 볼 만하다. 하동 북천사람 문진호는 1901년 4월 초6일부터 20일까지 14박15일 동안 지리산을 유람하였다. 코스는 하동 鈒巖→岳陽亭→쌍계사→불일암 등 청학동 일대를 유람하고 돌아오는 일정이었다. 1901년 4월 16일에 있을 악양정 중건 낙성식에 참여를 겸한 청학동으로의 유람이었다. 낙성식에는 인근에 거주하던 수백 명의 강우학자가 참여하였고, 때문에 그의 유람은 수십여 명이 함께 할 수 있었다.

이들 동행자가 모두 당대 영·호남 지역의 뛰어난 지식인이었다는 점도 주목해야 할 것이다. 위에 제시된 인물만을 살펴보더라도, 합천의 허유·박치복·정재규 등, 하동지역 인물로는 조성가·최숙민·문진호·이택환 등, 산청과 단성 일대의 인물로는 곽종석·김진호·이도묵·이도추·김인섭·권운환·김현옥 등이 있으며, 그 외 호남지역의 기우만과 황현, 포천의 최익현, 경북 성주의 이진상 등이 보인다. 이들은 각자의 거주지에 살면서 학문에 정진하다가 지리산 유람에 동행함으로써 강우지역에서 회합하였던 것이다.

그리고 이들의 유람에서는 수십 명의 유람자가 집단을 이루어 지리산 인근에 은거하는 대학자의 거주지를 내방하는 모습을 확인할 수 있다. 예컨대 이택환의 유람에서 최익현 일행이 중산리의 조성가를 내방하는 모습을 이미 확인하였다. 송병순은 도중에 하동의 최숙민을 일부러 찾아가는 일정을 잡았으며,[28] 이진상이 동행한 박치복의 유람에서는 남사 및 덕산에서 여러 차례 인근의 인사가 대거 회합하는 현상을 목격할 수 있다. 좀 더 앞선 시기의 유람에서는 송병선 일행이 1879년 8월 1일부터 9일까지 청학동과 천왕봉을 유람하고 단성에 도착하자 인근의 유생 30~40명이 일시에 회합하는 모습도 확인할 수 있다.[29] 이 시대 최고의 지식인들이 지리산을 찾아오자, 지리산 인근 지역은 학자들의 회합 장소로 탈바꿈하였던 것이다.

이처럼 일시에 많은 지식인이 회동하니 전에 없던 여러 가지 禮式들이 행해졌다. 鄕飮酒禮를 행하고 집단적인 講會를 개최하는 것이 대표적이었다.

> 내일 일정을 묻자, 곽명원[郭鍾錫]이 읍을 하면서 앞으로 나와 말하기를 "이 마을의 군자들은 큰 덕을 가진 장로들께서 오시고 이름난 석학들이 많이 모인 자리이니, 鄕飮酒禮를 강론했으면 합니다. 의식에 필요한 물건들을 이미 마련해 두었으니, 원컨대 하루만 더 머무십시오."라고 하여, 내가 말하기를 "그런 성대한 일을 어찌 감히 사양할 수 있겠는가."라고 하였다. 드디어 역할을 나누어 정한 牓을 썼다. 이한주[李震相]가 賓을 맡고, 내가 主人을 맡았으며, 인척 권성거가 介를 맡고, 김성부와 河禹錫이 僎을 맡았다. 그 나머지 三賓·司正 등의 여러 역할은 모두 나이순으로 정하였다. 다음 날(27일). 마당에 자리를 펴고, 땅에 선을 그어 문을 표시하고, 마루와 碑牓을 진설했다. 해가 정오에 이르렀을 때 향음주례를 시작하여 해가 기울어서야 예를 마쳤다. 예를 행하는 동안 정숙하여 시끄럽지 않았고, 고요하여 매우

28) 宋秉珣, 『心石齋集』 권12, 「遊方丈錄」.
29) 宋秉璿, 『淵齋集』 권21, 「頭流山記」.

아름다웠다. 품이 넓은 예복과 폭이 넓은 허리띠를 두른 사람들의 威儀는 中道에 맞고 적합했다. 유생들이 강좌를 개설하기를 청하여, 皐比 두 자리를 폈다. 그리고 나와 이한주를 그 자리에 나란히 앉게 하였다. 나는 그 중 한 자리를 없애고서 묻고 답하는 것을 곁에서 듣기로 하였다. 「太極圖說」을 강론했다.30)

박치복과 이진상이 남사에 도착하자 곽종석은 향음주례를 행하려 준비하고 있었다. 인근 수십 명의 인사들이 대거 참여하는 성대한 행사였으며, 이어서 강회를 열어 「태극도설」을 강하였다. 지리산유람록에서 향음주례와 강회를 시행한 것은 박치복의 「남유기행」에 처음 보인다. 곽종석의 언급처럼 당대 뛰어난 석학들과 인근의 수많은 인사가 모인 기회를 활용해 유람 도중 향음주례를 행하고 강회를 여는 사례는 전에 없던 것이었다.

그러나 이는 이 시기 이후의 지리산 유람에서 어렵지 않게 발견할 수 있다. 예컨대 정재규의 「두류록」에 의하면, 대원사로의 유람을 마친 이들이 단성의 照寒齋에 이르자 수십 명이 모여 進講하는 모습을 확인할 수 있으며, 문진호의 「花岳日記」에서도 악양정 낙성식에 참여한 수십여 명이 향음주례를 행하는 모습을 볼 수 있다. 이택환의 유람에서도 최숙민·정재규·이도묵 등과 함께 향음주례를 행하였다.

특히 이 시기 지리산권역 곳곳에서는 강회가 빈번하게 이루어졌다. 청학동 일대의 대표적인 講會處로는 鄭汝昌의 은거지인 하동 악양정과 구례 화엄사가 있었으며,31) 그 외에도 樂山齋 등 하동 각 지역에 산재한 문중

---

30) 朴致馥, 『晩醒集』 권7, 「南遊紀行」. "因問明日行計 鳴遠拱手而前曰 此中諸君子 以長德之來臨 名碩之多會 欲講鄕飮禮 儀物已具 願寬一日暇 余曰盛擧也 敢辭 遂書分牓 寒洲爲賓 余爲主 權戚爲介 金臺兄·河令公禹錫爲儐 其餘三賓司正諸位 皆以齒爲序 明日 鋪席于沙場 畫地爲門 陳堂碑 日禺中始行禮 至戾乃罷 肅而不譁 靜而孔嘉 褒衣博帶 與與如也 諸生請設講座 鋪二皐比 鋪二皐比 要余與寒洲并坐 余撤去其一 參聽答問 講太極圖說"

재실이 활용되었다. 특히 악양정에서의 小學講會[32]나 요산재에서의 困學
講會 등은 정기적인 강회로 유명하며, 회원은 주로 인근의 학자들이었
다.[33] 이 외에도 享祀나 유람 등을 계기로 강회를 여는 등 인근지역 학자
들 간 회합의 場으로 활용되었다. 지리산 유람을 매개로 수많은 강우학자
가 한 자리에 회동하였고, 이를 계기로 유교사회 전통의식의 하나인 향음
주례와 강회를 베풀었던 것이다.

3. 유람의 반복과 師承

강우지역 지식인에게 있어 지리산은 우리 민족의 靈山임과 동시에 내
고장의 명산이었다. 가까이 있어 敬畏하면서도 언제나 마음속에 들어와
있는 친숙한 존재였다. 때문에 이들의 유람 기록에는 지리산이 내 고장에
있으니 오른다는 표현들이 자주 보이기도 한다.

遠地의 유람자에겐 지리산 유람이 평생의 염원이었던 것에 비해, 비록
소수에 불과하지만, 지리산권역 지식인의 유람은 단발성이 아니었던 점
도 간과할 수 없다. 曺植만 하여도 12차례나 지리산을 올랐다고 피력했으
며, 남원에 은거했던 靑溪 梁大樸 또한 4번의 유람이 확인되며, 남명의 문
인 成汝信(1546~1632)은 지리산을 포함해 진주 인근의 명산을 두루 유
람하였으며, 덕산사람 明庵 鄭栻(1683~1746)은 지리산 곳곳에 그의 발

---

[31] 강정화, 「老栢軒 鄭載圭의 삶과 학문」, 『남명학연구』 29집, 경상대 남명학연구
소, 2010, 172~178쪽.

[32] 鄭載圭, 『老栢軒集』 권34, 「岳陽亭會遊記」. "載圭與湖南友人鄭季方 有蕭寺之約
過岳陽 金君豊五偕焉 豊五嘗寓於是 與居人朴生濟翊劉生啓承李生炳憲郁鄭生基洙
議掃遺墟 修講契 以致地荒井廢之感 而以余過 是置酒相邀 設小學講會 會者數十人
各誦一章 酒一巡而止"

[33] 文晉鎬, 『石田遺稿』 권2, 「花岳日記」; 崔琡民, 『溪南集』 권23, 「困學禊案序」. "余
嘗妄謂困亦是君子事 小人無困 困而學之 困而不學 有學不學 困則一也 曰無困何安
此暴棄 是也 若乃君子之困 則不如舜爲憂者也 近日 汾河之間學者 彬彬而起 絃誦
相聞 如仁川稷下愚溪諸處 最其尤者也 余以丘墓 宗族皆在於是 黃緣得遊從相樂 歲
一再焉 曰族生永好 以其所謂困學禊卷者示余而謁序"

길이 닿지 않은 곳이 없다고 할 만큼 지독한 遊覽癖이 있었다. 그러나 이러한 몇몇 개인의 특성에도 불구하고, 예나 지금이나 지리산은 쉽게 찾아나서지 못하는 명산임에 분명하였다.

그런데 앞 장의 유람자에게서도 확인되듯, 19~20세기에 이르면 강우학자의 유람에서 동일 인물이 동일한 코스로 여러 차례 동행하는 현상이 나타난다. 당시 강우학자의 지리산행이 잦았고, 때문에 반복 유람이 가능했던 것이다. 예컨대 곽종석이 산행에서 돌아온 지 10여 일 만에 같은 코스로 다시 오른 경우가 대표적이며, 그 외에도 최숙민·정재규·이택환·이도묵·김현옥 등 강우학자의 이름이 여타의 유람록에서 여러 차례 보인다. 코스로는 이 시기에 특히 부각되었던 덕산→대원사(또는 중산리)→천왕봉으로의 유람이 두드러지게 나타난다.

당시 하동지역의 대표 학자 최숙민은 1887년 8월에 있었던 정재규의 유람에 함께 하였고,[34] 1901년 4월 문진호의 유람[35]에도, 그리고 1902년 5월 이택환의 유람[36]에도 참여하였다. 최숙민의 지리산 인근으로의 잦은 유람은 이 외에도 여러 곳에서 확인된다.[37] 1877년 8월 허유의 유람에 동행했던 이도묵은 1901년 문진호의 유람에도 1903년 安益濟의 유람에도 함께 하였고,[38] 정재규 또한 1887년 자신의 유람 외에도 이 시기 여타 유람록에 그 이름이 자주 오르내리고 있다.[39] 악양정 중건에 결정적 역할을 했던 김현옥은 1891년 정재규의 하동 악양정 유람에, 그리고 1902년 이택

---

34) 鄭載圭, 『老柏軒集』 권32, 「頭流錄」.

35) 文晉鎬, 『石田遺稿』 권2, 「花岳日記」.

36) 李宅煥, 『晦山集』 권9, 「遊頭流錄」.

37) 강정화, 「溪南 崔琡民의 紀行詩」, 『동양한문학연구』 32집, 동양한문학회, 2011, 38~60쪽.

38) 許愈, 『后山續集』 권5, 「頭流錄」; 文晉鎬, 『石田遺稿』 권2, 「花岳日記」; 安益濟, 『西岡遺稿』 권5, 「頭流錄」.

39) 그는 1877년의 허유와 1902년 이택환의 유람 등에 동행하였다.

환의 유람에도 동행하였다.

이렇듯 유람 작품을 남긴 이들을 중심으로 거론했지만, 실제 수십 여명이 참여하는 이들의 유람에는 父子 간은 물론이고 집안의 자제들을 대거 참여시키는 것이 일반적이었다. 문진호는 자신의 유람에 집안 자제들을 대거 동참시켰고, 동행이었던 최숙민 역시 자신의 두 아들과 조카 등 수 명을 함께하도록 하였다. 인근의 지식인은 물론 당대 대학자가 회합하는 자리였기에 말석에라도 참여시키고픈 지적 욕구가 있었던 것이다. 때문에 사실상 이 시기 여러 유람에는 거론된 인물 외에도 수많은 동일 인물이 반복적으로 나타나는데, 이 또한 이 시기 유람에 보이는 독특한 특징이라 할 수 있다

> 정축년(1937) 가을 8월, 법물에 사는 여러 公들이 나를 찾아와 말하기를 "옛날 李寒洲[李震相]·朴晚醒[朴致馥]·金端磎[金麟燮]·郭俛宇[郭鍾錫] 등 여러 선생들이 이 해 이 달에 천왕봉에 올랐습니다. 한 시대 인물이 모두 모여 풍도와 운치가 성대했으니, 근세에 비할 수 없는 일이었습니다. 어느덧 세월이 흘러 그 해가 돌아왔습니다. 우리들의 문장과 사업이 비록 그분들과 비할 수는 없지만, 유람하며 완상하는 흥취는 남들보다 못하지 않습니다. 그러니 어찌 함께 한 차례 이 산을 유람하는 일을 해보지 않겠습니까?"라고 하였다. 나는 흔쾌히 허락하고서, 드디어 16일 출발할 계획을 세웠다.40)

이는 단성사람 述庵 金學洙(1891~1975)의 「遊方丈山紀行」의 서두 부분이다. 김학수는 1937년 8월 16일부터 22일까지 인근의 여러 인사와 함께 단성 법물을 출발하여 산청→쑥밭재→중봉을 거쳐 천왕봉에 올랐다

---

40) 金學洙, 『述菴遺集』 권4, 「遊方丈山紀行」. "丁丑之秋 八月 法勿諸公 要余而言曰 昔李寒洲·朴晚醒·金端磎·郭俛宇諸先生 以是年是月 登天王峰 一時人物之萃 風韻之盛 近世無比 荏苒之間 甲年已回 吾輩文章事業 雖非等倫 而遊賞之興 不在人後 盍與一圖之 余欣然壯之 遂以十六日爲發程之計"

가 대원사로 하산하여 덕산 일대의 남명 유적지를 구경하고 귀가하였다. 김학수는 곽종석의 문인이다. 인용문에 나오는 '이 해 이 달'의 유람은 박치복과 곽종석이 이진상과 함께 지리산을 유람했던 1877년 8월의 일정을 가리킨다.[41]

주지하듯 이 시기 강우지역에는 性齋 許傳의 학문을 계승한 性齋學派, 奇正鎭의 학문을 이은 蘆沙學派, 이진상의 학문을 계승한 寒洲學派가 공존하고 있었다. 이 시기에 이르러 수많은 지식인이 강우지역에서 활동하였고, 이들은 학파 간의 독자성을 견지하면서 서로 배척하지 않고 융합하는 유연한 성향을 공유하였다. 이 시기 지리산 유람을 계기로 세 학파 간 강우지역에서의 잦은 회합이 이의 대표적인 증빙이라 할 수 있다.

일제시기 강우학자의 지리산 유람은 주로 바로 앞 시기인 19세기 말~20세기 초 이들 세 학파의 문인 및 재전문인에게서 나타난다.[42] 지역적으로는 단성·덕산·진주 등을 비롯한 강우지역에서 보이며, 사승으로는 허전·기정진·이진상에 이어 그 다음 세대인 박치복·허유·정재규·곽종석·김진호·尹胄夏·河謙鎭 등에게서 나타나고, 그 다음 시기에는 이들의 문하인 남백희·이현덕·정덕영 등에게서도 지리산 유람이 나타나고 있다.

그런데 위 인용문에서도 보듯 20세기 전후 강우학자의 유람이 후세대에게 하나의 典範으로 계승되고 있음을 확인할 수 있다. 후세대들은 일제강점기라는 시대상황 속에서 그들 스승의 지리산 유람을 계승하고자 하였고, 앞 세대가 지나갔던 그 길을 따라 유람하였다. 이는 일제시기까지 지리산 유람이 '덕산→대원사[또는 중산리]→천왕봉' 일대에서 집중적으로 나타나는 이유이기도 하다.

---

41) 그때의 유람을 기록한 것이 朴致馥의 「南遊紀行」이다.

42) 강정화 외, 『지리산 유산기 선집』, 앞의 책 참조. 한말 이후 해방 전까지의 지리산유람록은 15편이다. 그러나 이 시기 강우학자의 지리산 인근으로의 유람은 유람록보다는 유람시를 통해 보다 폭넓게 살펴볼 수 있다. 경상대학교 한적실 문천각 DB자료(http://nmh.gnu.ac.kr).

예컨대 진주사람 菊圃 全基柱(1855~1917)는 덕산에서 남명 유적지를 구경하고 대원사를 유람하였다. 그는 남명의 문인 濯溪 全致遠(1527~1596)의 후손으로, 정재규에게 수학하였다. 정재규는 1887년 8월 대원사 방면으로 천왕봉을 유람하였다. 그의 유람은 출발부터 귀가까지 여정 전체를 일관되게 求道의 과정으로 그리고 지리산을 성찰의 공간으로 자리매김하되, 특히 대원사 방면에 이러한 유람 의미를 부여한 대표적인 사례로 인식되었다.[43] 전기주 또한 대원사 방면을 유람하면서 스승의 유람의 그 뜻을 상기하며 계승하고 있다. 뿐만 아니라 남명 사후 강우지역의 대표학자였던 謙齋 河弘度(1593~1666)가 대원사가 있는 獐項洞을 유람하며 읊었던 시[44]를 회상하면서 그들의 정신을 되새기고 있다.[45] 이렇듯 스승은 물론 지역 선현의 유람을 계승하려는 현상 또한 일제시기 강우학자의 지리산 유람에 나타나는 특징이라 할 수 있다.

IV. 격변기 지식인의 士意識, 남명정신 계승

다수의 선행연구에서도 지적되었듯, 19세기 말~20세기 초 강우지식인 사이에는 두 가지 뚜렷한 특징이 나타난다. 당파와 학맥을 초월한 강우학자들의 교유와 활동이 그 하나이고, 지역의 선현인 南冥 曹植의 학문과 정신을 계승하려는 활동이 또 다른 하나이다.

이들은 급변하는 어려운 시기를 살고 있는 지식인이었다. 오랜 세월 정계와 멀어진 지방사족으로 살았으나 당대 지식인으로서의 인식과 자존감

---

43) 강정화, 「유람록으로 본 지리산 유람과 그 형상」, 『지리산과 한국문학』, 보고사, 2013, 200~204쪽.

44) 河弘度, 『謙齋集』 권1, 「丙辰八月 與申明甫尙溶 遊獐項洞」. "天秋日暮肅無雲 洞別巖奇絶世紛 禹稷若知山水趣 無人陶鑄舜乾坤"

45) 全基柱, 『菊圃續考』 권2, 「遊大源菴記」.

은, 국내외의 어려운 시대상황과 맞물리면서 이들을 고뇌하게 만들었다. 게다가 대원군의 서원철폐령으로 남명을 향사하던 덕천서원이 훼철되면서, 지역의 정신적 지주로 인식되어 오던 남명정신을 잃는 것에 대한 위기의식이 팽배해졌다. 이에 따라 강우학자들 사이에서는 남명정신 계승을 위한 몇 가지 활동들이 두드러지게 나타나기 시작하였다.

이들은 훼철된 덕천서원 대신 남명이 만년에 은거했던 山天齋를 중심으로 修禊하고 봄·가을로 정기적인 講會를 갖는가 하면,[46] 지리산권역 人士를 중심으로 하동 斗芳齋에서 『南冥集』重刊을 새로이 추진하였다.[47] 또한 남명의 족적이 전하는 지리산 白雲洞에 '南冥先生杖屨之所'라는 글씨를 石刻하고, 이를 기념하고 보존하기 위한 기록을 남기고 그곳에서의 모임을 정례화 하는 등[48] 다방면에서 사업들이 진행되었다.

뿐만 아니라 이미 폐허가 된 三嘉 雷龍亭을 중건하여 지역의 강학처로 활용하였다. 이는 정재규 등 인근의 강우학자를 중심으로 당시 삼가현감이었던 申斗善의 도움을 얻어 성사되었다. 뇌룡정이 중건되자 허유가 「雷龍亭上樑文」을 지었고,[49] 金麟燮 등 여타의 인물들이 落成을 기념하여 시를 짓고 남명의 敬義와 出處大義를 회고하였다.[50] 신두선은 講規를 정하고 또 정재규와 허유를 번갈아 講長으로 삼아 지역의 인재 양성에 크게 기여하였다.[51]

무엇보다 남명정신의 핵심이라 할 「神明舍圖」와 「神明舍銘」에 대해 이

---

46) 金麟燮, 『端磎集』권19, 「山天齋直田贍學記」.

47) 李宅煥, 『晦山集』권9, 「遊頭流錄」.

48) 朴致馥, 『晚醒集』권2, 「白雲洞十八曲拈韻共賦」. 이때 활동했던 白雲洞七賢으로는 박치복 외에 柳道蕘·河禹錫·權憲璣·趙性家·河兼洛·河載文으로 일컬어진다.

49) 許愈, 『后山集』권15.

50) 金麟燮, 『端磎集』권3, 「次雷龍亭落成韻」. "冥翁大道日星明 喜此遺亭取次成 浩氣乾坤充可塞 高風山海凜還生 窮推事物知終始 洞見身心達性情 遐想尸居淵默處 却看龍見與雷聲"

51) 鄭載圭, 『老柏軒集』권4, 「答申侯梨山」.

시기 강우학자에게서 심화된 해석이 나타난 것은 주목해 볼 만하다. 許愈의「神明舍圖銘或問」52)이 대표적이다. 허유는 두 작품 속에 남명의 학문과 정신이 오롯이 들어있다고 여겼고, 이에 대한 깊이 있는 연구야 말로 南冥學의 핵심을 제대로 이해하는 것이라 생각하였다. 때문에 그는「신명사도명혹문」을 지어 정재규·최숙민·曹垣淳 등에게 보내 자문을 구하는 등 남명학의 실체 파악에 진력하였다. 허유는 "이것은 老先生의 心學의 大全입니다. 이 뜻이 세상에 밝혀지지 않았기 때문에 배우는 자들의 거짓되고 각박함이 날로 심해지고 있으니, 두려워할 만합니다."53)라고 하였고, 또 "남명선생의 眞詮은 단지 여기에 있을 뿐이니, 神明舍 속에서 함께 찾아보세."54)라고도 하였다. 이에 대해 정재규는 '남명사상이야 말로 이 시대 학자들의 여러 가지 병통을 치료할 수 있는 방법'이라 하였고,55) 최숙민 또한 이에 공감하여 아주 적극적인 자세로 허유의 설에 대한 자신의 견해를 조목조목 피력하였다.56) 남명의 위 두 작품은 그의 사후 수백 년이 지난 이 시기 강우학자에 이르러서야 비로소 심화되고 체계화된 학문 영역으로 계승 발전되어 나타났던 것이다.

정재규의 위 언급에서 확인되듯, 이처럼 학맥을 초월한 학문적 접근 또한 이 시기 강우학자들 사이에서 전개된 남명정신 계승을 위한 주요 활동 중 하나였다. 이는 위태로운 시기에 강우지역에서 회합하던 수많은 지식인들을 연계시키는 공동의식이었다.

이 시기 지리산 유람에서 덕산을 경유하는 코스를 심하게 선호했던 현상도 같은 맥락에서 이해할 수 있다. 강우학자들은 지리산의 어느 지점을

---

52) 許愈,『后山集』권12.

53) 許愈,『后山集』권6,「與曹衡七」. "此是老先生心學大全 惟此意不明於世 故學者之偸薄日甚 可懼也"

54) 許愈,『后山集』권1,「雷龍亭 次崔元則琡民」. "山海眞詮紙在此 神明舍裏共推尋"

55) 鄭載圭,『老柏軒集』권5,「答許后山」.

56) 崔琡民,『溪南集』권8,「與許退而愈 己丑」.

목적지로 유람한다 하더라도 반드시 덕산의 남명 유적지를 경유하였고, 그곳에서 남명의 삶과 정신을 회고하며 작품을 남기고 있다. 유람의 목적이 지리산이 아니라 남명의 유적지 탐방이었다고 해도 과언이 아니었다.

뿐만 아니라 어느 시기보다도 지리산 유람에서 유람자의 행위를 남명의 일화와 연관시켜 자주 언급하곤 하였다. 예컨대 정재규는 유람 도중 하동 횡포에서 만나기로 했던 일행이 기다려도 오지 않자, 남명과 그의 벗이었던 東洲 成悌元(1506~1559)이 폭풍우 속에서도 해인사에서의 만남을 지켜냈던 그 信義를 거론하며 유람자들을 경계시킨 것이나,[57] 또한 산행 도중 비가 쏟아질 듯한 날씨에 출발 여부를 결정하지 못하자, "산에 올라 奇明彦[奇大升]이 되는 것보다 이 암자에서 남명 선생이 불일암에서 머문 것처럼 하는 것이 더 낫습니다."[58]라고 하여, 남명이 지리산을 유람했을 때의 경험과 견주어 산행 일정을 결정하고 있다.

문진호 일행은 유람을 시작한 지 8일째 되는 4월 17일, 비가 많이 내려 쌍계사에서 머물고 있었다. 그때 문진호는 "그 옛날 남명선생이 李龜巖[李楨]과 함께 이곳에서 비에 막힌 것이 실로 4월 17일이었습니다. 지금 우리가 비에 막힌 것 또한 같은 17일이니, 참으로 曠世의 한 기이한 일입니다. 어찌 한가로이 이야기하고 흘려버릴 정도이겠습니까?"[59]라고

---

57) 鄭載圭, 『老柏軒集』 권32, 「頭流錄」 참조. 1557년 남명 조식이 大谷 成運(1497~1579)을 만나러 속리산에 갔다가, 그곳에서 사귄 東洲 成悌元과 다음해 8월 15일 가야산 해인사에서 만나기로 약속했었다. 남명이 약속을 지키기 위해 장대비를 무릅쓰고 해인사 일주문에 도착하니, 동주도 막 도착하여 도롱이를 벗고 있었다고 한다. 어려움을 무릅쓰고 약속을 지킨 아름다운 고사로 전한다.

58) 曺植, 『南冥集』 권2, 「遊頭流錄」. 남명이 두류산을 유람할 때 이틀 동안 비가 내려 산행을 하지 못하고 神凝寺에 머문 적이 있었는데, 그때 먼저 정상에 오른 기대승은 하산하지 못하고 이틀 동안 정상에 머물러 있어야 했다. 여기서는 남명이 신응사에 머문 것을 두고 불일암으로 착각한 듯하다. 문진호 또한 쌍계사로 오인하여 기록하였다.

59) 文鎭鎬, 『石田遺稿』 권2, 「花岳日記」.

하여, '남명의 유람'을 통해 좌중의 사람들을 경각시키고 있다.

또한 하동 쌍계사 뒤편 불일폭포 일대는 崔致遠으로 대표되는 지리산 청학동이다. 수백 년 간 유람자들은 이곳에 올라 최치원을 찾으며 현실에서 상처받은 자신들을 慰撫하였다.[60] 그런데 이 시기에 이르면, 남명이 1558년 이곳을 오르면서 경계로 삼았던 바위에 석각된 '李彦憬·洪淵'이란 이름 刻字를 찾으면서 그가 남긴 가르침을 경계로 삼았고, 청학동 정상에 올라서는 최치원이 아니라 남명이 청학동이라 명명한 곳으로 인식하고 있다.[61] 이들에게 있어 '지리산 청학동 유람'은 남명의 족적을 찾아가는 일정이었던 것이다.

이 시기 강우학자들이 이처럼 남명을 재발견하고자 한 것은, 학문을 하면서도 자신의 심성을 陶冶하지 않아 忠信內修의 실질에 어두운 당시 학자들의 병폐를 고칠 수 있는 모범이 바로 曹植이라고 보았기 때문이었다. 지식인들이 옳다고 믿는 학문을 심성의 차원에서부터 자기화하는 것이야말로 이 시대 학자들이 난국을 헤쳐 나갈 가장 근본적인 방법이었으니, 조식을 표준으로 하는 內修의 강조란 다름 아닌 節義의 역량을 강화하기 위한 필수적인 조건이었다. 다시 말해 유학자의 수양과 절의야말로 서세동점의 위기를 이겨낼 수 있는 유일한 방법으로 보았고, 이런 측면에서 조식은 師表로 여겨야 할 인물이었던 것이다.[62] 때문에 수많은 지식인이 회합하는 지리산 유람에서 덕산의 남명 유적을 필수적으로 경유하고, 또 전에 없던 향음주례와 강회를 적극적으로 개최하여 공감대를 형성하고자 했던 것이다.

---

[60] 강정화, 「지리산 유람록으로 본 최치원」, 앞의 글, 173~180쪽.

[61] 하겸진 등을 비롯한 강우학자는 물론이고, 송병선·김회석 등 호남지식인의 청학동 유람에서도 같은 기록을 확인할 수 있다. 최석기 외, 『선인들의 지리산 유람록 5』, 앞의 책.

[62] 김낙진, 「17~19세기 강우 유학의 흐름과 쟁점」, 『남명학연구』 15집, 경상대 남명학연구소, 2003, 208~219쪽.

요컨대 19~20세기 강우지역에서는 수많은 학자가 학맥을 초월해 잦은 회합을 통해 다양한 학문 활동을 전개하였다. 그들의 활동 중심에는 남명이 자리하고 있었다. 당시 이들 사이에서 성행했던 지리산 유람과 그 과정에서 행해졌던 다양한 활동 또한 이러한 남명정신 계승의 연장선에 있었음을 확인할 수 있다.

IV. 결어

이상으로 19~20세기 폭발적으로 증가한 지리산 유람 현상에 의거해 당시 대표적 유람자였던 강우학자의 활동을 중심으로 살펴보았다. 이를 대략 정리하면 다음과 같다.

19~20세기 지리산 유람은 7~8할이 영·호남 지식인에 의해 이루어졌고, 그 중에서도 강우학자에게서 집중적으로 나타난다. 당시 강우지역에는 전에 없이 많은 학자가 배출되어 활동하였다. 이들은 위태로운 격변기에 전통유학의 도를 扶支하려는 지식인이었고, 수백 년 간 정계에서 멀어져 살았으나 언제나 남명학의 자장 속에 있었다. 때문에 그들의 의식 속에는 전통유학의 도를 계승하려는 정신이 투철하게 자리하고 있었고, 이를 위해서는 지역 선현인 남명의 정신을 계승해야 한다고 생각하였다. 그리고 이의 실현을 위해, 예컨대『남명집』을 중간하고, 뇌룡정 등 남명 유적을 중건하여 당시 강우학자의 강회처로 활용하는 등 다양한 활동들을 전개하였다. 당시 이들 사이에서 성행했던 지리산 유람 또한 그 대표적 활동의 하나였다.

이들은 지리산 유람을 계기로 덕산을 반드시 경유하여 남명 유적을 탐방하였고, 수십 명의 강우학자가 회합한 자리에서 향음주례 등 여러 전통 의식을 거행해 단합을 유도하였다. 그리고 이들의 이러한 활동들은 일제시기까지도 계승되어 강우학자를 회합하게 만들었다.

　조선조 문인들의 지리산 유람은 유람자의 성향이나 코스 등 수백 년 간 큰 변화 없이 계승되어 온 것이 사실이다. 그런데 이 시기에 이르러, 그것도 지리산 인근의 '강우학자'에 의해 다양하면서도 독특한 활동들이 나타났다. 이는 우리나라 여느 명산에서도 볼 수 없는 특이한 현상이라 할 수 있다. 그것은 지리산권역에 지식인이 대거 활동하였고, 지리산이 그들 의식 속 중심으로 자리하고 있었기에 가능하였다. 그리고 그 가능성을 열어준 최초의 인물은 바로 남명 조식이었던 것이다.

이 글은 『남명학연구』 제42집(경상대학교 경남문화연구원, 2014)에 수록된 「19~20세기 江右學者의 지리산 유람과 그 특징」을 일부 수정하여 실은 것이다.

지리산 노고단 '선교사 휴양촌'의 종교문화적 가치

한규무

Ⅰ. 머리말

지리산 노고단을 오르다 보면 폐허가 된 서양식 건물의 유적이 있다. 흔히 '노고단 기독교 유적' 또는 '노고단 선교사 유적'이라 불리는 석조로 된 '호텔'의 잔해이며,[1] 정확한 주소는 전라남도 구례군 산동면좌사리 산

---

[1] 이 건물을 호텔로 추정하는 이유는 (1) 2008년 실측 결과 면적이 100.19㎡ (12.40m×8.08m)인데, 이는 1940년 호텔의 면적이 33평(109.09㎡)이었던 것과 비슷하며, (2) 당시 호텔은 3층이었는데, 현재 유적도 그 구조가 3층으로 추정되기 때문이다.(김란기 외, 『지리산 선교사 유적 조사와 문화재적 가치 연구』(사단법인 지리산기독교선교유적지보존연합, 2009, 69~70쪽, 532쪽)에서도 이것을 호텔로 추정하고 있다. 이것을 '호텔'이라 부르는 데 대해 비판적인 의견도 있지만 ("지리산 노고단 수양관 용도가 '호텔'?"『뉴스파워』, 2009. 12. 9 [http://www.newspower.co.kr]), 후술하듯이 이는 당시에 선교사들이 붙인 명칭이었다.

110-2이다. 산중의 불교 유적이야 헤아릴 수 없을 정도지만 기독교 유적으로는 흔치 않은 것이다.[2] 지금은 이 유적 외에는 흔적조차 찾기 힘들지만, 1920년대부터 이 일대에는 기독교 선교사들의 '휴양촌[3]'이 조성되어 1940년에는 52동의 건물을 갖출 정도로 발전했다가 일제의 탄압으로 선교사들이 추방되면서 훼손되기 시작했다.

〈그림 1〉 지리산 노고단의 선교사 휴양촌 유적

※ 출처: 노기욱 문화유산(http://cafe.daum.net/chonnamtour)

---

[2] 이 논문에서 '기독교'는 '개신교'를 뜻한다.

[3] 선교사들이 붙인 명칭은 처음에는 'resort', 나중에는 'camp'였다. 당시 한국인들은 외국인들의 '피서지' 또는 '양인촌'이라 불렀으며, 현재 기독교인들은 흔히 '수양관'·'수양촌' 등으로 부르지만, 이 논문에서는 '휴양촌'이라는 명칭을 쓰겠다. '修養'은 종교적 색채가 짙은 표현이나, 이 시설 중 주택건물은 '분양'되었고 외국인들은 신앙 여부에 관계없이 이용할 수 있었으므로 '休養'이 더 적절한 표현이라고 생각되기 때문이다. 이 경우 '외국인 휴양촌'이 더 적합한 명칭일 수 있으나, 휴양촌 조성의 주체가 미국 남장로회 한국선교부(이하 '남장로회'로 약칭)였으며 이용자의 대부분이 선교사들이었기 때문에 "선교사들이 조성한 휴양촌"이란 뜻에서 '선교사 휴양촌'이라 부르겠다. 이와는 별도로 지리산 왕시루봉 일대에는 1950년대에 지어진 14동의 건물이 현재까지 남아 있으나, 시기와 의미가 노고단 휴양촌과 같지 않으므로 이 논문에서는 다루지 않겠다.

이 논문은 현존하는 유적을 비롯한 당시 '선교사 휴양촌'의 역사와 의미를 밝혀보려는 것이다. 이를 위해 첫째, 휴양촌의 연혁을 살펴보고, 둘째, 당시 한국인들은 이 휴양촌을 어떤 시선으로 바라보았는지 알아보며,[4] 셋째, 이 유적이 종교문화사적으로 어떤 의미를 갖고 있는지 밝혀볼 것이다.

2004년 지리산기독교유적지보전본부[5]에서는 "지리산 유적지 보존을 위한 심포지엄"을 개최했는데, 이때 주명준 · 이덕주 · 강명희 · 이태성 등이 휴양촌의 역사와 기능, 의미 등을 상세히 살핀 바 있다.[6] 이 논문도 이 같은 선행연구에 힘입은 바 크나 이들 연구자가 참고하지 않은 자료들도 활용할 것이다.[7] 부디 이 논문이 지리산 노고단 '선교사 휴양촌' 및 현존하는 유적의 역사를 밝혀내고 나아가 그것이 갖는 종교문화적 가치까지 드러낼 수 있기를 기대한다.

---

4) 이는 휴양촌이 존립했던 1920~40년대뿐 아니라 폐허가 되어 있는 오늘날과도 무관하지 않은 문제이다. 즉 현재 남아 있는 유적을 '보존'하려는 기독교 측과 이에 반대하는 불교계 · 시민단체 사이의 논쟁이 아직도 진행 중이기 때문이다.

5) 이 단체는 2004년 노고단 유적의 문화재 지정을 위해 예장 통합 측에서 조직했다.

6) 이 심포지엄의 발표자와 주제는 다음과 같다: (1) 주명준, 「미국 남장로교회의 전라도 선교」; (2) 이덕주, 「지리산 기독교 유적지의 역사와 의미」; (3) 강명희, 「지리산 선교유적지 문화재 지정의 당위성」; (4) 이태성, 「지리산 수양촌과 성서개역」. 이 발표문들은 이후 책자로 출판되지는 못했기에, 이 논문에서는 심포지엄 당시 자료집인 『지리산기독교유적지 보존을 위한 심포지움자료집』(지리산기독교유적지보전본부, 2004)을 참조했다.

7) 예컨대 『東亞日報』 · 『朝鮮日報』 · 『每日申報』 등의 기사나 안내 팸플릿(영문), 육군 제1989부대에서 작성한 "(지리산 노고단에 있던 선교사 휴양지관이 6 · 25 당시 군부대에서 작전상 파손한 것이기에 이에 대한 사실 확인 요구에 대한) 민원확인결과(1996. 8. 31)" 등이 있다.

II. 선교사 휴양촌의 조성 · 훼손 과정

1. 조성 배경

1882년 한미수호조약 체결 이후 적지 않은 미국인들이 내한했고, 특히 1885년 미국 북장로회의 언더우드(H. G. Underwood)와 미국 북감리회의 아펜젤러(H. G. Appenzeller)를 위시한 많은 선교사와 그 가족들이 방한했다. 그들이 한국에서 겪은 애로는 한둘이 아니었지만, 낯선 기후·풍토 및 그에 따른 질병의 발생이 무엇보다 큰 문제였다. 그들은 다양한 질병에 걸릴 우려가 있었고, 다음 기록에서 보듯이 이 같은 사정은 30여 년이 지난 1920년대까지도 달라지지 않았다.

> [위생적인 면에서] 예민한 선교사들이 선교 현장에 나가 훌륭하게 일하고 있는 것을 볼라치면 흥분도 되고 감격스럽기도 하다. (…) 선교사들은 지방을 다니면서 수도 없이, 여기저기서 천연두와 발진티푸스·이질·콜레라·장티푸스·희귀열·디프테리아·성홍열·수막염 등 많은 질병들을 만나 어떤 이는 쓰러지고, 어떤 이들은 영광의 면류관을 쓰기도 한다. (…) 심지어 서울이나 평양·선천·대구 등 거의 모든 선교부에 살고 있는 남녀 선교사들은 열악한 환경에 직면하여 이질이나 발진티푸스·수막염·천연두 등의 희생제물이 되고 있으며 이처럼 대도시 선교부에 거주하고 있더라도 어떤 식으로든 이런 질병에 노출되어 고통을 받는 것이 현실이다."[8]

1890년대 이후 선교사와 그 가족 중 질병으로 사망하는 이들이 속출했으며,[9] 1920년의 조사결과도 그들의 건강상태가 여전히 심각한 상태였음

---

[8] "A Protest and a Comment," *The Korea Mission Field*(이하 *KMF*), 1923. 9, p.255.

[9] 1890~1910년대 질병으로 사망한 선교사 및 그 가족들을 꼽아보면 다음과 같다. 1890년 미북장로회 의료선교사 헤론(J. W. Heron): 결핵; 1890년 호주장로회

을 보여준다.[10) 전라도 지역에서 선교활동을 펴던 미국 남장로회 한국선교부 소속 선교사와 가족들 역시 마찬가지였는데, 특히 1917~1921년에는 장흡수부전증(sprue)이 유행하여 고통을 겪었으며, 선교활동에도 큰 지장을 받았다. 특히 1919년에는 남장로회 선교인력의 40%가 병가·휴가 상태였을 정도였다. '병든 선교사'는 '병든 병사'만큼이나 무력했고, 이들을 치료하기 위한 인력도 부족했다. 또 이들을 본국으로 후송해서 치료할 경우 예산도 만만치 않았다.[11)

데이비스(J. Henry Davis): 과로; 1891년 호주장로회 매케이(J. H. Mackay)의 부인: 질병; 1894년 미북감리회 의료선교사 홀(W. J. Hall): 전염병; 1895년 독립선교사 매켄지(W. J. McKenzie): 열병; 1902년 미남장로회 랭킨(David C. Rankin): 폐렴; 1903년 미남장로회 해리슨(Linnie D. Harrison)의 부인: 열병; 1906년 미북감리회 샤프(R. A. Sharp): 발진티프스; 1908년 미북장로회 게일(J. S. Gale)의 부인: 결핵; 1908년 미남장로회 전킨(W. M. Junkin): 장티푸스·폐렴; 1909년 미남장로회 의료선교사 오웬(C. C. Owen): 폐렴; 1913년 미남장로회 코이트(Robert T. Coit)의 두 아들: 이질; 1913년 구세군 여사관 콜러(Magda Kohlor): 장티푸스.

10) 〈표 1〉 질병에 걸린 선교사들의 수(출처: *KMF*, 1920. 8, p.168)

질병	합계	북부지방	중부지방	남부지방	미국북장로회	미국남장로회	캐나다장로회	호주장로회	미국북감리회	미국남감리회	기타
선교사 수	276	74	98	78	89	34	20	22	48	27	36
독감	135	14	54	47	35	17	11	18	18	16	20
말라리아	53	18	15	25	19	13	5	3	7	3	5
설사 (Acut. Diarrh)	40	4	17	10	10	6	3		11	1	9
설사 (Chrn ″)	16	2	8	4	2	2	2	2	6		2
이질	54	10	23	14	21	9	3	1	9	4	7
장흡수부전증	11		3	7	2	6			2		1
장티푸스	15	5	2	7	6	4	3	1			1
디프테리아	10	2	5	2	3		1	1	4		1
폐렴	10	2	4	1	3		1	1	1	1	3
맹장염	10	2	1	6	3	5	1				1
심장병	15	3	3	7	4	4	1		3	1	2
Nerv. Exhstn.	40	5	15	17	18	10	2		5	2	3

11) Martha Huntly, *To Start a Work: The Foundations of Presbyterian Missions in Korea, 1884~1919* (Seoul: Presbyterian Church of Korea, 1987), pp.445~446; 이태성, 앞의 글, 84~85쪽에서 재인용.

이 같은 이유에서 남장로회 선교사들은 심신의 휴식을 취할 수 있는 공간의 필요성을 느끼게 되었다. 일찍이 선교사 윈(S. D. Winn)이 가족과 함께 지리산 정상에서 1주일간 야영을 한 경험이 있었는데, 그의 제의로 선교사들은 지리산 일대에 관심을 갖게 되었고, 1920년 무렵부터 휴양촌 건립이 계획되었다. 마침 그 무렵 다시 장흡수부전증이 유행하자 의료선교사들이 일정기간 동안 고도가 높은 지역에서 지내는 것이 건강에 좋겠다는 결론을 내린 점도 지리산이 적지로 선정되는 데 영향을 주었다.[12]

이 같은 건강상의 이유가 아니더라도 남장로회 선교사와 가족들은 휴식을 위해 외부로부터 차단·격리된 공간이 필요했다. 그들이 안식년을 맞아 본국으로 건너가지 않는 한 국내에서 머물며 휴식을 취해야 하는데 그들을 위한 마땅한 장소가 없었다. 이미 황해도 소래(미국 북장로회 중심으로 1905년 설립)와 함경남도 원산(미국 남감리회 중심으로 1914년 설립)에는 선교사들을 위한 전용 수양관이 세워져 있었지만, 거리가 멀어 전라도에서 활동하는 남장로회 선교사들이 이용하기에는 불편했다. 또 소래와 원산의 수양관은 해안에 위치하여 한국인들의 접근을 막기 어려웠기에, 남장로회 선교사들은 외부로부터 차단·격리된 휴양시설이 필요했던 것이다.[13]

---

[12] S. Dwight Winn, "A Summer Resort-Camp Chiri", *KMF*, 1925. 2, p.30.

[13] 이에 대해서는 다음 기록이 참고된다: "이 기간에 선교사들의 건강 문제는 극도로 어려워졌다. 많은 사람이 과도한 긴장과 섭생의 결핍 그리고 여러 종류의 병 때문에 무너졌다. 이 기간에 선교 인력은 효율적인 인력의 3분의 2가 되기 힘들었다. 일하는 사람의 부족은 악순환을 초래했다. 현장에 남아 있는 건강한 사람들은 과로로 건강이 차례로 나빠졌다. 1919년 미국에 있는 선교 인력의 40%가 위급 상태거나 건강에 문제가 있거나 안식년 중이었다. (…) 이 높은 희생률의 한 이유는 알 수 없는 아시아 질병인 장흡수부전증이었다. 만성설사와 그 외 소화불량증을 동반하는 이 병의 원인은 끝내 찾지 못했다. 1917~1921년 동안 그것은 선교사 사이에 전염병처럼 퍼져서 거의 일을 중단하는 단계까지 되었다. (…) 가족들이 쉬면서 여름 더위와 들판에서의 습도에서

2. 조성 과정

이제 남장로회의 연례회의록을 중심으로 휴양촌의 건립 과정을 살펴보자.[14] 1920년 남장로회 연례회의에서 '지리산임시위원회'(Interim Committee on Chidisan)가 조직되었으며, 1921년 연례회의에서 위원회의 보고서가 제출되었다. 1922년 6월에는 크레인(J. C. Crane)·프레스톤(J. F. Preston) 등이 지리산 연습림 파출소 주임 시미즈(淸水)를 방문, 노고단에 '피서지' 건설을 위한 양도·대여를 요청했다. 이에 당국에서는 휴대용 천막과 응급시설 설치는 '묵인'하기로 했고, 크레인은 7월부터 노고단에 천막 7동과 원목집 6동을 세우고 전라도에 거주하는 미국인 선교사 및 가족 29명을 수용했다.[15] 하지만 이때의 건축은 쉽지 않았다. 임대 여부가 확정되지 않아 영구가옥이 아닌 임시가옥을 지어야 했기 때문이다. 그래서 시멘트와 모래를 쓰지 않아 "바람이 불거나 비가 오고 볕이 내려쬐면 진흙과 돌무더기가 무너져 내려 처량한 모습으로 변했다."[16] 이어 연례회의에서 '여름리조트위원회'(Summer Resort Committee)는 1923년 여름 지리산에 조사단을 파견할 것과 6인특별위원회(위원장 M. L. Sweinheart)를 조직하여 동경제국대학과 부지 사용에 대한 협상을 위임하기로 결의했다.[17]

이에 따라 1923년 선교사들은 총독부에 협조를 요청했고, 당국에서는

　　원기를 회복하기 위해 선교회에서는 1920년 위원회를 만들어서 지리산 언덕을 답사하여 가능한 휴양처를 찾도록 했다."(George T. Brown, *Mission to Korea*, 1962: 조지 톰슨 브라운 지음, 천사무엘·김균태·오승재 옮김, 『한국선교 이야기: 미국 남장로교 한국 선교 역사(1892~1962)』, 동연, 2010, 154쪽.)

14) 이 같은 내용들의 출처는 미국 남장로회 한국선교부 해당년도 연례회의록 (*Minutes of Annual Meeting of the Southern Presbyterian Mission in Korea*)임.

15) 東京帝國大學, 『東京帝國大學農學部附屬全羅南道演習林』(1932) 참조.

16) Mrs. R .K. Smith, "1928 at Mount Chiri," *KMF*, 1929. 3, p.60.

17) 이 해 '여름리조트위원회'의 구성원은 다음과 같다 (1922년 연례회의록): Rev. S. D. Winn, Mr. W. A. Linton, Rev. Jospeh Hopper, Rev. Robt Knox, Rev. C. C. Crane, M. L. Swinehart(직무대행).

그 지역의 관리를 동경제국대학에 양도했다면서 이들에 대한 협조를 당부하는 공문을 4월 21일 동경제대 앞으로 발송했다. 그리고 4월 23일 코이트·프레스톤은 다시 지리산 연습림 파출소를 방문하여 교섭을 벌였다.[18]

같은 해 연례회의에서 '여름리조트위원회'[19]는, 전남도지사가 '여름 지리산 캠프'의 허가를 약속했으며, 미남장로회의 린튼·스와인하트와 호주장로회의 맥례(J. F. Macrae) 등으로 영구임대 신청을 위한 위원회를 구성한다고 보고했다. 1924년 연례회의에서 '여름리조트위원회'는 지리산 해당 구역에 대한 99년간의 임대(여의치 않으면 50년)를 제국대학에 요청했다고 보고했으며, 아울러 스와인하트와 윈스보로우 부인(Mrs. Winsborough)이 모금을 추진하도록 운영위원회에 건의했다.

1925년 동경제대에서는 총독부와 협의를 거쳐 "연습림의 경영상 지장이 없다고 판단하여 대여를 승인한다"는 서류를 총독부에 제출했으며 마침내 총독부는 이를 승인했다.[20] 이에 탄력을 받은 남장로회 연례회의에서는 '게임'을 할 수 있을 정도로 규모가 큰 강당(auditorium) 마련을 위원회에 지시하면서 상점(store) 설치에 관한 권한도 부여했으며, 캠프의 명칭을 '그레이엄캠프'(Camp Graham)로 결정하고 '여름리조트위원회' 명칭을 '그레이엄캠프위원회'(Camp Graham Committee)로 변경했다. 그 이유는 미국 사우스캐롤라이나 그린빌에 사는 그레이엄 부인(Mrs. C. E. Graham)이 건축비 12,000달러를 기부했기 때문이다.[21]

---

18) 『東京帝國大學農學部附屬全羅南道演習林』, 39~40쪽.

19) 이 해 '여름리조트위원회'의 구성원은 다음과 같다 (1923년 연례회의록): Rev. S. D. Winn, Mr. W. A. Linton, Rev. Jospeh Hopper, Rev. Robt Knox, Rev. C. C. Crane, M. L. Swinehart(직무대행: ex-officio) · Rev. W. C. Erdman, Rev. J. M. Macrea(Associate Members).

20) 승인내용은 다음과 같았다: 전남 구례군 내산면 좌사리 지리산 국유림의 일부; 면적: 33町 6反 3步; 용도: 피서지; 전대기간: 허가지령의 날로부터 만 10년; 대지료: 연 33원 63전(『東京帝國大學農學部附屬全羅南道演習林』).

그리하여 1926년이 되면 휴양촌은, 다음 기사에서 보듯이 강원도 금강산, 함경남도 원산, 황해도 구미포 등의 선교사 휴양지와 더불어 국내 4대 외국인 피서지의 하나로 꼽혔으며, 중국 북경·상해·천진 등지에서도 피서객이 찾아올 정도가 되었다.[22]

조선 안에 잇는 외국인 피서디로 강원도 금강산, 함경도 원산, 황해도 구미포 등이 유명하엿스나 아즉 세간에 드러나지 안코 일부 외국인들의 보배가티 녁이는 피서디가 잇스니 이는 전남 지리산이다. 수년 전부터 외인 간에는 상당히 선전되여 최근에는 북경·텬진·상해 방면으로부터 녀름이 되면 적지안은 외인의 피서객이 지리산에 드러와 일본의 경정택(輕井澤)[23]이라고 일커르게 되여 실로 산고수려(山高水麗)함이 숨어잇기는 앗갑다. 금년에도 이미 칠십여 명의 톄재자가 잇다는데 최근에 발견된 곳임으로 등산하는 길이 일명치 못하야 부인과 어린이들은 적지아는 곤난을 바더 전남도 당국에서는 목하 전긔 도로의 개즉[축]계획을 세우는 중이라 하며 일부 외인측에서는 각 방면에 널리 소개선전할 터이오 또한 이외에 운동장을 두 곳이나 설치할뿐더러 소규모로 동디 뎐용의 수력뎐긔를 이르켜 구름 깁흔 지리산 속에 뎐등을 켜게 될 터이며 기타 위생시설을 완비케 하야 텬혜(天惠)의 승디(勝地)를 조선 유일한 피서디로 할 작뎡이라더라.[24]

여기서 주목할 부분은 부녀자·연소자·노약자들이 휴양촌에 접근하기 쉽지 않았다는 점이다. 이 때문에 한국인 노동자들이 임금을 받고 지

---

21) Smith, *op. cit.*; CHIDI SAN Camp C.E. Graham GENERAL INFORMATION". 이 자료는 휴양촌 이용객들을 위한 영문 안내 팸플릿인데, 제작시기는 나와 있지 않다.

22) 「新發見된 避暑地 風光明眉한 智異山」, 『매일신보』, 1926. 8. 18; 「避暑地로 屈指될 靈岳 智異山」, 『조선일보』, 1926. 8. 17.

23) 가루이자와[輕井澤]는 일본 나가노현[長野縣]의 유명한 여름 휴양지이다.

24) 「避暑地로 屈指될 靈岳 智異山」, 『조선일보』, 1926. 8. 17.

게나 의자에 이들을 태워 옮겼는데, 이것이 다른 한국인들의 비난을 사는 빌미가 되었다. 이 무렵 휴양촌의 모습에 대해서는 다음과 같은 기록도 참고된다.

나무숲 사이로 點點散在한 별장이 보인다. 희끗희끗 사람들이 오고가는 것도 알아볼 수 있다. 어려서 들은 동화에 나오는 천국과 같이도 생각되고 꿈속에 보는 「유토피아」같기도 하다. 午正이 지나서 기어코 絶頂에 올랐다. 미지의 백인들이 빨갛게 그슬린 얼굴로 십년지기나 만난듯이 반갑게 맞아준다. 친절한 소녀의 안내로 피서촌을 一巡했다. 참으로 놀라울 완비된 시설이었다. 예배당에 「피아노」까지 가져다놓고 수영 「풀」·「테니스코트」·「꼴프링」 등 오락·운동시설도 모조리 해놓았다. 「뻐ㅇ커로」式의 아담한 산장이 보기좋게 이곳저곳에 서 있고 그 주위는 花園으로 둘러싸였다. 이 사이에 喜喜樂樂하게 뛰어다니며 노는 아이들, 「컴퍼스」를 펴놓고 寫生하는 학생, 안락의자에 벗고 앉아서 일광욕을 하고 있는 풍신좋은 노인, 팔을 끼고 거니는 젊은 남녀 등 눈앞에 전개된 광경이 천국도 이보다 더 낫지는 못할 것이라고 생각했다.[25]

여기에 보듯이 이미 휴양촌은 한국인들의 눈에 '유토피아'로 비칠 만큼 다양한 시설을 갖추고 있었다. 그리고 일행을 서양인들이 반갑게 맞아주고 소녀가 친절히 안내해줬다는 것으로 미루어 한국인의 휴양촌 방문 자체가 금지된 것은 아니었음을 짐작할 수 있다.

이어 1928년 여름에는 석조건물 18동을 건축했다. 시멘트로 집을 지으려면 멀리 떨어진 강에서 모래를 옮겨와야 했으나 비용이 많이 들어 산에서 얻은 돌에 모르타르를 섞어 집을 지었다.[26] 이로써 휴양촌은 어느 정도 면모를 갖추게 되었다.[27]

---

25) 金晟鎭, 「智異山老姑壇」, 『조선일보』, 1950. 8. 10.
26) Smith, *op. cit.*, p.60.

2년 뒤인 1930년 연례회의에서 위원회는 완성된 건물들에 대해, 어느 정도 기본적인 숙박시설은 물론 편의·위락시설이 갖추어져 있다고 보고했다. 즉 본관·강당·호텔·병원 및 10동의 거주자 주택과 3동의 직원 숙소, 테니스코트 등이 갖추어졌으며, 지리산 입구의 화엄사에는 차고까지 마련되었다. 1931년 현재 건물은 32동이었고, 한국인 직원은 50여 명이었다. 그리고 이 해 한국 및 만주·중국 등에서 휴양촌을 찾은 미국인·영국인은 149명이었다.[28] 이들이 이 시설에 얼마나 만족했는지는 정확히 알 수 없으나, 다음에서 보듯이 평판이 좋았던 것 같다.

　　　누구나 여기서 몇 주만 보내면 삶의 활기를 되찾으며, 심신의 원기를 회복한 일꾼들은 도시와 농촌의 일터로 복귀한다. 여기서는 야생화만으로도 기분을 상쾌하게 할 수 있고, 나는 이토록 아름다운 곳은 결코 상상조차 해본 적이 없다.[29]

　　아울러 휴양촌은 국내의 선교사들뿐 아니라 중국·일본 등지에서 찾아온 서양인들도 찾아와 친목을 다지고 정보를 나누는 공간으로도 활용되었다. 다음은 그에 대한 증언이다.

　　　지리산에서는 경치 구경만 하는 것이 아니다. 한국에서 활동하고 있는 6개 선교부 선교사들뿐 아니라 중국이나 일본에서 온 반가운 친구들과 친교를 나눌 수 있다. 매년 열리는 테니스 대회에 직접 참가할 수도 있고 응원석에 앉아 마음에 드는 선수를 응원할 수도 있다. 8월의 따뜻한 햇볕을 받으며 구름 위에 펼쳐진 부드러운 능선을 따라 골프를 칠 수도 있고 수영장에서

---

27) "그레이엄캠프의 7번째 [1928년] 여름 시즌은 말 그대로 완벽했다."(*ibid.*, p.60)

28) 이덕주, 「지리산 기독교 유적지의 역사와 의미」, 앞의 글, 48쪽.

29) Reynolds, "Letter to John Groves (1932. 8. 15)"; 이태성, 앞의 글, 89쪽에서 재인용.

물놀이를 할 수도 있다. 매주 금요일 밤에는 모든 투숙객들이 친교실에 모여 각종 오락을 즐기거나 흰 석영으로 꾸민 벽난로에 둘러앉아 담소를 나눌 수 있다.30)

휴양촌에서 성서의 개역(改譯)이 이루어진 점도 빼놓을 수 없다. 즉 1932년 마태복음, 1933년 요한복음·빌립보서, 1934년 고린도후서·갈라디아서·에베소서·골로새서·빌레몬서·데살로니가전서·데살로니가후서·디도서, 1935년 로마서·요한1서, 1936년 사도행전·로마서 등 신약성서가 1932~36년에 걸쳐 매년 휴양촌에서 개역되었다. 이 작업에는 크레인(John C. Crane, 남장로회)·커닝햄(F. W. Cunningham, 호주장로회)·윈(Samuel D. Winn, 남장로회)·레이놀즈(William D. Reynolds, 남장로회) 등 선교사들뿐 아니라 한국인 목사 남궁혁과 조사(助事)들도 참여했다.31)

한편, 휴양촌의 본관에는 상점·빵집·우체국·이발소 등이 들어왔고, 주택도 25동으로 늘어났다. 여관은 3층이었으며, 17개의 객실을 갖추었다. 이밖에 도서관 및 9홀 규모의 골프장도 들어섰다.32) 벽난로를 갖춘 석조 강당에서는 예배를 비롯하여 다과회·음악회·강연회 등 다양한 문화행사가 열리기도 했다.33) 이로써 휴양촌은 완성 단계에 이르렀는데, 1940년 현재 건물은 56동이었다. 이들 중 남장로회 선교사 27명이 소유한 건물은 모두 41동이었으며, 당시 시가로 53,477.20엔(16,043.16달러)에 해당했다.34) 〈표 2〉는 그에 대한 상황이다.

---

30) M. B. Knox, "A Vacation on Christian", *KMF*, 1931. 10, p.211: 이덕주, 「지리산 기독교 유적지의 역사와 의미」, 앞의 글, 48쪽에서 재인용.

31) 이태성, 앞의 글, 96쪽; 이덕주, 「한글성서 번역에 관한 연구」, 이만열 외, 『한국기독교와 민족운동』, 보성, 1986, 147~148쪽.

32) "CHIDI SAN Camp C. E. Graham GENERAL INFORMATION."

33) Smith, *op. cit.*, p.58.

34) 이덕주, 「지리산 기독교 유적지의 역사와 의미」, 앞의 글, 51쪽.

<표 2> 그레이엄캠프의 건물 상황(1940)

번호	소유자	형태	규모(평)	용도	비고
9	Meta Biggar	석조	18.2		
10					호주선교사 소유
11					호주선교사 소유
13	L. K. Boggs	석조	13.0		
14	J. C. Hulbert	석조	10.4		
16		석조	33.0	강당	
17		석조		호텔	
20	S. D. Winn	석조	19.7		
21	W. A. Linton	석조	21.8		
22	R. Knox	석조	17.1		
23		석조		발전실	
25	D. A. Swicord	석조	21.1		
26	E. M. Lawrence	석조	15.3		
27	L. Dupuy	목조	11.5		
28	J. Hopper	목조	15.9		
29	M. Pritchard	목조	16.6		B. A. Cumming 명의
30	M. L. Hanson	목조	16.2		
31	M. L. Hanson	목조	5.4		
32	J. K. Unger	목조	23.6		
33	J. K. Unger	목조	2.6		
34	O. V. Ghamness	석조	17.1		
35	O. V. Ghamness	목조	4.8		
36	T. B. Southall	석조	11.0		E. Butts 명의
37	R. M. Wilson	석조	21.3		
38	J. F. Preston	석조	31.6		
39	D. J. Cumming	석조	15.0		W. B. Green 명의
40	D. J. Cumming	석조	1.3		
41	J. C. Crane	석조	14.6		
42	Janet Crane	석조	14.8		
43	Janet Crane	목조	1.4		
44	J. E. Talmage	석조	21.6		
45	S. Colton	목조	21.1		

46	S. Colton	목조	8.7		
47	S. Colton	목조	2.1		
48	L. T. Newland	목조	18.2		
49	L. T. Newland	목조	2.0		
50	Mrs. E. Bell	목조	35.5		
51	J. I. Paislay	목조	13.9		
52	J. I. Paislay	목조	1.4		
53	J. McL. Rogers	석조	18.4		
54	J. McL. Rogers	석조	2.1		
55	J. K. Levie	목조	20.8		
56	J. K. Levie	목조	2.7		

※ 출처: J. V. N. Talmage, "A Report of the Property of the Southern Presbyterian Mission in Korea at the Time of its Seizure of General Minami Governor of Chosen 1942," *Executive Committee of Foreign Missions of the Presbyterian Church in the U. S.* (Nashville, 1972), p.95; 이덕주, 「지리산 기독교 유적지의 역사와 의미」, 앞의 글, 50~51쪽에서 재인용.

3. 훼손 과정

1935년 휴양촌의 장소 임대기간이 끝나는 시점을 전후하여 남장로회와 총독부의 관계가 악화되었다. 일제는 이미 1932년부터 전남 광주의 기독교계 학교에서 학생들의 신도(神道) 의식 참여를 요구하여 남장로회와 갈등을 빚었고, 1936년에도 전북신사 추계대제 때 학생들의 참여를 요구하여 마찰을 일으켰다. 이어 1937년 남장로회는 "학생들과 교직원들에게 신사참배를 시키기보다는 차라리 학교를 폐쇄"하겠다는 풀턴성명을 발표했고 같은 해 일제가 중일전쟁을 일으키면서 전시체제로 전환되면서 양자의 관계는 더욱 악화되었다. 결국, 대부분 선교사들이 1940~41년 본국으로 철수했는데,[35] 남장로회에서는 재산관리를 위해 일부 선교사(J. V. N. Talmage 부부와 J. C. Crane)만 잔류시켰다. 이로써 휴양촌은 그 기능을

---

[35] 김승태, 『한말·일제강점기 선교사 연구』, 한국기독교역사연구소, 2006, 201~202, 237쪽.

잃고 황폐해지기 시작했다.

1945년 해방이 되었지만, 휴양촌은 정상화되지 못했다. 선교사들이 이 곳을 다시 방문하지도 못했고, 지역주민이 건물의 자재를 뜯어 팔거나 다른 건물을 짓는 데 사용했기 때문이다.[36] 1947년 휴양촌의 모습을 담은 다음 기록을 보더라도 그 같은 사정을 짐작할 수 있다.

> 우리 스키-단 일행이 묵고 있는 곳은 구례 화엄사에서 길을 잡아 꼽박 네시간 의 험한 산비탈을 기어올라가면 다달으는 구름에 싸이고 눈에 휘덥힌 노고단에 자리잡고 있는 피서장의 폐거이다. 외인들이 호화롭게 쓰든 이 산장도 역사의 변천에 따라 이제는 도적과 풍화의 대상에 못이겨 산산히 깨여지고 허무러져 마치 그림에 보는 전쟁터와도 흡사하다. 산장이라고 해도 지붕도 없고 방도 없을 뿐 아니라 창문도 없고 문짝도 없는 그야말로 뼈다구만 남은 허무러진 집이다. 도저히 사람으로서는 몸을 부칠 수 없을 만큼 철저히 깨어젓다.[37]

그런데 1948년 여순사건과 1950년 6·25를 거치며 휴양촌은 더욱 황폐화되었다. 지리산에서 활동하는 좌익세력과 이들을 토벌하기 위한 국군 사이에 교전이 벌어졌는데 휴양촌도 그 무대가 되었기 때문이다. 1948년 10월 일어난 여순사건 때 지리산으로 숨어든 좌익세력이 40일 동안 휴양촌 일대를 근거로 삼자 같은 해 11월과 12월에 국군은 이곳에서 '섬멸전'을 벌이며[38] 건물을 태우기도 했다.[39]

---

36) 육군 제1989부대, "(지리산 노고단에 있던 선교사 휴양지관이 6·25 당시 군부 대에서 작전상 파손한 것이기에 이에 대한 사실 확인 요구에 대한) 민원확인 결과(1996. 8. 31)", 3쪽의 지리산 노고단 산장 관리인 함○○의 증언.

37) 鄭○秀, 「智異山踏査記」, 『동아일보』, 1947. 2. 22.

38) 「전남전투사령부, 지리산 부근에서 여순사건 관련자 2백여명 체포」, 『호남신 문』, 1948. 11. 9.

39) 육군 제1989부대, "(지리산 노고단에 있던 선교사 휴양지관이 6·25 당시 군부 대에서 작전상 파손한 것이기에 이에 대한 사실 확인 요구에 대한) 민원확인 결과", 4쪽의 대하르포 지리산 1994.

1950년 6 · 25가 일어나면서 이곳에서는 수차에 걸친 교전은 물론 폭격까지 있었다.[40] 그리고 군인들은 "잔여 축조를 일부를 이용 간이시설을 추가로 설치"하여 일대에 주둔하기도 했다.[41] 토벌작전이 끝난 뒤에는 다시 주민들이 "양철 지붕과 내부 목재 등을 다시 뜯어" 사용했다.[42] 이처럼 여순사건과 6 · 25를 거치며 휴양촌은 회복불능의 상태가 된 채 지금에 이르고 있다.[43]

III. 선교사 휴양촌과 한국인의 시선

한국인들의 눈에 비친 휴양촌의 모습과 인상은 긍정적인 측면과 부정적인 측면, '부러움'과 '얄미움'이 섞여 있었지만, 다음 기록들에서 보듯이

---

[40] 육군 제1989부대, "(지리산 노고단에 있던 선교사 휴양지관이 6 · 25 당시 군부대에서 작전상 파손한 것이기에 이에 대한 사실 확인 요구에 대한) 민원확인결과", 4쪽의 육군본부 군사연구실 자료.

[41] 육군 제1989부대, "(지리산 노고단에 있던 선교사 휴양지관이 6 · 25 당시 군부대에서 작전상 파손한 것이기에 이에 대한 사실 확인 요구에 대한) 민원확인결과", 4쪽의 지리산 노고단 산장 관리인 함○○의 증언.

[42] 육군 제1989부대, "(지리산 노고단에 있던 선교사 휴양지관이 6 · 25 당시 군부대에서 작전상 파손한 것이기에 이에 대한 사실 확인 요구에 대한) 민원확인결과", 3쪽의 구례지역 산악회 회장 우○○의 증언.

[43] 이상의 내용을 육군측의 자료에서는 다음과 같이 요약하고 있다. "(나) 지역의 전사와 관련 문헌의 기록들에 의하면 ○대침투 작전사에서는 1951. 12.12. 육군과 공군이 합동을 노고단 일대 대폭격을 실시했다고 기록되었고 ○지리산 1994란 책자에는 여순반란사건 시 반란군의 근거지가 되어 1948.12월 초순 토벌군이 들어와 불태워버렸다는 기록 ○동아대백과사전에서는 6 · 25전쟁 시 파괴되었다는 기록 ○주민들 증언에 의하면 공비 토벌에 참가했던 군부대들이 훼손된 시설 이용과 축조물을 뜯어서 간이 시설 설치 등 증언 (다) 따라서 상기 내용을 종합 판단 시 공비 토벌작전과 6 · 25전쟁 시 소탕 작전 수행간 선교사 휴양시설이 파손되었을 것으로 판단됨."(육군 제1989부대, "(지리산 노고단에 있던 선교사 휴양지관이 6 · 25 당시 군부대에서 작전상 파손한 것이기에 이에 대한 사실 확인 요구에 대한) 민원확인결과", 6쪽의 '소견')

대체로 후자가 더 많았던 것 같다. 먼저 서춘(당시 조선일보사 기자)은 1936년에 이곳을 방문한 뒤 다음과 같은 감상을 신문에 실었다.

> 景致 조코 서늘한 이런 勝地를 눈밝은 西洋사람들이 그냥 둘 理가 업다. △頂으로부터 얼마 나려오지 아니한 樹木密林의 緩傾斜地 一帶를 擇하야 西洋宣敎師들은 避暑地를 만들엇다. (…) 但, 이 호텔은 西洋인만 드린다는 排他主義의 徹底한 것이라고 한다. 이것은 西洋人의 優越感의 發露인 同時에 적어도 우리 東洋사람에게 對한 侮辱이다. (…) 더구나 彼等은 單純한 西洋人이 아니요, 예수敎 宣敎師들이면서 그런다면 이것은 예수의 敎旨를 沒却하는 者들로서 天堂에 계신 예수가 구버보시면 눈물흘닐 만한 일이다. 드른즉 彼等의 排他主義는 이 程度에 그치지 안코 更 一步 滋味업는 方面으로 進하야 西洋人避暑地로 指目된 境內에는 他民族은 別莊을 짓기를 不許한다고 한다.[44]

즉 '피서지'의 호텔에서 서양인만 받는다는 것은 "서양인의 우월감의 발로"이자 "동양인에 대한 모독"이며, 그들은 "예수의 敎旨를 沒却하는 者들"이란 것이다. 1937년 노고단을 찾은 최기덕(당시 양정고보 산악부원)은 다음과 같이 휴양촌을 바라보는 것조차 꺼릴 정도로 불쾌감을 나타냈다.

> 老姑壇과 洋人避暑地는 白雪에 더피여 嚴冬을 꿈꾸고 잇섯다. 아프로는 溪谷을 바라보고 左右兩便으로는 깨긋한 智異山連峰이 聳立하여 보인다. 이 두 連脉이 合한 곳에 老姑壇이 되어 잇스니 洋人避暑地는 西向의 삼태안 갓다. 우리는 西洋人避暑地가 暫時라도 더 보구십지가 안헛다.[45]

1938년 노고단에 오른 이은상(당시 동아일보 고문 · 주간)은 휴양촌을 보며 미우면서도 부럽고 부끄러운 복잡한 심정을 다음과 같이 나타냈다.

---

44) 徐春, 「南朝鮮遍歷紀行(3): 老姑壇의 避暑地」, 『조선일보』, 1936. 8. 6.
45) 崔基悳, 「智異山登攀記(2)」, 『조선일보』, 1937. 5. 2.

숨 사이 군데군데 洋人住宅은 미웁고도 부러웁고 또다시 생각하매 스스로
부끄러운 마음을 禁할 수 업다. 제가 가진 名山勝○을 남에게 빌려주면서 저
는 도리혀 苦汗과 惡臭 속에서도 잘못사는 못난 내 얼굴을 「두투[?]」님 아페
무슨 ○○로 내어밀겟느냐. 잘난 者 똑똑한 者 눈 잇는 者 발 잇는 者만이
잘살 수 잇는 세상이믈 놀란듯 다시금 깨닷는다.46)

정확한 시점은 알 수 없지만 김성진(당시 경성의전 학생)은 한국인 인
부들이 서양인 부녀와 아동들이 앉은 의자를 메고 휴양촌에 오르는 것과
그 시설을 서양인들이 '독점'하는 것에 대해 다음과 같이 분개했다.

서양사람들도 자동차로 화엄사까지 와서 여기서 輕裝으로 등산을 하며 부녀
자와 아이들은 지게에다 藤椅子를 얹혀놓은 괴상한 운반구에 뒤로 걸터앉아
업혀가는 것이었다. 노고단에 올라갈 때까지 이같은 꼴불견의 광경을 얼마
든지 볼 수 있었다. 업고가는 人夫가 불상하다기보다 업혀가는 사람이 가련
해보였다. (…) 「여보게 이군. 천하의 명산을 저렇게 외국사람이 와서 시설
해놓고 독점 전용한다는 것은 일종이 모독이오 살풍경이야.」「그러게 말일
세. 이런 景勝地는 천연 그대로 두어야 가치가 있지 너무 인공을 가하고보면
도리어 말살되고 만단 말이야! 장래는 국립공원을 만들어가지고 탐승객이
모두 이용할 수 있도록 해야지」.47)

이처럼 당시 한국인들의 시선에는 자신들에 대한 '자조'와 외국인에 대
한 '질시'가 함께 나타난다. 한국인들의 불만은 크게 세 가지로 요약된다.
즉 (1) 한국인들이 서양인들을 의자나 지게로 옮기는 것, (2) 서양인들이

---

46) 李殷相, 「智異山探險記(14)」, 『조선일보』, 1938. 8. 17.
47) 金晟鎭, 「智異山老姑壇」, 『조선일보』, 1950. 8. 10. 필자 김성진(1905~1991)은 경
   성제대 3학년 재학 중 지리산을 등반하다 휴양촌을 잠시 방문했다. 그는 경
   성제대 의학부 제1회 졸업생(1930)이며, 경성제대가 1924년 설립되었으므로
   이때는 대략 1926~1927년 무렵으로 짐작된다.

한국인들의 휴양촌 이용을 막는 것, (3) 산중에 휴양촌을 세워 자연환경을 훼손하는 것 등이었다. 특히 그 서양인들이 대부분 선교사였다는 점에서 "예수의 教旨를 沒却하는 者들"이란 비난까지 듣기도 했다. 일제의 식민지가 된 것도 서러운데 서양인들까지 자신들만의 휴양촌을 산중에 건설했다는 것이 한국인들에게 불쾌하게 느껴진 것은 당연했다. 그럼에도 선교사를 비롯한 서양인들의 입장에서 생각한다면 다음과 같이 이해할 수도 있다.

1. 한국인들이 서양인들을 의자나 지게로 옮긴 것

휴양촌에는 적지 않은 한국인이 직원으로 근무했다. 1930년 남장로회 연례회의록에 따르면 휴양촌에는 3동의 직원 숙소(Servants House)가 있었으며,[48] 1932년 한국인 직원은 50여 명이었다.[49] 이들은 임금을 받고 근무했으며, 대부분 기독교인이었을 것으로 짐작된다.[50]

한국인들이 곱지 않은 시선을 보낸 것은 한국인 '일꾼'들이 옮기는 의자나 지게에 앉은 서양인들의 모습이었다. 하지만 앞서 언급했듯이 휴양촌은 산중에 있었기 때문에 부녀자·연소자·노약자의 접근이 쉽지 않았다. 이 때문에 한국인들이 그에 상응하는 임금을 받고 그들을 휴양촌까지 옮겨준 것이며 그 과정에서 강제성은 찾기 어렵다. 서양인들의 짐을 재거나 옮기는 것도 다음과 같은 규정에 따랐다. 한국인들에게 기분 좋은 모습은 분명히 아니었겠지만, 양쪽의 계약에 따라 이루어진 행위였다.

---

[48] 여기서 'servants'는 '하인'이 관리하는 '직원'으로 봐야 할 것이다.

[49] 이덕주, 「지리산 기독교 유적지의 역사와 의미」, 앞의 글, 48쪽.

[50] 1936년 서춘이 이 휴양촌을 방문했을 때 그는 "老姑壇西洋人避暑地內에 잇는 長老 尹成萬氏의 好意로 氏의 留宿하는 집"에서 잠시 머물렀는데(徐春, "南朝鮮 遍歷紀行(3): 老姑壇의 避暑地"), 윤성만과 마찬가지로 다른 직원들도 기독교인이었을 것이다.

잘 걷는 사람(good walkers)이 아니면 의자(주: 가마)나 지게를 이용하여 산에 오를 것 (…) 짐 무게 재는 비용: 4 sen each same / 짐꾼들의 운반 비: 1 sen per Japanese pound / 가마 이용료: 4인교(四人轎) [가마꾼] 1인당 1.30 Yen, 2인교(二人轎) [가마꾼] 1인당 1.70 Yen / 지게: 6세 이하 어린이 1 Yen, 12세 이하 어린이 1.30 Yen / 오후 5시 이후 화엄사에서 출발하는 모든 일꾼들에게는 1인당 20 sen을 보너스로 지급.[51]

앞서 언급했듯이 내한한 선교사들이 직면한 난제 중 하나는 바로 가족들의 건강이었다. 특히 면역력이 부족한 아이들은 질병에 쉽게 노출되었고, 종종 사망에까지 이르기도 했다. 남장로회의 경우만 보더라도 선교사 코이트(Robert T. Coit)는 1913년 한국에서 두 아들을 잃었으며, 의료선교사인 레비(James K. Levie)는 1931년 부인을 잃었고, 의료선교사 브랜드(Louis C. Brand)는 1938년 세상을 떠났다. 정도의 차이는 있었겠지만 대부분의 선교사들도 이 같은 우려에서 벗어날 수 없었을 것이다. 그 때문에 자신과 가족들의 건강을 위해 휴가기간 동안 휴양촌을 찾은 선교사들이 한국인 '일꾼'과 '짐꾼'을 이용한 것을 비난만 할 수는 없다.

2. 서양인들이 한국인들의 휴양촌 이용을 막은 것

휴양촌은 애초부터 선교사를 비롯한 서양인들만의 휴양을 위한 공간으로 조성되었다. 만약 한국인들도 이 시설을 함께 이용할 수 있었다면 외부와 격리 · 차단된 장소에서 심신의 안식을 얻으려 한 그들의 목적은 이루기 어려웠을 것이다. 그들은 휴가기간만이라도 한국인들과 떨어져 생활하며 재충전의 기회로 삼으려 했다. 한국의 산중에 서양인들만의 '별천지'를 조성한 그들의 행위가 한국인들의 정서에는 맞지 않았겠지만, 만약

---

[51] "CHIDI SAN Camp C. E. Graham GENERAL INFORMATION."

그들이 본국으로 귀국해서 휴가를 보냈다면 훨씬 많은 시간과 비용, 그리고 체력이 소모되었을 것이다.

그렇다고 해서 그들이 한국인들의 휴양촌 방문조차 막은 것은 아니었다. 앞서 소개했듯이 경성제대 학생 김진성이 휴양촌을 찾았을 때 그는 "친절한 소녀의 안내로 피서촌을 一巡"했다.[52] 또 "호텔은 西洋인만 드린다는 排他主義의 徹底"라고 비난했던 서춘도 "老姑壇西洋人避暑地內에 잇는 長老 尹成萬氏의 好意로 氏의 留宿하는 집의 一室을 비러" 휴식했다.[53] 이처럼 휴양촌의 숙박시설은 서양인들만 이용할 수 있었지만 한국인들의 방문은 허용했다. 앞서 언급했듯이 성서 개역과 같은 작업을 할 때는 한국인 목사와 조사도 함께 생활했으며, 1934년 구례에 수해가 났을 때 휴양촌의 서양인들과 한국인·중국인들이 이재민을 위해 의연하기도 했다.[54]

3. 산중에 휴양촌을 세워 자연환경을 훼손하는 것

산중에 50여 동의 건물로 이루어진 휴양촌이 조성되었다는 것은 지금의 관점으로 보면 문제일 수 있으며, 앞서 소개했듯이 당시에도 그런 비판이 있었다. 그럼에도 조성 당시에는 그것이 불법은 아니었고 크게 문제되지 않았다. 오히려 1930년대 들어 인근주민은 많은 관광객이 지리산을 찾아오도록 개발할 것을 희망했다. 예컨대 1935년에는 전북 남원군(현 남원시)과 경남 함양군 유지들이 '지리산보승회'(智異山保勝會)를 조직하고 "지금부터 천연적 지리산도 차츰 인공을 가하야 널리 世人의 발자취가 不絕하도록 시설책"을 강구했다.[55] 또 매년 여름이면 피서객이 끊이지 않으

---

52) 金晟鎭, 「智異山老姑壇」, 『조선일보』, 1950. 8. 10.

53) 徐春, 「南朝鮮遍歷紀行(3): 老姑壇의 避暑地」, 『조선일보』, 1936. 8. 6.

54) 「勝地 智異山 차저 避暑온 西洋人들도: 災民救濟의 義擧」, 『조선일보』, 1934. 8. 19.

55) 「南原咸陽兩郡聯合 智異山保勝會 組織」, 『조선일보』, 1935. 11. 21.

나 "外國人의 別莊은 40餘戶나 建設되야 夏期에는 150餘名이 常住하게 되며 俱樂部·公會堂 其他 諸般施設은 擧皆 外國人의 所屬"이어서 일본인·한국인이 이용할 수 없는 것을 "一大遺憾"으로 생각한 관계당국에서는, 우선 교통의 편리를 위해 산림도로[林道] 건설 계획을 세우고 이를 위한 보조금을 총독부에 신청했다.[56]

1936년에는 우가키[宇垣一成] 총독이 직접 휴양촌을 방문하여 그 시설과 경관에 찬탄했다 하며, 구례군민들도 지리산 개발과 등산로 확장을 관계당국에 진정했다.[57] 같은 해 7월 15일 현재 휴양촌의 '서양인 피서객'은 '70餘戶'를 헤아렸고, 일본·중국으로부터도 '200餘戶'가 지리산을 찾았다. 이밖에 단체관광도 이어지자 번영회에서는 지리산 그림엽서와 안내지도 1만 부를 제작하여 실비로 관광객들에게 제공했다.[58] 같은 해 열린 전남 실업연합대회에는 각군 대표 45명이 참석했는데, 이 자리에서 전남 구례군 대표는 지리산을 국립공원으로 지정함과 동시에 화엄사로부터 반야봉까지 이르는 4리 간의 '탐승(探勝)' 도로를 국비로 건설해 달라고 요청했다. 이 제안은 만장일치로 가결되었고 당국자의 긍정적 반응을 얻었는데, 이는 "一層 探勝과 避暑 方面의 客이 增加"하는 추세를 반영한 것이었다.[59]

1937년에도 전남·경남의 도민들은 지리산의 국립공원화를 희망했고,[60] 1938년 관계당국에서는 전문가들을 불러 현지를 답사하고 등산로의 개발과 숙박소·휴게소의 설치에 대해 협의했다.[61] 이처럼 1930년대에는 관광객 유치를 위한 지리산 개발이 계획·추진된 시기였으며, 여기에는 휴양촌의 '인기'도 어느 정도 자극을 주었다. 그러므로 휴양촌을 조

---

56) 「智異山 避暑地에 林道開拓을 準備」, 『매일신보』, 1935. 6. 23.
57) 「勝地智異山開發의 施設促進猛運動」, 『조선일보』, 1936. 6. 30.
58) 「智異山 避暑客 雲集」, 『매일신보』, 1936. 7. 20.
59) 「智異山의 勝景宣傳 國立公園化 計劃」, 『매일신보』, 1936. 11. 14.
60) 「聖峰 智異山을 國立公園으로 促成」, 『동아일보』, 1937. 10. 3.
61) 「智異山의 國立公園화 諸般施設 着着進捗」, 『매일신보』, 1938. 6. 12.

성하면서 자연이 훼손된 점은 부인할 수 없지만, 당시의 상황을 현재의 기준으로 판단하는 데는 무리가 있다.

IV. 선교사 휴양촌의 종교문화적 가치

선교사 휴양촌의 유적은 몇 가지 점에서 근·현대사적 가치를 지닌다. 역사적으로는 여순사건과 6·25, 종교사적으로는 기독교 선교와 성서번역 및 선교사 추방, 관광사적으로는 '종합레저타운'과 총독부의 관광자원·국립공원 개발 등과 관련되어 있으며, 국내 유일의 산중 서양인촌이라는 희귀성·특수성도 있다. 즉 역사·종교·관광 등의 여러 요소가 복합된 문화유산이라 할 수 있다. 비록 조성과 이용의 주체가 서양인들이었지만, 그들의 대부분은 단순한 관광객이 아니라 한국에서 선교·교육·의료 등의 사업에 종사한 선교사들이었다.

그러면 휴양촌 유적의 종교문화적 가치는 무엇일까? 이에 대해 이덕주는 "(1) 한국 기독교 수난과 성장의 역사를 간직하고 있기에 지켜야 한다. (2) 한국 교회 연합과 일치 운동의 현장이었기에 지켜야 한다. (3) 한국의 근대 문화 전파와 육성의 흔적이기에 지켜야 한다"라고 주장했다.[62] 또한 강명희는 "(1) 노고단과 왕시루봉의 선교유적지는 유사한 성경번역 유적지가 남아 있는 경우가 매우 희귀하다. (2) 호남과 영남지방 선교활동과 관련된 시설물이다. (3) 한국 기독교의 산실 중의 하나이다"라 지적했다.[63]

물론 이 견해들은 기독교계의 입장을 반영한 호교론적 성격이 짙으며, 일반인들의 공감을 얻기에는 한계가 있는 것도 사실이다. 하지만 휴양촌

---

62) 이덕주, 「지리산 기독교 유적지의 역사와 의미」, 앞의 글, 58~59쪽.
63) 강명희, 앞의 글, 70쪽.

유적의 기독교 문화사적 가치를 잘 지적하고 있다는 점은 부인하기 어렵다. 또한 해방 이전에 건축된 것으로는 흔치 않은 산중의 기독교 유적이며, 이는 산중 문화재의 대다수가 불교계의 것들이라는 점과 대비된다.

한편 지리산은 산악신앙을 비롯한 도교[64] · 불교[65] · 유교 등의 종교 · 사상과도 깊은 관련이 있다.[66] 산신제를 지낸 사당인 남악사와 화엄사 · 쌍계사 · 천은사 · 연곡사 등 사찰 등이 그것이며, 전통시대의 유학자 · 선비들이 남긴 지리산 유람기와 한시도 적지 않다.[67] 따라서 휴양촌 유적이 계속 보존될 수 있다면 '민족의 영산(靈山)' 지리산의 종교 · 사상적 상징성 · 포용성이 더욱 부각될 수 있을 것이다.

2000년대 들어 휴양촌 유적의 보존을 둘러싸고 일어난 논쟁은 아직도 진행형이다. 그것은 기독교계에서 2004년 '지리산기독교유적지보전본부'가 문화재 지정을 추진하면서 촉발되었으며, 최근 '지리산기독교선교유적지보존연합'이 다시 그것을 시도하면서 재연되고 있다. 예컨대 2004년 '23개 환경 역사문화연구 단체' 명의로 「지리산 노고단 '기독교 선교유적 문화재 지정신청'과 폐허된 건축물 복원계획에 대해」(2004. 9. 27)라는 성명

---

[64] 조용호, 「지리산 산신제에 관한 연구」, 『동양예학』, 4집, 동양예학회, 2000; 송화섭, 「지리산(智異山)의 노고단(老姑壇)과 성모천왕(聖母天王)」, 『도교문화연구』, 27집, 한국도교문화학회, 2007; 김아네스, 「고려시대 산신 숭배와 지리산」, 『역사학연구』, 33집, 호남사학회, 2008; 김아네스, 「조선시대 산신 숭배와 지리산의 신사」, 『역사학연구』, 39집, 호남사학회, 2010.

[65] 이상구 · 박찬모 · 김진욱 · 박길희, 『지리산권 불교설화: 지리산권문화연구단 자료총서 6』, 심미안, 2009; 곽승훈 · 김아네스 · 홍영기, 『지리산권 불교자료 1: 지리산권문화연구단 자료총서 7』, 심미안, 2009; 황갑연 · 김기주 · 문동규, 『지리산권 불교문헌 해제: 지리산권문화연구단 자료총서 8』, 심미안, 2009.

[66] 선교사 휴양촌을 제외하고 지리산과 기독교의 관계를 다룬 연구는 정중호 · 조원경, 「경남지역 여성 평신도 신사참배 거부 공동체」(『신학사상』, 138 [한국신학연구소, 2007])가 유일한 것 같다.

[67] 최석기 외, 『선인들의 지리산 유람록』, 돌베개, 2000; 윤호진, 「한시에 나타난 지리산 인식의 사상적 외연과 내포」, 『남명학연구』 18집, 경상대 남명학연구소, 2004.

을 발표하고, "노고단의 폐허가 된 건축물을 복원시키는 일은 다시 자연을 훼손시키는 일이 아닌지" 우려하며 전라남도의 문화재 지정에 대한 숙고를 부탁했다. 반면 최근 기독교계 언론에서는 문화재 지정에 적지 않은 기대를 걸고 있다.[68]

필자도 휴양촌 유적의 '복원'은 반대한다. 만약 그것이 복원된다면 사적지로서의 가치 및 역사적 의미도 희석될 것이기 때문이다. 비록 폐허에 가깝지만 그 상태로 '보존'되는 것이 해방 이후 한국 현대사의 상흔까지 보여주는 문화유산이 될 수 있을 것이다. 원형대로의 복원과 유지에는 적지 않은 비용이 들어갈 것이며, 기독교인들의 집회장소로도 이용될 수 있어 많은 문제를 드러내며 각계로부터의 비난에 부딪힐 것이다. 원형 복원에 대한 기독교인들의 열망은 신앙인으로서 당연한 것일 수 있지만, 현재 상태의 보존이나 문화재 지정에 대한 여론조차 호의적이지 않다는 점도 인식해야 한다.

그렇다고 해서 지금의 상태대로 그냥 '방치'하자는 뜻은 아니다. 현재 유적은 워낙 상태가 좋지 않아 작은 충격에도 쉽게 훼손될 수 있다. 따라서 최소한의 '보강'이 필요하다. 이와 관련해서는 강원도 철원의 노동당사 유적이 모델이 될 수 있다. 노동당사 유적은 외형의 전면(前面)만 남은 폐허 상태이지만 더 이상의 훼손을 막기 위해 지지대를 설치해 놓았다. 이 유적은 한국전쟁기 북한군이 점령하여 강제로 모금하고 인력을 동원해서 건축한 '착취·탄압'의 현장이지만 2001년 통과된「문화재보호법 중 개정법률안」에 따라 근대문화유산 등록문화재 제22호로 등록되었다. 그리고 〈뮤직비디오〉 및 〈열린음악회〉 등의 촬영 장소로 활용되는 등 철원 관광의 필수코스가 되었으며, 최근 보강작업을 거쳐 다시 일반에 공개되었다.

이같이 '보강'하여 휴양촌 유적을 '보존'한다 해도 더 이상의 시설은 필

---

68)「〈지리산 선교유적지 보존하자〉 교계 공감 확산」,『국민일보』, 2009. 3. 4;「지리산 일대 선교 유적 문화재 지정 순조」,『국민일보』, 2010. 1. 5.

요하지 않다. 그 주위에 그것의 연혁과 의미를 알려주는 안내판 정도를 설치하면 충분하다.[69] 최근 기독교 문화유산 답사에 대한 관심이 높아지고 있으며, 지리산 노고단과 왕시루봉의 기독교 유적도 '순례여행 코스'로 주목받고 있다.[70] 하지만 기독교인들이 이곳을 '순례'하더라도 고성을 유발하는 집회는 자제해야 한다.

V. 맺음말

이상에서 지리산의 선교사 휴양촌 및 그 유적에 대해 살펴보았다. 선교사 휴양촌은 극심한 과로와 열악한 환경으로 말미암은 선교사 및 가족들의 사망과 건강 악화에 따라 휴양을 위한 시설로 1920년부터 설립이 계획되었다. 남장로회에서는 이를 위한 위원회를 조직하고 당국과 협의하여 잠정적 승인을 받은 뒤 1922년 일부 건물을 짓고 선교사 및 가족을 받기 시작했으며, 1923년에는 동경제국대학과 교섭하여 허가·임대를 받아 본격적인 건축에 나섰다. 그리하여 1931년 현재 건물 32동에 이용자 149명 규모의 각종 시설을 갖춘 휴양촌으로 발전했으며, 일제와 갈등을 빚은 남장로회 선교사들이 1940년 한국을 떠난 뒤 일부 선교사가 남아 관리했고 당시 건물은 56동이었다. 하지만 해방 이후 1948년 여순사건 이전에 건물 및 시설은 주민에 의해 상당수 훼손되었으며, 그나마 여순사건과 6·25를 거치며 남은 건물조차 대부분 파괴되어 현재는 호텔 일부만 폐허

---

69) "노고단 선교 유적지는, 만약 복원한다면, 선교사들이 복음을 전파하려는 노력을 했던 자리임을 누구든 보아서 알 수 있을 정도의 소규모로 끝내야 하지 않을까 싶다."([칼럼] 옛적에 있었던 것은 모두 복원되어야 하나」, 『월간 산』, 2004. 10)

70) 허남진, 「한국 종교성지의 현대적 의미」, 『종교문화연구』, 14호, 한신인문학연구소, 2010, 205쪽.

상태로 남아 있다.

이 유적의 종교문화적 가치는 다음과 같다: (1) 한국 기독교 수난과 성장의 역사를 간직하고 있다. (2) 교파를 초월한 한국 교회 연합과 일치의 현장이다. (3) 성서의 한글번역 작업이 이루어진 문화적 현장이다. (4) 국내 유일의 산중의 기독교 유적으로 추정된다. (5) 산악신앙을 비롯한 도교·불교·유교 등의 문화유산 함께 '민족의 영산(靈山)' 지리산의 종교적 상징성·포용성을 보여준다.

이밖에 일반사적 가치는 다음과 같다: (1) 일제강점과 6·25라는 민족의 애환을 담은 흔치 않은 문화유산이다. (2) 역사(여순사건·빨치산전투·6·25)·종교(기독교선교·성서번역·선교사추방)·관광(국립공원개발·종합레저타운) 등의 요소가 복합된 문화유산이다. (3) 역사적으로 6·25를 전후한 시기 격전의 상흔을 그대로 보여주는 희귀한 문화유산이다. 더불어, 관광사적 가치는 다음과 같다: (1) 숙소·강당·상점·도서관·우체국·이발소·수영장·골프장·테니스장 등을 갖춘 국내 최초의 '복합레저타운'이다. (2) 당시 인근주민도 관광자원 개발에 적극 호응했으며, 총독부의 관광자원 개발정책에 영향을 끼쳤다. (3) 국내 유일의 산중 서양인촌이라는 희귀성도 있는 문화유산이다.

요컨대 지리산 노고단의 선교사 휴양촌 유적은 종교문화는 물론 일반사·관광사적 가치를 고루 갖춘 문화유산이라 생각된다. 당시의 수많은 건물 중 지금은 호텔 일부만 폐허 상태로 남아 있어 미관상 좋지 않아 등반객·관광객들의 눈살을 찌푸리게도 하고, 경관이나 환경에도 좋지 않으니 철거해야 한다는 여론도 높다. 또 그것이 우리의 '전통' 문화유산이 아닌 '서양'의 문화유산이므로 굳이 보존해야 할 필요가 있느냐는 의견도 있다. 모두 나름대로 일리가 있는 지적이다.

하지만 '외래종교'인 불교가 우리의 '전통종교'가 되었듯이 기독교 역시 '토착화'의 과정을 밟아가고 있으며, 인구의 20% 가까운 신자를 갖고 있다. 기독교가 과거부터 현재까지 우리 사회에 끼친 영향 중에는 긍정적인 것도 있고 부정적인 것도 있지만 최근 들어서는 후자에 대한 비판이 더 눈에 띄는 것 같다. 휴양촌이 운영되던 당시에도 그곳을 이용하는 서양인들에 대한 한국인들의 시선은 곱지 않았다. 그럼에도 이 유적은 분명히 '보존'의 가치가 크며, 종교문화적으로는 더욱 그렇다고 생각된다.[71]

이 글은 『종교문화연구』 제15집(한신대학교 종교와문화연구소, 2010)에 수록된 「지리산 노고단 '선교사 휴양촌'의 종교문화적 가치」를 일부 수정하여 실은 것이다.

---

[71] 이에 대해서는 다음과 같은 지적이 참고가 된다. "종래 문화재보호정책은 전통문화유산을 보존하는 데에 치중한 나머지 근대문화유산을 평가하고 보존하는 데는 소홀했다. 거기에는 몇 가지 이유가 있다. 우선 문화유산의 개념을 시간적으로 오래되고 기능적으로 그 영향이 뚜렷하며 예술적으로 뛰어나야 한다는 데에 두었기 때문에 근대의 문화적 산물은 그런 개념에 어울린다고 보지 않았다. 또 '근대'라 했을 때 우리 역사상 어두웠던 봉건말기와 일제강점기 및 해방 후의 혼란과 6·25의 상처 등을 연상했기 때문에 그런 시기에 남았던 문물들이 문화유산으로서의 가치가 있다고 생각할 수 없었다. 특히 이 시기에 우리 주변에 있는 많은 근대 문물들이 식민지적인 유산과 혼동되고 있었던 것도 사실이다. 근대문화유산을 평가하는 데에 연결되어 있는 이같은 부정적 시각은 이제 극복할 때가 되었다. 고통과 어두움으로 점철된 근대의 아픈 역사도 미래를 일궈내는 문화적 자양분으로 승화시켜야 할 때가 되었다. 외세침략과 식민지배 그리고 동적상잔의 고통스런 경험은 이제 소중한 역사적인 자산으로 삼아, 우리와 같이 고통 받았던 다른 민족을 위로하고 격려하고 때로는 봉사할 수 있는 자신감의 밑천으로 삼아야 한다. 이렇게 본다면 고통스런 경험을 극복한 국민에게는 그 시기에 남겨진 문화유산들이야말로 역사적 교훈을 제공하는 산 증거물이라고 할 것이다(이만열, 「근대문화유산, 왜 보존해야 하며 어떻게 보존해야 하는가」, 『한국의 근대문화유산』, 문화재청, 2007)."

—

자기 구제의 '祭場'으로서의 대자연, 지리산

이은상의 「지리산 탐험기」를 중심으로

박찬모

—

Ⅰ. 머리말

조선일보사는 1936년부터 1940년까지 백두산·한라산·지리산·묘향산·설악산을 차례로 '탐험'하는 산악순례사업을 실시한다. '백두산 탐험단'이 떠나는 날, 조선일보 사설은 백두산행의 목적이 '모험심'의 양성과 "백두산의 지리적, 역사적, 지질학적, 박물관적 온갖 방향에 있어서의 과학적 탐구심을 양성"[1]하는데 있다고 밝히고 있다. 탐험단에 역사학·생물학·지리학·의학과 관련된 학자가 포함되어 이후 학술 조사 결과를

---

[1] '白頭山探勝團을 보냄', 『조선일보』, 1936. 8. 7.

보고하는 강연회가 개최되고,[2] 조사 결과가 『조선일보』에 연이어 게재되고 있다는 점은 산악순례사업에서 학술적·과학적 조사가 큰 비중을 차지하고 있음을 보여준다. 그렇지만 3회째를 맞이하여 낸 지리산 탐험단 모집 기사에는 지리산 탐험이 "명산을 골라 지리의 考檢 博物의 채집을 지망하는 학도들과 峻嶺險厓를 답파코자 하는 등산가들에게"[3] 알맞은 好機이며 또한 "시국이 더욱 긴박하여 가고 있는 때에 인적자원의 큰 요소인 체위 향상을 도모하는 견지로서도 이 산을 찾는 것은 의미 깊은 일이라고 자부"[4]한다고 서술하고 있는 데에서 엿볼 수 있듯이 산악순례의 목적이 점차 학술 조사에서 '탐험' 혹은 '등산'으로 변화되고 있다. 또한 백두산·한라산·지리산 탐험과 관련해서는 『조선일보』의 편집국과 관련이 있는 徐椿과 李殷相이 각각 「백두산행(백두산 탐험기)」(서춘)와 「한라산 등반기(한라산 순례기)」(이은상)와 「지리산 탐험기」(이은상)를 게재한다. 그러나 묘향산 탐험과 관련해서는 '묘향산 탐험 카메라 보고'(이종옥)가 '탐험기'를 대신하고 있으며, 이듬해 설악산 탐험에서는 탐험대의 동정만을 소략하게 실었을 뿐이다. 이는 "민족문화 발굴을 위한 산악운동"[5]이라는 산악순례의 취지와 목적이 점차 훼손되고 있으며 일반인들의 호응 또한 시들어가고 있음을 보여주는 것이다. 이와 같은 현상은 앞서 인용에서 본 바와 같이 30년대 후반의 '시국의 긴박'과 관련을 맺고 있는 것으로 파악된다. 조선일보사 편집국 고문으로 재직하며 「한라산 등반기」[6]를 게재

---

2) 강연회는 다음과 같다. 「백두산 개관」(서춘), 「통신에 대하여」(이상호), 「백두산과 생물학적 고찰」(김병하), 「백두산과 식물학적 고찰」(장형두), 「백두산과 역사적 고찰」(사공환), 「백두산과 지리적 고찰」(강재호), 「백두산과 위생학적 고찰」(신성우). 조선일보 80년사 편찬실, 『조선일보 80년사』 상, 2000, 453~454쪽 참고.

3) 「지리산탐험단모집」, 『조선일보』, 1938. 7. 16.

4) 「그리운 남국의 명산」, 『조선일보』, 1938. 7. 23.

5) 『조선일보 80년사』 상, 앞의 책, 452쪽.

했던 이은상이, '일본군' 대신 '我軍'이니 '皇軍'이니 하는 단어를 사용하도록
하는 압력이 들어오자 이에 반대하다가 결국 1938년 6월 무렵에 "붓을 꺾고
물러"[7]났던 사건은 당대의 시대 상황을 상징적으로 보여주는 것으로서 산
악순례사업의 변화와 일제의 언론 탄압이 무관하지 않음을 의미한다.

  그리고 이와 같은 맥락에서 주목을 요하는 것이 이은상의 「지리산 탐
험기」이다. 묘향산 순례(1931)를 통해 단일 민족의 서사를 노래함으로써
일제에 저항하는 "대항의 글쓰기에 복무"[8]했던 그가 1930년대 후반의 언
론 탄압 속에서, 그리고 내선일체론과 조선의 병참기지화라는 사상적·
물리적 탄압과 민족적·실존적 위기 속에서 어떠한 태도를 취하고 있는
가를 규명해 볼 수 있는 기행문이기 때문이다.

〈그림 1〉『지리산탐험 앨범』(조선일보사, 1938년 8월)
(※ 이후 사진캡션은 '앨범목차'에 나와 있는 캡션을 따른다)

---

 6) 이 글은『조선일보』에 '한라산 등반기' 혹은 '한라산 순례기'란 제목으로 1937
   년 7월 27일부터 9월 23일까지 32회에 걸쳐 연재되었다. 이 글은 이후『한라
   산: 탐라기행』(조선일보출판사, 1937)에 간행되었다. 본고는 이 단행본을 참고
   하고자 한다.
 7) 이은상, 「청춘 20년기」, 『오늘도 탑을 쌓고』, 미문출판사, 1971, 33쪽.
 8) 구인모, 「국토순례와 민족의 자기구성」, 『한국문학연구』 27호, 2004, 139쪽.

특히 1920년대 중반 不咸山(백두산, 한붉뫼)을 동방문화의 기원으로 삼아 不咸文化論을 주장하던 최남선이 '心田 開發'(1935) 정책에 동조하고 이후 일선동조론에 경도되었음을 고려해 보자면,[9] 최남선과 마찬가지로 종교적인 자세로 국토를 拜禮했던 그가 1930년대 후반에는 어떤 태도로 국토순례에 임하는가를 살핌으로써 그의 국토순례에 함축된 의미 변화 양상을 살펴볼 수 있는 좋은 계기가 되기 때문이다.[10]

이에 본고는 이은상의 「지리산 탐험기」를 대상으로 그 기행문에 함축된 의미와 그 성격을, 기행문에 짙게 깔린 정조와 당대의 시대 상황 등과 관련지어 규명하는 것을 일차적인 목적으로 한다. 그런데 주지하다시피 그의 국토순례는 일회적인 것이 아니었다. 그는 1928년 이후 무려 다섯 차례나 금강산에 올랐으며, 이후 묘향산(1931), 설악산(1933), 한라산(1937), 지리산(1938) 등 이른바 명산을 비롯하여 무등산, 백양산, 추월산, 마니산, 속리산, 가야산 등 각지의 여러 산악 등을 순례하였다.[11] 이런 까

---

9) 박균섭, 「심전개발론과 교육인퇴문제」, 『일본학보』 47, 2001, 475쪽.

10) 그간의 국토기행문에 대한 대부분의 연구는 최남선과 이광수 등 특정 인물과 1920년대라는 특정 시기에 국한되어 있는 만큼 이러한 의문들을 해명하는 데는 역부족이다. 구인모가 최남선, 이광수와 더불어 현진건, 이은상 등을 고찰하고 있지만 소략하다고 할 수 있다. 이은상에 대한 연구조차 시조 연구에 편중되어 있어 1930년대 후반 그의 정신 세계를 고찰하는 데에는 도움이 되지 못하는 실정이다. 국토기행문에 대한 연구로는 구인모, 「국토순례와 민족의 자기구성」, 『한국문학연구』 27, 2004; 서영채, 「최남선과 이광수의 금강산 기행문에 대하여」, 『민족문화연구』 24, 2004; 서영채, 「기원의 신화를 향해 가는 길」, 『한국근대문학연구』 12, 2005; 복도훈, 「미와 정치: 국토순례의 목가적 서사시」, 『한국근대문학연구』 6(2), 2005; 최현식, 「민족과 국토의 심미화」, 『한국시학연구』 15, 2006; 박진숙, 「식민지 근대의 심상지리와 『문장』파 기행 문학의 조선표상」, 『민족문학사연구』 31, 2006. 그리고 이은상에 대한 연구로는 노산문학회, 『노산문학연구』, 당현사, 1976; 노산문학회, 『노산의 문학과 인간』, 햇불사, 1982; 신용대, 「이은상 시조의 연구」, 『개신어문연구』 3, 1984; 박상곤, 「이은상 시조 연구」, 한국교원대학교 석사학위논문; 김복근, 「이은상 시조 연구」, 창원대학교 교육대학원 석사학위논문, 1998 등이 있다.

11) 그는 금강산 기행문을 자신이 편집장으로 있던 『신생』지에 게재했다고 쓰고 있지만 확인할 수는 없었다(「금강행(1)」『동아일보』, 1930. 9. 12). 주요 산행과

닭에 「지리산 탐험기」의 행간에 존재하는 여백을 독해하고 그것만의 고유한 특징을 추출하기 위해서는, 다른 기행문을 참조하고 그와 비교하는 작업이 필수적이다. 그리고 이와 같은 비교의 과정에서 그의 기행문의 통시적 변화 양상 혹은 정신적 내면 세계의 변화와 굴곡이 보다 분명하게 드러날 수 있을 것이다. 그런 까닭에 본고는 「지리산 기행문」을 중심으로 하되 「香山遊記」, 「雪嶽行脚」, 『한라산: 탐라기행』 등 여러 기행문 등을 참조·비교하면서 논의를 진행하고자 한다.

아울러 「지리산 탐험기」를 분석하는데 있어 경시할 수 없는 것이 지리산이라는 대상이다. 식민지 시기 지식인들에게 백두산·금강산·묘향산 등은 민족의 기원과 성스러운 고유 문화가 유존하는 있는 성소였으며, 한편으로 인생을 되짚어 보며 아름다움을 완상할 수 있는 심미적 대상이었다.[12] 여러 명산을 민족의 성소이자 심미적 대상으로 바라보는 시선은 이 무렵 근대적 지식인에 의해 형성된 것이라고 해도 과언이 아니다. 이는 명산에 대한 고유 표상이 식민지 시기라는 역사적인 시점에서 이들 지식인들에 의해 쇄신되어 현대에까지 계승되고 있음을 의미하는 것이다. 특히 특정 장소의 문화유적과 승경지를 돌아보는 여정을 통해 그에 대한 감상을 담는 글의 특성상, 기행문은 여러 자료 ― 견문, 사회적 통념, 지식, 신념 등 ― 를 바탕으로 그 장소에 새겨진 의미를 의식적 혹은 무의식적으로 반복하거나 개신하면서 대상에 고유한 의의를 부여할 개연성이 매우 큰 장르이다. 이런 점 등을 고려해 보자면 「지리산 탐험기」는, 이은상이 지리산을 어떻게 표상하고 그 산에 어떠한 의미를

그 기행문을 소개하면 다음과 같다. 묘향산행은 「향산유기」(『동아일보』, 1931), 설악산행은 「설악행각」(『동아일보』, 1933; 노산문선, 1958), 그리고 무등산행은 「무등산 유기」(『조선일보』 1938, 『노산문선』)로 각각 게재 혹은 수록되었다.

[12] 이에 대해서는 서영채, 「최남선과 이광수의 금강산 기행문에 대하여」, 앞의 글 참고.

부여하는가 하는 점 등을 살펴볼 수 있는 좋은 계기이기도 하다. 이에 따라 본고에서는 「지리산 탐험기」에 함축된 그 의미와 그 성격을 규명하고, 이러한 논의를 바탕으로 그에게 지리산이 갖는 의의를 추출해보고자 한다.

이를 위해 2장에서는 1930년대 중반의 출판 동향을 검토한 기사문을 논의의 실마리로 삼아 이은상에게 국토순례와 시조가 갖는 의미 등을 『노산시조집』과 「향산유기」를 중심으로 개괄적으로 검토하고자 한다. 이는 그의 지리산행이 갖는 의미와 성격을 규명하는, 더불어 그의 국토순례에 함축된 의미 변화 양상을 통시적으로 고찰하는 밑바탕이 될 것이다. 그리고 3장의 1절에서는 우선 「지리산 탐험기」의 특징적 요소라고 할 수 있는 두 가지, 즉 정조와 글의 성격에 주목하여 살펴보고자 한다. 특히 그의 기행문에 짙게 드리워진 정조와 그 원인에 대한 논의는 그의 지리산행의 궁극적 의미를 밝히는 데 있어 중요한 논거가 될 것이다. 2절에서는 앞의 논의를 바탕으로 「지리산 탐험기」를 「설악행각」, 『한라산: 탐라기행』 등과 관련지어 그 의미와 성격 등을 본격적으로 고찰하고자 한다.

II. '壇君'과 전통으로의 귀명: 『노산시조집』과 「향산유기」

"출판된 이래 3천 부를 돌파하는 好記錄"[13]을 낳았던 『朝鮮史話集』(1931)의 저자 이은상은 최남선의 『백팔번뇌』(1926)와 더불어 시조문학사상 중요한 분기점으로 평가받는[14] 『鷺山詩調集』(1932)을 발간했다.

---

13) 「書籍市場調査記」, 『삼천리』, 7(9), 1935. 10, 137쪽. 이후 원문은 한글맞춤법 규정에 준해 수정하고 한자어도 제한적으로 사용하여 인용하고자 한다. 다만 시조에 대해서는 원문대로 인용하고자 한다.

14) 이태극, 『시조의 사적 연구』, 선명문화사, 1974, 308쪽. 이태극은 『백팔번뇌』의 출간부터 『노산시조집』 출간까지를 '그 부흥후기'로 기준으로 삼고 있다.

1935년 출판계의 동향을 개관하고 있는 한 잡지 기사에 따르면, 문학 분야에서 이광수의『麻衣太子』와『이순신』등의 "史話物"이 4천부를 넘어 판매 수위에 있으며 "다음으로는 이은상 씨의『노산시조집』이 좋은 성적을 내어 2,500 부를 돌파, 재판이 절판되고 3판 인쇄에 착수 중"이었다고 한다. 비록 역사소설류와 비교해 판매량에 있어 현격한 차이가 있지만 기사에 언급된 베스트셀러 혹은 스테디셀러 중『노산시조집』이 유일한 시집류임을 감안해 볼 때 당시『노산시조집』의 인기를 짐작해 볼 수 있다.

이 기사는 글의 모두에서 서점의 번창과 함께 "현해탄을 건너오는 서적의 수가 절대다수한 수를 점령"하고 있는 상황에서 "조선사람 손으로 되어서 나오는 서적"이 갈수록 많아지고 있는 배경에 대해서, "조선의 古典을 찾아보려는 학구적 양심을 가진 학도들이며 한글의 문헌에서 우리의 '넋'과 '얼', 모든 특색이며, 자랑이며, 모든 문화적 유산을 알아보자는 학생들 내지 일반 민중의 심리현상의 發現"[15]이라고 기사는 진단하고 있는데,『노산시조집』의 인기 또한 이와 깊은 관련이 있을 것으로 추측된다. 임화와 더불어 조선문단의 "至寶의 雙璧"[16]을 이룬다는 이은상에 대한 평가나 그의 시조집에 대해서 "정제한 스타일과 통일된 구상"을 갖춘 "조선 고전의 정통적 완성"[17]이라는 평은 앞의 진단과 상통하는 측면이 없지 않다. 특히 피천득은 "우리의 모든 것을 잃어버림과 아울러 시조도 한 개의 忘棄에 돌려 보내려는 풍토에서 귀한 명맥을 回蘇하려고 한편으로 고전

---

15) 이태극, 앞의 책, 136쪽.

16) 안재좌, 「新舊文人 언파레트」,『삼천리』5(3), 1933. 3, 79쪽. "노산 이은상 씨의 '시조'는 조선 '뿌르' 문단의 獨步인 것은 世人이 共知어니와 임화 씨의 서사시는 조선 '푸로레' 문단에 정평이 잇는 것이다. (…) 朝鮮『뿌르』문단에서 시비없이 칭찬받는 노산이 있다면, 조선 '푸로레' 문단에서 시비없이 칭찬만 받는 임화가 있는 것이다. 조선문단에서—뿌르, 푸로 併稱이 양대 시인은 진실로 지보의 쌍벽인 것이다."

17) 「독서실」,『동광』, 1932. 5, 80쪽.

을 건수하고 한편으로 창작을 거듭하게 된 것은 의미 깊은 일"이라고 전제한 뒤 이러한 '시조부흥운동'의 결정체의 하나로『노산시조집』을 꼽는다.[18] 이는 앞서 평가와 함께『노산시조집』의 인기가 '조선적인 것'[19]에 대한 독자층의 문화적 관심과 수요에서 비롯된 결과임을 잘 보여준다.

그런데, 당대의 문인의 호평과 독자의 관심을 받았던「노산시조집」에는 '2대 기행시조편'[20]이 들어 있다. '송도노래'와 '금강행'이 그것이다. 전체 112편 중 이 시조편이 52편임을 고려해 볼 때 과반에 육박하는 편수다. 기행시조편 이외에도 여로의 공간에서 느낀 소회를 시화한 작품이 대략 13여 편에 이르는 점[21]을 감안하자면 그의 말마따나 "돌아다니며 읊조렸던 것들을 엮어"[22] 놓은 것이『노산시조집』인 것이다. 주제의식과 형식, 시적 정조를 논외로 하고 보자면, 기실 이은상에게 여로는 시적 상상력을 길어 올리는 문학적 원천이었던 셈이다.

그렇다면 이은상을 '돌아다니며 읊조'리게 만든 동인은 무엇이었을까. 해방 이후에 자신의 청춘 시절을 회고한 글에 따르면, 아버지를 여읜 이후 생긴 "신경쇠약증"으로 인해 자신의 '방랑'이 시작되었으며, 와세다 대학으로의 유학 또한 명분에 불과할 뿐 실제는 방랑이었다고 토로한다. 그리고 귀국 이후에는 "외로운 방랑심"에 "젊은 시절의 울분"과 "조국에의

---

18) 피천득,『『노산시조집』을 읽고」,『동아일보』, 1932. 5. 15.

19) 차승기에 따르면, 30년대의 '조선적인 것'에 대한 연구 경향은 크게 세 흐름으로 대별된다. 첫째, 총독부에 의해 정책적으로 추진된 조선학, 둘째,『동아일보』와『조선일보』를 중심으로 30년대 초부터 진행되었던 민족주의 계열의 문화운동과 '조선주의 문화운동', 셋째, 역사적 유물론에 입각하여 이루어진 '조선학'이 그것이다. 차승기,「1930년대 후반 전통론 연구」, 연세대학교 박사학위논문, 2002, 26~27쪽 참고.

20) 피천득, 위의 글, 1932. 5. 18.

21)「삼개에서」,「노돌(노량진)」,「三台洞을 지나며」,「古殿의 밤」,「臨津江을 지나며」,「成佛寺의 밤」,「起峰 우에 서서」,「百祥樓」,「七佛寺」,「漁浦 달밝은 밤에」,「花下題」,「山田을 지나며」,「인생」 등을 꼽을 수 있다.

22) 이은상,「청년 20년기」, 앞의 책, 27쪽.

정열"이 덧붙여져 "국토순례"가 시작되었다고 한다.[23] 그의 회고에 따르자면, 국토순례는 돌아가신 아버지를 잃은 외로움과 그를 향한 그리움, 그리고 민족적 울분과 정열에서 비롯된 것으로서 곧 父性性(아버지=조국)의 상실과 그에 따른 회복의 의지가 국토순례로, 그 순례의 詩的 結晶이 『노산시조집』으로 이어진 것임을 짐작할 수 있다.

그리고 『노산시조집』을 출간하기 한 해 전인 1931년에 쓴 「향산유기」는 그의 국토순례의 성격과 의미를 분명하게 보여준다.

(가) 크시다 하오리까 / 높으시다 하오리까
말로써 자랄진댄 / 크다높다 거줏말이

다만지 업대어서 / 절하고 절하오니
돌아온 이자식을 / 반겨안아 주옵소서
님이내신 우리몸을 / 달리어대 기대리까
이겨레 살릴이는 / 당신홀로 게시오며

님에게서 받은몸을 / 싸로뉘가 없애리까
이겨레 죽이심도 / 당신손이 하옵소서
살아도 님이옵고 / 죽어도 니이옵고
쉬거나 움직이나 / 오직님에게 매엇나니

님하 크오신님하 / 님하 높으신님하
쌔와살과 피와혼과 / 다님에게 바칩내다

(중략)

---

23) 위의 책 참고.

믿으라 믿을지어다 / 네어미를 믿엇스랴
믿으면 되느니라고 / 넘이우리를 가르치나니

누나야 형아아으야 / 어서돌아가 믿엇스라
- 「귀명가」24) 중 일부

묘향산에 도달하기 전 "새나라의 순결한 국민이 되려는"25) 각오를 밝힌
그는 壇君窟에 이르게 된다. 이 시조는 壇君窟을 들러 '壇君天神之位)', '南
無桓因天王之位', '南無桓雄天王之位'라고 쓰인 木牌를 보고 감흥에 젖어
"생명의 原籍과 근본이요, 활동의 司命과 主軸이요, 그리하여 결국은 우리
의 保命安息할 곳이 다만 여기 뿐"이라며 부른 "歸命祝歌"26)이다. '겨레'의
운명을 주재하는 '님'에게 '자식'의 육신과 영혼을 바치고, '형제'들의 귀의
를 촉구하고 있는 것이다. 이 「귀명가」는 시적 상상력을 통해 단군과 조
우하고 귀명이라는 제의를 통해 '자식'로서의 정체성을 확인하며 더불어
혈연공동체의 결속을 희원하는 노래인 것이다. 단군이라는 신화적 존재
를 호출함으로써 '자식되기'와 '겨레되기'를 기원하는 그의 노래에는, 상실
되어 부재하는 '아버지'와 '조국'의 자리에 단군을 정위함으로써 부성성을
회복하려는 그의 민족주의적 의지가 함축되어 있는 것이다.

「향산유기」에 내포된 국토순례의 성격과 함의를 고려하자면 그가 자신
의 문학적 역량을 시조라는 형식을 통해 발현시키고자 했던 까닭도 쉽게
수긍할 수 있다. 그는 「시조문제소론」에서 시조를 "순자기적인 습성, 전
통, 사상, 도덕, 종교"를 지닌 조선민족에게 "배태되고 성육된 특유한 예
술"27)로, 시조의 詩型을 "조선민족의 습성과 전통을 담고 있는 언어에 의

---

24) 「향산유기(제 25신)」, 『동아일보』, 1931. 7. 25.
25) 「향산유기(제 1신)」, 『동아일보』, 1931. 6. 11.
26) 「향산유기(제 24신)」, 『동아일보』, 1931. 7. 24.
27) 이은상, 「시조문제소론(3)」, 『동아일보』, 1928. 2. 12.

해 형성"된 것으로서 "조선민족의 언어조직에 牴牾됨"[28]이 없는 고유의
형식으로 간주한다. 그런 까닭에 그는 시조형을 "조선의 민족문학적 체계
를 形築"하는데 있어 중요한 밑바탕으로 삼아야 한다고 주장한다. 그에게
시조는 하나의 시형이 아니라 고유한 민족성과 한국어의 특수성을 담아
낼 수 있는 최고의 형식[29]이었던 것이며 이런 연유로 그는 부성성 회복
의지 등을 시조의 형식으로 담아냈던 것이다.[30] 일종의 민족적 전통으로
의 귀명인 것이다.

　이렇게 보자면 상실되어 버린 부성성에 대한 고뇌와 그 부성성을 회복
하려는 그의 의지가 '단군'과 '전통'으로의 귀명으로 나타났던 것이며, 그
소산이 『노산시조집』과 「향산유기」인 것이다. 또한 30년대 중반 『노산시
조집』의 인기는 이은상의 이러한 '귀명'과 '조선적인 것'에 대한 독자의 지
적 호기심이 상호작용한 결과라고 할 수 있을 것이다.

III. '窮子'의 정조와 자기 구제의 여정: 『지리산 탐험기』

　앞서 살펴본 바와 같이 「향산유기」는 부재하는 부성성을 관념적으로
재구성하고 있다는 점에서, 그의 국토순례는 경배심과 황홀경을 수반하
는 종교적 순례와 동일한 것이다. 종교적 순례가 그러하듯이, 그리고 묘
향산에서 그가 황폐한 민속적 유적을 통해 민족의 기원과 신성성을 복원

---

28) 「시조문제소론(5)」, 『동아일보』, 1928. 2. 15.
29) 물론 그가 3장 6구의 시형만을 고집했던 것은 아니다. 그는 「시조단형추이」(『동
　아일보』, 1928. 4. 18~4. 25)와 「시조창작문제―내용·용어·형식 등」(『동아일
　보』, 1932. 3. 30~4. 11) 등을 통해 음수율과 음보율에 구속되지 않아야 함을
　밝히고 있다.
30) 시조집 '서'의, 황혼녘에 뜰 앞에서 자신을 업고 시조를 불러주시던 아버지에
　대한 회상은, 부재하는 아버지에게 다가가는 그의 접근 방식을 우회적으로
　보여준다고 할 수 있다.

했듯이, 순례는 종교적 · 신화적 · 역사적 유적과의 만남을 통해서만 신성성과 더불어 신앙심 혹은 신념을 고조시킬 수 있는 것이다. 순례가 유적을 통해서만 가능하다는 점을 고려해보자면, 단군의 유적이 국토의 곳곳에 편재할 수는 없는 까닭에 부성성의 기표로서 단군은 명백한 한계를 지니고 있다. 그가 비록 "내 몸이 가는 곳마다 어디든지 거기가 곧 단군굴이요 (…) 내 자신이 곧 단군굴"이라고 말하지만, 단군을 "단군대왕"으로 지칭하거나 "내 몸 내 마음이 다른 민족의 그것으로 바꾸기 전에는 언제나 그를 떠날 수 없을 것입니다"[31]라고 표현하는 데에서 알 수 있듯이 그는 단군을 인종적 · 혈연적 관점에서 민족의 國祖이자 시조로 표상하고 있는 것이다.[32] 이렇게 단군을 '역사적 기호'로 표상하고 있는 이상 단군의 유적이 없는 장소를 순례할 때는 부성성의 자리에 놓인 단군이라는 기표는 다른 기표로 대체되지 않을 수 없는 것이다. 「지리산 탐험기」는 이 대체된 기표가 어떤 것인지를 잘 보여주는 기행문 중의 하나이다.

먼저 지리산행의 여정을 살펴보면 다음과 같다. 그의 여정은 구례구역에서 시작하여 천은사－화엄사－코재－종석대－우번대－노고단 아래(7. 29)－노고단－반야봉－직전계곡(피아골)－연곡사(7. 30)－칠불암－雙溪寺(7. 31)－불일폭포－신흥동－세이암－쌍계사－대승동(대성동)(8. 1)－세석평전－통천문－천왕봉(8. 2)을 거쳐 백무동－마천－실상사(8. 3)에서 끝난다. 5박 6일 간의 산행 기록은 이후 『조선일보』에 1938년 7월 30일부터 동년 9월 24일까지 34회에 걸쳐 연재된다.[33]

---

31) 「향산유기(26신)」, 『동아일보』, 1931. 7. 25.

32) 김현주는 단군을 종족적, 혈연적, 인종적 의미로 인식하는 것을 1900년대의 단군표상 방식으로 본다. 김현주, 「문화, 문화과학, 문화공동체로서의 '민족'－최남선의 '단군학'을 중심으로」, 『대동문화연구』 47, 2004, 233~234쪽 참고.

33) 이후 「지리산 탐험기」에 대한 출처는 본문에 게재날짜를 밝히는 것으로 대신한다.

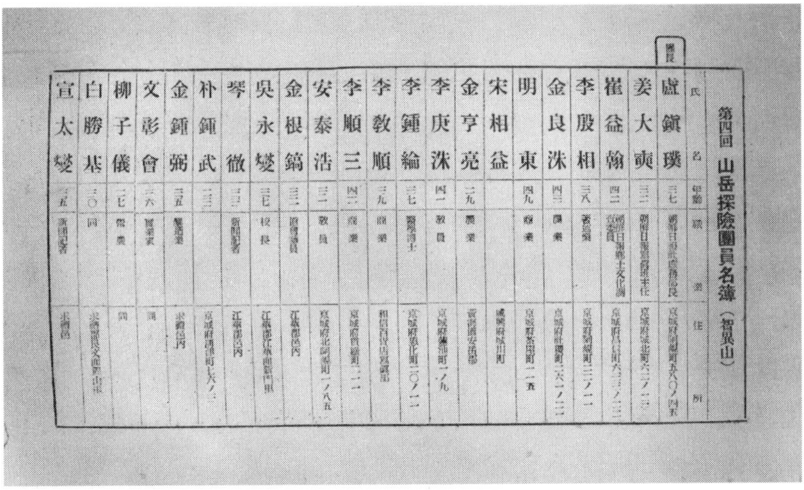

第四回 山岳探險團員名簿 (智異山)

氏名	盧鎭璞	姜大璵	崔殷翰	李殷相	金良洙	明相東	宋相益	金庚亮	李鍾洙	李教順	李順三	安泰鎬	金根鎬	吳永燮	琴徹	朴鍾武	金鍾會	文彰儀	柳子基	白勝基	宣太燮

〈그림 2〉 산악탐험대원명부(지리산)

『지리산 탐험기』는 크게 두 부분으로 대별해 볼 수 있는데, 장소로 보자면 그 분기점은 지리산의 정상인 천왕봉이다. 편의상 전반부와 후반부로 명명할 때, 전반부에서는 '窮子의 외로움'이란 정조가 주조를 이루고 있으며, 후반부에는 "멀리 갔다 돌아오는 개선 장군의 기쁨과 자랑과 씩씩함을 품고, 걸음걸음 든든히 뚜벅뚜벅 下界"(9. 22)를 향하여 내려온다는 표현처럼 일종의 득의만만함이 가득하다. 천왕봉에서의 그의 '깨달음'이 이러한 정조의 반전을 이끈 계기임은 두말할 나위가 없다. 1절에서는 전반부의 정조를 중심으로 그 원인을 규명하고, 2절에서는 그가 부재하는 부성성의 자리에 무엇을 재정위하는 지를 논구하고 그 의미를 규명해 보고자 한다.

1. '궁자'의 정조와 향도기적 성격

이은상은 1신에서 역사적 · 지리적인 측면에서 백두산을 "역내 산악의 수반으로 삼"을 수 있으나 "인문발달상으로 보아서는 이 지리산으로써 頭

位를 칠 것"(7. 30)이라고 전제한 뒤, 지리산의 각종 名號와 더불어 지리산의 지리적 계보를 추적한다. 그에 따르면, 頭流·頭留와 地利·智利·知異·智異·地理 등은 모두 "'두리뭉툭' 또는 '두리벙벙'"하다는 뜻을 지닌 '두리'라는 옛 명칭의 對譯에 불과한 것이며, 백두산이 남부대간의 내맥을 따라 "선선연연하여 수천리 아래"로 이어져 지리산을 형성하고 있다는 것이다. 한자어에 은폐된 민족의 고유 관념을 복원하고, 백두산을 시원으로 하는 국토의 심상지리를 일깨워주는 논의라고 할 수 있다. 그가 명칭에 대한 논의에 이어 구태여 "勝戰의 역사의식의 견지에서, 시대를 굽어보면서 지내는 것이 옳지 않을까"(7. 30)라며 '승전의 역사의식'을 강조함도 이러한 민족의식 고취와 무관하지 않은 것이다.

그렇지만 정작 '智異靈山'을 향해 떠나는 밤, 그의 마음은 '승전의 역사의식'과는 거리가 있다. "창연한 생각", "天涯漂迫의 손인 듯"이나 "窮子[34]의 외로운 생각"(8. 3)이란 표현에서 확인할 수 있듯이, 그의 내면은 '晦塞한 마음'뿐이다. 설악산을 향해 떠나는 여정의 첫 날, "闇黑과 陰沈을 뻐기고 솟아오르는 동방의 광명이 庭樹의 잎잎으로 眞珠의 讚歌를 부른다"[35]며 활달한 기개를 드러냈던 모습과는 확연한 차이가 있는 것이다. 그가 비록 구례행 기차에 몸을 실은 후 마음을 추슬러 "약함을 저기 가서 강함으로 바꾸리라. 암담을 저기 가서 광명으로 돌리리라"(8. 3)라고 다짐하지만, "그렇습니다, 太白山의 靈氣를 빌어 내 마음에 새나라를 排鋪하여 오고저 하는 것입니다. 그리고 동시에 내 자신이 그 새나라의 순결한 국민이 되려는 것입니다."[36]라며 한껏 고양된 민족의지를 표명하던 묘향산 산

---

34) 궁자 이야기는 「妙法蓮華經」, 信解品에 나오는 이야기로서 깨달음을 얻지 못하고 세상사에 고뇌하던 자(궁자)가 장자(부처)로 인해 깨달음을 얻는다는 내용이다. 박혜경, 「묘법연화경」, 『법화삼부경』, 묘법사, 1987, 114~133쪽 참고.

35) 이은상, 「설악행각」, 『동아일보』, 1933. 10. 15. 이후 이 글은 『노산문선』(1958, 영창서관)에 재수록되었다. 「설악행각」을 인용할 경우 『노산문선』을 저본으로 삼겠으나 『노산문선』에서 생략된 부분은 신문을 참고해 인용하고자 한다.

행의 다짐과도 비할 바가 아닌 것이다.

지리산으로 떠나기 전인 7월 28일 밤부터 짙게 드리워진 궁자의 외로움은 첫 방문지인 泉隱寺에서 곧바로 드러난다. 甘露泉이 메말라서 이름 붙여진 천은사 寺名 전설과 관련해서는 "우리님 사랑의 샘을/ 내가 나서 찾으리라"고 노래하면서도 "水聲山色이 이리도 아름다우니 이 洞府에 대자애, 대자비의 法泉이 오래지 않아 현신할 것을 믿건마는, 시절이 쉽지 아니하니 憫然한 마음도 금할 길이 없다"며 울적한 심경을 토로한다. 또한 노고단에 오르기 위해 잠시 들른 鐘石臺에서는, 고요한 밤마다 소리내어 우는 암석에 "비한한 생각에 심장과 혈관이 곧 터질 것"이라며 "종석아 울려무나/ 소리처 울려무나/ 돌가티 뭉친설움/ 터치고 울려무나/ 산악이 깨어지도록/ 우렁차게 울려무나 (…) 돌잡고 운무속에서/ 실컷울고 가려 노라"(8. 10)며 궁자의 설움과 비한을 종석대에 투영시키기도 한다.

〈그림 3〉 '천은사의 一柱門 前'

---

36) 「향산유기(제 1신), 『동아일보』, 1931. 6. 11.

이러한 궁자의 민연과 비한의 심경을 무엇보다 잘 드러내주고 있는 것은 牛翻臺에 이르러서이다.

(나) (…) 너른 산야를, 싸울 이 없는 양식을 앞에 놓고 배 고프면 풀을 뜯고 배 부르면 꼬리치고, 곤하면 잠들고 하여 일체 煩絆을 벗어나서 行住坐臥에 시비 없는 홑몸으로 부동부정의 제 일생이 그대로 妙心이요, 妙想이어서 지금 같은 雲霧裡潭 雨中에서는 그 행복을 덮을 자 다시 없거늘, 祖師여, 왜 굳이 무진번뇌의 인간으로 화하였던가. 원컨대 조사여, 사람을 翻身하여 옛날의 '소'로 돌아갈지어다. 그 무심무사한 '소', 소로 돌아갈 지어다.(8. 10)

그는, 소가 善根을 닦아 가죽을 벗고 우번조사가 되었다는 전설이 전하는 우번대에 올라, 조사에게 일체의 번뇌없이 태평하게 지내는 소로 다시 되돌아 갈 것을 원망어린 어조로 간청하고 있다. 이러한 그의 모습은 설악문을 지나 보게 된 僧瀑에서 세상사의 번뇌를 이기지 못해 폭포에 몸을 던진 승려의 일화를 듣고서는 "死로써 그 번뇌를 滅할 줄만 알던, 그 부족한 修道가 더 슬픈 일"이며 "그 모든 것보다도 번뇌를 벗을 수 없는 '사람' 그것이 본시부터 더 슬픈 것이 아니오리까."[37]라는 반문과 견주에 볼 때 사뭇 다른 태도라고 할 수 있다. 후자에서는 고뇌를 벗을 수 없는 인간의 존재론적 숙명에 대한 종교적 숙려가 엿보인다면, 전자에서는 인간적 삶을 저어하는 체념적 정조가 짙게 드리워져 있는 것이다.

이런 정조 때문인지 그는 옛 마한의 유적지로 알려진 深源達宮에서는 "숨어살진댄 가난할 것이요, 가난할지언정 차라리 다 버리고 이런 곳에 와 숨어 삶이 오히려 편안할 듯한 생각이 드는 것도 금세의 어지러운 탓이런가."(8. 16)라며 은일과 둔세적 삶에 대한 일말의 희구를 드러내기도 한다. 특히 최치원이 귀를 씻었다고 전하는 洗耳庵의 계곡에서는 "孤雲者

---

37) 이은상, 「설악행각」, 『노산문선』, 앞의 책, 188쪽.

이세상이/ 얼마나 싫었관대/ 산속에 들고서도/ 귀를다시 씻던게요/ 오늘
도 이물에 귀씻는이/ 또한사람 지나노라"며 읊조린 후 "강자라 하여 강함
을 보이지 못할 때에는 물러나 약자가 되어 홀로 강함만 못"(9. 9)하다는
견해를 피력한다. 은일에 대해서는 부정하면서도 은일자의 고귀한 정신
만은 옹호하던 과거의 입장과 비교해 볼 때,[38] 비록 전제를 달고 있기는
하지만 은일에 대한 두둔과 둔세에 대한 그의 희구가 배어 있는 것이다.
이런 그의 속마음으로 인해 푸른 이끼가 덮인 바위에서 본 달팽이의 모
습은 자신의 모습과 다르지 않다.

(다) 길우에 저 달팽이 / 집업는 저 달팽이
　　　너도 나와가티 / 괴로운 逆旅로다
　　　오늘밤 어디서자려느냐 / 내일은어디로 가려느냐.

'天地無家客 乾坤何處邊'의 구로써 남모르는 나의 傳記를 삼더니, 구태여 이
산중 이 계속 속에서 저 집 없는 달팽이를 만나 □□하고야 마는구나.(8.
21)

지리산의 천왕봉에 이르기 전까지 기행의 주된 정조를 이루는 이러한
울분과 고독, 체념, 은일의 정조는 기실 그의 국토기행문에서는 낯선 것
이다. 앞서 살핀 바와 같이 묘향산과 설악산 순례에 나설 때에는 그 다짐
부터가 지리산의 그것과는 다른 것이었다. 「향산유기」에서 묘향산을 찾
게 된 계기를 '새나라의 순결한 국민'이 되겠다던 그의 염원으로 압축적
으로 드러냈지만 「설악행각」에서는 비교적 자세히 표현하고 있다.

---

38) 그는 설악산에서 고려 문인 李資玄에 대해서 "社會에 대한 모든 義務를 무겁
게도 지고 있는 오늘의 우리들로서 보면, 그 같은 隱遁 處士를 稱頌할게 조금
도 없습니다마는, 나는 그가 自然을 사랑하고 자연을 貪하던 것, 세간에 있어
그 性氣를 더러일찐대, 오히려 떠나 물러나 그 高潔을 지키려던, 그 마음만은
崇尚하려는 것입니다."라고 표현한다. 이은상, 앞의 책, 172~173쪽.

(라) 설악! 저 관동의 설악을 찾아가 (…) 노래를 읊어, 유폐 당한 내 영혼을 해방하고, 香火 끊인 내 제단에 焚修하며, 涸渴한 내 生命泉을 다시 파서, 재생의 恩典을 입자함도 한 까닭이옵고, 塵實의 번뇌를 石室의 저녁 구름에 날려보내고, 중생의 罪障을 琳宮의 새벽 鐘聲에 열고 벗어나, '垢痕拂祛' 시원한 심경을 잠깐이나마 얻어보자 함도 한 까닭이옵고, 聖師 명승의 고행 靜修를 듣고 생각고, 梅月과 三淵의 눈물 흔적을 보고 만지며, 거기 내 마음의 외로운 影子를 우러 비치고, 깊은 정한을 마주 붙여서, 그분들을 讚仰하는 그 찬앙으로 내 영혼의 찬앙을 삼을 수 있기까지에 내가 이르러야겠고, 그분들을 慰釋하는 그 위석으로 내 영혼의 위석을 삼자함도 한 까닭입니다.

그러나 그 모든 것보담도 설악은 우리 옛 先民의 오랜 존숭을 입어온 神山聖域이라 (…) 그 靈跡을 더듬고 그 활력을 얻어 '조선' 민족정신을 재인식하자, '조선' 민족신념을 재수립하자, '조선' 민족문화를 재건설하자 하는 거기에 더 큰, 더 깊은 까닭이 있는 것입니다.39)

첫째는, 세상사에서 잠깐 벗어나 탈속의 경지를 음미하고, 선인들의 고뇌를 통해 자신을 되돌아봄으로써 영혼의 경건한 자유를 얻겠다는 것이며, 둘째는 '신산 성역의 靈跡'을 더듬어 조선의 민족문화를 재건하겠다는 것이다. 이런 각오 때문인지 실제로 「향산유기」와 「설악행각」에서는 울분이 아니라 고양된 민족애와 민족적 신념이, 체념과 은일의 정조가 아니라 정갈하고 경건한 마음가짐으로 자연과 문화 유적과 선인들을 배례하고 자기를 성찰하는 태도가 명증하게 나타난다. 이에 반해 지리산에서는, 위에서 살핀 것처럼, 궁자의 정조가 주조를 이루고 있으며, 이러한 태도는 문화 유적을 바라보는 시각에 고스란히 전이되기도 한다. 雲上院 터에 올라 玉寶高를 회상하며 "제 문화의 원류에 대한 금인의 무성무심함이 이같으매, 무엇으로 제 문화의 장래를 기약할 것인가. 다만 나그네 막대를

---

39) 이은상, 「설악행각」, 『동아일보』, 1933. 10. 15.

39) 이은상, 「설악행각」, 『동아일보』, 1933. 10. 15.

39) 이은상, 「설악행각」, 『동아일보』, 1933. 10. 15.

39) 이은상, 「설악행각」, 『동아일보』, 1933. 10. 15.

39) 이은상, 「설악행각」, 『동아일보』, 1933. 10. 15.

39) 이은상, 「설악행각」, 『동아일보』, 1933. 10. 15.

39) 이은상, 「설악행각」, 『동아일보』, 1933. 10. 15.

39) 이은상, 「설악행각」, 『동아일보』, 1933. 10. 15.

39) 이은상, 「설악행각」, 『동아일보』, 1933. 10. 15.

39) 이은상, 「설악행각」, 『동아일보』, 1933. 10. 15.

39) 이은상, 「설악행각」, 『동아일보』, 1933. 10. 15.

세우고서 운상원 빈터에 서서 옛일을 생각하고 悽愴한 마음을 품을 뿐"라며 '문화의 장래'에 대해 암담함을 드러내기도 한다. 불과 한 해 전에 있었던 한라산행에서는 한라산을 '하늘산'으로 해석하면서, "일체의 연원이요 일체의 폐부요 일체의 祕鑰이요, 일체의 寶庫인 저 '하늘'의 크고 넓은 의도 앞에 나아가 難思議한 채로 그 宣命"[40]을 체감해보겠다며 '하늘의 선명'이란 표현을 통해 민족적 소명의식을 표명하던 것과도 기실 많은 차이가 있는 것이다.

그렇다면 「지리산 탐험기」에서 이와 같은 정조가 주조를 이루는 원인은 어디에 있는 것일까. 가장 먼저 꼽을 수 있는 것은 기행문을 쓸 당시의 집필 조건이다. 비록 그는 자신의 뜻대로 글을 썼다고 하지만 이 글이 "'이동경찰'의 노골적인 인계를 받아 가면서"[41] 쓴 기행문이라는 점을 고려하자면 그의 처참한 심경을 짐작할 수 있거니와 한편으로는 민족의식을 역설하는 데에는 많은 제약이 뒤따랐음을 엿볼 수 있는 것이다. 燕谷寺에서 풍치없이 지어진 새 당우를 보며 창연한 생각에 빠져 있던 그는, 한말의병인 고광순의 생애에 대해서 약술한 후 "9월 11일의 밤. 그는 이곳에서 飛彈 아래 최후를 마치고 말았으며, 연곡사의 雄殿巨宇도 그날 밤에 재 되고 말아 오늘은 촌가 같은 이러한 몰풍경을 드러내게"(8. 23) 되었다며 무상한 심정을 토로한다. 이러한 그의 태도는 서산대사의 의병활동에 대해 "救國拯民에 큰 활약과 功效를 보인 것이니 또한 이제 우러름을 받음이 당연한 일"[42]이라고 서술하던 「향산유기」의 그것과는 다른 것으로서, 검열 —"이동경찰의 인계"—을 염두에 둔 그의 서술태도라고 볼 수밖에 없는 것이다.

40) 이은상, 『한라산: 탐라기행』, 앞의 책, 146~147쪽.

41) 이은상, 「청춘 20년기」, 앞의 책, 33쪽.

42) 「향산유기(12신)」, 『동아일보』, 1931. 7. 3.

〈그림 4〉 '구례읍 有志의 일행 招待宴'

또한 「지리산 탐험기」를 쓸 무렵 그는 『조선일보』에서 물러난 상태였
는데, 급변하던 시국과 그의 처지가 그러한 정조를 만드는데 큰 영향을
미친 것으로 추측된다. 미나미 지로[南次郞] 총독의 취임과 중일전쟁을 계
기로 일제는 조선의 통치이념으로서 내선일체론을 공식화하고 이에 맞추
어 사상과 정보의 통제를 강화하였다. '조선인육군특별지원병령'(1938. 3)
의 공포와 제 3차 조선교육령(1938. 3. 4) 개정을 통해서는 '황국신민'의
완성과 조선인의 병력자원화를 도모하였으며, 한편으로는 주요 일간신문
과 통신사 대표자들로 '춘추회'(1938. 2)를 결성하고, 자원 절약을 근거로
신문 용지를 강제 절감하는 등 언론에 대한 통제를 강화하였다. 그리고
7월에 이르러서는 중일전쟁 발발 1주년을 기념하여 국민정신총동원운동
(1938. 7. 7)을 통해 조선인의 황국신민화, 일제의 전시협력사업에의 협력,
그리고 전시체제의 확립을 위해 다각적인 측면에서 정신교화운동과 전시
협력운동을 시행하였다.[43] 이 무렵 이은상은 모두에서 살핀 바와 같이
『조선일보』에서 물러난 상태였다. 이화여전 교수로 재직하던 1년을 제외

하고는 1929년 잡지『新生』의 편집장을 시작으로『동아일보』기자, 조선
일보사 편집국 고문 겸 출판국 주간 등을 맡으며 해오던 언론 활동을 중
단하게 된 것이다.[44] 일제의 강압에 의해 언론 활동을 중단할 수밖에 없
었던 그로서는 일제에 대한 분노도 컸겠지만 한편으로는 중일전쟁 이후
급변하는 조선의 정세를 지켜보면서 더욱 깊은 절망감에 빠지지 않을 수
없었던 것이다. 결국 이렇게 보자면 기행문에 나타난 궁자의 정조는 천은
사에서 그가 토로했던 것처럼 "시절이 쉽지 아니"했기 때문이었다.[45]

〈그림 5〉 '화엄사 緣起大師의 四獅子石塔'

43) 최유리, 「일제 말기(1938~45년) '내선일체'론과 전시동원체제」, 이화여자대학교
    박사학위논문, 1995 참고.
44) 그의 약력에 대해서는, 노산 이은상박사 고희기념논문집 발간위원회, '노산
    이은상 박사 약력', 『민족문학논총』, 1973 참고.
45) 최일수는 이은상의 고독이 분단된 조국에서 비롯된다고 지적한 바가 있는데,
    1930년대 후반의 그의 고독 또한 조선의 현실과 관계 깊은 것으로 볼 수 있을
    것이다. 최일수, 「노산문학과 민족사상」, 『노산문학연구』, 앞의 책, 52~54쪽.

그렇지만 「지리산 탐험기」의 이와 같은 정조에도 불구하고 그의 기행문은 지성적인 인문학적 품격을 갖추었다고 할 수 있는데, 그는 사찰과 암자, 그리고 승경지 등을 방문하거나 혹은 역사적인 인물들을 회상하는 대목마다 여러 고문헌과 碑銘, 그리고 한시 등을 효과적으로 활용하여 인문학적 박식을 다채롭게 펼쳐 보이기 때문이다. 역사와 문학, 그리고 종교·사상을 가로지르는 그의 인문학적 박식은 대략 세 가지로 기능한다. 첫째, 그것은 문화 유적 등에 인문학적 정보를 제공함으로써 그 대상에 역사적 숨결과 문화적 생명력을 부여하고, 때론 인물에 대한 설명을 덧붙임으로써 유적에 인간적인 영혼을 부여한다. 華嚴石經, 각황전 앞 석등, 운상원 터, 실상사, 竹露茶, 大覺國師, 大隱禪師등에 대한 그의 서술이 여기에 해당된다고 할 수 있다. 둘째, 그것은 시시비비를 가리는 고증적인 방식으로 활용된다. 화엄사 四獅子三層石塔에 대한 세키노 타다시[關野貞]의 견해 반박, 칠불사 亞字房에 대한 실증적인 분석, 六祖頂相塔에 얽힌 이야기의 진위 여부, 칠불암 칠왕자 이야기에 대한 종합적 검토 등이 여기에 속한다고 하겠다. 셋째, 그것은 승경지나 山路에서 자신의 정감과 소회를 촉발하거나 의탁하는 데에 활용된다. 예컨대, 불일폭포와 신흥동 인근 등지에서 서술되는 청학동 설화, 최치원과 한유한과 삶과 시, 그리고 이와 관련된 여러 문사들의 시는 은일에 대한 사색을 유발하는 계기가 되고 있으며, 앞서 살펴본 대로 종석대 설화와 우번대 설화는 자신의 내적 심경을 의탁하는 시적 상관물로 기능한다.

구분	(1) 문집·지리지·역사서·금석문		
	(2) 한시 및 설화, 인물		
지명과 계보	(1) 『파한집』(이인로), 「유산기」(이륙), 「두류록」(김종직), 『신증동국여지승람』, 『문헌비고』, 『삼국사기』(김부식), 진감선사비·「법장화상전」(최치원), 『습유기』, 『지봉유설』(이수광), 보운동진대사비명(김정언)		
오산	(2) 『신증동국여지승람』, 『원감록』(충지), 『봉성지』		
천은사	(1) 『고려사』, 『천은사사기』		

구분	(1) 문집·지리지·역사서·금석문
	(2) 한시 및 설화, 인물
화엄사	(1) 「화엄사사적기」, 『신증동국여지승람』, 「지리산일과」·「해동명승기」(남효온), 『봉성지』, 「법상화상전」, 화엄사경원문, 「석벽경고」(이나라 순스이), 『화엄사사기』, 『남한지』
	(2) 대각국사, 청허선사
화엄동 종석대 우번대	(1) 『탐현기』(법장), 『현담』(징관), 『법계관문』(두순), 『청허집』(청허), 『택리지』(이중환)
	(2) 종속대 설화, 우번대 설화
노고단, 반야봉 연곡사	(1) 「반야심경」, 『불조원류』
	(2) 임걸년 설화, 서산대사, 고광순 이야기
쌍계사	(1) 『전두록』, 『쌍계사사기』, 『법보당경』, 진감선사대공탑비, 『쌍계사중창기』(청허선사), 『지봉유설』, 『명산기』, 『택리지』,
	(2) 범패 전설, 최치원·정약용·최석민·청허의 시, 최치원 이야기
칠불사	(1) 『택리지』, 『삼국사기』, 『동다송』(초의선사), 『가락국수로왕사적고』, 『진양지』 칠불암상량문(유일), 두류전지(김선신), 『칠불선원사적기』, 『구당서고려전』, 『보한집』(최자), 『구황촬요』(신속), 『용천담적기』(김안로), 『삼국유사』, 『해동불조원류』, 『삼국유사』, 부휴당집(부휴), 진감선사대공탑비, 『호봉집』(송언신)
	(2) 대은선사, 송언신의 시, 초의선사의 시
불일폭포	(1) 「속두류록」(김일손), 『신증동국여지승람』, 『파한집』, 『택리지』, 『지봉유설』
	(2) 조식·청허·양성지·이색의 시, 청학동설화
신흥동	(1) 『순오지』
	(2) 유방선·이색·한유한·김부의·김돈중·청허의 시, 청허 이야기, 모인설화
대승동과 음양천	(1) 『택리지』, 『동국통감』, 『동문선』
천왕봉	(1) 『유산기』, 『두류록』, 『동국명산기』, 『제왕운기』, 『신증동국여지승람』
	(2) 김종직·청허의 시
백무동	(1) 『보한집』, 『택리지』, 『신증동국여지승람』
	(2) 정명국사·무기화상의 시
실상사	(1) 『조당집』, 「적조탑비기」, 「경덕전등록」, 「선문예참의문」, 실상사수철화상능가보월탑비, 『금석총람』
	(2) 청허의 시

위 표에서 보는 바와 같이, 역사서와 지리지는 물론 비명과 유산기, 志

怪書, 불교서 등에 이르기까지 실로 방대한 자료를 활용하고 있기 때문에, 지리산에 대해서 본인이 언급한 '인문발달상의 頭位'라는 명명을 스스로 입증하고 있는 것처럼 보일 정도이다. 아울러 지리산 탐험대 모집 기사에서 "지금까지 완전한 답파코스가 서지 못했다"[46]라는 지적에 주목하자면, 그의 인문학적 박식이 문화 유적과 승경지, 인물 등에 대한 일종의 '관광 가이드'의 역할을 하고 있다는 점을 경시하지 않을 수 없다. 곧 지리산에 산재해 있는 각종 문화·역사·자연 유산에 대한 길라잡이 역할을 하고 있다는 것이다. 이런 맥락에서 보자면 최남선의『금강예찬』과 마찬가지로[47]「지리산 탐험기」또한 문화 탐승을 위한 '문화 嚮導記'라고 해도 과언이 아닌 것이다.

그리고「지리산 탐험기」의 향도기적 성격은, 앞서 검토한『노산시조집』의 인기, 다시 말해 1930년대 중반 '조선적인 것'에 대한 관심과 무관하지 않다. 총독부에 의해 주도되던 조선학에 대응하여 1930년대부터『조선일보』는 '조선적인 것'을 보존하고 계승하고자 하는 문화·학술운동으로서 '조선학 운동'을 전개하였다.[48] 조선일보사의 산악순례 사업 또한 문화운동의 일환으로 시행되었지만, 30년대 후반에 이르러서는 그 목적과 취지가 차츰 변모되었던 것이다. 이런 맥락에서 보자면 이은상이 궁자의 정조 속에서 '문화의 장래'에 대해서 암담한 심경을 감추지 못했다할지라

---

[46]「그리운 남국의 명산」,『조선일보』, 1938. 7. 23.

[47] 최남선은 "景勝의 배치·구성·요소·특질·역사적 유서·遊歷상 요건"을 서술하여 일반 탐승객의 반려를 삼으려 한다고 책의 서술 경위를 밝히고 있다. 최남선, '예찬의 권두에',「금강예찬」,『육당 최남선 전집6』, 현암사, 1973, 155쪽.

[48] 이지원은, 조선학운동론 계열의 '문화운동론'을 민족의 고유성과 주체성을 학문적·사상적으로 재정립하려 했던 학술운동의 일종으로 간주하고, 정치운동을 포기하고 합법적 공간에서 활동할 수 있는 개량성을 보여주었지만, 일제의 파쇼화가 진행되는 상황에 대응하여 민족의 고유성을 현실적으로 탐구하고 재발견함으로써 민족주의의 이론적인 심화를 추구한 것으로 평가한다. 이지원,「1930년대 전반 민족주의 문화운동론의 성격」,『국사관논총』51, 175쪽 참고.

도, 기행문이라는 양식을 빌어 古跡과 고서를 호출하고, 그 '과거적인 것'을 '조선적인 것'으로 현재화하는 서술 태도는, 학술적 의의가 미약하다 할지라도, 30년대의 문화운동의 연장선상에 있는 것으로 평가할 수 있다. 결국 「지리산 탐험기」의 궁자의 정조와 기행문의 향도기적 성격은 30년대 후반 민족적·실존적 위기에 반응하는 식민지 지식인의 내면 세계가 투영된 결과인 셈이다.

2. '성모신앙'과 자기 구제의 제장으로서의 천왕봉

궁자의 정서와 기행문의 향도기적 성격은 「지리산 탐험기」의 특징적인 면모 중의 하나라고 할 수 있다. 그렇지만 이보다 더 주목해야 할 것은 노고단과 비로봉, 천왕봉 등 지리산의 峰名들에 대해 설명하는 부분들이다.

> (마) 노고단이란 것은 다시 말할 것 없이 '할미당'의 역이다. 조선의 민간신앙 중에 여신 숭배의 자취로 가장 대표적 유적지라 할 곳이 지리산임을, 이 노고단이 한 번 더 밝히는 것이라 하겠다. 앞으로는 이 산중에서 여신숭배의 현저한 자취를 많이 볼 수 있으려니와, 노고, 즉 '당할마이'가 곧 지리산 聖母의 다른 이름인 것만은 틀림이 없다.
>
> 그리고 또 이 노고단을 吉祥峰이라고도 부르는 것이 있으니, 이는 물론 불교가 들어와 이같이 別稱케 된 바어니와 大覺의 시구에서부터 보임을 보면 그 이름도 벌써 오래 된 줄을 알겠다. (…) '길상'이라는 것은 범어 Sri의 한역으로서 室利라고도 음역하는 것이니 善兆, 吉兆, 具德 등의 뜻을 가진 것이다. 더구나 이 노고단, 즉 할미당의 '할미'를 길상으로 譯稱케 된 이면을 살피건대, 吉祥天女의 여성임을 대조하여 볼 필요가 있다. (Sri-mahadevi) 즉 摩訶室利, 실리천녀, 길상천녀, 길상공덕이라고도 부르는 功德天, 길상천은 여신의 이름인데, 본래 인도신화 중의 Lakmi(洛乞史茗)라는 이의 異名으로서 이름으로서 비슈누의 妃이더니, 후에 불교로 들어와 北方毘沙門天의 居所를 주처로 하고, 來來에 성불하여 吉祥摩尼寶生如來라 號한 것이라 한다.

밀교에서는 金剛界大日의 변신인 毘沙門天王의 아내라고도 하나, 現圖曼茶羅
에는 비사문의 곁에 나타나 있지 않고 도리어 虛空藏院千手觀音의 권속 중에
보이고 있다.
그러나 이는 다 길상천녀에 대한 해석이요, 그의 여성임이 노고할미의 여성
임과 부합하는 점에서 好對의 역칭이라 할 것이다.(8. 17)

요컨대 노고단은 할미당의 역어이며 지리산 성모 또한 '당할마이'의 별
칭이고, 나아가 길상은 민간신앙으로서의 여신 숭배와 불교가 습합됨으
로써 얻게 된 불교적 역칭이라는 것이다. 민간신앙과 불교의 습합에 대한
설명은 반야봉에서 또 다시 등장한다. 그에 따르면, '般若'는 최상의 지혜'
를 의미하는 말로서 '諸佛의 스승, 제불의 어머니'로 일컬어진다. 지리산
의 동쪽과 서쪽의 주봉을 각각 '天王'과 '반야'라고 부르는 것은 그 명칭이
비록 '古敎的 전통명칭'이거나 '불교적 명명'이라는 점에서 상위하기는 하
나, 그 실질에 있어서는 최고존엄 앞에서 경앙심을 드러낸다는 점에서 일
치한다는 것이 그의 해석이다(8. 19). 언어학적·비교종교학적 방법론을
밑바탕으로 펼치는 이와 같은 논의는 여러 전거를 통하여 각종 문화유적
에 고증적인 엄밀성을 견지하던 그의 태도와는 사뭇 다른 것이 아닐 수
없다. 현란하게 이어지는 고유명사를 소거해 버리고 나면 노고단과 길상
봉, 천왕봉과 반야봉의 명칭상의 관계를 뒷받침할 구체적인 근거는 전무
하다. 다만 우리말에 덧씌워진 한자어를 벗겨 어원을 논구하여 그것의 민
간신앙적 요소를 추출하고, 명칭이 지닌 의미자질의 유사성을 따져 종교
적 습합양상과 그에 수반되는 신앙심을 추론하고 있을 따름이다.
그렇다면 그는 왜 논거의 엄밀성이 결여된 언어학적 분석을 밑바탕으
로 비교종교학적 논의를 진행하고 있는 것일까. 결론부터 말하자면 '古敎'
혹은 '古神道'로 표현되는 태양숭배 사상 혹은 천신사상으로 이끌어 가기
위해서이다. 『한라산: 탐라기행』은 이러한 귀결을 간접적으로 보여주고
있다.

(바) (…) 백록이라는 것을 '불늪'의 역자로 보려 한다. 광명이란 것이 이미 우리 민족의 古神道에 있어서 標語와 중심이 되어 있음을 여기 重言을 요할 것도 없는 일이요 또 白字가 '불'의 對譯字임도 새삼스러이 증고할 것이 없다.

백록담이란 것은 곧 그대로 '불늪'이니 다시 이것을 한자로 말한다면 '光明池'라고 할 것이다. '光明理世'의 본 면목이 여기 와서도 나타나고 '弘益人間'의 근본 義도 여기 와서 나타난 것이니 깊고 높고 영광스럽고 신성한 뜻을 잊어버리고 묻어버리고 남의 글자를 함부로 집어오고 남의 사상을 씹지도 않고 먹으려 덤비던 것이 어떻게나 어리석고 탈날 뻔한 일이었더냐.

　단군에 대한 언급 없이 홍익인간의 이념이 돌출하고 있는데, 일단 그의 논의를 정리하자면 이렇다. 명칭상으로 볼 때, '白'은 '불'의 대역이며 '불'은 광명을 뜻하기 때문에 백록은 고유어로 '불늪'이며, 한자어로는 '光明池'이다, 그리고 신앙적인 측면에서 볼 때, '불' 혹은 '광명'은 고신도의 핵심으로서 광명이세와 홍익인간을 본의로 한다, 그러므로 고신도의 본의가 이 '불늪'이란 명칭에 들어가 있다, 라는 것이 그의 논의의 요점이다. 그렇지만 '불'이 어떻게 광명의 의미를 지니는지, 광명이 어떻게 고신도의 핵심이지, 고신도가 무엇이며 그 본의가 어떻게 光明理世와 弘益人間인지에 대한 해명과 논증은 전무하다.

　후에 그는 광명이세에 대해 설명하게 되는데,[49] 그에 따르면, 이 말은 『삼국유사』에 나오는 구절로서 "'밝음'으로써 세상을 다스린다"는 의미를 지니고 있으며, 태양을 숭배했던 우리 민족은 고래로부터 "밝음 곧 광명으로써 민족의 이상"으로 삼아왔다는 것이다. 그리고 홍익인간이 일종의 방법론이라면 이 광명이세는 "민족의 기본철학 또는 민족생활의 기본원칙"[50]이라는 것이다. 이와 같은 그의 설명은 그의 논의가 실상 최남선의

---

49) 이은상, 「우리 민족의 기본이념」, 『오늘도 탑을 쌓고』, 앞의 책, 250~251쪽.

역사학에 의거하고 있음을 보여주는 것이다.

최남선은 1920년대에 들어 일본 학자들의 단군부정론에 맞서 단군을 옹호하기 위해 역사연구로 방향을 돌려 인류학적 문화 전파론에 입각해 불함문화론과 壇君論을 개진한다.[51] 그는 단군신화에 나오는 태백산의 '白'에 주목하여 '백'을 '붉'의 對字로 보고, 광명·神·天·하느님·태양·神山 등을 의미하는 '붉(白, Pãrk, 不咸)'이 태양 숭배 사상 혹은 천신사상과 관련된 것으로 본다. 白頭山을 위시하여 長白, 太白, 白雲 등 조선의 산이름 중 백(=붉)자가 들어간 산이름은 조선 古文化의 태양 숭배 사상 혹은 천신사상을 보여주는 좋은 예증이라는 것이다.[52] 또한 그는 神格者에 한정에서만 인명에 '붉'을 붙일 수 있는데 弗矩內, 赫居世가 이 경우에 해당하며, 불구내는 "밝은 빛이 온 사방에 위아래에 관통하듯 비"[53]춘다는 광명이세의 뜻을 지니고 있다는 것이다. 곧 최남선은 '붉'을 토대로 천신사상이 고조선과 신라 등에 면면하게 전승되어 오는 고래로부터 이어진 문화라는 점을 강조하고 있는 것이다.[54]

최남선의 논의를 참고하자면 백록담과 관련된 이은상의 논의는 보다 분명해진다. '블늪'은 '블=붉'을 숭배하던 조선 민족의 천신신앙을 보여주는 증좌이며, 그 때문에 단군신화에서 드러난 이념이 이곳 '블늪'에서도 동일하게 나타나고 있다는 것이 그의 논리인 것이다. 이와 같은 그의 '블늪' 논의를 참고해보면, 비록 그가 지리산에서는 '블'을 논의의 출발점으

---

50) 위의 책, 250쪽.

51) 이영화, 『최남선의 역사학』, 경인문화사, 90~99쪽 참고.

52) 최남선(정재승·이주현 역주), 『불함문화론』, 우리역사연구재단, 2008, 37~42쪽 참고.

53) 위의 책, 94쪽 참고.

54) 최남선의 불함문화론에 함축되어 있는 문명론에 대한 평가에 대해서는 조현 설, 「동아시아 신화학의 여명과 근대적 심상지리의 형성」, 『민족문학사연구』 16, 2000 참고.

로 삼고 있지는 않지만, 설악산에서 '술'을 통해 천신사상에 귀착하였듯이55) '여신숭배'와 '천왕' 등을 바탕으로 조선의 고문화에 이르고 있음을 쉽사리 확인할 수 있다. 실상 그가 華嚴洞에서 '국사당 터'를 보고 "우리의 노정 중에서 첫 번으로 만난 그 적확한 형적"(8. 13)이라며 회색의 정조 속에서도 날카로운 시선을 드러냈던 까닭도,56) 대성계곡에서 세석평천을 향하던 도중에 보게 된 바위[累石祭壇]를 보고 "民信을 실증하는 일단"이며 "이 산중에 민간신앙의 祭場이 가장 많고, 또 그 祭典이 續行하고 있음은 그만큼 이 산이 영산이라 함을 證左함"이라고 『택리지』를 인용하여 부연하는 까닭도 이러한 귀결을 염두에 둔 것이라 할 수 있다. 결국 최남선이 언어를 문화사 연구의 가장 중요한 사료로 취급하면서 언어에 남아 있는 흔적을 통해 문화의 계통과 성질을 밝힐 수 있다고 보았으며 또한 민속학적 시각에 의거하여 무속을 순수한 '우리문화'로 재정의했던 것처럼57) 이은상 또한 언어학적·종교학적·민속학적인 방법론을 통해 천신사상을 바탕으로 하는 조선의 고문화에 접근했던 것이다.

그리고 이런 귀결을 염두에 둘 때에야 비로소 천왕봉 정상에서의 그의 태도와 의미를 이해할 수 있다.

(사-1) 진실로 장엄하구나, 천왕봉 위가 장엄하구나, 진실로 거룩하오이다.

---

55) 그는 「설악행각」에서 '雪'은 고어의 '술'에 대한 音譯字로서 "'술'은 '생명'의 절대 긍정, 절대 유지"를 뜻하는 말이며, 이는 "'생명, 생활, 호흡, 인간, 糧米, 膽, 肉, 용기, 여명, 원천' 등을 전부 포함한 일 語根"이면서 동시에 인도어의 '舍利'와도 상통하는 것으로서 '舍利' '骨' '육신' '米' 또한 "語系"가 부합한다고 주장한다. 그에 따르면 '술'자는 들어가는 설악은 '霜岳, 서리뫼'과 더불어 "神山 성역"에 속한다는 것인데, 이 또한 설악산에 천신사상이 함축되어 있음을 논구하는 것에 다름 아니다.

56) 최남선에 따르면, '國師'의 어의는 '붉'과 '술'의 유의어로서 '神的'의미를 담고 있고 있으며 오늘날의 '굿'과 관련되어 있다. 최남선, 「백두산 근참기」, 『육당 최남선 전집6』, 현암사, 1973, 52쪽 참고.

57) 김현주, 앞의 글, 237~239쪽 참고.

천왕봉 위가 거룩하오이다.

나는 이제 당당한 대장부의 풍모를 가졌나니. 누가 이 세상에 나와 더불어 위엄을 다툴 자며, 행복을 겨룰 자이냐. 이제 천상천하에 오직 나만이 가장 우뚝한 자요, 가장 영광스러운 자임을 어찌 하랴.

우주의 大圓光과 大慈愛, 대생명과 함께 나의 위대함을 누를 자가 누구냐. 누가 인생을 무상하다 말하였으며, 누가 인생을 작은 것이라 이르더냐.

周回 8백 리의 지리산 천봉만학이 나볏이 모두 엎드려 발아래 경건한 예배를 바치고, 八荒의 끝없는 雲物이 오늘은 모두 다 내 것 된 것이 얼마나 장쾌하냐.(9. 18)

(중략)

　　지금 나는 / 천왕봉 머리에 섯노라 / 세상에 가장 노픈자되어 / 천왕봉 머리에 섯노라

　　내가 오르고올라 / 구름 안개를 지나고 / 여기 이 하늘까지 / 올라온 지금

　　하늘과 땅과 바다와 / 그 속에 감초인 모든것 / 적은 모래알과 / 부스러진 나무껍질까지라도

　　나를 위하여 잇는 것임을 / 나는여기와 비로소 알았노라

　　세상에 놉다는자들아 / 가멸하다 복스럽다 하는자들아 /

　　네 행복이 고것뿐 아니어늘 / 티끌보다도 더 적고천한 것으로 / 어리석은 만족을 느끼더냐

　　세상에 약하다는자들아 / 가난하다 불행하다하는자들아

　　하늘이 따로 네게 / 불행을 준 적이 업섯거늘

　　어찌하야 스스로 / 네행복을 버리고 / 눈물과 괴로움으로 / 그짜른일생을 보내려느냐

　　창생들아 근심하지말라 / 이제이울음을 그치라

　　너이 조상에게서 물려받은 / 싸움과 슬픔의 테를 / 지금곳 벗어나라

　　인생은 결코 슬픈것도 아니요 / 무상한 것도 아니로다

　　이제 저 하늘박그로 / 꺼저가는 저녁해 / 붉고 누르고 푸른 / 오색 영롱한 장엄한 빛이

위대한 즐거움과 / 영광스런 찬송가를 / 내게 전하여 가로되-

인생은 싸움이라 / 인생은 슬픔이라 / 인생은 잠깐이라 / 모두 다 틀린 말이

인생도 천지로더부러 / 영원히여기 복된자니라.

(사-2) 세간의 모든 어리석은 해석과 그릇된 설법에서 만족을 얻지 못한 사람들이 이 산상으로 올라와 비로소 자기를 구제받고 진정한 자기를 인식하게 된 것이니, 여기 이 봉정에 세워놓은 聖母祠의 유존이야말로 그것을 증거하는 것이 아닐 수 없다. (…) 이것은 조선의 여신숭배에 대한 유일한 유존으로서 저 신라역사상의 선도성모와 그 의의를 같이 하는 민신민속상의 중대한 참고가 됨은 물론이어니와, 이 지리산에서 천왕봉, 반양봉, 노고봉(길상봉)하는 모든 명칭이 결국은 '성모'라는 이름의 이칭, 역칭에 불과하는 것임과, 또 그것이 죄다 여성으로 표현되어 있음에 깊은 주의를 가지게 되는 것이다. (…) 이는 물론 조선 고유신앙상의 天母, 천왕, 성모일 것이자, 城內 巫覡의 根本靈場이자 총본영임을 잊어서는 안될 것이다.

우리 先民이 여기 이 천왕봉상의 성지에 사우를 짓고, 개인과 국가의 행복을 기원하던 그것도, 실상은 인생으로 하여금 천지대자연과 같이 영원하고 광명하고 즐거운 자가 되게 해달라는 열망으로 인하여 출발된 것이었다.

모든 종교와 신앙이란 것을 해부한다면 필경은 '자연 즉 인생, 인생 즉 자연'이라는 일점에 그 최고최종의 목표가 있고 거기까지 이르려는 노력인 것에 불과한 것이다.(9. 20)

(사-1)에서 보는 바와 같이 그간의 정조에서 완연히 벗어나 천왕봉에서 기개를 활짝 펼쳐 보이는 그의 모습에서는 '공자가 동산에 올라서는 노나라가 작다고 여기고 태산에 올라서는 천하가 작다고 여겼다'[孔子登東山而小魯 登泰山而小天下]는, 활달한 호연지기의 기상을 엿볼 수 있다. 더욱이 이처럼 "아름다운 碧虛"에 권리, 의무, 억압, 굴욕, 선악 따위의 관념을 있을 수 없는 까닭에 "자연과 인생이 일원적임을 깨닫는다"(9. 20, 사-2 인

용문 위)고 밝힌 대목은, 비록 그 함의가 다르기는 하지만, 지리산 유람을 통해 공자·정자·주자와 같은 선현의 경지에 오르고자 했던 조선조 유학자들을 모습을 연상시킨다.[58]

〈그림 6〉'天王上峯을 征服하고'

그렇지만 간과할 수 없는 것은 (사-2)에서 볼 수 있듯이 자신의 깨달음을 '자기 구제'와 '자기 인식'으로 가치 평가하면서, 이를 聖母祠와 관련짓고 있다는 점이다. 성모는 조선 고유신앙상의 천모·천왕·성모이며 성모사는 무격의 근본영장으로서, 성모사에서 성모에게 先民들이 기원했던 것은 개인과 국가에 대한 행복이지만 참뜻은 대자연과 같은 영원과 광명, 즐거움이었다는 것이, 그의 논의의 요점이다. 여기에서 '성모'가 천신임은 두말할 나위가 없다.[59] 그렇다면 그의 관념은 뭇 사람들이 산정에서 느

---

58) 강정화, 「지리산 유산기에 나타난 조선조 지식인의 산수인식」, 『남명학연구』 26, 2008, 273~275쪽 참고.

끼는 호연지기와는 분명 이질적인 것으로서 그는 대자연과 선민의 염원을 매개하는 천신을 상정함으로써 대자연과 인생을 일원적으로 결박하고 있는 것이다. 다시 말해 천왕봉에서 굽어보이는 대자연을 천신에 의해 이룩된, 선민들의 관념과 염원의 현현으로 간주하고 이에 따라 대자연과 인생을 하나로 보았던 것이다. 곧 천왕봉 정상 사위에 펼쳐진 대자연은 그에게 천신=대자연=인생 모두가 하나가 되어 열리는 신세계의 장관이 아닐 수 없었던 것이다. (사-1)에서 드러나는 영혼의 충만감은 바로 이 환상을 배경으로 하고 있는 것이다.[60]

이제 다시 (사-1)로 되돌아가 보자. 천왕봉에서 이제 그는, 신세계가 탄생하는 신화적 공간의 샤먼에 다름 아니다. 천왕봉 정상에서 느낀 거룩함과 장쾌함을 서사시풍의 웅장함으로 서술한 이후에 "오색 영롱한 장엄한 비치/ 위대한 즐거움과/ 영광스런 찬송가를 / 내게전하야 가로되 - (…) 인생도 천지로더부러/ 영원히여기 복된자니라."라는 그의 노래는 성모의 성스러운 전언을 장중한 어조로 읊조리는 샤먼의 주문이라고 해도 과언이 아니다. 특히 현재형과 '-니라', '-노라' 등의 종결어미는 신성성과 장중함, 그리고 위엄을 한껏 고양시킴으로써 마치 제의가 행해지는 제장에 입

---

59) 최남선은 "국조의 신화에서는 모두 태양과 그 추상화한 天과 인격화가 '붉은 (Pǎrkǎn)'과 '할머이(harmöi)'가 隱現하면서 근간을 이루고"(『불함문화론』, 앞의 책, 114면) 있다고 지적함으로써 남성신과 여성신의 신격을 특별히 구별하고 있지 않다. 곧 모두가 태양의 인격적 형태라는 것이다. 그렇지만 이은상이 "그것이 죄다 여성으로 표현되어 있음에 깊은 주의를 가지게 되는 것이다"라는 발언에 대해서는 면밀한 검토가 뒷받침되어야 할 것으로 예상된다. 앞서 이은상이 사용한 '고신도'라는 표현, 최남선의 불함문화론의 변화, 일본의 태양신(여신) 등과 관련이 있는 것으로 보이지만 자세한 논의는 추후의 과제로 남기고자 한다.

60) 복도훈은 최남선이 내금강의 옥녀봉 정산인 천선대에 올랐을 때 본 환상을 민족의 신호가 열리는 창세기와도 같았다고 지적하며, 이러한 환상 속에서 주체는 민족을 상상하고 그에 소속됨으로써 개체와 유한자의 속박을 벗어버리고 시공을 제약을 초월할 수 있다고 지적한다. 복도훈, 「미와 정치: 국토순례의 목가적 서사시」, 『한국근대문학연구』 6(2), 2005, 40~42쪽 참고.

회해 있는 듯한 현장감을 부여하는 신앙적 수사에 다름 아니다. 더욱이
그가 시조의 시형을 취하고 있지 않은 점은 그가 샤먼, 곧 선사시대의 '단
군'이기 때문인 것이다.[61]

해가 저문 이후에 "창조 이전에 나 홀로 신과 같이 생겨나 있는 듯한
따름"이라며 "혼돈이랄까 혼몽이랄까. 다만 아득한 속에서 마침내 자신마
저도 있는지 없는지 잊어버리고 말았던 것을 이윽고야 깨달았"(9. 21)다
는 그의 술회는, 천왕봉 정상에서의 그의 노래가 신화적 공간에서의 샤먼
의 제의이자 주술이었음을 시인하는 것이라고 할 수 있다.

〈그림 7〉 '天王峯의 落照'

이렇게 보자면 이은상의 지리산행은 민족 고유의 무속의 유존을 더듬
어 천신신앙의 편재성을 확인하는 여정이자 '샤먼(단군)되기'를 통해 부재

---

[61] 최남선에 따르면, 壇君은 '단굴(Tan-kul)' 혹은 '당굴(Tan-gul)'에서 파생된 말로
서 제정일치 시대의 샤먼(Shaman)의 별칭이다. 최남선, 앞의 책, 114~117쪽.

하는 부성성의 자리에 천신신앙을 정위함으로서 부성성을 복원하는 관념적 여로였던 셈이다. 이는 단군을 부성성의 자리에 놓고 그에 대한 귀명을 통해 '자식되기'와 '겨레되기'를 희원하던 '묘향산 제의'와는 이질적인 것임에 분명하다. 그리고 이러한 여로를 통해 지리산은 민족의 기원과 원형질을 품고 있는 민족의 성소이자 숭고한 자연으로 거듭나는 동시에 성모사라는 장소경관에 민족의 신성성이 투사됨으로써 지리산은 무격의 靈場으로서 뿐만이 아니라 민족의 영장이라는 의의를 부여받는 것이다.

그렇지만 결코 간과할 수 없는 점은, '붉=불'을 기축으로 하는 고문화로서의 천신신앙이 부성성의 기표로 지리산에서 새롭게 정위된 것이 아니라는 점이다. 이미 살펴본 바와 같이 한라산에서 그는 '볼늪'을 통해 그것을 언급한 바가 있었으며, 또한 설악산에서도 靑峰(지금의 대청봉)의 고어가 '불'이었다고 하면서[62] "고신앙의 根軸이었던 '광명'"[63]이 설악산에서도 동일하게 나타난다고 주장한다. 아울러 무등산의 '天帝' 등에서도 "조선인의 靈統的 맥락"[64]이 지속되고 있다며 감격스러워 하는 그의 모습을 발견할 수 있다. 곧 1933년 무렵부터 이미 광명사상을 부성성의 기표로 삼고 있었던 것이다. 이런 까닭에 특별히 주목해야 하는 것은 부성성의 기표가 아니라 그것을 대하는 그의 태도이다.

(아-1) (…) 산정에 높이 올랐을 때, 사람마다 그 생각하는 것이 다를 것은 물론입니다. 저 紅塵萬丈 속에서 헤매고 싸우는 현실 지옥의 비참한 창생을 생각함과, 다시는 같은 이 없는 자기 자신의 환경과 운명을 생각함에는 거의 일치할 듯합니다.

---

[62] 그에 따르면 청봉의 옛 명칭은 '鳳頂'이며 봉의 우리말은 '부리' 즉 '불'이라는 것이다. 그리고 '불'의 근사음인 '푸르'라는 음으로 인해 '청'자로 한역되어, 청봉이 되었다는 것이다. 이은상, 「설악행각」, 『노산문선』, 앞의 책, 263쪽.
[63] 위의 책, 263쪽.
[64] 이은상, 「무등산기행」, 위의 책, 128쪽.

여기서 자기만을 말한다 하면, 그 사람을 일러 개인주의자라 말할 것인지, 여기서 일보 나아가 민족을 말한다 하면, 그 사람을 일러 민족주의자라 말할 것인지, 아니 여기서 일보 더 나아가 창생을 말한다 하면, 그 사람을 일러 세계주의자라 말할 것인지, 그것은 지금 이 자리에서 생각할 것이 없습니다. 나는 지금 彌高 숭엄한 極處에 올라 (…) 인간의 고뇌를 밖에서 들여다보는 듯이 생각할 때, 한줄기 熱漏가 내 손등에 떨어짐을 금할 수 없습니다.

(「설악행각」, 265~266면)

(아-2) 이 산하에, 이 역사에, 이 민속에, 이 언어에 자기의 최고신봉을 가져다 바칠 '산 經典'이 엄숙하게도 명료하게도 的的하고 당당하게도 적혀 있음을 잊었다는 자, 아니라는 자, 모른다는 자, 버린다는 자, 웃는다는 자, 아니 그래 훼욕하고 등진다는 자가 누구냐는 말이다. (…) 오늘 여기 '불늪'가에 모여 앉은 우리 자신이 곧 천인(天人)일 것이니 우주에 奧義를 감추었다면 그것도 오늘 여기 우리 손이 그 자물쇠를 열 것이요, 천지에 密旨가 숨기었다면 그것도 또한 지금 여기서 우리 가슴에 받들 수 있을 것이다. (…) 이제 묵상하라. 大願을 세우라. 民始와 道源을 깨닫고 返眞의 길을 향하여 장엄한 행보를 약속하라.

(…) 그래도 아직 頓然한 解悟를 못 가질까 보아 霏霏한 山籟마저 걷히고 嫋嫋한 천풍 아래 '불늪'의 眞形實德이 나타난다. 아무리 鈍根인 자기로 광명귀의의 진리를 모르겠느냐. 이래도 一德體感의 수행을 못하겠느냐는 듯이 어쩌면 일점 운하가 자취조차 없이 날아가고 조요한 석양 앞에 白波紫光이 저렇게도 신묘하냐.

(『한라산: 탐라기행』, 192~194면)

(아-3) 엎드려 비나이다 두 손 모아 비나이다
　　　천재ㅅ등 눈ㅅ길 위에 마음 모아 비나이다
　　　내 뜻이 임의 뜻이옵거든 이뤄줍소사 비나이다

(「무등산 기행」, 129면)

설악산 청봉에서 그는, 모두가 산정에 오르면 비참한 창생과 자신의 운명을 되돌아 볼 것이라면서 이를 생각하면 熱漏를 참을 수 없다며 안타까움 심경을 드러내고 있다. 한라산 백록담에서는, 민족의 고문화를 깨닫지 못하는 이들을 질타하며, 동시에 천신신앙을 받들어 '장엄한 행보'를 약속하라며 '광명귀의'를 촉구하고 있다. 그리고 무등산 천제등에서는 간절한 소망의 노래를 읊조리고 있다. 이를 종합해 보자면, 그는 천신('숭엄한 극처', '불늪', '임') 앞에서 나라를 빼앗긴 민족의 비참한 운명에 울분을 표하면서 한편으로 민족의 뿌리를 알지 못하는 창생들을 꾸짖으며 그에게로 '귀명'하기를 기원하고 있는 것이다. 지사적 울분과 열정, 그리고 소망이 깃들어 있는 것이다.

이은상의 이러한 지사적 태도는 지리산의 샤먼(단군)과는 분명한 차이가 있는 것이다. 1938년 무렵의 조선의 상황과 이은상의 처지를 되짚어 보자면, 천왕봉 정상의 신화적 공간 속에서 수행했던 그의 주술적 제의는 그만큼 자신의 '구제'가 절박했음을 반증하는 것에 다름 아니다. 그로서는 궁자의 삶과 같은 대반전이 필요했던 것이며, 고적과 고서 등 '과거적인 것'을 너머 '조선적인 것'으로서의 '기원'이 요구되었던 것이다. 그는 결국 천왕봉에서 민족의 기원을 창출하고 그곳에서 '샤먼되기', 다시 말해 '민족의 종교화'를 체화함으로써 절망과 비한을 넘어서는 대반전을 이뤄냈던 것이며, 그리하여 "멀리 갔다 돌아오는 개선장군의 기쁨과 자랑과 씩씩함을 품고, 걸음걸음 든든히 뚜벅뚜벅 下界"(9. 22)를 향하여 내려올 수 있었던 것이다. 이렇게 보자면 이은상의 지리산행은 정위된 부성성과 어떤 관계를 맺을 것인가가 본인에게는 정작 문제였던 셈이다. 그는 '자식'·'겨레'·'지사'도 아닌 '샤먼'이 되어 천신과 마주했던 것이고, 이를 통해 자기 구제에 이른 것이다. 결국 그의 지리산행은 천신신앙의 편재성을 확인하며 민족적 주체성을 확고히 하는 관념적 여로이자 '샤먼되기'를 통해 자기를 구제했던 통과의례적 여로라고 할 수 있는 것이다. 그리고 이

러한 이은상의 주술적 제의를 통해 지리산은 민족의 영장임은 물론 자기
구제에 이르는 인생의 제장으로 거듭나게 되는 것이다.

Ⅳ. 맺음말

미나미 총독의 부임과 중일전쟁의 발발로 인해 조선 민족의 정체성과
생존권이 위협받고 있는 상황에서 이은상은 조선일보 탐승단원이 되어
지리산에 오르게 된다. 지금까지 살펴본 바와 같이, 그는 지리산 천왕봉
에 이르러 그곳을 신성한 제장으로 삼아 민족의 개벽을 연출하고 그곳에
서 샤먼이 됨으로써 자기 구제에 이르게 된다. 이는 단군을 부성성의 자
리에 놓고 그에게로의 귀명을 통해 '자식되기'와 '겨레되기'를 희원하던
'묘향산 제의'와도 이질적인 것인 것이며, 부성성의 자리에 천신신앙을 재
정위하고 '지사되기'를 통해 부성성과 조우하던 '설악산·한라산·무등산
제의'와도 구별되는 것이다. 그는 지리산에서 '샤먼되기', 곧 민족을 신앙
적 대상으로 받아들임으로써 '개선장군'으로 자신을 일신할 수 있었던 것
이다. 그가 조선어학회 사건으로 구금되어 옥중에서 "제 '말' 지키려다/
제 '글'을 지키려다/ 제 '얼' 붙안고 차마 놓지 못하다가/ 끌려 와/ ㄹ(리을)
자 같이 꼬부리고 앉았소"(「'ㄹ'자」 전문)라며 극한의 조건 속에서도 민족
의 말과 글, 그리고 얼을 지키고자 했던 노력도, 그리고 해방 이후 끝까지
민족주의자로서의 외길을 걸을 수 있었던 것도 모두 지리산행에서의 '샤
먼되기'와 밀접한 관련을 맺고 있다고 할 수 있다.

'샤먼되기'를 통해 자기 구제에 이르렀던 이은상의 정신적 여정을 그
행로였던 지리산과 관련지어 보자면, 그의 여정은 독특한 것이 아닐 수
없다. 그의 지리산 제의가 민족이라는 공동체의 운명을 배면에 깔고 있다
는 점에서 그것은 조선조 유학자들의 지리산 유람과도 다를 뿐만 아니라

또한 비슷한 시기 학생들의 '등척기'와 '등반기'와도 다른 것이다. 등척기나 등반기의 경우 지리산은 천신신앙의 유존이 담긴 성소이자 제장이라기보다는 도시 공간과 대조되는 휴양 공간이자 학문 탐구를 위한 텍스트였으며,[65] 정복의 대상[66]에 불과했던 것이다. 이은상에게 지리산이 민족의 기원과 비밀이 내장된, 영생의 제장으로서의 낭만주의적 대자연이었다면, 그들 근대적 합리주의자들에게 지리산은 정복된 휴양처이거나 혹은 정복해야 할 텍스트나 원시림일 따름이었다.

〈그림 8〉 '경성역에 歸着한 일행'

65) 이학돈, 「지리산 등척기」, 『동아일보』, 1936. 8. 11~14. "騷然, 雜然한 도회지의 분위기, 신경증적이고 허영적이고 쾌락적인 도회인의 생활이 원래 나의 마음에 맞지를 않소. 그보다도 靜然, 寂然한 이 심산유곡의 공기가 나의 흩어진 영혼의 식량이 되오(8. 11) (…) 상봉에서 중봉까지 약 20종의 식물을 채집하여(…)(8. 14)"
66) 최기덕, 「지리산 등반기」, 『동아일보』, 1937. 3. 18. "등산에 대한 경험과 기술이 충분치 못한 우리로서는 한편 공포의 감을 느끼면서도, 감히 저 험준한 지리산 정복을 목표하고 (…)"

한편, 지리산 표상에 함축된 자기 성찰의 측면에 국한해서 보자면 조선조 지식인이었던 남명 조식 등의 산수유람과 흡사하다고도 할 수 있다. 선인들의 발자취와 자연물에 대한 관조를 통해 산행을 심성 수양의 계기로 삼았던 남명 조식[67]처럼 그 또한 산행을 통해 천신신앙의 유적을 확인함으로써 민족적 주체성을 확립하는 계기로 삼았던 것이다. 더불어 이은상과 조선조 유학자 모두에게 대자연은 대자연 그대로가 아니라 자신의 사상과 관념을 투영시킨, 일종의 관념에 의해 재구성된 자연이라는 점에서도 둘은 닮은꼴이라고 할 수 있을 것이다.

이 글은 『현대문학이론연구』 제38집(현대문학이론학회, 2009)에 수록된 「자기 구제의 '祭場'으로서의 대자연, 지리산—이은상의 「지리산 탐험기」를 중심으로」를 일부 수정하여 실은 것이다.

[67] 최석기, 「남명의 산수유람에 대하여—「유두류록」을 중심으로」, 남명학연구원, 『남명 사상의 재조명』, 예문서원, 2006, 328~335쪽 참고.

일제강점기의
지리산 탐방 목적에 관한 연구

서정호

Ⅰ. 서론

민족의 靈山이라 일컫는 지리산을 오르는 목적은 시대별로 변천되어왔다. 김아네스는 "三國史記 제사지에서 신라시대에는 지리산이 국가적 제사의 대상인 五嶽의 하나로 지리산 산신[1]을 숭배하였으며, 고려시대에는 高麗史 지리지2에서 제사 장소가 다를 뿐 신라를 따랐다"[2]고 하고 있다. 조선시대에 들어와서는 수많은 유학자들이 유람을 목적으로 지리산을 올

---

[1] 지리산 산신은 聖母, 天王, 聖母天王이라는 설이 알려져 있다. (김아네스, 「지리산 산신제의 역사와 지리산남악제」, 『남도문화연구』 제20집, 순천대학교 남도문화연구소, 2011, 10쪽.

[2] 김아네스, 위의 글, 9~10쪽.

랐을 뿐 아니라, 특히 조선 중기 이후에는 관의 침탈이 증가하면서 민간인, 승려, 무당들이 은둔과 저항을 목적으로 지리산을 찾았다.[3] 지리산을 저항과 은둔의 장소로 택한 사례는 동학농민전쟁과 여순사건, 그리고 6·25 한국전쟁을 전후한 시기의 빨치산 등에서도 찾을 수 있다.

특히 일제강점기 36년은 우리민족의 유구한 역사상 단 한번 있었던 민족의 正統性과 역사의 단절시기였으며, 일본은 한반도를 영원히 예속화하기 위하여 우리민족의 愚民化를 시도하고 경제적 수탈과 인력을 동원하였다. 그럼에도 불구하고 일본인은 물론 조선인들은 여러 목적으로 지리산을 올랐다. 그것은 높고 넓은 지리산이 백두대간의 끝에 위치한 경관이 수려하며 수천 종의 야생동식물이 서식하는 土山으로 식량자원이 풍부하여 흡인력과 치유력이 강했기 때문이다. 공교롭게도 한반도에서 探訪이라는 용어를 사용한 시기도 일제강점기 직전인 근대이후부터이다.

이 시기에는 철도가 개설되고, 신문과 잡지 그리고 여행 또는 관광안내서가 발간되면서 여행, 관광과 더불어 명승지 탐방이 본격화되었다. 1910년대에 순차적으로 개통된 호남선 철도와 1930년대에 순차적으로 개통된 전라선 철도(철도청, 1984)를 이용하여 지리산을 여러 목적으로 탐방하는 사람들이 늘어나게 되었다. 특히 조선총독부 철도국(1940)의 '호남안내'에서 전라선의 관광지로 전주, 남원, 구례, 여수 등이 있으며, 남원역과 구례구역에서 출발하는 지리산 탐승로를 소개하고 있을 뿐 아니라, 지리산의 탐승명소는 화엄사, 노고단, 천은사, 반야봉, 세석평전, 천왕봉, 쌍계사, 칠불암, 대원사, 실상사, 벽송사 등이었다.[4] 또한 일제강점기에는 학자들이 지질과 동식물 연구를 위하여 탐방하기도 하였으며, 일부에서는 지리산과 한라산을 국립공원으로 지정하려는 정치적 목적으로 여러 차례

---

3) 김준형, 「조선시대 지리산을 중심으로 한 저항운동」, 『남명학연구』 제31집, 경상대학교 남명학연구소, 2011 참고.

4) 국사편찬위원회. 『여행과 관광으로 본 근대』, 두산동아, 2008 참고.

탐방하였다. 이와 같이 일제강점기(1910년~1945년)에 조선인 또는 일본인들이 지리산을 탐방한 목적은 여러 가지였다.

이 연구에서 사용하는 '探訪'이라는 용어는 유람, 탐승, 탐험, 등산 등을 망라한 사전적 개념이다. 즉 遊覽은 구경하고 다니는 것을 의미하며, 探勝은 근대 이전부터 명승(名勝)을 찾는 행위를 의미하는 용어로 사용되고 있으며 등산이라는 용어와 결부된 것은 근대에 이르러서인 것으로 보인다.[5] 探險은 위험을 감수하면서 현장을 탐방하는 것을 의미한다. 또한 탐방은 어떠한 사실이나 소식 등을 알아내기 위하여 사람이나 장소를 찾아가는 것을 뜻하지만 우리나라에서는 등산로 또는 생태지역, 문화유적지 등을 다니면서 관찰하는 의미로 사용되고 있다. 그러나 登山의 의미는 다른 나라의 그것과 상이하다. 산을 오른다는 의미로 사용되지만 서양이나 높고 험준한 산악 지방에서는 등산을 '클라이밍(climbing)'이라 하며, 상대적으로 덜 험준한 우리나라의 산악과 같은 경우에는 '트레킹(tracking)'이라고 한다. 또한 비교적 완만하고 길을 가볍게 걷는 것은 '하이킹(hiking)'이다. 그럼에도 불구하고 우리나라에서는 산을 오르는 것을 등산으로 일반화되어 있으나, 이 논문에서는 이들을 통틀어 탐방이라 하였다. 왜냐하면 근래에는 목적과 의의를 가지면서 산을 오르거나 산길을 걷는 것을 의미하는 용어는 등산이지만 등산의 의미는 서양 또는 험준한 산악이 소재한 나라들의 그것과는 다르기 때문이다.

특히, 등산이라는 행위 그 자체에 특별한 목적 혹은 의의가 수반되는 용례는 1920년대 이후에 비로소 나타나기 시작하며, 이러한 용례는 주로 '놀이', '탐승', '탐험', '건강증진' 등과 관련되어 있다.[6] 이 때문에 일제강점

---

5) 박찬모, 「탐험과 정복의 '戰場'으로서의 원시림 - 지리산」, 『한국문학이론과 비평』 제51집, 한국문학이론과비평학회, 2011: 176쪽.

6) 위의 글, 171쪽 참고. 평양에서는 매년 단오에 산에 올라 소창(消暢)하는 풍습이 있으며 젊은 남녀들이 산에 올라 그네를 타거나, 인천의 제물포 청년회가 조직한 망월등산대(望月登山隊)의 등산망월(登山望月)의 예를 들어 등산은

기에는 오늘날 일반화되어 있는 '등산' 즉 알피니즘(alpinism)을 탐방의 목적으로 삼은 경우는 드물다.

이에, 이 연구에서는 일제강점기에 이루어진 지리산 탐방의 목적들을 고찰하였다. 이는 신라와 고려시대의 산신숭배를 위한 제사, 조선시대 선비들의 심신수양과 유람 그리고 현대의 일반 시민들이 등산을 통한 휴양과 건강증진 등의 일반적인 탐방목적과 비교할 필요가 있기 때문이며, 현대인들이 여러 목적으로 지리산을 탐방할 때 과거의 목적들과 비교할 수 있는 자료로 활용함과 동시에 일제강점기의 지리산 탐방 목적에 따른 의의를 고취시키고자 한다. 따라서 이 연구에서는 거주민의 식량, 연료, 목재 등의 구득을 위한 수렵, 채취, 벌목 등 생업과 종교인들의 종교활동을 위한 지리산 체류 및 탐방 등을 제외하였으며, 연구의 목적을 달성하기 위하여 지리산탐방에 관한 기록물들과 당시의 여행안내서 및 신문기사들을 조사하였다.

특히 일제강점기에 이루어진 지리산 탐방에 관한 기록물들은 전해지고 있으며, 지리산의 지리적 특성으로 인하여 삼한시대이후부터 전쟁의 요충지로서의 전쟁, 일제 강점기의 독립운동, 은둔과 저항(동학농민운동, 여순사건, 6·25와 빨치산 등)에 관하여 연구되고 있으나, 탐방에 관한 선행연구는 거의 이루어지지 않고 있다. 따라서 이 연구는 현재까지 소홀하게 다루어진 지리산 탐방에 관한 연구라는 지리산 관련 선행 연구와의 차별이다.

이 연구는 지금까지의 서론에 이어 제Ⅱ장에서는 연구자료와 연구방법을 제시하였다. 제Ⅲ장에서는 일제강점기에 이루어진 사례를 고찰함으로

'놀이'이며, 금강산 탐승과 같이 고적답사를 통하여 조선 역사의 재인식으로 이어지는 점 등을 들어 등산은 '탐승'이기도 하다. 또한 1936년에 조선일보사가 실시한 백두산 탐험의 목적으로 모험심과 과학적 탐구심 양성임을 들어 등산을 '탐험'이라 하였으며, 1929년 조선일보와 신간회의 '생활개신운동'의 일환으로 조기운동과 등산을 장려하였기에 건강증진을 등산의 목적으로 삼았다. 그리고 산에 오르는 것 자체가 등산의 목적으로 근대 이후의 알피니즘(alpinism)과 동일한 의미를 지니며, 이 경우 등산은 등산 이외의 여타의 다른 목적들을 모두 배제하는 개념이다(박찬모 2011: 174~179).

써 탐방의 목적들을 유형별로 구분하여 정리하였다. 제Ⅳ장에서는 이 연구의 요약과 함께, 결론으로 일제강점기의 탐방목적은 여러 유형이며, 이는 고대 또는 근세의 탐방목적 및 근래의 일반적인 탐방목적들과 다를 뿐 아니라 현대적 의의가 있음을 강조하였다.

II. 연구방법 및 자료

현재까지 전해져오는 일제강점기의 지리산 탐방에 관한 기록은 육당 최남선(1926)이 1925년 지리산과 그 주변을 여행하고 그 이듬해에 발간한 기행수필 『尋春巡禮』가 있으며, 1931년에 창립된 조선산악회가 1932년부터 1937년까지 부정기적으로 4회 발간한 회보 『조선산악』에서 1931년에 제2호에서 「남선의 영산 지리산(南鮮の靈山智異山)」이 소개되고(조선산악회, 1931), 1937년 제4호에서는 가토와 나카무라 두 사람이 쓴 '산행기록'이 게재되어 있다.[7] 그리고 1934년에 조선총독부 철도국(1934)이 발간한 『조선여행안내기』와 학생이었던 이학돈(1936)의 「지리산등척기」(〈그림 1〉 a), 역시 학생이었던 최기덕(1937)의 「지리산등반기」(〈그림 1〉 b, c), 그리고 노산 이은상(1938)의 「지리산탐험기」(〈그림 1〉 d) 등이 있으며, 1943년에는 이이야마가 116편의 사진을 수록한 『조선의 산(朝鮮の山)』 등이 있다.

한편, 일제강점기에는 일본 학자들이 한반도의 지형·지질·동식물 등에 관하여 연구하였다. 대표적으로 나카이 다케노신(中井猛之進, 1882~1952)이다. 그는 1915년에 발표한 『지리산식물조사서』 등을 비롯하여 수많은 한반도의 식물들을 채집·연구하였다.[8] 이에 앞서 일본의 지질학자 고토 분

---

7) 박찬모, 「조선산악회와 지리산 투어리즘」, 『남도문화연구』 제23집, 순천대학교 남도문화연구소, 146~151쪽.

8) 전의식, 우리식물을 연구하여 집대성한 나까이 다께노싱 http://bolog.daum.net/kplant1/(2013.8.21).

지로(小藤 文次郎, 1856~1935)가 1908년에 발표한 『Journes through Kore a』[9]에서는 하동, 지리산, 구례, 운봉, 함양, 산청 등 지리산권의 지형과 지질을 연구하였다.

이 외에도 일제강점기에는 지리산을 탐방한 기록들이 다수 전해지고 있다. 특히 1920년대에는 본격적으로 '등산'에 대한 함의가 이루어졌으며, 1930년대에는 지리산을 국립공원으로 지정하려는 시도가 있었으나 2차 세계대전이 발발함에 따라 소강상태에 접어들게 되었다. 그러나 일제강점기 36년 동안의 지리산 탐방에 대한 기록은 다른 시기에 비하여 상대적으로 드물다. 그것은 주권을 강탈당한 당시 한반도의 정치적 현실 그리고 이에 따른 친일 인사들의 기록물들이 전해지지 않기 때문이다.

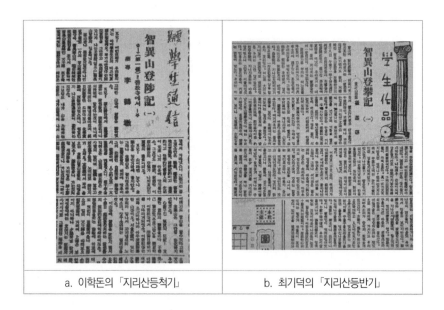

| a. 이학돈의 「지리산등척기」 | b. 최기덕의 「지리산등반기」 |

---

9) 「Journes through Korea」는 『Journal of the College Science』 26호(Imperial University, Tokyo, Japan. 1908)에 실려 있으며, 손일은 이를 『조선 기행록』(2010, 푸른길)로 번역하였다.

| c. 양정산악부 기사 | d. 이은상의 「지리산탐험기」 |

〈그림 1〉 조선일보 신문기사

이 연구에서는 흔하지 않게 전해지는 상기의 문헌과 기록물들을 조사하여 일제강점기의 지리산 탐방의 목적들을 구분·유형화하였다. 그것은 조선시대의 지리산유람록에 관하여는 상대적으로 많은 연구가 있었으며, 일제강점기에 지리산을 중심으로 한 독립운동 및 독립운동에 참여한 우국지사의 인물 등에 관한 연구들이 주종을 이루지만 지리산 탐방에 관한 선행연구가 드물기 때문이다.

III. 일제강점기의 지리산 탐방 목적

1. 산신숭배

지리산은 신라시대 때부터 오악의 하나로 국가적 차원에서 제사하는 곳이었으며, 오악의 제사가 성립된 시기는 신라 신문왕 5년(685)부터 성덕왕 34년(735) 이전의 어느 때였다.[10] 고려시대에서는 신라시대의 제사가 이어져 왔다. 그러나 조선시대의 지리산의 산신제는 국가와 민간에 이원화되어 국가에서는 南岳祀를 세워 지리산 산신을 국행제례로 배향하였고 민간에서는 聖母祠를 세워 성모상을 봉안하였다.[11] 그렇다 하더라도 남악에 대한 제사는 지리산 성모천왕을 받드는 것이었다고 볼 수 있다.[12] 다만 성모상은 통일신라시대에는 전통의 불교적 신격을 가진 산신이라면 남악사는 조선시대 지리산산신이 국가 사전에 등재되면서 유교제례의 방식으로 위패가 봉안된 곳으로 산신의 신격과 계통은 전혀 다르다.[13]

그럼에도 불구하고 지리산에 산신이 있음을 믿으며, 그 산신에 대한 숭배의례로서 제사 또는 기도하는 것은 오늘날에까지 이어지고 있다.

일제강점기에는 이은상이 지리산 천왕봉에서 민족의 신성한 開闢을 연출하고 그곳에서 샤먼(shaman)이 되어 식민지 지식인으로서의 내면적 절망과 비한을 극복하고자 함으로써 그에게 지리산은 민족의 (靈場이자 개인적 구원의 祭場이었으며, 탐방을 통하여 天神信仰의 유적을 확인함으로써 민족적 주체성을 확립하는 계기로 삼았다.[14] 이로써 일제강점기에도 산신을 숭배하기 위하여 지리산을 탐방했음을 엿볼 수 있다.

2. 심신수양과 공부

조선시대 때 지리산을 유람하고 남긴 기록은 100편쯤 되는데, 그 가운

---

10) 채미하, 『신라국가제사와 왕권』, 혜안, 2008, 309쪽.
11) 송화섭, 「지리산의 산신, 성모에서 노고까지」. 『남도문화연구』 제20집, 순천대학교 남도문화연구소, 2010, 63쪽.
12) 김아네스, 위의 글, 11쪽.
13) 송화섭, 위의 글, 63~64쪽.
14) 박찬모, 「탐험과 정복의 '전장(戰場)'으로서의 원시림-지리산」, 위의 글, 171~173쪽.

데 유람록의 형식을 갖춘 것은 64편이다.[15] 이 중 이호승·한상열·최관은 9인의 유람록[16]을 연구하고, 이들 유람록에 나타나는 여정코스를 정리하였으며,[17] 대부분의 코스들은 오늘에 이르기까지 활용되고 있다. 조선시대의 유람인들의 유람동기를 평소 지리산유람을 소원으로 간직하고 있었던 경우, 단순한 휴양 목적 그리고 수양 내지는 공부(工夫)를 위한 경우로 구분하였으며, 특히 지리산유람의 참뜻을 "대자연을 접하며 그 과정에서 자신을 되돌아보며 한층 더 성숙한 자아를 만드는 것"에 있다고 하였다. 이 때문에 지리산은 학식이 높은 학자들이 은신하거나 깃들어 사는 산으로 보는 상징적 인식을 가지게 되는 산으로, 이러한 인식은 조식 이후 사인들에게 널리 공유되어 구한말까지 그대로 나타난다.[18]

이는 비단 지리산 뿐 아니라 높고 깊은 여타의 산을 탐방하는 목적도

---

15) 최석기, 「지리산유람록을 통해 본 인문학의 길 찾기」, 『남도문화연구』 제18집, 2010, 201쪽.

16) 이호승·한상열·최관은 조선시대 때 9인이 지은 각각 1편씩의 유람록을 산림문화 차원에서 연구하였으며, 그 목록은 〈표 1〉과 같다.

〈표 1〉 연구자료로 사용된 지리산유람록 목록

저자	유람록 제목	저작 연도	출전	저자	유람록 제목	저작 연도	출전
이륙	지리산기	1463	청파집	양대박	두류산기행록	1586	청계집
김종직	유두류록	1472	점필재집	박여량	두류산일록	1610	감수재문집
남효온	지리산일과	1487	추강집	유몽인	유두류록	1611	어우집
김일손	두류기행록	1489	탁영선생문집	성여신	방장산선유일기	1616	부사집
조식	유두류록	1558	남명집				

※ 출처: 이호승·한상열·최관의 「지리산 유람록을 통한 산림문화 연구」(『한국산림휴양학회지』 15(1), 한국산림휴양학회, 2011, 41쪽 요약.

17) 선인들의 지리산유람코스는 대부분 천왕봉이 포함되어 있으며, 단속사에서 출발하여 법계사, 천왕봉, 신흥사, 쌍계사, 불일암에 이르는 코스(이륙) 그리고 함양관아에서 쑥밭재, 천오앙봉, 영신봉, 한신계곡, 백무동 코스(김종직), 반야봉(남효온), 남원부 관아에서 운봉, 인월, 의신사, 쌍계사, 섬진강(유몽인) 등이다. 선인들의 주된 지리산유람코스는 이호승·한상열·최관(2010)의 논문 42쪽의 〈표 4〉 참조.

18) 최석기, 「조선시대 사인들의 지리산·천왕봉에 대한 인식」, 『지리산과 유람문학』, 경상대학교 경남문화연구원, 2013, 35~36쪽.

유사하며, 탐방을 통하여 심신을 수양하고 공부하는 효과가 나타난다. 다만 이 경우의 공부는 전문적 학술연구라기 보다는 인생 전반에 관한 자아성찰에 속한다.

특히 성찰의 측면에서 본다면, 이은상에게는 지리산은 대자연 그대로가 아니라 자신의 사상과 관념을 투영시킨, 관념에 의해 재구성된 자연이라는 점과 이은상의 「지리산탐험기」가 '조선학 운동'과 무관하지 않음[19] 등을 고려해 볼 때, 이은상은 후술하는 탐험의 목적 외에도 심신수양과 공부를 위하여 지리산을 탐방한 것이었다.

3. 학술연구

일본학자들이 한반도의 지형·지질과 생물자원에 관심을 가진 것은 한일합방 전부터이다. 일본의 지질학자 고토 분지로가 1908년에 발표한 「Journes through Korea」에는 하동, 지리산, 구례, 운봉, 함양, 산청 등 지리산권의 지형과 지질의 특징을 기술하고 있으며, 특히 다케다와 나카이 두 사람은 이끼나 지의류에 포함되지 않은 한반도의 식물표본을 일본으로 가져갔다.[20] 이 중 한 사람인 나카이 다케노신은 한반도에 서식하는 식물들의 거의 절반 가까이 분류하고 명명하였다. 그는 1911년에 한국식물상 연구결과를 발표하고 1914년에는 동경식물학연구지에 '제주양치식물목록'을 발표하였다.[21] 또한 한반도에서의 식물을 집대성한『朝鮮森林植物篇』(전22권)을 연구·저술한 공로로 일본 학사원상을 수상하였다. 나카이 다케노신의 조선삼림식물편(1976)은 9권의 영인본으로 제작되어 한국에도 소개되었다. 나카이는 지리산에 서식하는 한국특산식물 116종을

---

19) 박찬모, 위의 글, 173~178쪽 참고.
20) 고토 분지로, 손일 옮김,『조선 기행록』, 2010, 푸른길, 194쪽.
21) 문명옥. 「문명옥의 식물이야기(30) 제주 양치식물과 식물학자 '나카이'」,『한라일보』, 2011.8.20.

제시하는[22] 등 지리산의 식물연구에도 열성을 다하였다. 이 중에는 멸종위기종, 희귀종, 한국특산식물 등이 다수 포함되어 있다.

또한 조선일보사가 1936년부터 1940년까지 5년 동안 백두산·한라산·지리산·묘향산·설악산을 차례로 탐험하는 산악순례사업을 실시하였다. 이 탐험단에는 역사학·생물학·지리학·의학과 관련된 학자들이 포함되어 있었으며, 탐험결과가 신문에 게재되고 있다는 점은 학술적·과학적 조사가 큰 비중을 차지하고 있음을 보여준다.[23] 이학돈도 "…식물채집을 하는 여가에 하로에도 몇 번씩 정 樓臺에 올라 동남으로 멀리 천왕봉을 바라보오. …"라고 하였으며, 천왕봉에서 내려와 바위틈에서 고산식물을 채집하고, 이후 벽송사로 내려오는 귀로에서도 약 이십 종의 식물을 채집하며 하산한다.[24]

지리산 뿐 아니라 여러 산의 지질·지형·동식물 등의 조사 연구는 여러 연구자들에 의하여 오늘날에도 계속되고 있으며, 문화유적이 분포하는 산에는 연구자 또는 탐방자들이 문화유적들을 연구하거나 그곳을 답사하고 있다. 이는 비록 전문 학자들뿐만 아니라 관심을 가진 일반인들에게도 산지식을 습득하는 계기가 된다.

4. 탐험·정복

1920년대 중반부터 동아일보사, 조선일보사 그리고 중외일보사 등의 신문사들이 주최하는 지리산 登陟·探勝·探險이 지속적으로 시행되었다.[25] 또한 1936년에는 학생이었던 이학돈이 지리산을 탐방하고 「지리산

22) 국립공원관리공단,『지리산국립공원 자연자원조사』, 2003, 94쪽.
23) 박찬모, 「자기 구제의 '제장(祭場)'으로서의 대자연 – 지리산: 이은상의 「지리산 탐험기」를 중심으로」, 『현대문학이론연구』 제38집, 현대문학이론학회, 2009, 53~54쪽.
24) 박찬모, 「탐험과 정복의 '전장(戰場)'으로서의 원시림 – 지리산」, 앞의 글, 191쪽.
25) 위의 글, 172쪽.

등척기」를 조선일보에 4회 연재하였으며, 1937년에는 양정고등보통학교 학생으로 산악부 회원이었던 최기덕은 동료학생 4명과 지리산을 탐방하고 조선일보에 5회에 걸쳐 「지리산등반기」를 연재하였다. 그 후 1938년에는 지리산을 탐방한 이은상은 그해 7월 30일부터 9월 24일까지 「지리산탐험기」를 연재하였다.

여기서 이은상의 지리산 탐험은 산행을 심신수양 그리고 민족적 주체성을 확립하는 계기로 삼아 조선시대 조식의 지리산 탐방 목적과 유사하지만, 게재한 기사의 제목에서 '탐험'이라는 용어를 사용함으로써 지리산을 탐험하였던 것이다. 또한 이학돈의 지리산등척기와 최기덕의 지리산등반기에는 탐험과 정복이 지리산 탐방의 목적이었음[26]을 나타낸다. 이학돈에게 지리산은 '靜燃, 寂然한 처녀성을 지닌 원시림'으로 표상되고, 최기덕 등 양정산악부 5명에게는 산에 오르기 전까지 그들을 지배하는 정조는 '공포'였으며, 노고단과 반야봉 그리고 천왕봉을 정복함으로써 혹독한 불안과 공포 속에서 모험을 감내하며 정복을 목표로 등산하였다.[27]

5. 관광 · 여행

육당 최남선(1890~1957)은 1925년 지리산과 그 주변을 여행하고 그 이듬해에 기행수필 『심춘순례』를 발간하였다.

> …(선략) 이제 그 첫 권으로 내는 尋春巡禮는, 작년 삼월 하순부터 首尾 50여 일간, 智異山을 중심으로 한 巡禮記의 전반을 이루는 것이니, 馬韓 내지 百濟人의 정신적 지주였던 神岳의 餘薰을 더듬은 것이요, 장차 海邊을 끼고 내려가는 부분을 합하여 書翰의 기록을 완성하는 것입니다. 震人의 古信仰은 天

---

26) 위의 글, 173쪽.
27) 위의 글, 184~189쪽.

의 表象이라 하여 山岳으로써 그 대상을 삼았으며, 또 그들의 靈場은 뒤에 대개 불교에 전승되니, 이 글이 山岳禮讚, 佛道場歷參의 觀을 주는 것은 이 까닭입니다. …(후략).

위 인용문은 최남선의 심춘순례 서문 중의 한 부분이다. 심춘순례에 실려 있는 33편의 기행문 중에는 '섬진강을 끼고 지리산으로' 등이 있으며, 책이나 구전으로 얻는 지식을 떠나 자연과 더불어 얻는 경험을 담아 국토를 찬미하는 순례기(巡禮記)이다.

한편, 조선산악회 회원이었던 카토 렌페이(加勝廉平)가 1935년 8월 지리산을 탐방[28]하고 쓴 '남선의 산을 순회하고'에서 화엄사에서 사찰의 창건과 중건 시기, 그리고 당우의 개수를 언급하고 각황전과 석존 사리탑을 관찰[29]함으로써 관광과 여행을 목적으로 지리산을 탐방하였음을 나타낸다.

6. 정치적 · 정책적 탐방

일제강점기에는 조선총독부가 1910년대 초부터 나카이로 하여금 대대적으로 한반도의 식물 유전자원 침탈을 꾀하게 하였으며, 여기에는 한반도의 저명한 식물학자들도 참여하였을 뿐 아니라 그가 일본으로 가져간 식물은 4,100여 종이었다고 한다(황성규, 2012). 조선총독부는 한반도의 식민지화를 위하여 식물조사에만 그치지 않고 지리산을 비롯한 한반도의 유명한 산들을 국립공원으로 지정할 계획을 수립하고 지리산의 국립공원

---

[28] 카토는 일행들과 함께 1935년 8월 7일 오전 10시 50분에 경성을 출발하여 내장산과 백양산을 둘러보고, 8월 9일 정읍과 곡성을 경유하여 구례에 도착한다. 이후 카토 일행은 노고단(8월 10일)—화엄사—곡성—남원(8월 11일)—실상사—백무동(8월 12일)—세석평전—천왕봉—벽송사(8월 13일)를 거쳐 남원으로 되돌아와 대전으로 향한다. 전체 일정 중 지리산행은 4박5일이다(박찬모,「조선산악회와 지리산 투어리즘」, 앞의 글, 138~139쪽)

[29] 박찬모,「전시된 식민지와 중층적 시선, 지리산」,『현대문학이론연구』제53집, 현대문학이론학회, 2013, 139쪽.

화를 시도하였다.

주지하다시피 일제는 1910년대부터 관광을 식민지 지배정책으로 이용하였다.[30] 특히 지리산의 국립공원화는 1937년 京都帝大의 田村박사가 지리산과 한라산을 조사하고 "국립공원으로서의 요건을 갖추고 있다."고 발표하고 그 논의가 본격화 된다. 이후 전라남도와 경상남도에 의해 실지답사가 진행되고 등산도로가 착공되는 등 지리산 국립공원계획화가 활기를 띠게 된다.[31] 일본은 1930년대 초반 국제관광 활성화를 통해 국위를 선양하고 경제불황을 타개할 목적으로 1910년대부터 진행된 국립공원 선정 움직임을 본격화하여 국립공원조사회를 설치하고 국립공원법을 제정하였다.[32] 지리산의 국립공원화는 매일신보(1938), 동아일보(1938), 매일신보(1941) 등에서 여러 차례 중요 기사로 다루어졌다. 그러나 지리산을 비롯한 한반도의 산들은 중일전쟁(1937년)이 시작되고 그 이후 제2차 세계대전이 개전(1941년)되면서 일본 자체의 국립공원행정이 정체됨으로써 빛을 보지 못했으며 광복 후에도 1960년대 초까지는 논의될 기회가 없었다.[33] 일본은 한반도 강점기에 전체의 식물을 조사하고 국립공원에 대한 논의 및 등재신청이 활발했지만 한반도의 여러 산마저도 국립공원화를 시도한 것은 정치적·정책적 행위라 하지 않을 수 없다. 그러나 이러한 행위는 광복 이후부터 한국인으로 하여금 동식물 조사와 국립공원 지정을 논의하게 한 촉매제로 작용했음은 분명하다.

7. 은둔과 저항

흔히 지리산에 청학동이 있었다고 하거나 지리산을 은둔과 저항의 상

---

[30] 위의 글, 130쪽.
[31] 박찬모, 「탐험과 정복의 '전장(戰場)'으로서의 원시림―지리산」, 앞의 글, 172쪽.
[32] 박찬모, 「전시된 식민지와 중층적 시선, 지리산」, 앞의 글, 135쪽.
[33] 국립공원관리공단, 『국립공원 30년사』, 1998, 99쪽.

징이라고들 한다. 그것은 지리산이 土山으로 그 주변은 매우 기름져서 여러 가지 작물들이 풍성[34]할 뿐 아니라 다른 산과 달리 깊고 아늑하며 식량조달이 상대적으로 수월했기 때문이며, 숨어서 삶을 영위하거나 저항할 수 있었던 곳이다. 삼한시대에 마한이 지리산 달궁을 주변으로 진한과 대치하였으며, 삼국시대 때에는 백제와 신라의 경계선으로 하동지역에 산성이 축조된 역사가 이를 말한다. 고려 말에는 빈번한 왜구의 침입에 이성계는 남원을 사수하였으며, 조선시대 임진왜란 시에는 구례, 산청, 진주가 격전지였다. 조선 중기 이후에는 관의 침탈이 증가함에 따라 민간인, 승려, 무당들이 저항을 목적으로 지리산을 찾았다. 동학농민전쟁과 여순사건 그리고 6·25 한국전쟁 전후에는 빨치산이 관군을 피하여 은거하며 저항하던 곳이 지리산이다.

일제강점기에도 은둔과 저항이 있었던 곳이 지리산이다. 매천 황현은 1905년 을사조약에 반대하여 국권회복 운동을 시도하였는가 하면 1910년 한일합방 때에는 絶命詩 4수를 남기고 자결한 곳이 지리산자락 구례이다. 또한 지리산 최후의 항일 의병장 양문칠(1884~1938)은 지리산 일대에서 1907년부터 1915년까지 일본군과 맞서 싸웠으며, 1938년까지 지리산에서 숨어 지내다가 1938년에 하동군 악양면에서 자결하였으며, 지리산을 중심으로 400여 명의 의병을 거느리고 일제와 맞서 싸웠던 항일의병장 류명국(1869~1937)이 전사했던 곳 역시 지리산이다.

이러한 은둔과 저항 행위들을 탐방의 목적이라고 단정하기에는 다소 무리가 따른다. 그러나 은둔하고 저항할 장소를 찾아 그들의 생활근거지를 떠나 지리산으로 들어온 것은 탐방임에는 분명하며, 따라서 상기에서 언급한 은둔과 저항은 탐방의 목적이 된다.

---

34) 김준형, 앞의 글, 271쪽.

8. 휴양

한 연구자는 1930년대에 발간된 여행안내지 「남선의 영산 지리산」,『조선여행안내기』,『조선의 관광』을 요약하여 "지리산은 금강산과 함께 조선의 명산 중의 하나로 대삼림으로 이루어져 있으며, 대학연습림이 존재하는 식물학상의 寶庫이자 선교사 휴양촌이 건립되어 있는 피서 유람지"[35] 라고 하였다. 또한 1936년 7월에 지리산을 탐방한 서춘은 "들은즉, 노고단은 여름에 더위를 모르리만치 서늘한 산이라고 한다. …(중략)… 경치 좋고 서늘한 이런 勝地를 눈밝은 서양사람들이 그냥 둘 리가 없다. 絕頂으로부터 얼마 내려오지 아니한 壽木密林의 완경사지 일대를 택하여 서양선교사들은 피서지를 만들었다. …(후략)."[36]라고 하여 현재의 노고단대피소 인근이 서늘한 勝地로 휴양의 適地임을 언급하고, 서양인들이 배타적으로 운영함을 꼬집었다.

이와 같은 지리산의 여건과 활용은 교토제국대학과 규슈제국대학이 1912년부터 조선총독부로부터 임대하여 설립한 대학연습림과 1920년대에 미국 남장로회가 조성한 한국선교사 휴양촌, 그리고 1930년대에 부설된 경전북부선을 배경으로 '대삼림의 피서 유람지'라는 관광 정보가 생산되게 하였다.[37] 따라서 여기서의 휴양(rest)은 '몸과 마음을 편안하게 하기 위한 휴식'의 개념으로, 앞에서 서술한 여행과 관광과는 다른 개념이다. 여행(travel 또는 tour)은 업무 또는 유람을 목적으로 하는 다른 지역으로 떠나는 행위이며, 관광(sightseeing)은 다른 지역의 풍경, 전통, 관습, 문물 등을 구경하는 행위를 뜻한다. 일제강점기의 지리산 탐방은 피서 또는 삼림욕을 위주로 하였다. 특히 지리산의 수많은 계곡과 고지대의 서늘한 기후, 삼림 등으로 인하여 예로부터 휴양 차 탐방하는 사람들이 끊이지

---

[35] 박찬모, 「전시된 식민지와 중층적 시선, 지리산」, 앞의 글, 136쪽.

[36] 서춘, 「지리산 통로 구례」,『조선일보』, 1938: 8.5~8.9.

[37] 박찬모, 「전시된 식민지와 중층적 시선, 지리산」, 앞의 글, 136~137쪽.

않고 있음은 주지의 사실이다.

IV. 요약 및 결론

유사 이래 지리산을 탐방하는 목적은 시대별로 여러 형태로 변천되어 왔다. 고려 말 이전에는 주로 산신숭배를 위하여 탐방했으나 그 이후에는 산신숭배와 저항을 목적으로 탐방하였다. 조선시대에는 유학자들의 심신 수양과 공부, 그리고 은둔을 목적으로 탐방하였다. 그리고 근래에는 등산을 목적으로 탐방하는 사람들이 가장 많다. 그러나 일제강점기에는 여러 계층의 사람들이 다양한 목적으로 지리산을 탐방하였다. 그들의 탐방목적은 크게 8가지로 유형화 할 수 있으며, 그것은 근대 이전과 같이 산신 숭배와 심신수양 그리고 공부를 목적으로 탐방한 것과 그 외 학술연구, 탐험과 정복, 관광과 여행, 정치적 · 정책적 탐방, 은둔과 저항, 휴양 등 8 가지의 유형으로 구분할 수 있다.

산신숭배는 노산 이은상의 「지리산탐험기」에서 찾을 수 있으며, 심신 수양과 공부를 목적으로 하는 탐방은 조선시대이후부터 나타나는 현상이다. 학술연구는 나카이의 식물연구업적과 이학돈의 「지리산등척기」에서 나타난다. 탐험과 정복은 이은상의 「지리산탐험기」와 최기덕의 「지리산등반기」에서 그 의미를 부여하고 있으며, 관광과 여행은 최남선의 『심춘순례』와 가토 일행의 「남선의 산을 순례하고」에 나타난다. 식물 유전자원 침탈과 지리산의 국립공원화 등 침략정치와 정책을 목적으로 나카이와 다무라가 탐방하였으며, 지리적 · 지형적 그리고 산물적 여건으로 인하여 은둔과 저항을 목적으로 지리산을 탐방하기도 하였는가 하면, 휴양을 목적으로 탐방한 곳이 지리산이었다.

일제강점기에는 우리민족의 주권이 침탈되고 역사가 단절된 시기였지만 신라시대부터 이어져오는 산신숭배 전통을 이어왔으며, 조선이후부터의 심신수양과 공부를 목적으로 하는 지리산탐방도 이어졌다. 또한 이 시기의 생물과 지질에 관한 학술연구는 우리나라의 학술연구에 기초가 되었으며, 이로 말미암아 우리나라 학자들로 하여금 채찍을 가한 결과가 되었다. 높고 넓을 뿐 아니라 기후변화가 심한 지리산의 탐험과 정복은 오늘날 세계적인 알피니스트를 탄생하게 하는 계기가 되었다. 이 시기부터로 관광과 여행이 일반화되었으며, 정책적으로는 지리산이 우리나라의 제1호 국립공원으로 탄생하도록 기여하였다. 고려말부터 일제강점기까지 외세의 침략에 의한 은둔과 저항은 해방을 맞이하여 자취를 감추었으나, 우리민족 내부의 정치적·사상적 대립으로 인한 은둔과 저항은 1950년대 중반까지 멈추지 않았다. 그것은 우리 민족의 험난한 역사의 한 장으로 남을 것이다. 난대·온대·한대에 이르는 기후와 수많은 깊은 계곡 그리고 울창한 삼림을 이용한 휴양은 일제강점기이후부터 오늘날까지 지리산을 휴양의 명소로 만들었다.

일제강점기의 이러한 여러 유형의 지리산 탐방의 목적들이 일제강점기의 전후와 유사한 점도 있으나 그 성격은 현저히 다르다. 오늘날의 지리산산신숭배의 전통을 계승하고, 학술연구에 이바지하였으며, 등산문화의 형성과 관광·여행·휴양 그리고 심신수양과 공부를 위한 흡인력을 제공하였다. 또한 지리산이 우리나라 제1호의 국립공원으로 지정되게 하는 계기가 되었다. 일제강점기의 이러한 다양한 지리산 탐방 목적이 지니는 의의는 오늘의 우리의 삶에 지대한 영향을 미쳤음을 알 수 있다.

이 글은 『한국산림휴양학회지』 제17권 4호(한국산림휴양학회지, 2013)에 수록된 「일제강점기의 지리산 탐방 목적에 관한 연구」를 일부 수정하여 실은 것이다.

제4부

지리산권 문화와 미래

'지리산신사'에 대한 철학적 숙고

문동규

—

Ⅰ. 시작하는 말

이 글은 현재 전남 구례에서 지리산신제를 지내고 있는 하나의 사물이 자 장소인 지리산 '南岳祠', 즉 '智異山神祠'[1]를 '존재'라는 단 하나의 별을 향해 자신의 사유를 전개한 하이데거의 존재론을 통해 전통적으로 우리 가 알고 있는 지리산신사의 모습과 이것을 넘어선 지리산신사의 또 다른 모습을 드러내고자 한다. 말하자면 하이데거의 존재 사유에서 펼쳐지고 있는 '세계의 현성'과 '사물의 사물다움'을 통해 지리산 '남악사'를 지리산

---

[1] 물론 지리산에서 산신을 모시는 신사는 여럿 있었지만, 대표적인 것은 聖母 祠, 老姑壇, 남악사이다. 그런데 이 글에서는 현재 전남 구례에서 지리산신제 를 지내고 있는 남악사를 대상으로 한다. 지리산의 여러 신사에 대해서는, 특히 조선시대의 신사에 대해서는 다음을 참고하기 바란다. 김아네스, 「조선 시대 산신 숭배와 지리산의 신사」, 『역사학연구』 제39집, 호남사학회, 2010, 89~97쪽.

신에게 제사를 지내는 공간뿐만 아니라 그 공간에서 '세계가 세계화'하고 '사물이 사물화'하고 있음을 보여주고자 한다.

사실 우리에게 떠오르는 지리산신사는 지리산신에게 제사를 지내는 곳이다. 그래서 사람들은 지리산신사란 지리산신에게 자신들의 안녕과 국가의 태평을 위해 제사를 지내는 장소로 생각한다. 물론 맞는 말이자 맞는 생각이다. 전통적으로 지리산신제는 국가적인 제의 또는 인간이 신에게 자신의 복을 비는 제사로서 지리산신사라는 곳에서 행해져 왔기 때문이다. 그리고 이러한 연장선상에서 지금도 전남 구례에 살고 있는 사람들은 지리산 華嚴寺 앞에 있는 '남악사'라는 '지리산신사'에서 하나의 제사인 '남악제'라는 이름으로 '지리산신제'를 지내고 있기 때문이다.

그러나 지리산신에게 제사를 지내는 곳인 지리산신사인 남악사는 단순히 제사를 지내는 곳만은 아니다. 사실 지리산신사라는 남악사는 하나의 사물이자 장소이다. 그런데 이때 사물이란 우리가 보통 생각하듯이 우리의 인식론적 대상 또는 무언가를 이루기 위한 수단 내지는 도구이기 이전에 '무언가'를 '모아들이는 것'이다. 그리고 '장소' 또한 단순히 어떤 곳을 지칭하기 이전에 '무언가'를 모아들이는 하나의 '사물'과 연관되어 있다. 그래서 지리산신사는 단지 '國泰民安'과 '時和年豐'을 위해 지리산신제를 지내는 수단 내지는 도구뿐만 아니라 그것을 넘어선 '의미'를 지니고 있다.

도대체 무슨 의미인가? 사실 지리산신사에서는 하이데거가 그의 존재 사유를 펼치면서 '사방―세계(Geviert-Welt)'라고 지칭하는 세계가 현성한다. 말하자면 사방[2], 즉 '땅과 하늘, 신적인 것들과 죽을 자들(인간)'이라

---

[2] '세계'를 '사방'으로 사유하는 것에 대해 이의를 제기할 수도 있을 것이다. 이를테면 고대 중국인들은 세계를 사방으로 생각하지 않고 천·지·인이라는 근본적인 세 힘으로 이루어져 있다고 생각했는데, 그들이 생각한 세계를 하이데거 식으로 표현하자면 우리는 '삼방'으로 표기해야 할 것이기 때문이다.(전동진, 「하이데거의 세계이해」, 『철학』 제63집, 한국철학회, 2000, 239쪽 참조)

는 넷이 하나로 포개짐인 사방 안에서 그 넷이 서로 어깨동무하면서 놀이하고 있는 '존재의 놀이', 그 넷이 서로 어울리면서 서로를 되비추면서 서로를 가깝게 하는 '사방의 거울—놀이'가 현성하고 있다. 왜냐하면 사물이 무언가를 모아들이는 것이라면, 이때 이 사물은 넷이 하나로 포개진 사방을 자신 안에 모아들이면서 그 모아들인 것이 현성하는 '장소'이기 때문이다. 그런데 그 모아들인 사방의 현성이 바로 '세계의 세계화'이고 '사물의 사물화'이기 때문이다.

따라서 이 글에서 필자는 지리산신사가 단순히 지리산신에게 인간의 평안함과 국가의 태평을 위해 제사를 지내는 곳만이 아니라 지리산신사인 지리산 남악사에서 펼쳐지고 있는 '존재의 놀이' 내지는 '거울—놀이', 즉 '세계의 현성'을 하이데거의 존재 사유를 통해 보여주고자 한다. 물론 이때 세계의 현성은 세계의 세계화이고 사물의 사물화이다. 그러나 필자는 이러한 것을 하이데거의 1950년 강연인 「사물」[3]과 1951년의 강연인 「건축하기 거주하기 사유하기」[4]라는 작품을 통해 드러내 보일 것이다. 왜냐하면 하이데거는 이들 작품에서 '사방—세계'와 '사물'에 대해 이야기하고 있는데, 이것들은 우리가 보통 이해하고 있는 세계와 사

그러나 푀겔러(O. Pöggeler)에 따르면 세계를 하이데거 식으로 이해하는 것은 나름대로 의미가 있다. 왜냐하면 그는 '신화적인 세계 경험에 친숙해 있었던 인간은 세계를 땅과 하늘의 결혼식으로서 그리고 인간을 신의 말 건넴 아래 서 있는 죽을 자로 경험하였다고 하면서 지금이야말로 신화의 가장 오래된 지혜를 사유로 이끌고 올 때라고 말하기 때문이다'.(Otto Pöggeler, Der Denkweg *Martin Heideggers*, Günter Neske, Tübingen, 1983, 248쪽 참조) 그런데 이 '사방'은 원래 건축 용어로 사용된 것이라고 한다.(김재철, 「하이데거의 종교현상학」, 『인간의 실존과 초월』(한국현상학회 편), 철학과현실사, 2001, 74쪽 참조) 그러나 하이데거는 그러한 용어를 넘어서서 이 용어를 세계 이해와 결부시켜서 사용하고 있다.

[3] M. Heidegger, "Das Ding", *Vorträge und Aufsätze*, Vierte Auflage, Günter Neske, Pfullingen, 1978.(이하에서는 Ding으로 표기함)

[4] M. Heidegger, "Bauen Wohnen Denken", *Vorträge und Aufsätze*, Vierte Auflage, Günter Neske, Pfullingen, 1978.(이하에서는 BWD로 표기함)

물 개념을 뛰어넘는 것으로서 우리에게 새로운 사유내지는 주객이 분리되기 이전의 것을 사유하는 것이 필요하고, 그것을 통해 인간이 본래적인 삶을 살아가야 함을 말하고 있기 때문이다. 그런데 이러한 것은 전통적으로 이어져 내려온 지리산신사에 대한 이야기를 뛰어넘는 것이자 지리산신사 내지는 다른 여타의 山神祠에 대한 새로운 해석에 기여할 것으로 생각된다.

II. 지리산신사에 대한 일반적인 이해로부터 존재론적인 이해로 나아가기

'산신사'란 산신에게 제사를 지내는 사당을 말한다. 그래서 지리산신사 또한 말 그대로 지리산신에게 제사를 지내는 사당으로서 지리산신제를 지내는 곳이다. 따라서 현재의 지리산 남악사는 "전라남도 구례군 마산면 황전리 12번지에 있는 지리산신제를 모시는 곳"으로서 "1984년 2월 29일 전남문화재자료 제36호"로 지정된 "사당"이다.[5]

그런데 지리산신에게 제사를 지내는 지리산신제는 삼국시대부터 행해져온 것으로, 신라시대엔 지리산 최고봉인 천왕봉에서 지냈던 것으로 추측되며, 고려시대에는 천왕봉에서 노고단으로 옮겨진 것으로 알려져 있다. 그리고 삼국시대에 '南岳'으로 불렸던[6] 지리산이 조선시대에 다시 '남

---

[5] naver 백과사전.

[6] 사실 『삼국사기』에 따르면 지리산은 삼국 시대부터 국가의 산천신 숭배와 관련하여 中祀로 모셔졌으며, 五岳 중 남악으로 불렸다. 『삼국사기』 권32 雜志 祭祀조엔 三山·五岳 이하 명산대천을 大祀·中祀·小祀로 나누어 기록하고 있다. 이때 중사를 지내는 오악은 '동쪽 토함산, 남쪽 지리산, 서쪽 계룡산, 북쪽 태백산, 중앙 부악(지금의 팔공산)이었다'고 적혀 있다. 그리고 대사는 삼사 중에서도 가장 으뜸가는 제사로서 三山神에게 지내는 제사이고, 중사는 오악·사진·사해·사독과 표제가 없는 6개의 4산·1성·1진에 지내는 제사인데

악'으로 정해지면서, 이때 이 글에서 다루고자 하는 지리산신사인 지리산 '남악사'가 등장한다. 물론 이것은 김아네스에 따를 때 조선시대의 산천제 정비과정에서 나타난 것이었다.[7] 그래서 현재의 지리산신제는 '남악제'로 불리고 있고, 이 남악제는 지금의 지리산 화엄사 앞에 있는 '남악사'라는 '지리산신사'에서 행해지고 있다.[8]

그런데 조선시대에 등장하는 남악사는 노고단에서 더 아래쪽인 간미봉 북쪽 내산면 좌사리 당동으로 옮겨졌다가, 다시 현재의 전남 구례군 광의 면 온당리 당동 마을로 이전하였다. 물론 온당리 당동 마을의 남악사는 1908년(순종 2) 일제에 의해 헐릴 때까지 국가가 주관하여 지리산신을 제 향하는 산신사로 존속하였다. 그러나 일제에 의해 폐사된 뒤 그 터만 남 아 있다가 1969년 화엄사 앞에 10여 평 규모의 남악사를 다시 건립하여 명맥을 이어오고 있다.[9] 현재의 건물은 정면 3칸, 측면 2칸의 규모로 맞 배지붕이다.

그래서 지리산신사에 대한 일반적인 이해는 지리산신사란 지리산신제 를 지내는 곳인데, 그것도 지리산신에게 제사를 지내는 곳이라는 것이

그중에서 오악의 숭배와 제사가 기본이었으며, 소사는 전국의 신령스러운 24 개소의 산악에 지내는 제사였다.

[7] 조선시대의 국행제의 정비와 지리산신사의 연관에 대해서는 다음을 참고하기 바란다. 김아네스, 앞의 글, 97~104쪽.

[8] 2010년 남악제는 구례군민의 날과 더불어 화엄사 앞에 있는 남악사에서 4월 20일에 열렸는데, 이 남악제의 신위는 '지리산신'이다.

[9] 남악사가 현재의 장소에 건립된 배경, 그리고 남악제를 지내는 절차와 축문 에 대해서는 다음을 참고하기 바란다. 조경만·곽유석, 「남악사 관련 의례의 민속적 배경과 변화」, 『남악사지 지표조사 보고』(목포대학교 박물관·전라남 도 구례군 편), 금성인쇄출판사, 1992, 95~96쪽, 99~102쪽. 그런데 문승이에 따 르면 이 지리산신제인 남악제가 지금까지 명맥을 이어올 수 있었던 것은, 1945년 광복 후 유림들이 주축이 되어 화엄사 경내의 일주문 서편에 단을 만 들어 제사를 지냈고, 1969년 뜻있는 인사들과 군민들의 협력으로 화엄사 지 장암 옆에 10여 평 규모의 남악사를 신축하여 제사를 지내오고 있기 때문이 다.(문승이 편저, 『남악사』(구례문화원), 청진문화사, 2000, 63쪽 참조)

다.[10] 물론 지리산신에게 제사를 지내는 이러한 지리산신제는 나라의 태평과 백성의 편안함을 위해, 간단히 말해 '잘 살기' 위해 지냈다. 왜냐하면 이러한 지리산신제는 봄과 가을에 정기적으로 지내기도 했지만 재앙이 닥쳤을 때도 지냈기 때문이다.

그러나 지리산신사가 지리산신제를 지내는 곳이라면, 그 지리산신사는 하나의 '만남의 장'일 것이다. 왜냐하면 하나의 제사인 지리산신제란 기본적으로 신과 인간이 만나는 것이기 때문이다. 그런데 이러한 만남의 장인 지리산신사는 '울타리 쳐진 장'이면서 '열린 장'일 것이다. 지리산신제가 하나의 제사라면 그것을 지내는 장소는 일반적인 공간이라기보다는 지리산신신과 인간이 만날 수 있는 어떤 신성한 공간인 '울타리 쳐진 장'일 것이고, 그곳이 비록 울타리 쳐진 장일지라도 그 장소는 지리산신과 인간이 만나 서로 쳐다볼 수 있는 훤히 열어 밝혀져 있는 곳일 것이기 때문이다.[11]

---

10) 지리산신제인 남악제의 신이 '지리산신'이라는 것은 명백하지만, '지리산신'이 누구인지에 대해서는 다양한 이야기들이 있다. 그것에 대해서는 다음을 참고하기 바란다. 김수영, 「智異山聖母祠에 就하야」, 『진단학보』 11, 진단학회, 1939; 이해준, 「구례 남악사의 유래와 변천」, 『남악사지 지표조사 보고』(목포대학교 박물관 · 전라남도 구례군 편), 금성인쇄출판사, 1992; 조용호, 「지리산산신제에 관한 연구」, 『동양예학』 4, 동양예학회, 2000; 손정희, 「智異山 山神에 관하여」, 『문창어문논집』 37, 문창어문학회, 2000; 김갑동, 「고려시대의 남원과 지리산 성모천왕」, 『역사민속학』 16, 한국역사민속학회, 2003; 송화섭, 「지리산의 노고단과 성모천왕」, 『도교문화연구』 27, 한국도교문화학회, 2007; 김아네스, 「고려시대 산신 숭배와 지리산」, 『역사학연구』 제33집, 호남사학회, 2008; 김아네스 「조선시대 산신 숭배와 지리산의 신사」, 『역사학연구』 제39집, 호남사학회, 2010.

11) 문동규, 「신과 인간의 이상적인 만남: 지리산신제」, 『철학논총』 제61집, 새한철학회, 2010, 356~357쪽 참조. 사실 하이데거의 존재사유에서 '만남의 장'은 '영역'으로서 '자유로운 넓음(훤히 트인 터)' 그리고 '때'를 의미한다(M. Heidegger, *Gelassenheit*, Günter Neske, Pfullingen, 1960, 42~42쪽 참조, 이하에서는 Gel로 표기함). 그런데 이 만남의 장인 '영역'은 존재론적인 '시간-공간', 즉 사방으로 펼쳐지며 발현하는 존재의 진리의 '열린 장'을 가리킨다. 그래서 존재의 진리의 열린 장인 이 영역 안에서는 존재하는 모든 것들이 서로 서로

그러나 하나의 만남의 장인 그러한 장에선 신과 인간만 만나는 것은 아니다. 거기에선 '땅과 하늘, 신적인 것들과 죽을 자들인 인간'이 만난다. 왜냐하면 뒤에서 보겠지만 하나의 만남의 장인 지리산신사에서 지리산신제를 지낸다고 할 때, 거기엔 이미 지리산신사를 떠받치고 있는 '땅' 그리고 지리산신사가 머리에 이고 있는 '하늘', 지리산신이 인간에게 자신을 보내는 '신적인 것들' 그리고 지리산신제를 지내는 '죽을 자들'인 인간이 '함께' 있기 때문이다. 말하자면 하이데거가 그의 존재사유에서 보여주고 있는 '땅, 하늘, 신적인 것들, 죽을 자들'이라는 '넷'이 '공속'하고 있기 때문이다.

그런데 그 넷은 그 만남의 장 내지는 열린 장에서 단순히 만나기만 하는 것이 아니라 서로 어울려 '논다'. 만일 그렇다면 그 만남의 장은 서로 만나는 것들이 단순히 그냥 있는 것이 아니라 서로를 비추면서 어깨동무하고 어울려 노는 '놀이터'일 것이다. 그런데 이때 서로 놀고 있는 것들은 자신의 고유함을 간직하고 있어야 할 것이다. 사실 각자는 각자이기 때문이다. 그래서 땅과 하늘, 신적인 것들과 인간이 만나 노는 그 곳은 땅은 땅으로서 하늘은 하늘로서 신은 신으로서 인간은 인간으로서 자신의 고유함을 간직하면서도 서로가 서로를 비추면서 함께 어우러져 '거울-놀이'를 하는 '놀이터'일 것이다.[12]

그러나 이러한 만남의 장, 즉 열린 장, 그것은 도대체 무엇일까? 하이데거에 따르면 이러한 장이 바로 '세계', 즉 '사방-세계'이다. 그리고 그 세

어깨동무하고 놀면서 서로 만난다. 따라서 이 영역은 존재하는 모든 것들이 만나서 노는 '만남의 장소'이다. 그런데 하이데거에 따르면 이 영역은 "모든 영역들 중의 영역"(Gel, 40쪽)이며, 이러한 영역의 훤히 열려 있음이 "만남의 장의 펼침"(Gel, 53~54쪽)이고, "사방으로 펼침"(Gel, 55쪽)이다.(문동규, 「하이데거의 존재사유에서 '발현'」, 『범한철학』 제40집, 범한철학회, 2006, 136쪽, 각주 46) 참조)

[12] 문동규, 「신과 인간의 이상적인 만남: 지리산신제」, 『철학논총』 제61집, 새한철학회, 2010, 357쪽 참조.

계에서 서로를 비추면서 '거울 놀이'를 하는 그것이 바로 세계의 현성이다. 그렇다면 지리산신사라는 만남의 장에서는 '땅과 하늘, 신과 인간 '이라는 넷이 서로 어울려 노는 세계의 현성이 드러나고 있을 것이다. 그러나 뒤에서 보겠지만 이 세계의 현성은 사물의 사물화와 연관되어 있다. 아니 사물의 사물화에서만 세계의 현성이 일어난다.

III. '세계가 현성'하고 '사물이 사물화'하는 '장소'로서의 '지리산신사'

앞에서 보았듯이 지리산신사는 지리산신에게 국태민안과 시화연풍을 위해 제사를 지내는 사당이자 장소였고 지금도 그렇다. 그런데 이러한 장소는 단순히 제사만 지내는 장소가 아니라 세계가 현성하는 장소다. 도대체 왜 그럴까? 이것은 우리가 보통 알고 있는 세계와 사물에 대한 개념을 벗어던지고 그 개념들에 대한 새로운 사유를 통해 드러날 수 있다. 아니 세계와 사물의 본 모습을 그릴 때 나타날 수 있다. 그래서 이하에서는 우선 세계의 현성과 사물의 사물화가 하이데거의 사유에서는 어떤 것인지를 살펴보고, 그런 후 지리산신사인 지리산 남악사에서 그러한 것이 드러나고 있음을 확인해 보도록 할 것이다.

1. 세계의 현성과 사물의 사물화

우리는 보통 세계를 존재자의 총체로 생각한다. 그러나 하이데거에 따르면 세계란 존재자 모두를 포괄하거나 총괄하는 하나의 객관적 전체를 의미하지 않는다. 또한 세계는 서양의 근대철학에서 이야기되는 경험 가능한 세계 현실성이 주관적으로 표상된 지평을 의미하는 것도 아니다. 물론 곰곰이 생각해 볼 때 하이데거에게 있어서도 세계는 분명히 하나의 전체성을 의미하기는 하지만, 그렇다고 존재자의 전체성을 의미하는 것은 아니다. 그래서 세계의 의미는 존재자로부터 그리고 존재자에서부터 규정될 수 없다. 그렇다면 우리는 세계에 대해 존재자에게 해당될 수 있는 표현인 '존재자는 존재한다'와 같이 '세계는 존재한다'라고 표현할 수는 없을 것이다. 따라서 하이데거는 세계에 대해 "세계는 세계화한다"[13] 라고 말한다.

사실 하이데거 사유의 근본물음은 존재물음이다. 이때 이 존재물음은, 잘 알려져 있듯이, 존재자의 존재의미에 대한 물음뿐만 아니라 존재를 '존재의 진리' 안에서 사유하는 물음이다. 그런데 이러한 물음은 그의 발현(Ereignis)[14]사유 속에서 전개된다. 그래서 하이데거가 그의 존재 물음에서 전개하는 세계의 문제 또한 이 발현사유 하에서 이루어진다. 이때 세계는 존재의 진리가 일어나는 것을 말하며, 그것은 '사방-세계'에 대한 그의 사유에서 두드러지게 드러난다. 당연히, 앞에서 보았듯이, 여기에서 이 세계는 "세속적으로 표상된 자연과 역사의 우주", "신학적으로 표상된 창조된 세계", "단지 현존하는 것 전체로서의 코스모스"도 아니며[15], 단지 현성한다. 즉 세계화한다.

---

13) M. Heidegger, "Der Ursprung des Kunstwerkes", *Holzwege*, Vittorio Klostermann, Frankfurt a. M., 1977, 30쪽.

14) 하이데거는 『동일성과 차이』에서 이 '발현'이라는 낱말을 그리스 시대의 중심 낱말인 '로고스(λóγος)', 중국 문화의 중심 낱말인 '도(Tao)'처럼 거의 번역될 수 없는 것이라고 말하고 있다.(M. Heidegger, *Identität und Differenz*, Günter Neske, Pfullingen, 1978, 25쪽 참조) 그렇지만 우리는 우리말로 글을 전개해야 하기 때문에 어쩔 수 없이 이 낱말을 '발현'이라고 번역한다. 사실 Ereignis는 사전적인 의미로는 '어떤 일어난 일이나 사건'을 말하지만, 하이데거는 이 용어를 그렇게 간단하게 사용하지 않는다. 어쨌든 이 용어는 'Er'와 'eignis'를 분리하여 생각해야 하는데, 이때 'Er'를 강조해서 이 용어를 사용하면 이 용어는 발현, 생기, 사건, 일어남 등으로 번역될 수 있고, 'eignis'를 강조해서 사용하면 고유화 등으로 번역될 수 있다.(문동규, 앞의 글, 121쪽 각주 6) 참조)

15) M. Heidegger, "Die Sprache", *Unterwegs zur Sprache*, Vittorio Klostermann, Frankfurt a. M., 1985, 21쪽.(이하에서는 Sp로 표기함)

이 이야기를 그대로 따른다면, 세계의 현성, 즉 세계의 세계화는 '사방
−세계'에 대한 해명을 통해 이루어질 수 있을 것이다. 우선 사방이란
'땅', '하늘', '신적인 것들', '죽을 자들인 인간'이라는 넷이 하나로 포개짐을
말한다. 그런데 이 넷은 사방 안에서 그냥 단지 있는 것이 아니라 '논다'.
이때 그것들은 서로 함께 '어우러지면서', 서로를 '비추면서' 자신의 고유
한 모습을 드러낸다. 즉 현성한다. 그래서 '사방−세계'란 사방의 현성, 사
방의 드러남을 말한다. 도대체 무슨 말인가? 어떻게 넷이 하나로 포개져
드러나고, 어떻게 넷이 함께 어우러지면서 또는 서로를 비추면서 현성한
다는 것인가?

우리가 보듯이 이 세상엔 다양한 존재자들이 있는데, 그 존재자들은 우
리들의 대상이기 전에 자신들의 고유한 '존재방식'[16]으로 존재하고 있다.
그런데 이것은 이 세상에 존재하는 다양한 존재자들이 각각 자신의 고유
한 존재방식으로 놀고 있음을 말한다. 이때 그 놀고 있는 존재자들은 물
론 이유 없이 논다. 사실 그 "놀이에는 '왜'가 없다."[17] 이와 마찬가지로
사방 안에 있는 '넷' 또한 각각 자신의 고유한 존재방식으로 이유 없이 논
다. 그러나 이유 없이 노는 그것들의 모습은 '어떻게' 드러날까? 앞에서
보았듯이 '사방'은 '땅, 하늘, 신적인 것들, 죽을 자들'인 넷이 하나로 포개

---

[16] 서양의 전통형이상학에서 존재자들의 존재방식은 현재있음(exsistentia, 현실존
재)이지만, 하이데거의 존재사유에서는 존재자들의 존재방식이 존재자에 따
라 구분된다.(F-W v. Herrmann, *Subjekt und Dasein, interpretation zu "Sein und
Zeit"*, Vittorio Klostermann, Frankfurt a. M., 1985. 신상희 옮김, 『하이데거의 존
재와 시간을 찾아서』, 한길사, 1997, 98쪽 참조) 이것은 전통형이상학에서 '현
실존재'로 존재하는 각각의 존재자들이 하이데거의 존재사유에서는 각자 자
신의 '고유한' 존재방식으로 존재한다는 것을 말한다.

[17] M. Heidegger, *Der Satz vom Grund*, Günter Neske, Pfullingen, 1971, 188쪽. 여
기에서 우리가 주목해야 하는 것은 '어떤 것이 논다'고 할 때, 그 '논다'는 것
은 원인성 내지는 인과율과는 아무런 관계가 없다는 사실이다. 만일 어떤 것
이 어떤 원인에 의해 '논다'면, 그 '논다'는 것은 자신들의 고유함으로 존재하
는 것이 아닐 것이고, 고유한 존재방식으로 노는 것이 아닐 것이다.

짐을 말한다. 말하자면 '사방'은 그 '넷'이 '다른 셋'과 서로 관계하면서 '함께 속해 있는' 단일성을 말한다.[18] 그런데 이렇게 함께 속해 있는 넷은 단순히 그냥 있는 것이 아니라 '논다'. 말하자면 넷 각각은 서로 자신의 고유한 존재방식으로 존재하면서 다른 셋의 본질을 "반영"[19]한다. 즉 되비춘다. 이때 여기에서 '반영'은 넷 각각의 고유한 본질을 고유하게 하면서 서로 서로 발현하게 하는 것으로서, "넷 각각이 나머지 각각에게 [각기 자신을] 서로 건네면서 놀이하는" 것을 말한다.[20] 말하자면 서로 관계 맺으면서 어깨동무하고 흥겹게 노는 것을 말한다. 그래서 서로 서로를 발현하게 하는 반영은 넷 각각을 그것들 각각의 고유함으로 존재하게 하면서 동시에 그것들을 하나로 묶는다. 따라서 이러한 서로 서로 반영하는 놀이란 "넷 각각이 고유하게 함의 겹쳐진 기초로부터 각각에게 신뢰를 주는 놀이"이자 "사방의 거울-놀이"인 것이다.[21] 그렇다면 '사방-세계'란 '땅, 하늘, 신적인 것들, 죽을 자들'이라는 넷이 '발현' 속에서 자신들의 고유함을 간직하면서도 서로 서로 다른 셋을 반영하는 '거울-놀이'이자, '거울-놀이'를 통한 '넷들의 어우러짐', '거울-놀이' 속에서 넷이 어우러져 서로 순환하는 '윤무'일 것이다.[22] 그런데 이렇게 그러한 넷이 하나로 포개지면서 발현하는 것이 바로 세계의 세계화, 세계의 현성이다. 그러나 이러한 세계의 세계화 내지는 세계의 현성은 사물의 사물화에서 일어난다.

---

18) 앞에서도 보았지만, 이 '사방'이라는 특이한 개념은 '땅, 하늘, 신적인 것, 죽을 자들'이라는 '넷'들의 단일성을 말한다. 그런데 '사방'이라는 독특한 하이데거의 이름부여에서 우리가 염두에 두어야 할 것은 '산맥'에서와 같이 넷이 한데 모여 있음과 그 함께 속해 있음을 표현하려고 한다는 점이다.(이기상, 『하이데거의 존재사건학, 존재진리의 발생사건과 인간의 응답』, 서광사, 2003, 178쪽 참조)

19) Ding, 172쪽.

20) Ding, 172쪽.

21) Ding, 172쪽. 그래서 하이데거는 「언어」에서도 땅과 하늘, 신적인 것들과 죽을 자들이 하나로 어우러진 사방을 세계라고 말하고 있다.(Sp, 21쪽 참조)

22) Ding, 173쪽.

도대체 왜 그럴까?

　보통 우리에게 이해되는 사물은 우리의 인식론적 대상이거나 우리의 목적을 이루기 위한 수단이다.[23] 그러나 하이데거에 따르면 '사물'은 그러한 것 이전에 '무언가'를 '모아들이는 것'이다. 고대 고지 독일어에 따르면 '모아들임(Versammlung, 결집)'이 사실 '사물(thing)'이다.[24] 물론 하이데거는 이러한 것을 1950년 「사물」 강연에서 우리에게 명확히 보여준다. 그는 이 강연에서 '사물의 사물다움'에 대해 논구[25]하는데, 이것을 위해 그가 선택한 사물은 '단지'이다.

　일단 단지란 무엇일까? 그것은 무언가를 담아 잡는 그릇의 일종이다. 단지가 무언가를 담아 잡는 그릇이라면, 이 단지는 옆면과 밑바닥으로 만들어진 사물이어야 할 것이다. 그리고 그 옆면과 밑바닥은 어떤 것이 새지 않는 형태여야 할 것이다. 그래야만 우리는 그릇의 일종인 단지에 무

---

[23] 사물은 대개 '일'과 '물건'을 아울러 이르는 것으로서 물질세계에 있는 모든 구체적이며 개별적인 것을 통틀어 이르는 말로 이해된다. 이때 이러한 사물은 사실 일보다는 어떤 공간을 채우는 불가입성의 물질, 생명이 없거나 혹은 경우에 따라서 생명이 있기도 한 존재자, 어떤 속성이 부착되어 있는 그 무엇으로 이해되고 있다.(Heinrich Ott, *Denken und Sein*, Evangelischer, Zollikon, 1959, 213쪽 참조) 이러한 이해 때문에 우리는 사물을 대개 우리가 알 수 있는 인식론적 대상 또는 무언가를 이루기 위한 수단 내지는 도구로 여기는 것이다. 물론 이 이해가 잘못된 것은 아니지만 우리가 주목해야 하는 것은 이러한 이해 전의 사물에 대한 이해이다. 하이데거에 따르면 사물은 이러한 이해 전에 무언가를 모아들이는 것이라는 것이다. 더군다나 사물의 본질은 과학에 의해서도, 인간에 의해서도 드러나지 않는다. '사실 인간이 사물을 사물로서 이해하기 위해서는 사물에 대해 자신을 열어 놓아야 한다'.(최상욱, 『니체, 횔덜린, 하이데거, 그리고 게르만신화』, 서광사, 2010, 323쪽 참조) 이때 인간에게 필요한 태도가 바로 '초연함'이며, 이것을 사물과 연관해서 하이데거는 "사물들에 이르는 초연함"(Gel, 25쪽)이라고 말한다.

[24] Ding, 166쪽 참조.

[25] 하이데거에 따르면 '논구한다(erörtern)'는 것은 '장소 속으로 지시한다'는 것을, '장소를 고려(주목)한다'는 것을 뜻한다.(M. Heidegger, "Die Sprache im Gedicht", *Unterwegs zur Sprache*, Vittorio Klostermann, Frankfurt a. M., 1985, 33쪽 참조, 이하에서는 SpG로 표기함)

언가를 담을 수 또는 채울 수 있을 것이기 때문이다. 그러나 더욱 더 중요한 것은 단지는 비어 있어야 할 것이다. 그럴 때야만 우리는 단지에 무언가를 담을 수 또는 채울 수 있을 것이기 때문이다. 그래서 단지가 단지일 수 있는 것은 사실 "텅 빔"에 있다.[26]

그런데 텅 비어 있는 이러한 단지는 우선 그 단지에 채워지는, 즉 들어부어지는 무언가를 받아들이고 간직하는 것이다. 그러나 이 단지가 무언가를 받아들이고 간직한다는 것은 그 단지에 채워지는 또는 들어부어지는 그 무언가를 "따라내기"[27] 위해 존재할 것이다. 우리가 알듯이 단지에 들어부어진 것은 그냥 그 단지 안에 단순히 있는 것이 아니라 결국은 따라 내지기 때문이다. 그러나 그 단지에서 따라내진 것은 단순히 의미 없이 따라 내질까? 아니다. 그것은 무엇인가에게 선사된다. 이를테면 단지에 꿀물이 받아들여져서 간직되어 있다가 따라내질 때, 이 꿀물은 술 마신 자에게는 그의 숙취를 해소시켜 주는 선사함이 될 것이다. 그렇다면 단지의 텅 빔과 담아 잡음은 원래 선사함과 연관되어 있을 것이다. 따라서 하이데거는 이와 같은 사태를 "담아 잡는 것은 담아 잡는 것으로서의 텅 빔을 필요로 한다. 담아 잡는 텅 빔의 본질은 선사함 안으로 모여든다"[28]고 말한다.

그러나 이러한 선사함이란 무엇일까? 일단 선사함이 무엇인가에게 어떤 기쁨을 주는 의미에서는 그것은 '선물'이다. 그러나 하이데거가 말하고자 하는 선물은 그런 단순한 선물이 아니다. 그것은 '땅, 하늘, 신적인 것들, 죽을 자들'인 넷이 사물 안에 모아들여져 그 안에 그것들을 머무르게 하는 한에서 선물이기 때문이다.[29] 도대체 왜 그럴까? 단지는 하나의 '사

---

26) Ding, 161쪽 참조. 그래서 하이데거는 "텅 빔이 그릇의 담아 잡는 힘이다. 텅 빔이, 즉 단지에서의 이러한 무(Nichts)가 단지가 담아 잡는 그릇으로서 존재하고 있는 바로 그것이다"(Ding, 161쪽)라고 말한다.

27) Ding, 164쪽.

28) Ding, 164쪽.

물'이다. 그렇다면 이 단지엔 텅 빔을 통해 무언가가 모아들여질 수 있다. 그런데 단지 안에 물이 담아져 간직되어 있다면, 이때 이것은 그 안에 '땅과 하늘'이 모아져 있는 것을 말한다. 왜냐하면 사실 물이란 하늘과 땅이 없으면 있을 수 없기 때문이다. 말하자면 하늘의 비와 그 비를 담고 있는 땅이 없으면 물은 단지에 담아질 수 없기 때문이다. 그래서 하이데거는 "단지의 본질에 땅과 하늘이 머문다"[30]고 말한다. 그러나 이 물은 '죽을 자들'인 인간에겐 그의 갈증을 풀어주는 물일 수 있다. 그리고 이 물은 축성을 위해서도 사용될 수 있다. 말하자면 신을 향한 헌주로 사용될 수도 있다. 이렇게 사용되는 물을 통해 신은 신성과 더불어 '신적인 것들'[31]을 인간에게 눈짓한다. 따라서 "선물에는 땅과 하늘, 신적인 것들과 죽을 자들이 동시에 머문다."[32] 말하자면 단지의 본질 속에는 '땅, 하늘, 신적인 것들, 죽을 자들인 인간'이라는 넷이 하나로 포개져 머물고 있는 것이다.

그러나 이렇게 넷이 하나로 포개져 머물고 있는 단지는 하나의 사물이다. 그리고 '사방—세계'에서 사방이란 앞에서 보았듯이 넷이 하나로 포개져 있는 것이다. 그리고 '사방—세계'란 사방이 발현하는 것이다. 그렇다

---

29) Ding, 166쪽 참조. '선물'이라는 낱말에 대해 하이데거는 다음과 같이 말한다. "단지가 단지로서 존재하게 하는 바로 그 선사함은 이중의 담아 잡음 안에서 모아지는데, 그것도 따라냄에서 그렇다. 우리는 산들이 모인 것을 산맥이라고 부른다. 우리는 이중적인 담아 잡음이 부어줌 안으로 모이고 이 모임이 함께 비로소 선사함의 온전한 본질을 이루고 있는 그러한 모임을 선물이라고 이름한다."(Ding, 164쪽)

30) Ding, 165쪽.

31) 여기에서 '신적인 것들'이란 신 자체를 말하는 것은 아니다. 그렇다고 '신적인 것들'이 신과 관계없는 것은 아니다. 하이데거에 따르면 신적인 것들은 다음과 같다. "신적인 것들은 신성을 눈짓하는 사자(使者)들이다. 이 신성의 성스러운 주재함으로부터 신은 그의 현재 속으로 나타나거나 혹은 그의 감춤 속으로 스스로 물러난다."(BWD, 144쪽) "신적인 것들은 신성을 눈짓하는 사자들이다. 이 신성의 은닉된 주재함으로부터 신은 현존하는 것과의 모든 비교에서 스스로 물러나는 그런 자신의 본질(Wesen) 속으로 나타난다."(Ding, 171쪽)

32) Ding, 165~166쪽.

면 하나의 사물인 단지에는 '사방—세계'가 현성하고 있는 것이리라. 그런데 우리가 여기에서 주목해야 하는 것은 세계란 사물의 사물화에서 발현한다는 것이다. 왜냐하면 사물의 사물화는 넷들이 사물 안에 머물면서 서로 관계를 맺으면서 놀이하는 것이기 때문이다. 그렇다면 결국 세계의 현성은 사물의 사물화와 연관되어 있을 것이다. 말하자면 사물의 사물다움에 간직되어 있는 넷이 단일성 속에서 서로가 서로에게 순응하고 손을 맞잡고 놀면서 세계로 현성하는 것 말이다.

2. '지리산신사(지리산 남악사)': '세계의 현성'과 '사물의 사물화'의 '장소'

일상적인 의미에서 지리산신사인 지리산 남악사는 지리산신에게 제사를 지내는 사당이다. 지리산 남악사는 지리산신제를 지내기 위해 지리산 화엄사 앞에 서 있는 하나의 건축물에 불과하다. 맞는 말이다. 우리가 보듯이 그러하기에 말이다. 그러나 이러한 지리산 남악사는 또한 분명히 하나의 사물이다. 그런데 앞에서 보았듯이 사물이 우리의 인식론적 대상이기 이전에 무언가를 모아들이는 것이고 사물의 사물화에서 세계가 현성한다면, 지리산신사인 남악사에서도 당연히 사물의 사물화와 세계의 현성이 일어나고 있어야 할 것이다.

우선 남악사는 우리가 알듯이 땅 위에 있으므로 자기 주변에 있는 다양한 풍경으로서의 '땅'을 모아들이고 있다. 그리고 남악사는 하늘을 향해 자신의 모습을 펼치면서 또한 '하늘'에서 쏟아지는 빛과 비를 받아들이면서 하늘에 응대할 준비를 하고 있다. 그것과 더불어 남악사는 특히 지리산신제를 지낼 때 죽을 자들인 '인간'들이 그곳에서 만날 수 있는 장을 내주면서 그들을 모으고 있을 뿐만 아니라, 죽을 자들인 인간들을 지리산신 앞으로 이끌면서 인간들이 신과 만날 수 있도록 신성의 눈짓인 '신적인 것'을 모아들이고 있다. 그래서 지리산 남악사에는 하이데거가 '넷'으로 표현하고 있는, 즉 '땅, 하늘, 신적인 것들, 죽을 자들'이 함께 속해 있다. 그렇다면 남악사는 하나의 사물로서 '땅과 하늘 그리고 신적인 것들과 죽을 자들'인 넷을 자기 안에 모아들이고 있는 것으로 파악될 수 있을 것이다.

그러나 이렇게 지리산 남악사에 모아들여진, 즉 머무는 그 넷은 가만히 있는 것은 아니다. 그들은 우리 눈엔 보이지 않지만 서로가 서로를 '반영'하면서 논다. 말하자면 지리산 남악사라는 하나의 사물에서 '넷'이 함께 어우러지면서 서로 놀고 있는 세계의 모습인 '거울—놀이'가 드러나고 있다는 것이다. 다시 말해 지리산 남악사가 하나의 사물이라면, 그 지리산 남악사라는 사물에서 '땅, 하늘, 신적인 것들, 인간이라는 죽을 자들'이 하나로 포개져 어깨동무하면서 놀고 있다는 것이다. 그런데 이러한 것은 지리산 남악사라는 사물이 '넷'을 자신의 고유함으로 데려옴으로써 사방을 자신에게 머무르게 하고, 이렇게 넷을 자신에게 머무르게 할 때, 사실 여기에서 넷과 관련 있는 모든 존재자들이 함께 존재하는 사방으로서의 세계의 모습, 즉 '사방—세계'가 현성한다는 것을 말한다. 물론 이러한 것은 지리산신에게 제사 지낼 때 더욱 더 확연히 드러난다. 그렇다면 지리산 남악사라는 사물에서는 세계가 현성하고 있을 것이다. 그러나 이 세계는 하나의 사물인 지리산 남악사에서 현성하고 있음으로, 이 세계가 드러나는 것을 우리는 하이데거의 표현대로 사물의 사물화, 즉 '사물이 자신을 펼침'이라고 말할 수 있을 것이다.

그런데 '사물의 사물화'에서 우리가 주목해야 하는 것은, 사물이 사물화하면서 멀리 떨어져 있는 넷을 자기 안으로 모아들이는 가운데, 그 넷 각각의 고유함과 멂을 없애는 것이 아니고, 그 각각의 고유함을 은밀하고 참답게 보존하면서 넷의 하나로 포개짐 안에 '상생적'으로 머물게 한다는 것이다. 왜냐하면 앞에서 보았듯이 서로 서로 속해 있으면서 서로 서로를 반영하는 그 넷의 놀이란 '서로를 신뢰하는 놀이'기 때문이다.[33] 그래서 지리산 남악사라는 사물은 우리가 대상 내지는 수단으로 여기는 사물에서는 떠나버려서 망각된 '땅, 하늘, 신적인 것들, 죽을 자들'이라는 넷을 자기 안에 머물게 하면서 그 넷을 서로에게 가까이 데려온다. 즉 가깝게 한다. 따라서 넷을 가깝게 하면서 자기 안에 상생적으로 머무르게 하는 지리산 남악사라는 사물이란 우리가 지리산신에게 제사를 지내면서 우리의 안녕과 국가의 태평을 비는 하나의 도구만은 아닌 것이다. 물론 이러한 이야기는 우리를 매우 혼란스럽게 할 것이다. 왜냐하면 우리가 지리산 신사에서 제사를 지내는 것은 단지 나라의 태평스러움과 백성의 평안함을 도모하는 것으로만 이해되기 때문이다.

한편 여기에서 우리가 또한 주목해야 하는 것은 무언가를 모아들이는 사물에 의해 '장소'가 나타난다는 것이다. 왜냐하면 앞에서 보았듯이 남악사라는 사물이 '넷이 하나로 포개짐'인 '사방'을 모아들일 때, 그 남악사는 "사방에게 하나의 '터전'을 허락하는 그런 방식으로 사방을 모아들이기 때문이다."[34] 사실 그러한 터전이 허용되지 않는다면, 사방이 머무를 수 있는 장소는 없을 것이며, 남악사는 무언가를 모아들이는 사물이 아닐 것이다. 물론 우리가 여기에서 주의해야 하는 것은, 이때의 터전이란 존재하는 모든 것들이 훤히 열어 밝혀지면서 서로 만나 어깨동무하고 놀이할 수 있는 만남의 장(소)이자 놀이터, 즉 존재의 진리의 열린 장이라는 것이다.

그런데 보통 우리는 추상적인 공간이 마련되어야 어떤 것이 존재할 수 있는 장소가 나타날 수 있는 것으로 여기고, 또한 장소를 공간으로 생각

---

[33] Ding, 172쪽 참조.

[34] BWD, 148쪽. 하이데거는 게오르그 트라클의 시를 논구하는 「시에서의 언어」라는 곳에서 '장소'에 대해 다음과 같이 말한다. "근원적으로 '장소'라는 이름은 창의 끝을 뜻한다. 모든 것이 그 끝에 모인다. 장소는 가장 높고 가장 먼 곳으로 자신을 모은다. 모으는 것은 모든 것을 관통하고 모든 것에 현성한다. 장소, 즉 모으는 것은 자신에게로 가져오고, 그 가져온 것을 참답게 보존하되, 닫혀 있는 캡슐처럼 보존하는 것이 아니라, 집결된 것을 두루 비추고 밝힘으로써 비로소 자신의 본질 속으로 해방시킨다."(SpG, 33쪽)

한다. 그러나 우리가 장소를 공간으로 생각할 때, 그 공간은 공간이라는 옛 의미인 '무언가를 위해 마련된 어떤 곳, 취락과 숙박을 위해 비워진 자리'[35]가 아닌 추상적 공간인 물리적인 공간이다. 말하자면 존재하는 모든 것들이 존재할 수 있는 열린 공간인 열린 장이 아니라는 것이다. 그러나 사실 열린 공간은 사물에서 나타난다. 왜냐하면 사물이 무언가를 모아들인다고 할 때, 이때 이것은 사물이 자기 안에 사방을 모아들이는 장소를 수립하는 것을 말하기 때문이다. 그래서 사물은 사방에게 하나의 터전을 허락함으로써 사방 안에 머무르고 있는 넷에게 열린 공간을 열어 놓는 것이다. 이러한 것을 인간에게 적용하면 인간이 공간을 마련하는 것이 아니라 사물이 인간에게 거주할 공간을 마련해주는 것으로 이야기될 수 있다.[36] 그렇다면 물리적인 추상적 공간이 먼저 존재하고 나중에야 인간이 거주할 공간이 나타나는 것은 아닐 것이다. 따라서 하이데거에 따르면 사물을 통해 장소가 나타나고 "각 공간들은 자신들의 본질을 장소로부터 수용"[37]하는 것이다. 이러한 이야기를 그대로 받아들이면 우리가 보통 생각하듯이 추상적인 공간인 물리적인 공간이 마련되어서 남악사라는 장소가 만들어지는 것은 아닐 것이다.

앞의 이야기에 따르면 '사물은 장소'다. 그래서 하나의 사물인 지리산 남악사 또한 장소다. 그런데 사물이란 자신의 본질상 '땅, 하늘, 신적인 것들, 죽을 자들'이라는 넷이 하나로 포개짐인 사방을 모아들이는 장소이므로 지리산 남악사 또한 마찬가지의 장소다. 그러나 이러한 장소는 어떻게 마련될까? 그것은 이중적인 의미에서 마련된다. 즉 "장소는 사방을 허용하고, 장소는 사방을 설립한다."[38] 여기에서 허용한다는 것은 '허용함

---

35) BWD, 148쪽 참조.

36) 이런 의미에서 하이데거는 "우리가 일상적으로 통행하는 공간들은 장소들에 의해 마련된다"(BWD, 151쪽) 말한다.

37) BWD, 149쪽.

38) BWD, 153쪽.

으로서 사방을 마련함'을 말하고, 설립한다는 것은 '설립함으로서 사방을 마련함'을 말한다. 물론 그것들은 '공속한다'. 이렇게 이중적 의미로 넷이 하나로 포개짐인 사방을 마련하는 사물로서의 "장소는 사방의 수호이자 혹은 이 동일한 낱말이 말하듯이 하나의 집이다."[39]

그렇다면 지리산 남악사라는 지리산신사는 어떻게 이해될 수 있을까? 남악사는 하나의 사물이자 장소다. 그런데 하나의 사물로서의 장소가 '땅, 하늘, 신적인 것들, 죽을 자들'이라는 넷이 하나로 포개짐인 사방을 머무르게 하면서 그것들을 서로 가깝게 하는 것이라면, 지리산 남악사 또한 마찬가지다. 그리고 하나의 사물에서 세계가 현성한다면, 지리산 남악사 또한 마찬가지다.

IV. 맺는 말

앞에서 보았듯이 지리산신사인 지리산 남악사는 예전부터 지금까지 인간의 잘 살기와 국가의 안정을 위해 지리산신에게 제사를 지내오고 있는, 즉 지리산신제를 지내오고 있는 하나의 사당이자 건축물이다. 그러나 지리산신제를 지내고 있는 지리산 남악사에서는 그러한 것만이 열어 밝혀지고 있는 것은 아니다.

사실 지리산신사인 지리산 남악사는 하이데거가 말하고자 하는 하나의 사물이다. 이때 이 사물은 단순히 우리의 대상 또는 수단만을 의미하지 않는다. 그것은 모아들임을 뜻하는데, 그것도 '땅, 하늘, 신적인 것들, 죽을 자들인 인간'이라는 '넷'이 '하나로 포개짐'인 사방을 모아들이는 것을 말한다. 그런데 이러한 넷은 사방 안에서 서로를 해치지 않으면서도 각각의 고유함이 드러나도록 서로를 반영하면서 놀이한다. 이때 이렇게 놀이

---

[39] BWD, 153쪽.

하는 것이 바로 세계의 현성이다. 그래서 세계는 '사방−세계'다. 따라서 하나의 사물인 지리산 남악사에서는 세계가 현성하고 있다. 그러나 이렇게 세계가 현성하고 있는 하나의 사물인 지리산 남악사는 만남의 장소이자 만나는 것들이 서로 어울려 노는 장소이다. 지리산신사인 지리산 남악사에는 땅과 하늘, 신적인 것들과 죽을 자들이 하나로 포개져 어울려 놀고 있기 때문이다. 다시 말해 존재의 놀이가 행해지고 있기 때문이다. 그렇다면 지리산신사인 지리산 남악사는 세계가 현성하면서 사물이 사물화하는 장소일 것이다.

물론 일상적인 삶의 태도에서는 사물이란 무엇을 위한 도구로서 목적과 수단의 연결 고리 속에서 존재하고 있는 것으로 보인다. 그것은 우리를 지배하고 있는 사고체계 뿐만 아니라 하나의 사물이 놓여 있는 체계 전체가 제대로 드러나지 않기 때문에 그렇다. 그런데 사물을 목적을 위한 수단으로만 여겨 사물의 진정한 의미가 망각되면, 일면의 의미가 전체의 의미인 것처럼 고정되어 버린다.[40] 그래서 일상적인 삶의 태도에서는 사물의 진정한 의미가 사라져 버린다. 그러나 그러한 일상적인 삶의 태도에서 벗어난 진정한 삶의 태도에서는 사물은 어떻게 보일까? 아니 지리산 남악사라는 하나의 사물은 우리에게 어떻게 다가올까? 그것을 바로 우리는 앞에서 보았던 것이다.

사실 우리는 지리산신사인 지리산 남악사를 하나의 건축물로 보면서 건축의 관점에서 이해할 수도 있을 것이다. 그러나 그때 지리산 남악사는 하나의 존재자로서 존재자의 관점에서만 해명될 뿐이다. 말하자면 지리산 남악사라는 존재자의 '존재'는 사라지고 없을 것이다. 이때 지리산 남악사라는 '존재의 의미'는 망각될 것이다. 그리고 우리는 지리산 남악사를 물리적인 공간의 관점에서 해명할 수도 있을 것이다. 그런데 그러한 공간

---

40) 배학수, 「하이데거와 건축」, 한국하이데거학회 편, 『하이데거와 자연, 환경, 생명』, 철학과현실사, 2000, 185쪽.

에서는 무언가를 모아들이는 사물이라는 장소는 사라지고 없다. 그래서 이러한 해명에서도 남악사라는 '존재의 의미'는 망각된다. 따라서 지리산 남악사에 대한 해명은 앞에서 보았듯이 지리산 남악사를 무언가를 모아 들이는 하나의 사물로 간주할 때 그것의 존재의미가 드러난다. 그때 지리 산 남악사는 '존재론적인 장소'이자 '집'이 된다.

정말, 지리산신사인 지리산 남악사는 하나의 '사물'일까? 그렇다. 그런 데 그 사물은 우리가 통상적으로 생각하는 그러한 사물이 아니다. 도대체 어떤 사물인가? 사물화하면서 이 속에서 세계가 세계화하는 사물이다. 이 때 이 사물은 우리에게 멀리 있는 것이 아니다. 하이데거의 말을 되새기 면서 이 글을 맺고자 한다.

"오직 세계에서부터 맑고 유연하게 어우러진 것만이 언제나 사물이 된 다."[41]

이 글은 『범한철학』 제60권 1호(범한철학회, 2011)에 수록된 「지리산신사」에 대한 철 학적 숙고」를 일부 수정하여 실은 것이다.

[41] Ding, 175쪽.

지리산 공간 스토리텔링

문화콘텐츠화 전략과 방향을 중심으로

정경운

―

Ⅰ. 들어가며

1967년 우리나라 최초의 국립공원으로 지정된 지리산국립공원은 2010
년도 방문자수가 300만 명이 넘을 정도[1]로 국내에서는 이미 유명 관광지
이다. 방문의 동기는 다양하겠지만, 수년 전 한참 유행했던 '20대나 30대
에 꼭 해야 할' 혹은 '죽기 전에 꼭 해야 할' 목록 중 하나로 지리산 종주
가 끼어 있었던 것을 생각해보면, 한국사회에서 지리산은 단순히 '산'이
아닌 인간의 존재론적 근원 탐색과 관련된 '문화적 공간'으로서의 성격까
지 담보하고 있는 것으로 보인다.

---

[1] 국립공원관리공단 홈페이지(www.knps.or.kr) 참조.

지리산이 갖고 있는 위와 같은 독특한 문화성과 더불어 1990년대 중반 지자체 실시 이후 지리산권역을 둘러싼 시·군의 개발붐, 그리고 2007년부터 산림청 주도로 추진되고 있는 '지리산둘레길'사업 등을 통해 지리산은 이미 콘텐츠의 포화상태를 보이고 있는 상황이다. 이런 시점에서 지리산의 문화콘텐츠화를 논의한다는 것이 어쩌면 무의미할 수도, 불필요한 것이라 생각될 수도 있다. 차라리 더 이상 손을 대지 않는 것이 지리산 보전을 위해서 우리가 할 수 있는 최소한의 예의일 수도 있을 것이다.

사실 지난 십수 년간 지리산권역 개발은 지자체와 지역주민들의 소득원과 직결된다는 경제적 논리에 힘입어 지속적으로 행해져 왔으며, 현재도 여전히 진행 중이다. 특히 2008년을 기점으로 지리산권역은 해당 지자체 개별 단위를 넘어 7개 시·군이 '지리산권관광개발조합'2)을 설립함으로써 개발의 박차를 더욱 가하는 상황으로 접어들고 있다. 그러나 한편으로는 개발의 가속도를 내는 이런 방식에 대해 지역의 우려가 깊어지고 있는 것3)도 사실이다.

---

2) '지리산권관광개발조합'은 지리산권 공동사업의 효율적 추진을 한다는 명분 하에 2008년 9월, 전북 남원시·장수군, 전남 곡성군·구례군, 경남 하동군·산청군·함양군이 공동 참여해 설립한 자치단체조합이다. 과잉·투자 방지와 지역 관광개발사업의 광역적 시너지 효과를 확보할 수 있으리라는 기대를 안고 출발했으나, 8년 동안 공동 개발 사업 따로, 지자체별 특성 따로 사업을 허용하면서 논란을 안고 있는 상황이다. 지난 2007년 산청군이 시천면 중산관광지에서 지리산 제석봉 구간 5.4km에 케이블카를 설치한다는 계획 하에 추진위원회를 발족시키면서 케이블카 추진을 이끌어가고 있는 현상은 그 대표적 사례로, 이 사안은 현재 환경단체의 반발에 부딪치면서 지역적 논란을 일으키고 있다.(「쟁점진단, 지리산 케이블카」, 『경남도민일보』, 2007. 10. 31~2007. 12. 12)

3) '지리산권관광개발조합'의 출발에 대해 지역 여론은, "지금까지 지리산이 생태계의 보고이자 역사·문화유적지가 될 수 있었던 것은 무엇보다 개발을 최소화한 덕분이었다. 그런데 이젠 정부가 앞장서서 조직적인 개발을 허락했으니, 공동개발·지자체별 특성화 개발이라는 명목으로 얼마나 지리산을 몸살 앓게 할 것인가. 최소한의 개발이라고 해도 자연환경을 일정부분 훼손할 수밖에

개발과 보존이라는 위의 두 가지 팽팽한 논리는 우리가 문화콘텐츠로서 지리산을 재구성하고자 할 때, 기존의 개발 방식과는 다른 방식의 접근이 필요하다는 것을 시사해준다. 다시 말해 시각의 전환이 요구되는 시점이라는 것이다.

이 시각의 전환은 경제적 대상으로만이 아닌 문화적 공간으로서 지리산을 어떻게 해석하고 드러낼 것인가라는 질문을 동반한다. 따라서 이 글의 부제로 쓰인 '문화콘텐츠화 전략과 방향'이라는 것 또한 단순히 산업적 관점에서만이 아닌 문화적 관점으로 지리산에 접근하는 가능성을 찾아보자는 것과 관련된다. 그 가능성을 찾는 과정은 다시 다음 두 가지 질문에 대한 답을 찾는 과정과 연동될 수 있을 것이다.

첫째, 문화적 공간으로서 지리산이란 어떤 의미인가. 지리산이란 공간을 바라보는 방식은 생태적 관점, 역사적 관점, 종교적 관점, 생활사적 관점 등 해석 주체의 입장에 따라 다양할 수 있으나, 이들 중 어느 하나가 아닌 이것들의 총체 이상의 것이 지리산의 진정한 이름일 것이다. 중요한 것은 적어도 한국사회에서 지리산은 다른 국립공원과는 달리 자연공간, 휴식공간을 넘어선 존재론적 탐구가 일어나기를 기대하는 공간이라는 것이다. 다시 말해 인문적 질문을 던지거나 혹은 받아들고 그 답을 찾아나가는 공간의 성격을 갖는다는 것을 말한다. 이는 곧 지리산의 문화콘텐츠화 전략이 지리산권을 찾는 방문객들에게 단순한 자연공간, 관광공간에서 인문적 공간으로의 변화를 유도하는 방향으로 나아가야 한다는 것을 의미한다. 그렇다면 지리산을 만남으로써 일상에서 놓쳐버린 삶의 맥락을 다시 한 번 성찰해내고 진정한 생태론

없는 것인데, 구경꾼을 더 조직적으로 끌어들여 돈 벌어보자고 지자체들이 손을 잡았으니, 개발 뒤에도 평화롭고 마음의 안식을 주는 지리산을 만날 수 있을지 의문"이라면서 "지리산 개발 조합에 맞선 보존 조합의 태동이 필요"하다는 입장을 보이고 있다.(「지리산 개발과 상황논리」, 『경남도민일보』, 2008. 9. 12.)

적 에너지를 복원시킬 수 있는 공간으로 어떻게 전환시킬 것인가가 과제로 남는다.

둘째, '지리산권문화연구단'(이하 '연구단')이 지금까지 축적해놓은 연구 성과를 향후 '연구단'의 사업 과제 중 하나인 '문화콘텐츠 개발'과 연동하는 데 있어, 어떻게 그 방향을 설정해 나가야할 것인가이다. 이는 현장지로서의 인문학의 역할과 관련된 질문이다. 적어도 '연구단'의 성과물이 연구실 안에서 사장되는 것이 아니라, 구체적 삶의 맥락 속에 침투해 들어가기 위해서는 필연적으로 요청되는 것이다.

이 글은 앞의 두 가지 질문에 대한 고민을 동반하면서, 그 답의 가능성을 찾기 위한 하나의 시도로 작성된 것이다. 여기서는 '공간 스토리텔링'이라는 틀로 문화적 공간으로서의 지리산에 접근하기 위해 제안될 수 있는 몇 가지 사례를 살펴보고자 한다.

II. 지리산의 장소성, 그리고 공간스토리텔링

하나의 공간과 관련된 문화콘텐츠화를 얘기하는 데 있어 편의상 공간과 장소를 구분해 설명할 수 있다. 이때 공간(space)은 일정한 활동이나 사물들 또는 환경을 가지는 위치들 간의 연장으로서 추상적이고 물리적인 범위와 관련된다면, 장소(place)는 체험적이고 구체적인 활동의 기반이면서 맥락적이고 문화적인 의미와 관련된다. 다시 말해 장소는 인간의 활동을 통해 의미가 부여된 공간이라 할 수 있다. 이런 점에서 장소는 인간과 분리되어 설명될 수 없는 것이다. 이때 각 개인이 자신의 체험을 통해 공간에 부여하거나 또는 생성(획득)된 장소적 의미를 '장소감(sense of place)'이라 하며, 반면에 장소와 관련된 집단적 행위와 가치 부여에 대해서는 '장소정신(spirit of place)'이란 용어가 사용된다. 이러한 장소감이나 장소정신이 개인이나 집단의 행위 차원에서 사회적 의식으로 승화될 때, '장소성(placeness)'이라는 개념을 사용할 수 있다. 즉, 장소성이란 특정 사회의 구성원들이 집단적 생활을 영위하는 과정에서 그 생활의 기반이 되는 장소에 대해 가지는 사회적 의식이라고 할 수 있다.[4]

이런 측면에서 보자면 지리산은 단순히 자연공간이 아니라, 무수한 신화와 종교를 탄생시키고, 역사적 사건과 직결되며, 아직도 수많은 사람들의 삶의 거주지이자 산꾼들의 이야기를 지속적으로 만들어내고 있다는 점에서 '장소'라 할 수 있다. '연구단'이 규정한 것처럼 '한반도 문화의 중심축 가운데 하나', '융합과 조화의 표상', '인문학의 보고', '관광자원의 보고'[5] 등으로 표현될 수 있는 '장소성'을 갖추고 있다.

그러나 지리산이 갖고 있는 이 장소성은 다소 일면적인 것일 뿐이다. 다시 말해 장소와 관련된 "의미의 창출·부여·획득·상실의 근거가 그곳에서 생활하는 사람들의 상호행위와 의미부여, 생활양식"[6]이라 했을 때, 위에 언급된 지리산의 장소성은 기존에 지리산을 삶의 근거지로 혹은 활동의 근거지로 활동했던 주체들이 부여한 의미에 의해 구성된 것일 뿐인 셈이다. 따라서 현재 우리가 목표로 해야 하는 것은, 지리산의 기존 장소성이 이곳을 방문하는 방문객들과 어떤 상호작용을 통해 새로운 '장소성'을 구축할 것인가에 있다.

공간 스토리텔링은 지리산의 새로운 장소성을 구축하기 위한 하나의 전략이라고 할 수 있다. 물론 이는 기존의 장소성을 폐기하는 것이 아닌, 문화적 변용을 거쳐 그 가치를 더욱 확장시키자는 데 목적이 있다.

공간 스토리텔링은 기존의 '장소'가 갖고 있는 다양한 스토리[7]를 발굴

---

[4] '장소', '장소감', '장소정신', '장소성'에 대한 논의는 최병두, 「자본주의 사회에서 장소성의 상실과 복원」, 『도시연구』 제8호, 한국도시연구소, 2002, 255~257쪽, 참조.

[5] 지리산권문화연구단 홈페이지(http://jirisanin.net) 참조.

[6] 최병두, 앞의 글, 257쪽.

해내거나 여기에 일부 첨삭을 가해 변형스토리를 창출해내거나, 혹은 공간과 전혀 상관없는 스토리를 개발한 것을 바탕으로 공간을 재구성하여, 이곳을 방문하는 방문객들과의 소통을 통해 새로운 의미를 발견해내고자 하는 전략이라 할 수 있다.

김영순[8]은 공간 스토리텔링의 공간 구성 유형으로 세 가지를 제시하고 있다. 첫째, 개체적 유형으로 '점'적인 공간이다. 이는 이야기를 실천하는 새로운 물리적 공간의 조성(예를 들면, 테마파크)일 수도 있고, 기존의 공간에 대한 이야기를 발굴함으로써 다시금 새롭게 이미지화된 공간으로서의 재발견일 수도 있다. 둘째, 서사적 유형으로 '선'적인 공간이다. 주로 '점'적인 공간을 연결하여 공간 텍스트를 읽어내는 청자에게 이야기의 동선을 부여하는 방법으로 활용된다. 셋째, 통합체적 유형으로 '면'적인 공간이다. 앞의 개체적 유형과 서사적 유형의 공간이 혼합적으로 나타나며, 각각의 작은 공간들은 일련의 큰 정체성을 구성하는 데 필요한 요소로써 작용한다.

이 글에서는 지리산권의 공간을 접근하는 데 있어, '점-선-면'의 공간을 순차적으로 다루게 된다. 개체적인 '점'으로서의 공간에서는 마을공동

---

[7] 최인호는 스토리텔링과 관련된 몇몇 자료를 재구성하여 장소 스토리의 유형으로 다음 목록을 제시하고 있다.(「스토리텔링 관점에서 본 장소마케팅」, 『대한관광경영학회 2008 제31차 정기학술발표대회논문집』, 대한관광경영학회, 2008, 39쪽.)

구분	주요 내용
문화스토리	신화, 전설, 민담, 인물, 언어, 축제·의식, 민속·풍속, 건축, 조각, 회화·서예, 서적·활자·기기, 공예·자기, 전통및테마마을, 유적지·사적지
자연스토리	동·식물, 보호구역, 산악및평지자원, 수변및해양자원, 경승지
산업스토리	산업현장, 유명상점, 시장, 쇼핑몰, 공장
장소·시설스토리	관광지구, 공원, 전시·관람시설, 스포츠·체육시설, 숙박시설, 식음시설, 쇼핑시설, 교통시설, 유원·휴양·수련시설, 부대시설, 관광안내소, 안내표지, 안내전화, 화장실, 휴게소, 공중전화

[8] 김영순, 「공간 텍스트의 사회문화적 재구성과 공간 스토리텔링」, 『인문콘텐츠』 제19호, 인문콘텐츠학회, 2010, 46쪽.

체의 문화공간화와 심미적 경험공간의 가능성을 살펴보고, '선'적인 공간에서는 '트레일(trail)'에 대한 새로운 접근 가능성을, 마지막으로 '면'으로서의 지리산권역 전체의 스토리를 담을 수 있는 몇 가지 사례를 살펴보고자 한다.

III. 지리산권역 공간스토리텔링 전략

1. 점: 공간의 발견 혹은 재구성

하나의 특정 공간은 모두 점으로 간주될 수 있다. 그런 면에서 지리산권역엔 이야기를 담은 무수한 점들이 존재한다. 신화를 품은 각 봉우리와 계곡들, 창건설화를 갖고 있는 사찰들, 근대사의 비극을 담은 산청의 '지리산빨치산토벌전시관'과 반선의 '전적기념관', 경상우도의 남명학을 보여주는 '덕천서원', 『흥부전』이 살아 숨쉬는 '흥부골', 송흥록의 탄생지인 남원 운봉의 비전마을 등 그 수를 헤아리기가 어려울 정도다.

그러나 이 점들은 지자체에 의한 관주도적 방식의 시각이 그대로 반영된 개발이 이루어지면서 오히려 이야기의 본질이 흐려지거나, 혹은 직접 그 공간에서 살고 있는 거주민들의 일상적 삶의 맥락과는 전혀 상관없이 분리되어 존재하고 있는 것이 현실이다. 한편으로 운이 좋은 경우 아직까지 관의 손길이 닿지 않은 채 이야기가 공간으로 가시화되지 못한 채 남아 있기도 하다. 이것은 다시 문화적 공간으로서의 지리산을 어떻게 의미 지어야 하는가라는 질문을 다시 요청하는 문제이기도 하다.

따라서 점으로서 공간에 접근하는 방식은 대략 두 가지 방향이 가능할 수 있겠다. 첫째, 거주민들의 일상적 삶의 맥락과 직결되는 스토리—문화공간이 가능한 방법에 대한 탐색이다. 둘째, 해당 지역의 스토리에만 매달려 그것을 전달하기에 급급한 기존의 공간 개발 방식을 넘어 스토리

자원을 토대로 심미적 경험을 할 수 있는 공간 창출의 형식이 가능한가를 찾아보는 것이다.

1) 마을공동체를 중심으로 한 '스토리-문화 공간'

대부분의 관주도적 개발 방식은 해당 공간을 개발하는 데 있어 참조점을 방문객에게 두는 것이 일반적이다. 따라서 방문객에게 인지도가 큰 스토리 자원이 무엇이며, 이들을 유입하기 위해 눈에 띌 만큼 크고, 화려한 것이 무엇일까를 고민한 끝에 결국 대부분은 하드웨어 설치로 결론을 맺는다. 알 만한 스토리 자원이 있는 곳에 가보면 여지없이 큰 전시관이나 박물관이 자리 잡고 있는 이유가 이 때문이다. 당연히 이 과정에서 주민은 대상화될 수밖에 없으며, 따라서 이렇게 개발된 스토리 자원들이 해당 공간에 거주하는 지역주민들의 삶과 연관되는 것이라고는 쉽게 상상할 수가 없다.

문화라는 개념 규정에 대한 일반론을 언급할 필요도 없이 가장 일상적이고 사소할 정도로 작은 것들이 문화의 진정한 토대라고 볼 때, 생활공동체 안에 의식적·무의식적으로 계승되어 온 수많은 이야기들은 그 자체로 훌륭한 자원이 될 수 있다. 다만 그것을 어떻게 드러낼 수 있는가가 우리가 고민해야 할 지점이다.

지역주민은 자신들의 삶의 맥락 속에서 기존의 이야기를 계승하면서 새롭게 이야기를 만들어내는 전승주체이자, 생산주체라고 할 수 있다. 이들이 자신들의 이야기 자원에 대한 가치를 인지하고, 스스로 발굴·수집해내며, 그것을 가시화시킬 수 있는 역량에 대해 주목할 필요가 있다. 다시 말해, 주민이 문화주체가 되어 자신들의 공간에 편재되어 있는 이야기 자원을 아카이빙할 수 있는 '스토리-문화 공간'을 생각해볼 수 있다는 것이다.

마을공동체를 토대로 한 이런 작은 소규모 문화공간은 현재 국내에서 다양한 방식으로 실험이 되고 있는 상황이다. 예를 들어, 전북 진안에 있는 전북 백운면의 '마을조사단' 운영과 '공동체박물관'[9], 제주 봉개마을의 '명도암마을갤러리'[10] 등은 참조할 만한 사례이다.

물론 이 공간들은 모두 지원 사업의 형식을 통해 진행된 것으로, 애초에는 외부 전문가들이 마을주민들과 함께 협의체를 통해 마을공동체 공간들을 만들어냈으나, 이 과정을 통해 주민들 스스로가 문화적 주체 능력을 강화시킨 사례들이라 할 수 있다.

현재 '지리산권관광개발조합'은 관광기반정비사업 중 하나로 '농촌문화관광마을' 사업을 진행하고 있다. '친환경적 농업체험형마을'과 '농촌전통문화체험형 마을' 유형으로 구분해 개발사업을 진행[11] 중인데, 사실상 이런 유형의 사업은 전국적으로 행해지고 있어 지리산권역이 갖고 있는 변별성을 갖기가 힘들다. 이런 측면에서 마을의 스토리자원은 마을마다 모두 다른 특성을 갖고 있기 때문에 오히려 더 변별적 가치를 확보할 수 있다.

지리산권역 주변에는 수많은 마을들이 있으며, 이곳들엔 대부분 빈집이나 빈 창고 등 유휴공간이 있다. 이런 유휴공간들을 마을 이야기 자원

9) 전통적인 마을문화를 기반으로 마을만들기와 농촌관광의 새로운 실험들을 계속해오고 있는 백운면은 '지역 통째로 박물관'이란 구상 하에 '마을조사단'을 만들어 지역의 유무형 자원들을 네트워크로 구축하는 일을 진행하고 있다. 원촌마을의 이야기를 담은 간판개선사업과 비어있는 마을 정미소를 이용해 지역주민들의 이야기를 사진으로 풀어 기획 전시를 계속하고 있는 '공동체박물관'은 지역 주민들의 스토리 자원을 담은 문화공간이 얼마나 큰 문화적 저력을 가질 수 있는 지를 확인해주고 있다. 일종의 에코뮤지엄적 성격을 갖고 추진되는 이 사업으로 단순히 진안-임실 간 통로로서만 존재했던 작은 농촌마을은 현재 전국적인 관광지가 되고 있다.
10) '명도암마을갤러리'는 2009년 문광부의 '마을미술프로젝트' 사업으로 진행된 것으로, 마을창고를 복합생활문화공간인 갤러리로 재탄생시켰다. 지역주민이 주체가 되어 마을 이야기와 자신들의 일상 이야기를 그림으로 형상화한 작품들이 전시되고 있다.
11) 지리산권관광개발조합 홈페이지(www.jtda.kr) 참조.

이 가시화될 수 있는 문화공간으로 전환시키는 한편, 마을주민들이 자원 수집과 이를 표현할 수 있는 적절한 형식을 스스로 찾아낼 수 있는 능력을 강화하기 위한 교육프로그램을 만들어 진행할 수 있다. 이러한 작업은 자신이 살고 있는 공간에 대한 주민들의 문화적 사유를 유도하는 동시에 문화공간과의 소통을 통해 방문객 또한 작은 일상문화의 힘을 인식할 수 있는 계기가 될 수 있다.

2) 심미적 경험 공간으로의 재구성

지자체 실시 이후 국내 시·군지역 풍경은 연일 변화하고 있다. 지자체의 경제적 자립도와 지역의 정체성 확보라는 두 가지 요소를 동시에 충족시킬 수 있는 지역문화 자원 개발에 주목하면서, 사실상 국내 군소지역 어디를 가더라도 방문 포인트를 보유하고 있다.

지리산권역 또한 예외는 아니다. 예전 화개천 다리 아래 섰던 장을 옆 공터로 옮겨 옛 정취를 살린 공간으로 만든 화개장터와 그곳에 설치된 '역마공원', 2004년 드라마 세트장으로 문을 연 하동의 '토지' 세트장, 소설 『흥부전』의 배경이라 알려진 남원 아영면의 성리마을과 인월면의 성산리, 송흥록의 탄생지인 비전마을의 '국악의 성지', 산청의 '지리산빨치산토벌전시관' 등등 모두 지자체들의 개발 의지 하에 새롭게 조성된 곳이거나 재개관한 장소들이 어디든 넘쳐나고 있다.

물론 각각의 스토리 자원들은 그 존재 자체로 변별성이 있기 때문에, 지자체들의 관심이 집중될 수밖에 없으며, 지자체로선 무형의 스토리를 어떻게 방문객들의 눈에 띠게 가시화시킬 것인가에 매달릴 수밖에 없다. 짧은 사업 기간에 최대한의 가시적 효과를 거두기 위해 이들이 선택하는 방식은 대부분 기념관이나 조형물 설치, 생가의 복원, 해당 스토리의 형식적 재현 등이다. 그리고 그곳을 찾은 방문객들은 해당 스토리와 관련된 정보를 얻거나 혹은 그곳을 한번 다녀왔다는 위안 정도로 자신들의 여행

담을 마무리 짓는다. 이런 현상은 비단 지리산권역뿐만이 아니라 국내 어디를 가더라도 마찬가지라는 것이 문제다.

전술했듯이 지리산은 그냥 자연공간이 아니라, 수많은 신화와 역사, 종교, 그리고 예술적 기원을 품고 있는 공간이다. 따라서 그 안에서 배태된 스토리 자원은 단순히 흥밋거리나 정보 정도로 치부될 수 있는 것이 아니라, 그만큼의 인문적 질문들을 노정하고 있는 것들이다. 다시 말해 현재처럼 표면적인 스토리 재현 그 자체에 집중해서는 정작 본질적인 질문들이 사라져버릴 수 있다는 것이다. 스토리 자원의 공간 재현 방식에 대한 근본적인 물음이 필요한 것은 바로 이 때문이다.

이런 점에서 충북 옥천의 '멋진 신세계―향수 30리'는 주목할 만한 사례이다. 정지용의 출생지이기도 한 충북 옥천은, 공간 스토리텔링을 통해 그의 시세계를 공간에 적절히 재현한 장소[12]이다. 무엇보다 이곳은 3년간이라는 시간 동안 지역 커뮤니티와의 소통을 통해 방문객들로 하여금 시의 세계로 자연스럽게 몰입하게 하는 한편, 조용히 사유할 수 있는 공간을 열어주고 있다는 점에서 좋은 평가를 받고 있다. 옥천의 이 사례가 공간의 심미성을 온전히 살린 것이라고 단언하기엔 부족하긴 하지만, 그나마 국내에서는 상대적으로 타 지역의 공간 개발 방식과는 좀더 다른 접근 방식의 가능성을 보여주었다는 점에서 참조할 만하다.[13]

---

[12] '멋진 신세계―향수 30리'라는 이름을 달고 있는 충북 옥천의 '시문학아드벨트'는 '시문학', '예술', '교육프로그램'으로 구성된 프로젝트로, 정지용의 시를 토대로 스토리텔링한 문화예술공간을 창출하고 있으며, 커뮤니티 기반의 '모단스쿨' 운영을 통해 방문객들에게 문화예술체험을 유도하고 있다. 국내 대부분의 지역재생 프로젝트가 공간 개발로 끝나는 반면, 옥천의 경우 지역 주민들의 삶과 공간에 대한 조사를 바탕으로 문화예술공간을 조성했다는 점에서 높은 평가를 받고 있다. 2007년부터 2009년까지 시행된 이 프로젝트로 옥천군은 '2009 대한민국공간문화대상'(문화체육관광부) 대상, '2009 국토도시디자인대전'(국토해양부) 대상, '2009 국제공공디자인대상'(행정안전부) 최우수상을 수상하는 등 공공예술프로젝트의 모범사례로 그 진가를 인정받고 있다.(「향수 30리 멋진 신세계」, 라펜트가든 홈페이지 참조(www.lafent.com))

2. 선: 트레일에 대한 다양한 사고

트레일(trail)은 '(황야 등의) 밟아 다져진 길(산속의 작은 길, 오솔길, 산길)'[14]을 일컫는다. 다시 말해 트레일은 고속도로 등의 포장된 도로와 구분되는 자연적인 상태를 유지한 루트를 지칭한다. 국내에서도 제주의 올레길이 선풍적인 인기를 구가하면서 지난 몇 년 간 각 지자체들마다 앞다퉈 트레일을 개발하고 있다. '지리산둘레길'도 그 중 하나이다.

사실 전통적인 의미에서 지리산 길은 주로 등산객을 위한 것이었던 반면, '지리산둘레길'과 같은 트레일은 일반 대중에게 보다 접근하기 쉬운 길로 제안되었다는 점과 마을문화를 만나고 생태적 사유를 유도하고 있다는 점에서 차별성을 보여준다. 그렇지만 여전히 지리산이 보유하고 있는 무수한 인문적 경험을 하기에는 부족한 형편이다.

이런 점에서 '지리산권문화연구단'이 제안하고 있는 '지리산 인물기행, 건축기행, 문학기행, 역사기행, 불교문화기행, 유교문화기행, 민속문화기행, 남명학기행, 동학농민군기행 등'은 상당부분 새로운 문화트레일로 접근 가능한 것들이라 할 수 있다. 이 외에도 옛 장터, 약초 등이 있을 수 있다.

이것들은 모두 '선'들에 대한 다양한 사고 중 하나의 사례가 될 수 있을 것이다. 여기서는 또 하나의 가능한 제안으로 시기별 트레일과 다양한 트레일들을 잇는 교통 스토리텔링에 대해 살펴본다.

---

13) 옥천의 이 사례는 최근 공공디자인 영역에서 스토리텔링을 활용해 공간을 연출하는 하나의 형식인데, 사실 고도의 심미적 경험을 유도하는 사례라고 단언하기에는 부적절하지만, 적어도 단순히 기념관이나 조형물, 소설 스토리를 그림과 함께 직접적으로 제시하고 있는 지리산권 개발 방식에 비해서는 상대적으로 미학적 감수성을 확보하고 있는 측면이 있다. 스토리의 단순 재현을 목적으로 하고 있는 공간에서 방문객이 얻을 수 있는 것이라곤 해당 공간에 대한 정보일 뿐, 스토리가 안고 있는 주제의식이나 심미적 경험을 얻기는 불가능한 것이다. 심미적 경험을 통한 스토리의 인문적 성찰이 어떻게 가능할 것인가에 대해서는 끊임없는 고민이 필요한 지점이다.

14) 다음(Daum) 영어 사전.

1) 시기별 트레일을 위한 생태문화 캘린더

지리산은 약 79% 지역이 거의 천연림에 가까운 8등급에서 9등급의 녹지자연도를 보이고 있으며, 최근 발견된 멸종위기종인 가시오갈피나무군락이나 눈향나무군락 등 희귀식물을 포함 대략 1,500여 종이 넘는 식물들이 자생하고 있는 원시적 생태자원의 보고라 할 수 있다.

그런 만큼 다른 곳에서는 경험하기 힘든 다양한 식물군락들을 보유하고 있으며, 지리산권 방문객들의 유입 또한 식물군락들의 특정 개화시기에 따라 수직상승하는 경향을 보이기도 한다. 3월부터 산수유꽃(남원 주천면 용궁마을, 구례 상위마을), 매화(구례 송정, 하동 산골매실농원)의 개화로 시작되는 지리산의 꽃군락지는 4월의 벚꽃길(화개-쌍계사 '10리 벚꽃길' 등), 산철쭉(뱀사골계곡, 달궁계곡, 바래봉 일원(팔랑치, 부운치) 등), 진달래(밤머리재능선, 돼지평전 등), 5월의 철쭉(세석평전 등), 털진달래(노고단 일원 등 지리산 주능선)에서 절정을 이루고, 6월의 구상나무꽃(노고단-반야봉 능선), 7~8월의 원추리꽃군락(노고단 일대)의 여름꽃을 거쳐 가을엔 단풍(뱀사골, 피아골)과 겨울엔 천왕봉 고사목에 피는 얼음꽃에 이르기까지 꽃으로 4계절이 채워진다고 해도 과언이 아니다.

이미 전국적으로 명성을 얻고 있는 위의 군락지와 더불어 각 월별로 지리산의 생태군락을 볼 수 있는 탐방코스를 해당 생태자원과 그 공간이 갖고 있는 스토리와 함께 정리한 '지리산 생태문화 캘린더'를 구상해볼 수 있다. 특히 꽃군락지들은 해당 지역에서 축제('화개장터 벚꽃축제', '용궁/산동 산수유꽃축제', '산골매실 매화축제', '지리산종주 진달래축제', '바래봉철쭉축제', '뱀사골단풍제' 등)를 행하고 있기 때문에, 이와 연계한 내용 구성도 필요하다.

스토리텔링의 기본 목적은 다른 장소와의 변별성을 확보하는 것이 가장 우선적이기 때문에, 생태문화 캘린더를 작성할 때, 최대한 해당 생태

자원의 특이성과 그 장소가 갖는 스토리를 포인트로 잡아내야 필요가 있다. 생태자원의 스토리 포인트를 도출하는 방식은 다음과 같다.

〈표 1〉 생태자원 스토리 포인트

지역	군락명	스토리 포인트	방문 시기
양천마을 (함양)	하고꽃	- 고려말 재상 박홍택이 이성계가 왕위에 오르자 벼슬을 버리고 칩거한 마을 - 천수답 다랭이논 15㏊(4만5000평)에 조성한 하고초꽃 군락 보랏빛 장관을 이룸 - 하고꽃축제: 우리나라에서 가장 적은 수(20가구)의, 가장 나이 많은 사람들이 개최하는 축제	5월
외곡마을 (창녕)	왕등재늪	- 가락국의 마지막 임금인 구형왕의 스토리 - 우리나라 가장 중요한 산지늪(고산 습지) 4개 중 하나 - 세계에서 가장 작은 잠자리인 '꼬마잠자리'(멸종위기종 2급)를 포함한 금풍뎅이, 반날개류 등의 곤충과 꽃창포, 닭의난초, 숫잔대 등 식물군	여름
천왕봉	야광나무	- 국내에서 유일한 야광나무군락지(300여 그루 자생) - 홍백색의 꽃은 밤에도 빛을 낸다고 해 야광(夜光)이란 이름이 붙음	5월
지리산 주능선	털진달래	- 고산에서만 피는 진달래 - 일반 진달래보다 개화시기가 한 달이 늦음	5월

2) 교통 스토리텔링 마케팅

최근 들어 스토리텔링의 적용 범주가 다양해지면서 각 분야에서 이를 활용한 마케팅들이 활발하게 이루어지고 있는데, 교통 분야 또한 예외는 아니다. 영국 런던의 도시투어를 위한 '2층 빨간 버스'와 일본 MK택시의 '친절을 파는 택시'는 그 자체로 스토리화된 고전적 사례라 할 수 있다.

국내에서도 점차 교통체계에 스토리를 입히는 사례들이 생겨나고 있다. 부산교통공사의 경우 지난 2009년부터 최근까지 도시철도를 중심으로 이야기를 담은 '휴메트로' 브랜드 런칭과 더불어 각 호선의 애칭과 색채 선정, 테마역 개발 등[15] 스토리텔링 마케팅을 펼쳐나가고 있다. 광주 또한 지하철역에 해당 지역과 관련된 테마를 설정, 스토리를 담은 8개의 전시관16)을 설치·운영하고 있으며, 올해 4월부터 광주를 방문하는 외지인과 시민을 대상으로 주요 관광지를 체험하고 쇼핑을 유도하기 위한 도심 순환형 '광주 스토리텔링 투어 버스'17)를 운행하고 있다.

대중교통을 중심으로 한 위의 사례들은 주로 지역 방문객과 거주민들의 대중교통 이용을 높이기 위한 전략 중 하나로 스토리텔링 마케팅을 활용하고 있는 것들이다. 매년 300만 명 이상의 방문객 절반 이상이 자가용을 이용18)하면서 환경문제, 로드킬(야생동물 교통사고), 주차난 등 심각한 문제에 직면하고 있는 지리산권역의 경우, 대중교통 이용의 활성화 측면에서도 교통 스토리텔링에 주목할 필요가 있다.

지리산권역을 중심으로 한 교통체계는 2013년부터 남원시, 하동군, 함양군 3개 기점을 설정, 시·군 순환 관광 셔틀버스를 신설해 운행할 계획을 갖고 있다.19) 이 교통체계 계획은 단순히 이용객의 이동 편의를 위한

---

15) 부산도시철도의 브랜드 명인 '휴메트로(Humetro)'는 Human(인간), Humanity(인간성), Humanism(인간존중)의 뜻을 지닌 Hu(또한 hu는 휴식을 의미하는 休(휴)와 색을 의미하는 hue라는 뜻도 가지고 있음)와 도시철도를 의미하는 Metro를 결합시킴으로써, '인간을 존중하는 도시철도 시민을 사랑하는 교통공사'라는 이야기를 담고 있다. 그리고 시민공모를 통해 각 호선의 애칭과 색상을 선정한 바 있으며, '스포츠', '컨벤션'과 '호랑이'를 테마로 한 테마역을 운영 중에 있다.(「시민들의 삶이 녹아 있어요-부산교통공사, 스토리텔링 마케팅 강화」, 『한국일보』, 2010.3.16.)

16) 광주지하철의 8개 테마 전시관은 환경테마관(증심사입구역), 추억여행전시관(남광주역), 5·18기념홍보관(문화전당역), 광주학생독립운동기념관(금날로5가역), 호남학전시관(농성역), 세계인권전시관(김대중컨벤션센터역), 광주지하철문학관(송공공원역), 국창임방울선생전시관(송정리역) 등으로, 2010년부터 각 테마역의 전시관을 투어하는 '광주지하철 스탬프투어'라는 행사를 진행하고 있다.

17) 「광주 관광 스토리텔링 투어버스 운행」, 『뉴시스』, 2011. 4. 8.

18) 2009년 11월 지리산둘레길 방문객을 대상으로 실시한 설문조사 결과에 따르면, 각 거주지에서 지리산권까지 접근하는 교통수단으로 자가용 52%로 가장 높고, 고속버스 37%, 관광버스 8%, 기차 3%를 차지한 것으로 나타났다.(지리산길 홈페이지(www.trail.or.kr) 참조.)

19) '지리산권관광개발조합'은 2013년부터 순환 셔틀버스 도입타당성을 검토한 후 일부 구간에 시범 노선을 설정해 운행할 계획을 갖고 있다.[홈페이지(http://www.jirisantour.go.kr) 참조]

효율성 측면에서만이 아니라, 지리산권의 총체적 이미지를 부각시키고 각 권역에 대한 사전 정보를 스토리를 통해 감성적 방식으로 먼저 만날 수 있도록 유도하는 전략적 접근이 필요하다.

교통 스토리텔링은 먼저, 지리산권을 대표할 수 있는 스토리 컨셉과 이미지를 결정한 뒤, 이를 교통 관련 공간에 적용시켜야 한다. 통일된 컨셉 없이는 모든 정보가 흩어진 상태로 방문객에 인지되기 때문이다. 컨셉과 이미지가 결정되면, 권역별 버스정류소와 간이정류소[20] 공간을 전체 컨셉과 이미지를 훼손하지 않는 범위에서 구간별 특성을 살린 상징물과 색채 등을 선정, 공간을 만들 수 있다. 이때 각 정류소와 셔틀버스 명칭은 현재처럼 'ㅇㅇ-ㅇㅇ' 구간으로 표시되는 해당 지역명을 그대로 사용하는 것보다는 지리산을 대표하는 천왕봉(1,915m), 노고단(1,507m), 반야봉(1,752m) 등 대표 봉우리들의 숫자를 사용하거나[21] 각 권역의 스토리 자원을 활용해 'ㅇㅇㅇ길'이라는 명칭을 붙이는 방법도 고려해볼 만하다. 그리고 셔틀버스 내부 역시 해당 권역의 여행 스토리를 전달해줄 수 있는 정보공간으로 활용함으로써 '움직이는 지리산'이 될 수 있다.

이러한 스토리 공간으로서의 교통체계는 교통수단으로서만이 아닌 그 자체가 하나의 관광자원으로서의 부가가치를 더해 다각적인 시너지 효과

---

[20] 일본 토토로 마을에는 미야자키 하야오의 애니메이션 〈이웃집 토토로〉에서 토토로가 사키-메이 남매를 기다리던 버스정류장이 있다. 이 정류장은 애니메이션 스케치 작업의 소재로 활용되었는데, 외형적으로 보면 다 쓰러져가는 이 정류장을 보기 위해 한 해 6만 명 이상의 관광객들이 이곳을 찾고 있다. 정류장도 스토리를 담고 있을 때, 훌륭한 관광 자원이 될 수 있다는 사실을 보여주는 전형적인 실례라 할 수 있다.

[21] 광주광역시에서는 버스 숫자에 광주의 대표적 스토리 자원를 담은 4개의 노선버스를 운영 중에 있다. 5·18노선(518번), 빛고을노선(1001번), 무등산노선(1187번), 비엔날레노선(2002번) 등이 그것이다. '518번' 버스는 버스터미널과 5·18묘지를 잇고 있으며, 무등산 높이를 그대로 버스 번호로 붙인 '1187번'은 옛 전남도청과 무등산 구간을 운행한다. 또한, 1001번 버스는 무등산 두 봉우리 사이(11숫자)에서 떠오르는 해와 달(00숫자)을 상징하며, 2002번은 2년마다 개최되는 비엔날레가 영(0)원(0)히(2) 발전하라는 의미를 담고 있다.

를 낼 수 있을 것이다.

3. 면: 지리산의 총체성을 경험하는 방식

1) '지리산 문화상징' 선정을 통한 스토리뱅크 구축

지리산권역이 보유하고 있는 스토리자원을 보다 적극적으로 활용하기 위해서는 다양한 방식으로 응용이 가능하도록 번역된 스토리뱅크가 구축되어야 한다. 스토리뱅크는 단순히 지리산의 모든 정보를 디지털화하여 종합적으로 제시하는 지식정보시스템[22]과는 다른 개념이다. 스토리뱅크는 말 그대로 해당 관련 스토리 자원을 다양한 목적을 가진 모든 사용자들이 접근 가능하도록 하나의 디지털 공간에 집적시켜 놓은 정보형태라 할 수 있다.

이때 '모든 사용자들이 접근 가능'하다는 의미는 스토리 자원을 존재하는 자료 형태 그대로 집적해 놓는다는 것이 아니라, 일정한 번역 과정을 거친다는 것을 의미한다. 다시 말해 전문가들 외에도 일반 대중이나 콘텐츠 개발자들이 쉽게 접근할 수 있는 정보 형태로 재가공되어야 한다는 것이다. 이때 스토리뱅크는 전문가들에 의해 철저하게 검증된 전문성, 대중이 쉽게 이해할 수 있는 대중성, 콘텐츠 개발자가 유의미한 정보를 얻을 수 있는 산업적 응용가능성, 그리고 이들 모두가 접근 가능한 적절한 시스템(정보전달성) 등을 갖춰야 한다. 따라서 스토리와 관련된 원천자료와 그것을 요약해놓은 정보표와 시놉시스 제공 등[23]이 모두 포함되어야

---

[22] 지식정보시스템(knowledge information system)은 '관련 부분의 축적된 지식을 전달하기 위해 구성·처리된 데이터와 정보를 담고 있는 관계·전문가집단을 위한 시스템'이다.(조남재·노규성, 『경영정보시스템』, 세영사, 2001, 참조.)

[23] 스토리뱅크 구성요소와 관련된 참조 논문으로는 함복희, 「향가의 문화콘텐츠화 방안 연구」, 『우리문학연구』 제24집, 우리문학회, 2008; 박경환, 「기록유산을 활용한 전통문화콘텐츠 개발」, 『국학연구』 제12집, 한국국학진흥원, 2008; 차주영, 「역사적 사건의 콘텐츠화 과정 연구」, 『인문콘텐츠』 제10호, 인문콘텐츠학회 2007 등이 있다.

한다. 이 과정을 요약하자면, 해당 스토리 발굴과 수집, 사용자들을 위한 형태로 스토리 번역, 정보시스템 형식의 스토리뱅크 구축으로 정리될 수 있다. 또한 이렇게 구축된 스토리 자원은 전문가들을 위한 학술적 정보를 제공할 뿐만 아니라, 일반 대중과 콘텐츠 개발자들에게도 유익한 방문정보와 개발 원천 소스를 제공할 수 있다.

　지리산권역 스토리뱅크를 구축하는 방식은 궁극적으로는 관련 스토리를 모두 수집·정리해야 하는 것을 목표로 해야 할 것이지만, 시간적 한계, 대중적 인지성, 빠른 산업적 활용 가능성 등 여러 요소를 종합해 볼때, 우선 한정된 범위로 제한하여 구축하는 것이 보다 효율적이다. 어떻게 범위를 한정할 것인가에 대해서는 여러 가지 논의가 가능하겠지만, '지리산 문화상징' 선정 방식이 현재로선 유의미할 것으로 보인다. 무엇보다 이런 방식은 다양한 측면에서 지리산의 얼굴을 만들어낸 대표적 요소들을 추출하는 것이기 때문에, 그만큼 지리산의 총체성을 압축해 보여줄수 있다는 점에서 의미가 있다. 또한 그동안 지리산권역에 대한 단편적지식만을 인지하고 있던 방문객들에게 인문적·생태적 차원에서 다양한접근을 할 수 있는 길을 열어줄 수 있다. 지리산 문화상징 선정을 통한스토리뱅크 구축과정은 대략 다음 표로 정리될 수 있을 듯하다.

〈표 2〉 스토리뱅크 구축 단계

단계	내용
1단계	지리산 문화상징 추출
2단계	스토리 원형 자료 확보
3단계	스토리 번역
4단계	스토리뱅크시스템 구축

　먼저 지리산을 대표할 만한 문화상징들을 추출하는 데 있어서는 국내에서 이미 시도된 바 있는 '100대 민족문화상징', '제주문화상징 99'[24], '호

남 100대 문화원형' 등을 참조할 만하다. 특히 문화상징목록을 작성할 시 상징별 분류체계표 작성이 동반되어야 한다. 예를 들어, 길, 생태, 마을, 옛장터, 신화, 역사적 사건, 종교 등과 같은 분류체계 하에 각각의 대표 상징들의 구체적인 목록을 작성해나갈 수 있다.

지리산 문화상징이 추출되면, 이와 관련된 스토리 원형 자료를 확보해야 하는데, 이는 사료에 나타난 원문자료나 구술자료, 사진자료 등의 확보를 말한다. 다음으로 이 자료들은 그 중요도에 따라 스토리뱅크 시스템의 원천자료 항목에 등재될 것들을 중심으로 다시 재분류될 수 있다. 이 과정이 끝나면 최종 선정된 자료들을 중심으로 역사적 사건, 인물, 공간 등을 파악할 수 있는 정보표와 스토리 시놉시스로 재가공해야 한다. 상당수 원문자료 자체는 전문가에게만 인지될 수 있을 뿐, 전문적 리터러시가 없는 일반 대중과 콘텐츠 개발자들에게는 접근 불가능한 경우가 많기 때문이다. 재가공이 완료된 후, 최종적으로 스토리뱅크가 구축될 수 있다.

2) 지리산 이야기 지도 제작

요즈음 지자체들마다 각 지역자원들을 중심으로 스토리텔링 책자를 발간하는 것이 하나의 트랜드가 되고 있다. 하동군의 『하동 스토리텔링』[25] 처럼 군 전역을 대상으로 하는 것부터 제주 가시리의 『문화지도—제주 가시리』[26]와 같이 한 마을 단위의 자원 정보를 집적시키는 데 이르기까

---

24) 제주특별자치도는 2008년 10대 대표문화상징과 99가지 문화상징을 최종 선정해 이를 담은 『제주문화상징사전』을 발간한 바 있다. 특히 10대 문화상징은 이미지를 만들어 병풍, 그림엽서 등 다양한 문화콘텐츠 상품을 만들어내고 있다.

25) 하동군이 2009년 발간한 『하동 스토리텔링』은 섬진강, 지리산, 한려해상 국립공원 등 이야기가 있는 하동, 산과 강, 인간이 만든 절경, 화개 십리 전설과 소설 「토지」, 80만 너른 들과 함께, 비기의 땅 청학동, 500리 물길, 하동포구 기행 등을 담고 있다.(「하동, 스토리텔링 책자 발간」, 『경남도민일보』, 2009. 5. 12.)

지 그 지리적 범위 또한 다양하게 나타나고 있다.

지리산 권역은 그 자체로 무수히 많은 스토리 자원을 갖고 있는 공간이기 때문에, 이 모든 스토리 자원을 집적한 웹기반의 지리산정보시스템도 필요하거니와, 이를 일반 독자를 위한 책 형식으로 재구성, 발간할 수 있을 것이다.

그러나 또 한편으로, 세부 권역별, 주제별(신화, 역사, 옛장터, 생태 등), 트레일별 등 이야기 지도를 제작할 수도 있다. 이야기 지도는 지리적으로 한정된 공간을 이용자들에게 보다 친근한 형태로 해당 공간의 이야기 자원을 전달하는 하나의 형식이다. 전주의 '한옥마을 이야기지도'나 '삼천동 이야기 지도'는 참조할 만한 좋은 형식이다.

3) 어플용 스토리 개발

현재 국내에서 지리산과 관련된 어플은 국립공원관리공단에서 제공하는 〈한국의 명산〉을 포함, 〈e산경표〉, 〈아웃도어 GPS〉 등이 활용되고 있다. 모두 등산객을 위한 산악지도를 제공하거나 GPS 기능을 탑재하는 등 단순 등산정보를 제공하는 데 그치고 있다.

이와 관련하여 등산객 이외 정보제공 대상자를 좀 더 확장하기 위한 방안으로, 지난 2010년 10월에 국립공원관리공단은 국립공원을 찾는 탐방객들의 편의를 위해 탐방안내용 스마트폰 어플리케이션을 개발한다고 밝힌 바 있다. 탐방안내용 어플은 주요 탐방로 노선 안내와 탐방안내소, 탐방지원센터 등 주요 시설물을 한국어를 포함해 주요 외국어로 서비스하는 한편, 국립공원 내 주요 지점에 대한 스토리텔링 음성서비스도 제공

---

26) 제주 가시리에서 발간한 『문화지도-제주 가시리』는 우리나라 최초 마을단위 스토리텔링 책자로, 마을 전설, 역사, 무속신앙, 음식 등 마을과 관련된 인문·사회·역사적 내용을 담고 있다.(「가시리신문화공간조성사업추진위원회, 문화지도 '제주 가시리' 펴내」, 『제주일보』, 2011. 1. 17.)

하는 기능을 담는다고 한다.[27] '지리산권관광개발조합' 또한 '지리산권 관광정보화 전략계획(ISP)'을 수립해 향후 지리산 둘레길을 포함, 주요 등산로 mp3 파일 제작을 제작하는 등 스토리텔링 서비스를 구축하겠다는 계획을 갖고 있다.

이렇듯 지리산 어플과 관련된 계획들이 모두 '스토리텔링 서비스'라는 이름을 달고 있는 상황에서 '어플용 스토리 개발'은 필수적으로 요구되는 사항이다. 어플용 스토리는 지리산권 방문객들이 움직이는 핵심 트레일을 중심으로 스토리 자원(신화·역사·생태·공간 등 모두 포함)을 선정, 이를 어플 형식에 맞게 최소한으로 축약하는 재가공을 거쳐 시청각 자료로 정보화하는 단계를 설정할 수 있다.

Ⅳ. 나가며

지금까지 공간 스토리텔링 측면에서 지리산권역에 접근할 수 있는 가능한 몇 가지 전략적 사례를 살펴보았다. 권역 자체가 너무나 방대한 스토리 자원을 갖고 있기 때문에, 모든 것을 총체적으로 담을 수 있는 설명은 애초에 불가능할 수밖에 없지만, 적어도 이 사례들은 그 중 현실적으로 가능한 전략들이라 할 수 있을 것이다.

그러나 보다 중요한 것은 지리산권의 인문자료에 대한 수집과 연구에 목적을 두고 있는 '연구단'이 현장과 직결되어 있는 위의 사례들을 현실화시키기 위해서 다각도의 전략을 구상해야할 필요가 있다는 점이다. 이때 우선적으로 필요한 것은 '지리산권관광개발조합'이나 '사단법인 숲길' 등 지리산권역과 관련된 단위 사업 기관들과의 연계를 확보하는 것이다. 이들 기관들의 세부 사업 계획이나 진행 내용 등은 '연구단'의 연구 내용

---

27) 「이제는 등산·박물관도 스마트폰 시대」, 『재경일보』, 2010. 10. 28.

들과 직간접적으로 연결될 수 있는 것들이 상당수인 것으로 보인다. 특히 예를 들어, '사단법인 숲길'의 경우 현재의 '지리산둘레길'을 내놓기 이전 부터 길에 배치되어 있는 마을조사(전설, 민요조사 포함), 길 시범구간에 대한 식생 및 동식물상 조사 등 기초조사를 실시[28]한 바 있다는 측면에 서 '연구단'과의 내용적 유사성을 갖고 있다. 또한 '지리산권관광개발조합' 의 마을공동체, 관광상품개발, 교통체계개선 사업 등은 앞에서 제안한 사 례들과 더불어 충분히 연계가 가능한 것이라 할 수 있다.

지리산권역을 중심으로 한 대표 기관들과의 연계 시스템 구축은 인적 자원과 자료의 공유, 사업 공동추진 등의 측면에서 상호 효율성을 갖게 될 것이다. 앞에서 제안한 내용들은 사실상 이런 연계가 없이는 불가능하 다는 측면에서도 필요한 것이다. 또한 비록 현재 세 기관의 세부 목표는 다소 차이가 있을지언정, 지리산권이라는 동일한 지리적 범주를 토대로 삼고 있다는 점과 그 궁극적 지향점이 결국 같은 곳을 향하고 있다는 점 에서 더욱 그러하다.

이 글은 『남도문화연구』 제20집(순천대학교 남도문화연구소, 2011)에 수록된 「지리 산 공간 스토리텔링 – 문화콘텐츠화 전략과 방향을 중심으로」를 일부 수정하여 실은 것이다.

---

28) 지리산길 홈페이지(www.trail.or.kr) 참조.

점·선에서 입체로

스마트시대의 지리산권 문화

김기주

—

Ⅰ. 머리말

사실 인문학 자체는 인간이 존재하는 한 결코 위기에 처할 수 없는 영역이면서, 또 늘 위기에 처할 수밖에 없는 두 가지 상반된 성격을 동시에 가진다. 그것은 인문학이란 결국 인간학인 까닭에 인간이 존재하는 한 지속될 수밖에 없는 학문이면서, 때와 장소에 따라 삶의 방식이나 태도가 변화함으로써 늘 새로운 형식과 내용으로 새로워 질 것을 요청받는 학문이기 때문이다.

한 때 인문학의 위기가 사회적 담론의 주요 내용이 되었던 때가 있었다. 되돌아보면 그것은 인문학의 위기라기보다는, 새로운 시대가 요구하는 인문학적 틀과 내용을 충분히 제시하지 못한 인문학자의 위기였다. 지금 이 시간 인문학 혹은 인문학자가 그러한 위기로부터 벗어나 있는지에 대해 여전히 불확실하지만, 여러 내외적인 상황에서 보자면 그래도 인문학이 사회적인 무관심의 대상은 아닌 듯하다.

일반적으로 인문학은 경제적인 가치나 이익과는 직접적으로 관련이 없는 학문분과로 이해되어 왔다. 따라서 자본주의 사회가 심화되어 갈수록 인문학은 필연적으로 입지가 약화되거나 축소될 수밖에 없는 영역이었다. 그런데 이러한 일반적인 예상과 달리 세기가 바뀐 이후 인문학에 대한 관심이 점점 더 고조되고 있는 것은 주지의 사실이다. 분명한 것은 그러한 관심이 결코 인문학자들의 노력에 의해 인문학이 새로운 가치로 채워졌거나, 또는 사람들이 열광할만한 새로운 인문학적 체계나 내용이 등장함으로써 고조된 것이 아니라는 점이다.

도대체 인문학에 무슨 일이 일어나고 있는가? 변화는 인문학 내부가 아니라, 인문학 밖에서 시작되었다. 그리고 그 변화의 뿌리는 경제적인 이익, 인문학 혹은 문화의 산업화에 닿아있다. 현재의 인문학에 대한 관심은 정작 전통적인 인문학자들이 알아차리지 못하거나 도외시 하고 있었던 인문학이 가진 경제적 가치 때문인 것이다. 특히 인문학에 대한 정부의 정책적인 지원은 문화산업과 깊이 관련되어 있다. 넓게는 문화, 좁게는 인문학적 요소를 중심으로 한 문화콘텐츠가 주목받으며, 스토리텔링에 관심을 기울이는 것은 그것이 바로 고부가가치의 원천이 되기 때문이다. 이러한 측면에서 보자면 인문한국(HK)지원사업 역시 문화산업을 정초하기 위한 정부의 정책적인 지원사업 가운데 하나이고, 그것의 성패 역시 문화의 성공적인 산업화 여부에 달려 있다고 해도 크게 틀리지 않을 것이다.

이제 인문한국(HK)지원사업은 1단계 3년의 연구가 마무리되었고, 새로운 2단계 연구가 시작되었다. 지난 3년의 연구과정을 정리하고 앞으로의 연구방향을 어떤 형태로든 점검해 보는 것도 나름의 의미를 가진다고 생각된다. 이 글은 바로 이러한 측면에서 앞으로 지리산권 문화에 대한 우리의 연구가 도대체 어떤 방향으로 진행되어야 할 것인지를 묻고 그것에 대해 제한적이나마 답을 모색해 보는 시도이다.

II. 신화로부터 관계로

먼저 우리가 살아가고 있는 이 시대에 대한 이야기에서 시작해 보자. 이 시대가 어떤 시대인지 이해할 때, 지리산권 문화에 대한 우리의 연구도 나름의 방향을 찾아가리라 생각되기 때문이다. 중국의 역사학자인 전목은 다음과 같은 말을 남겼다.

> 우리들이 어떻게 사람노릇을 하고, 어떻게 학문을 연구하며, 어떻게 사업을 일으켜야 하는가 등의 문제에는 공통되는 기본적인 조건이 있다고 생각한다. 본인의 생각에는 그 조건이 바로 우리들의 시대에 대한 인식이다. 우리들은 오늘 이와 같은 시대에 태어났고, 우리들은 마땅히 오늘의 이와 같은 시대 안에서 사람노릇하고, 학문을 연구하며, 사업을 일으켜야 한다…… 각각의 시대에는 마땅히 그 시대만이 가지는 이상이 있으며, 이러한 이상이 필요한 인물들에 의해서 그 이상이 필요로 하는 학문이 연구되고, 그 이상이 필요로 하는 사업이 진행됨으로써 사회를 이끌어갈 때, 이 사회는 비로소 진보할 수 있다.[1]

이것은 전목이 중국문화와 중국의 민족성에 대해 강연을 시작하며 한 말이다. 한 시대를 살아가며 무엇을 해야 하는지를 분명하게 알기 위해서는 그 시대에 대한 인식이 절대적으로 필요하다는 뜻이다. 시대가 고민하고 있는 문제를 해결하고, 그 시대 속에서 제대로 사람노릇 하기 위해서

---

[1] 錢穆, 『從中國歷史來看中國民族性及中國文化』, 香港, 文大學出版社, 1980, 2쪽.

는 우리가 살아가고 있는 시대에 대한 인식이 반드시 필요하다고 그는 주장한다. 어떻게 살아가고, 무엇을 탐구하고, 어떤 일을 해야 하는지에 대한 답은 시대에 대한 인식에서 찾아야 한다는 것이다. 이러한 전목의 주장은 오늘 우리의 논의와도 깊이 관련되어 있다. 왜냐하면 문화에 대한 연구 역시 이 시대라는 하나의 조건 속에서 이루어지는 것이기 때문이다. 이 시대에서 왜 문화에 대한 연구가 요청되었는지, 그리고 이 시대가 어떤 특징을 가지며, 그러한 특징이 우리에게 어떤 모습으로 영향을 끼치고 있는지를 파악하는 것은 우리의 현재 좌표뿐만 아니라 미래의 나아가야 할 방향을 확인하는 길이기도 하다.

그렇다면 우리가 살아가고 있는 현재는 어디에 위치해 있는가? 이 시대의 특징은 무엇이고, 그러한 특징은 왜 그렇게 형성될 수밖에 없었는가? 연속적인 시간의 흐름인 역사의 전개과정을 인위적으로 구분하며, 그 전체적인 흐름을 체계적으로 이해하려는 다양한 노력이 있어왔다. 그것은 역사학의 기본적인 지향이기도 하지만, 반드시 역사학 안에서만 시도되어진 것은 아니다. 마르크스와 같은 경우, 원시 공산사회로부터 고대 노예사회와 중세 봉건사회, 근대 자본주의를 거쳐 공산주의로 전개되는 5단계의 역사발전과정을 제시하였다. 그 이전에도 혹은 그 이후 20세기에 이르기까지 비슷한 형태로 역사를 구분하는 다양한 이론체계가 제시되었지만, 그러한 이론들이 모두 인문학 혹은 문화에 대한 관심이 폭발적으로 증가하는 현재의 현상을 충분히 설명하고 있는 것은 아니다.

그래도 우리의 논의와 관련해서 간과할 수 없는 것이 있다면 『제3의 물결』에서 제시된 앨빈 토플러의 시각이다. 약 1만 년 전에 일어난 농업혁명을 통해 농업사회가 도래했다면, 증기기관의 발명으로부터 시작된 산업혁명은 산업사회를 초래하였다. 인류의 역사에서 세 번째 물결은 20세기 후반부터 진행된 정보기술의 혁명으로, 정보화 사회를 낳게 될 것이라고 토플러는 『제3의 물결』을 통해 예언하였고, 그 뒤 역사의 전개는 그가 예상했던 큰 흐름에서 크게 벗어나지 않았다. 여기에서 정보기술이 하나의 큰 그릇이라면, 정보기술의 발달과 함께 그 그릇에 담길 내용물인 콘텐츠, 곧 문화나 인문학에 대한 관심이 고조될 수밖에 없다는 사실이 해명된다. 다만 토플러가 제시한 사회의 변하는 기술의 발전이라는 외적인 조건에 치중되어 설명됨으로써, 역사적인 흐름 속에서 각 시대가 가진 내적 연관성이 충분히 드러나지 않는 단점을 가진다.

반면에 이기상은 『콘텐츠와 문화철학—문화의 발전단계와 콘텐츠』에서 문화의 발전모형으로 4단계를 제시하였다.[2] 즉 신화적, 존재론적, 인식론적, 관계론적이라는 4단계의 문화발전 과정을 제시하고 우리가 현재 제4단계인 관계론적 단계에 도달해 있다고 주장한다.[3] 그런데 그가 제시한 4단계의 문화발전 과정에서는 토플러와 달리 현재 우리가 마주하고 있는 인문학 혹은 문화에 대한 관심의 폭증이 기술적인 측면에서만 설명되는 것이 아니라, 역사를 관통하고 있는 내적 지향을 설정하고, 그것을 통해 역사적인 전개과정이 해명되고 있다.

물론 이기상의 이 네 단계 역사 구분은 기술의 발전이라는 조건을 주목한 것이 아니라, 철학적이고 사상적인 측면에서 시도된 구분이라는 분명한 특징을 가진다. 그렇다 하더라도 그러한 구분이 단순히 철학적인 구분일 뿐이고, 문화적인 흐름이나 전환과정을 설명해 줄 수 있는 틀이 될 수 없다고 생각하는 것은 옳지 않다. 그것은 인간의 사유와 현실적 삶을 서로 분리 가능한 것으로 설정하는 것과 같기 때문이다. 철학과 사상은 그것이 어떤 모습이나 내용이든 현실의 반영인 동시에 미래에 대한 지향

---

[2] 이기상, 『콘텐츠와 문화철학—문화의 발전단계와 콘텐츠』, 북코리아, 106~111쪽 참조.

[3] 문화의 발전모형, 혹은 인류 역사의 전개과정을 시대별 특징에 따라 구분하는 시각은 다양하게 제시되었다. 그런데 여기에서 이기상의 관점에 주목하는 까닭은 그 어떤 시각보다 현재 우리 앞에 일어나고 있는 현상들을 설명할 수 있는 설명력 때문이다.

을 직간접적으로 함축하고 있다. 그리고 문화라는 것은 결국 인간과 세계, 곧 과거와 현재와 미래의 세계가 관계맺음으로써 등장하는 것이라면, 철학과 사상, 곧 인간 사유의 역사를 되돌아 볼 때 진정한 인간의 문화사에 접근해 갈 수도 있을 것이다.

이제 이기상이 제시한 역사적 전개과정을 살펴보고, 그 안에 담겨져 있는 내적 지향을 살펴봄으로써 현대의 문화적 특징이 어디에 뿌리를 두고 있는지 확인해 보자. 첫 번째 신화적 단계는 그것이 무엇인지는 알 수 없지만, 인간으로서는 어떻게 할 수 없는 거대한 힘에 압도되면서 무엇인가가 있다는 느낌과 관련되어 있다. 그리고 그것에 대해 두려워하며, 이러한 두려움을 극복하기 위해 다양한 의례와 의식을 개발하는 단계이다. 이러한 단계에서는 신적인 것뿐만 아니라, 인간과 세계, 주체와 대상을 갈라놓은 분리선이 존재하지 않는다. 인간은 독립적인 개체로 존재하지 않으며, 모든 것이 참여하는 신화적 공간속에서 자신을 확인하게 된다.

둘째인 존재론적 단계는 신화적 단계에서 두려워했던 거대한 힘이 무엇인지, 그것이 어떠한 법칙에 의해 유지되고 있는지 물어보고, 그동안 세계 안에 함께 존재하고 있던 신적인 것은 우주와 자연을 창조한 제일원인으로 설정됨으로써 세계 바깥으로 밀려나 분리 독립된다. 현실을 설명하는 데 있어서 더 이상 신화적인 요소를 통하지 않는다는 점도 이 시기의 중요한 특징이다. 시기적으로는 서양의 고대와 중세가 이 시기에 해당한다.

존재론적 단계에서 존재에 대한 물음을 통해 신을 세계로부터 분리하였다면, 세 번째 인식론적 단계에 이르면 세계로부터 인간이 분리된다. 세계로부터 분리된 인간을 주체라고 부르고, 세계는 객체라 부르며, 이 객체는 주체에 의해 인식되는 대상이 된다. 존재론적 단계에서는 세계를 지배하는 법칙이 있음을 전제하고, 인간의 이성은 이 법칙을 통찰할 수 있었지만, 결국 인간은 이 우주적인 법칙에 자신을 맞춰가야 하는 존재였다. 그러나 인식론적 단계에 이르게 되면 인식이란 단순히 수동적으로 받아들여지는 것이 아니라, 인식주체에 의해 구성되는 것이며, 세상은 바로 이 주체에 의해 만들어지는 것이기도 하다.

그러나 이 인식론적 단계가 끝나게 되면 세상을 만들어간다고 큰소리 쳤던 주체 역시 유한한 존재임이 밝혀지면서 절대적인 주체나 절대적인 객체가 부정되고, 보편타당한 객관성도 부정되기에 이른다. 이제 인간은 다른 존재물과 마찬가지로 유한한 몸을 가지고 있는 하나의 매개물, 매체임을 알게 된다. 문화의 발전모형에서 현재를 설명하고 있는 관계론적 단계가 바로 이 매체로서의 인간과 관련되어 있다.[4]

문화의 발전과정을 네 가지 단계로 나누어 설명하는 이러한 시각은 서양의 문화사적 관점에 지나치게 치중해 있다거나, 너무 거시적이어서 현재 우리의 위치를 섬세하게 파악하는 데 부족하다는 등의 간과할 수 없는 약점을 가진다. 하지만 큰 틀에서 인류의 문화사 전체를 개괄함으로써 인류가 걸어온 과거의 노정과 현재의 위치를 돌아볼 수 있는 하나의 관점을 제공한다는 점에서 나름의 의미를 가진다.

그리고 우리는 여기에서 하나의 사실을 발견하게 된다. 즉 신화적 단계로부터 관계론적 단계에 이르는 과정 자체가 통합에서 분리를 거쳐 다시 통합으로 나아가는 과정이라는 점이다. 신화적 단계에서의 통합이 무의식적, 무의지적, 무자각적 통합이었다면, 뒤의 통합은 의식적이고 의지적이며 자각적인 통합이다. 특히 실체, 본질 등의 개념을 통해, 존재론적 단계와 인식론적 단계에서는 개별적이고 독립적인 어떤 무엇에 관한 그리고 그 무엇이 어떻게 생성되고 존재하는지에 관한 문제가 대두되었다면, 관계론적 단계에서는 절대적인 객체나 절대적인 주체가 부정됨으로써, 모든 것은 서로 연결된 관계의 그물망 속에 존재하게 된다. 앞선 단

---

4) 4단계 문화발전 모형에 관한 자세한 내용은 이기상, 앞의 책, 119~231쪽 참조.

계, 특히 인식론적 단계에서 모든 것, 즉 신과 인간과 세계가 개별적이고 독립적인 하나의 점으로 존재하였다면, 관계론적 단계에서 모든 것은 상관적으로 존재하며, 이제 서로 선으로 연결되는 것이다.

III. 고독한 주체에서 스마트몹으로

앞에서 살펴본 이기상의 4단계 문화발전 모형에 따르면 현재는 관계론적 단계에 해당한다. 신화적, 존재론적 그리고 인식론적 단계를 거쳐 관계론적 단계로 전환해 온 것이다. 그리고 이것은 문화적인 내용의 구성방식이라는 측면에서 볼 때, 무자각적 통합으로부터 분리를 거쳐 다시 자각적인 통합에 이르는 과정이면서, 동시에 각각의 독립된 점으로부터 그 점들이 연결된 선으로의 전환을 의미하는 것이기도 하다. 오늘날 제주의 올레길과 지리산 둘레길 등 지자체 마다 선으로 연결된 길들을 제시하고, 사람들은 왜 그렇게 연결된 길들에 열광하는지를 곰곰이 생각해 본다면, 이 길들 역시 이 시대의 특징과 관계되고 있음을 알 수 있다. 그런데 이러한 전환이 단순히 시대적인 특징에서만 확인되는 것은 아니다. 고독한 주체로부터 타인과의 연결고리를 확장해 가는 인간의 모습에서도 동일한 구도를 확인할 수 있다.

먼저 고독한 주체를 낳을 수밖에 없었던 서양의 사유전통부터 살펴보자. 일반적으로 알려져 있듯, 서양의 사유전통은 형식논리에 뿌리를 두고 있다. 변증법적 논리가 완전히 배제되지는 않았지만 그것은 최소한 주류를 형성하지는 못하였다. 형식논리학은 비록 동일율, 모순율[5], 배중율[6]

---

[5] 모순율은 '만약 A가 항상 A와 동일하다면 A는 결코 A가 아닌 것과 동일할 수 없다'(A≠non-A)라는 것으로 표현될 수 있다.

[6] 배중율은 '만약 A가 A와 같다면 A는 결코 -A가 될 수 없다'는 것으로 표현된다.

의 3가지 기본원리를 제시하지만, 모순율과 배중율은 사실상 동일율에 근거해 있으며, 동일율의 재해석이다. 동일율은 'A는 A이다', 혹은 'A는 -A가 아니다'라는 형식을 취하고 있으며, 이러한 사유형태는 근본적으로 운동, 변화를 배제시켜 버린다. 비록 동일율 자체가 직접적으로 운동의 가능성을 부정하지는 않지만, 그것에 함축되어 있는 논리에 따른다면 운동과 변화는 간접적으로 부정되어 질 수밖에 없는 것이다.

다시 말해서 동일율이 주장하듯이, A가 항상 A이어서 항상 그 자체와 동일하다면, A는 모순율이 보여주듯 A 아닌 것이 될 수 없는 것이다. 동일성이란 곧 부동성이 부정되는 것이며, 부동성(不同性)이란 곧 상이성(相異性)이기 때문이다. 상이성이 긍정될 때 비로소 변화의 존재와 그 작용을 인정하게 된다. 그런데 어떤 형태의 상이성이나 부동성이 논리적으로 허용되거나 긍정되지 않는 곳에서 운동이나 변화란 부정될 수밖에 없는 것이다. 그러므로 이러한 동일율에서 본다면 어떤 사물도 자기 이외의 다른 것이 될 수가 없다. 영원히 동일하며 더 이상 다른 것이 될 수 없는 것은, 그 어떤 변화도 경험할 수 없으므로, 불변하는 것, 정태적인 것이라고 지칭되어야 하는 것이다. 이와 같이 형식 논리적 사유 방식에서는 결코 운동의 실재성이나 합리성이 긍정될 수 없다.[7]

형식 논리적 사유에서 운동이나 변화가 부정될 뿐만 아니라, 각각의 사물 사이에, 그리고 동일한 사물의 연속적인 변화 사이에 넘을 수 없는 장벽을 만들어 버린다. 왜냐하면 동일율에 근거한 형식 논리적 사유 방식을 따른다면, 모든 개개의 사물이 또는 어떤 사물의 모든 개개의 변화 단계가 모든 다른 사물이나 단계로부터 절대적으로 분리되고 독립적임을 전제해야 하는 것이다. 만약 이것이 전제되지 않는다면 동일율은 충족되지

---

[7] 비록 목표는 다르지만, 변화하는 현상세계를 진실하지 않은 것으로 규정하는 태도는 불교에서도 확인된다. 석가모니가 제시한 三法印 가운데 하나인 '諸行無常'에서, '제행'은 주·객관세계 전체를 포괄하는 개념이며, '무상'은 不變하는 실재성을 부정하는 것으로 이해될 수 있다.

않기 때문이다. 이렇게 본다면 형식 논리적 사유 방식 속에서 만물은 다른 사물과 그 자신을 구분하는 명확한 경계선을 지니게 되고, 명확하게 독립적으로 존재하게 된다.

이렇듯 형식 논리적 사유는 동일성과 상이성을 분명하게 구분함으로써 사물들 사이의 동일성은 배제시켜 버리고, 인간을 포함한 모든 사물은 서로를 완전한 타자로 분리시키면서 상호간에 절대적으로 독립해 있게 된다. 이와 같은 사유 방식은 구체적인 사물을 하나의 형식을 통해 인식한 후 그것을 체계화하고 추상화하는 데는 편리하고 효율적이다. 하지만 세계 속에 존재하고 있는 모든 것이 다른 모든 것으로부터 완전히 독립하여, 완벽하게 정태적으로 존재하는 것으로 전제되고 있는 것이다.

물론 이것은 논리적이고 개념적인 측면에서 인간의 본질에 대한 접근이자 규정일 뿐이라고 말할 수 있다. 그래서 이렇게 개념적으로는 비록 독립되어 정태적으로 존재하는 인간이지만, 현실적인 삶 속에서의 인간은 본래부터 이미 연계되어 있고, 관련되어 있으며, 정태적이지 않다고 주장할 수 있다. 현실의 삶에서 보자면 관계 속에서 존재하지 않는 인간이 없고, 정태적이지만은 않다는 측면에서 그러한 주장은 틀리지 않다고 생각된다. 하지만 서양의 근세에 어떠한 배경에서 공리주의가 등장하고, 사회계약론이 등장하였는지 되돌아본다면 그러한 사유가 단순히 논리나 개념의 차원에서만 머무른 것은 아니라는 사실이 드러나게 된다.

서양의 인식론적 구도로부터 혹은 형식논리적인 구도로부터 왜 개인주의 혹은 공리주의가 등장하게 되었는지 이러한 사유전통은 분명하게 해명해 준다. 이기적인 각각의 개인을 전제하는 자본주의 역시 동일한 결과의 산물이다. 만인에 대한 만인의 투쟁과 만인은 만인에 대해 이리로 존재하는 사유구조 자체로부터 현실적인 사회구조와 정치적 방향이 전개되어 나오는 것은 자연스러운 일이다. 이렇게 본다면, 사유는 단순히 사유로써 끝나는 것이 아니라, 우리의 구체적인 삶의 양태나 태도와 연결됨으로써 구체화되어 나타나는 것이다.

앞에서 살펴본 존재론적 단계에서 세계로부터 신을 분리시키고, 다시 인식론적 단계에서 세계로부터 인간을 분리시킴으로써 등장한 인식 주체와 그 대상인 객체가 바로 이렇게 자기 동일성을 가짐으로써, 다른 모든 것으로부터 독립해 존재하는 것이기도 하다. 이러한 측면에서 보자면 인식론적 단계에 있어서 인간은 모든 것으로부터 독립해 있는, 그 어떤 것과도 연결되거나 연계되지 못한 그래서 철저하게 혼자인 고독한 주체였던 셈이다.

그런데 이러한 고독한 주체는 20세기 독점자본주의 시대의 도래와 함께 회색의 도시 아래에서 '대중(mass)'으로 전환된다.[8] 그런데 이 대중이란 개념을 살펴보면 그 앞선 시대의 인식 주체가 모습을 변환해 가고 있음이 확인된다. 흔히 대중의 구성원들은 이질적이고 상호관계도 없는 비이성적이며, 수동적인 존재로 규정되어진다. 한편에서는 상호 이질적이면서 상호 관계없이 독립적으로 존재하는 인식 주체의 특징이 드러나면서 또 다른 한편으로는 이성을 벗어던지고 초라한 인간의 현실적인 특징을 그대로 보여주고 있는 것이다. 관계 맺고 관련 맺으려 사람들 곁을 떠나지 못하지만 여전히 철저한 타인으로 남아 있기에, 사람들 속에 있지만 인식주체만큼이나 고독한 존재 그것이 바로 대중인 것이다. 여기에서 선험적인 주체나 초월적인 주체, 절대적인 주체도 없고 보편타당한 객관성도 부정되는 과정에서 흔들리며 자리를 찾아가는 인간의 모습을 발견할 수 있다.

그런데 이와 같은 '대중'은 20세기 후반 정보기술의 혁명과 함께 네티

---

8) 대중은 근대성과 밀접하게 관련되어 있으며, 그것의 출현은 외적으로 산업화, 도시화와 깊이 관련되어 있지만, 내적으로는 고독한 주체의 자기 변형이라 볼 수도 있을 것이다. 더 이상 고독하기 싫어서 다른 사람과 함께 있지만, 서로 어떻게 연결되고 어울려야 하는지를 알지 못하는 어색함이 대중에게서 읽혀진다.

즌으로 전환된다. 네티즌이란 단순히 통신망을 사용하는 사람이 아니라, 네트워크를 통해 문화적인 가치를 만들어 가고 사회적 차원에서 관계를 형성해 가는 활동가를 가리킨다. 네티즌에 이르러 본격적으로 독립된 개체가 아닌 상호 관련성이 강조되어 나타나지만, 여전히 익명성이 강조됨으로써 상호관련성 역시 충분하게 발휘될 수는 없었다.

　그리고 이 네티즌은 마침내 21세기에 접어들며 스마트몹으로 전환하게 된다.[9] 스마트몹은 PDA · 휴대폰 · 메신저 · 인터넷 · 이메일 등 첨단 정보통신 기술로 무장한 군중, 곧 첨단 정보통신 기술을 바탕으로 긴밀한 네트워크를 이루어 정치 · 경제 · 사회 등의 제반 문제에 참여하는 사람들의 집단을 일컫는 말이다. 이들은 네트워크를 바탕으로 서로 정보를 주고받으며 정치 · 경제 · 문화 등 사회의 각종 이슈나 사안에 직접 참여해 의견을 제시하고, 자신들의 주장을 적극적으로 표현하며, 직접 실력을 행사하기도 한다. 어떤 정보가 옳다고 여기면 그 정보를 과감히 여론으로 이끌어나간다는 측면에서 보면 책임을 지지 않는 인터넷상의 네티즌과는 전혀 다르다. 경제적인 측면에서도 단순한 마케팅 대상이 아니라, 직접 제품 아이디어를 제시하고, 제품을 평가해 홍보 또는 불매운동을 벌이기도 하는 적극적인 성격을 가지기도 한다.

　여기에서 세계로부터 분리되며 등장한 인식 주체로부터 대중과 네티즌을 거쳐 스마트몹으로 이어지는 하나의 흐름과 지향이 드러난다. 고독한 인식 주체로부터 여전히 이질적인 성격을 가진 채 사람들 가운데 있지만 결코 연계되지 못하는 대중과 네트워크를 확대해 연결되고는 있지만 소극적인 네티즌을 거쳐 적극적으로 네트워크를 확장해 갈 뿐만 아니라 자신들의 주장과 관점을 펼쳐가는 스마트몹에 이르기까지 상호 연결의 확장으로 향해 나아가는 인간의 모습이 분명하게 나타나고 있는 것이다. 변

---

[9] '스마트몹'은 미국의 하워드 라인골드가 2002년 10월 출간한 저서 『Smart Mobs』라는 책에서 유래했다.

화하는 세계에 맞춰 인간 역시 변화해 온 것이든, 아니면 인간이 변해감으로써 세계가 그것에 맞춰 변화한 것이든, 양자가 서로 상호 작용하며 하나의 방향으로 나아가고 있음은 분명하게 확인되고 있다.

Ⅳ. 점, 선에서 입체로

문화의 발전모형에서 살펴 본 이 시대의 좌표나, 아니면 고독한 주체로부터 스마트몹으로 전환해가는 인간의 모습에서 서로 연결된 상관적인 세계를 향해가는 하나의 거대한 흐름을 발견하게 된다. 이러한 흐름은 앞에서 논의된 두 가지 측면에서만 확인되는 것은 아니다. 여러 분과 학문들과의 통합적 지식을 추구하는 학문 간의 통섭(Consilience)이나, 퓨전(Fusion), 컨버전스(Convergence), 하이브리드(Hybrid), 멀티(multi) 등으로 표현되는 기술의 통합과 융합에 대한 강조에서도 이러한 지향을 충분히 발견할 수 있다. 이 모든 것은 독립적이고 개별적인 점으로부터 서로 이어지고 관련되는 선으로 이행하는 하나의 거대한 흐름이다.

이러한 측면에서 본다면 지금 문화사의 전개는 곧 점에서 선으로 이행하는 과정으로 이해될 수 있는 것이다. 이 시대의 화두는 상관성의 확보이고, 이것은 네트워크와 함께 이 시대를 특징짓는 주요한 키워드임이 분명하다. 그리고 이러한 흐름은 이 시대를 문화의 시대로 규정하는 것과도 관련되어 있다. 문화란 결국 인간이 살아가면서 주변의 자연사물과, 타인과, 더 나아가 세계와 관계를 맺고, 역사와 관계를 맺고, 지식과 관계를 맺는 방식과 양식이기 때문이다. 이러한 측면에서 문화는 본래부터 다층적이고 상호연관적인 특징을 가진다. 그리고 바로 이 시대를 문화의 시대로 규정하는 것도 바로 상호 연관적인 문화의 특징을 그 어느 때보다 확연하게 드러낼 것을 요청하고 있기 때문일 것이다.

그렇다면 이러한 시대에 지리산권 문화에 대한 우리의 연구는 어떤 방향에서 어떻게 진행되어야 하는가? 결국 지리산권의 문화에 대한 연구역시 문화를 이해하는 시대적 흐름이나 방식과 무관할 수 없다고 판단된다. 지리산권의 문화에 대한 연구 역시 문화적 요소들에 대한 개별적인연구에서 마무리되는 것이 아니라, 다양한 문화적 요소들 간의 상호연결로 확장되어야 한다. 그래서 궁극적으로는 한 차원 더 높은 다층적이고입체적인 통합으로 나아가야 한다.

이 입체적인 통합으로 나아가기 위한 구체적인 안을 제시하기는 쉽지않겠지만, 최소한 세 가지 측면, 곧 지역 간의 연계와 소통, 그리고 학문영역 간의 연계와 소통, 다양한 문화적 요소들 간의 연계와 소통이라는측면에서 그 방향을 이야기할 수 있다고 생각된다. 첫 번째 요소가 지리산권 문화 연구의 외적인 조건을 형성하는 것이라면, 뒤의 두 가지 요소는 각각 연구의 방법론과 그 내용에 대한 규정이다.

1. 지역 간의 연계와 소통: 지리산권 문화 연구의 외적인 조건

먼저 지역 간의 연계와 소통에 대해 살펴보자. 주지하듯 지리산 권역의 행정단위에는 전라남북도와 경상남도의 3개 도, 그리고 남원, 구례, 하동, 산청, 함양의 5개 시군이 포함되어 있고, 여기에 장수군과 곡성군, 진주시 등이 간접적으로 관련되어 있는 지역이다. 지리산권 문화에 대한 연구는 당연히 이들 지역과 연계될 때 가능한 것이지만, 연구의 결과물을공유하고 그것을 확장하는 데에도 지역과의 연계는 필수적이다.

특히 지리산의 방대함으로 인해 얽혀 있는 지리산에 대한 지분은 쉽게조화하고 화합하기 어려운 측면이 있지만, 그렇기에 더욱 통합의 필요성은 절실해진다. 각 지자체가 경쟁적으로 추진하고 있는 각종 문화관련 정책들을 조정하여 지역 문화산업을 효과적으로 연계하는 것뿐만 아니라, 종래 문화, 교육, 연구를 진행하던 지역의 기관이나 조직 간의 연계와 소통까지 동시에 진행되어야 한다. 지리산권 문화의 산업화와 그것의 확산은 지리산 권역이라는 지역적 토대를 벗어나 시작될 수 없기 때문이다.

그리고 지역 간의 연계와 소통은 궁극적으로 지리산 권역에 한정되지 않고, 필연적으로 국내의 다른 지역으로 확장되어야 하며, 더 넓게는 국외의 유관기관과 지역으로 그 연계의 외연은 넓어져야 한다. 이것은 단순히 문화연구의 지역적 기반을 확고히 하는 의미 이외에 문화산업의 소비층을 넓혀가는 길이기도 하다. 문화산업 역시 소비자를 필요로 하며, 그것은 결국 풍부한 인적자원을 가진 대도시나 국외와의 연계를 통해 확보되어야 하는 것이다.

2. 학문 영역 간의 연계와 소통: 지리산권 문화 연구의 방법

다음으로 학문 영역 간의 연계와 소통은 연구의 방법론과 관련되어 있다. 앞에서 이미 언급하였지만, 지리산권은 방대하고 다양한 문화적 요소로 채워져 있다. 종교나 문학 등의 인문학적 탐구 대상 외에도, 산과 삼림을 중심으로 한 자연과학적인, 지형과 향촌 등의 사회과학적 탐구대상 등이 산재해 있다. 이것은 곧 어느 특정 학문에 의해서 지리산권 문화는 쉽게 그 전체적인 모습을 드러낼 수 없다는 것을 의미한다. 그리고 어느 특정 분야의 학문에 의해서 규정된 지리산권 문화 혹은 지리산은 지리산의 본래 모습일 수 없다는 의미 역시 가진다. 다양한 학문들에 의해서 지리산권의 문화에 대한 다양한 탐구가 진행되고, 그러한 탐구가 결집되어, 궁극에는 하나로 통합될 때, 지리산권문화의 온전한 모습 역시 드러나게 될 것이다.

하지만 이러한 학문분과와의 연계 가운데, 인문학과 과학기술 영역과의 연계는 더욱 조심스럽게 접근하여 반드시 성취해야 할 것이기도 하다. 인문학과 과학기술 영역은 그 학문적 배경에 있어서 너무나 이질적이어서 상대에 대한 이해 역시 일시적일 수밖에 없다는 한계를 가진다. 또한 전통적으로 문화와 과학기술은 독립된 별개의 것으로 이해되어 온 것도 양자의 결합을 방해하는 요인이 된다. 그렇지만 지리산권 문화를 연구하고 그것을 사회적으로 확산하기 위해서는 양자의 통합 또한 반드시 필요하다.

아날로그로부터 디지털로의 시대적 전환은 정보를 처리하는 방식에 있어서의 기술적 진보를 전제로 한다. 녹음이나 방송기술이 등장하기 이전의 시대, 음악의 향유는 직접적인 연주자나 가수와의 대면을 통할 수밖에 없었지만, 현재 대부분의 음악은 녹음이나 방송기술에 의존하고 있다. 이것은 기술의 발달에 따라 문화의 전달방식이나 표현방식이 달라져 왔고, 문화의 소비형태 역시 변화해 왔음을 의미한다. 문화의 전달방식이나 표현방식, 그리고 그것의 소비형태 자체가 다름 아닌 문화라면, 기술에 의해 문화는 바뀌어왔던 셈이다.

특히 문화콘텐츠의 경우, 그 내용도 중요하지만, 그 내용을 어떤 기술, 혹은 어떤 방식이나 미디어로 표현해야 할 것인지도 매우 중요하게 작용한다. 즉 문화의 내용에 따라 적용할 기술을 변경하고 맥락에 맞춰 특정 정보기술을 사용하는 것이다. 그리고 현실적인 측면에서 보다 더 솔직하게 표현하자면, "정보 기술을 배제하고는 의미있는 문화콘텐츠의 생산이 이루어질 수 없다는 사실이 우리로 하여금 인문 지식과 정보 기술의 융합영역에 대해 관심을 갖게 하는 일차적인 이유"[10]라고 말할 수 있을 것이다.

또 다른 측면에서 학문 영역 간의 연계와 소통은 개인의 독립적인 연구에 있어서도 적용되어야 한다. 다시 말해서 스마트시대에 주목받는 제품들이 대부분 여러 기능을 수행할 수 있거나, 다양한 기능을 수행할 수 있는 확장의 가능성을 가지고 있는 것처럼, 문화 연구자 역시 특정 전공

---

10) 김영순, 김현 외, 『인문학과 문화콘텐츠』, 다홀미디어, 88쪽 참조.

이나 학문 분야에 대한 연구만을 고집할 수 없다. 지리산권의 다양한 문화적 요소들 가운데 어떤 것에 대해서도 개인적인 연구 통로를 만들고, 그러한 통로들이 하나 하나 늘어날 때, 학문 영역 간의 연계와 소통도 자연스럽게 성취되어 나갈 것이다.

3. 다양한 문화적 요소들 간의 연계와 소통: 지리산권 문화·연구의 내용

다양한 문화적 요소들 간의 연계와 소통은 연구의 내용과 관련될 뿐만 아니라, 연구결과물의 다양한 형태로의 포장하고 표현해 내어야 한다는 요청이다. 다양하고 복합적인 문화적 욕구를 충족시켜주기 위해서 상호 이질적으로 보이는 문화적 요소들 간의 결합도 진행되어야 한다. 문화 연구의 측면에서 이것은 다양한 차원으로부터의 이해를 의미하는 것이기도 하고, 또 총체적인 이해를 뜻하는 것이기도 하다. 왕기(王畿)는 "도(道)를 깨달음에 있어서는 '머리로 이해하는 깨달음'[解悟]이 있고, '몸으로 체득하는 깨달음'[證悟]이 있으며, '통철하는 완전한 깨달음'[澈悟]이 있다"[11]고 하였다. 순자(荀子)는 "완전하고 순수하게 한 후에야 학자인 것이다. 군자는 완전하지 않거나 순수하지 못한 것이 아름답지 않음을 안다"[12]고 말하였다. 왕기가 말하는 통철하는 완전한 깨달음, 순자가 말하는 '완전하고 순수하게 하는 것'이 바로 이러한 상관적 이해, 혹은 총체적인 이해가 될 것이다.

연구결과물의 다양한 형태로의 포장과 표현이라는 측면에서 그것은 또 다각적이고 다층적인 문화인프라의 구축으로 이해된다. 각각의 문화요소들은 자기 정체성을 가지면서, 그 각각의 문화요소들이 다시 다양한 기준과 방법에 따라 재결합하고 연결됨으로써 또 다른 차원에서 새로운 자기

---

11) 『龍溪全集』「卷17」, "悟道有解悟, 有證悟, 有澈悟."

12) 『荀子』「勸學」, "全之盡之, 然後學者也. 君子知夫不全不粹之不足以爲美也."

정체성이 부여된다. 스마트폰, 스마트티브, 스마트몹, 스마트웨어, 스마트폭탄, 스마트머니 등의 용어에서 이미 시대적인 특징이 묻어나오듯, 스마트는 지금까지 기대할 수 없었던 탁월한 정보 처리 능력을 가지고 있음을 의미한다.[13] 또한 스마트 전자기기는 사용자가 기능을 확장, 재구성할 수 있는 디지털 기기, 곧 기능이 제한되어 있지 않고 응용 프로그램 등을 통해 상당 부분 기능을 변경하거나 확장할 수 있는 제품을 가리키기도 한다.

이와 같은 스마트 전자기기 가운데 대표적인 것이 스마트폰이다. 스마트폰이 대중화되며 한때 필수품이었던 수많은 전자기기가 자취를 감췄다. 스마트폰은 단순히 전화통화를 위한 전화기가 아니라, 휴대용게임기, 음악이나 동영상을 감상하기 위한 MP3P(디지털 음악 플레이어), 디지털 카메라, 음성녹음기, 내비게이션, 손목시계, 종이지도, 메모와 일정관리를 위한 수첩, 전화번호 안내서비스 등등 끝없이 확장되는 기능을 가짐으로써 이들 상품들을 통합시킨 것이다.[14] 이와 같은 통합과 상호 연결은 관계론적 단계, 곧 스마트시대에 나타나는 주요한 특징으로 이해되며, 결국 이 시대의 문화에 대한 연구나 이해, 그리고 연구 결과물의 표현과 전달 역시 이러한 방식으로 진행되거나 진행되어야 한다고 생각된다.

이와 같이 지리산권 문화에 대한 우리의 연구가 지역 간의 연계와 소통, 학문 영역 간의 연계와 소통, 그리고 다양한 문화적 요소들 간의 연계와 소통이라는 세 가지 측면에서 진행될 때, 그것은 결국 다층적이고 입체적인 상호관련 혹은 통합의 방향, 곧 유비쿼터스(Ubiquitous)의 공간으로 접근하는 것으로 이해된다. 우리가 생활하는 제1공간 외에, 디지털혁

---

[13] 정보를 처리하는 방식에서 디지털시대는 아날로그시대와 구분되었다면, 스마트시대는 정보처리 능력에서 앞의 디지털시대와 구분된다.

[14] http://media.daum.net/digital/view.html?cateid=1077&newsid=20110419172115821&p=fnnewsi&RIGHT_COMM=R4

명을 통해 사이버 공간으로 흔히 이야기되는 온라인 공간이 탄생했다면, 유비쿼터스 혁명을 통해서는 다시 제3의 공간이 만들어지고 있다. 이것과 사이버 공간과의 차별성은 우리가 살고 있는 제1공간을 거대한 컴퓨터로 만들고, 인간들이 그 공간에서 실질적으로 생활하는 것에서 찾을 수 있다.

즉 사이버공간이란 컴퓨터 안으로 디지털정보화한 물리적 공간, 예를 들어 사무실, 도서관, 쇼핑몰을 끌어들여 배치한 것이라면, 유비쿼터스 공간은 반대로 물리적 공간 안으로 컴퓨터를 넣은 것이다. 즉 존재하는 모든 사물에 컴퓨터 칩이 내장되고 이것이 서로 네트워크로 연결됨으로써 세상의 모든 것은 서로 연결되며, 온라인과 오프라인의 구별도 사라져 버리는 것이다. 이러한 유비쿼터스의 공간 개념에서 보자면 고전적인 물리적 공간 개념은 상대적으로 평면적일 뿐이며, 입체적이지도 못하다. 유비쿼터스의 공간은 이러한 의미에서 상호관련성이 극대화되어 모든 것이 서로 연결된 입체적인 공간인 것이다.

V. 나오는 말

언젠가 제주의 올레길에 열광하는 한 사람을 만난 적이 있었다. 왜 그곳에 그렇게 열광하느냐는 물음에, 주입되는 혹은 던져지는 이념이나 문화가 없는 그냥 자연 속을 걸을 수 있는 곳이기 때문이라고 그는 답하였다. 이렇게 되돌아 온 답은 이런저런 생각거리를 던져주었다. 올레길은 아무런 문화를 전제하지 않는가? 제주 올레길에 가야만 이것저것 고려하지 않고 그냥 자연 속을 걸을 수 있는가? 그곳에는 던져지는 이념이나 문화가 없는가? 이미 '올레길'이라는 명칭으로 이어진 길임에도 無爲의 모습을 간직할 수 있을까?

그냥 걸을 수 있는 곳은 많다. 동네의 구석진 골목길이나, 사람들이 찾지 않은 평범한 뒷산의 한 모퉁이를 홀로 아무런 상념도 없이 걸을 수 있다. 차라리 홀로 걷는 그 길에서 어쩌면 어떤 이념이나 문화를 강요받지 않을 수 있다고 여겨진다. 그런데 바다를 건너 제주의 그 올레길을 걷는 것은 그곳에 진정 던져지는 이념이나 문화가 없기 때문은 아닌 듯하다. 왜냐하면 올레길이 제주에 있다는 그것 자체만으로 이미 문화적 토대를 전제하고 있기 때문이다. 즉 제주 올레길은 이미 그 길 자체만으로 제주의 문화를 보여주고 우리에게 그 문화를 던져주고 있다. 결국 길에 대한 열광도 이미 문화적이고 이념적이다. 다만 그것에 대해 반감대신 열광할 수 있는 것은 그것이 친숙한 우리 주위, 즉 도회지의 문화와 다를 뿐이고, 또 어쩌면 문화와 이념이 노골적이지 않고 잘 은폐되어 있기 때문일 것이다. 문화산업이란 결국 문화의 산업 혹은 상업적인 이념화라면, 문화와 산업 양자 간의 균형을 어떻게 확보할 것인지가 관건이 될 것이다.

또 다른 측면에서 문화산업이나 문화콘텐츠, 스토리텔링 등 일찍이 없었던 용어가 문화와 관련하여 등장하였다는 것에서, 이 용어들이 이 시대 문화의 한 단면을 보여준다고 할 수 있을 것이다. 이것은 한편으로 문화의 교류방식일 수도 있고, 문화의 표현방식일 수도 있다. 그러나 그것이 무엇이든 문화콘텐츠나 스토리텔링은 이 시대가 혹은 이 시대의 사람들이 문화를 이해하는 주요한 틀임에는 의심의 여지가 없다. 따라서 새로운 문화산업을 논하기 이전에, 혹은 그것이 바람직한지의 여부와 상관없이, 이 시대의 문화를 이해하기 위해서라도 문화산업 혹은 문화콘텐츠 등에 대한 이해는 반드시 필요하다고 생각된다.

이 글의 목적 역시 이 시대가 추구하는 연계와 통합, 혹은 그 지향으로 제시되는 유비쿼터스의 세계가 정말로 추구할만한 바람직한 세상인지에 대해 어떤 가치론적 판단을 내리는 데 있지 않다. 단지 거시적인 측면에서 이 시대가 어떤 지향을 가지고 있으며, 이 시대 속에서 살아가는 인간은 또 무엇을 향해 가고 있는지를 살펴봄으로써, 우리의 문화에 대한 연구 내용과 그 방향을 가늠해 보는 데 목적이 있을 뿐이다.

앞에서 우리는 왜 이 시대에 이르러 문화적으로, 혹은 기술적으로, 혹은 학문적으로, 심지어는 음식에 이르기까지 점으로 독립되어 있던 것들을 선으로 연결시키고 뒤섞으며, 상호관련과 통합을 이야기하는지, 그 배경에 대해 살펴보았다. 신화적인 대통합의 세계에서 존재론적 단계와 인식론적 단계를 거치며 어떻게 신과 세계, 인간과 세계가 분리되었는지, 그렇게 분리된 인간이 고독한 인식 주체로부터 다시 서로 연결되고 만나 네트워크를 형성하는 과정을 되짚어 보았다. 그리고 그 흐름 속에서 우리의 지리산권 문화에 대한 연구는 또 어떻게 진행되어야 하는지를 함께 물어 보았다. 기왕 점에서 선으로 이어졌으니 이제 갈 길은 입체라는 주장이 이미 예견된 반면 전혀 설득력이 없다고 하더라도, 현재 우리의 좌표를 확인하고 나아갈 방향을 가늠해 보거나, 혹 생각거리라도 던져준다면 그것만으로도 이미 만족스럽다.

변화는 정신에서 오는 것이 아니라 유전자에서 오는 것이라고 극단적인 자연과학자는 주장할지도 모르지만, 단순히 생물학적 유전자만 있는 것이 아니라면, 역사적 유전자에서 기인하는 현재와 그 속에서 살아가는 우리 모습 역시 그렇게 단편적이고 단면적일 수는 없다고 생각된다. 또한 과거의 극단적인 분리가 현재의 극단적인 통합에 대한 지향을 낳았다면, 현재의 극단적인 통합은 또 다시 미래의 어느 날 극단적인 분리를 요청할 수도 있을 것이다. 인류의 역사는 두 극을 왕래하는 진자의 모습일 때도 있기 때문이다. 그리고 이러한 흐름을 조망할 수 있을 때, 그 삶은 또 다른 형태의 입체로 완성될 수 있을 것이라고 기대해 본다.

이 글은 『남도문화연구』 제20집(순천대학교 남도문화연구소, 2011)에 수록된 「점·선에서 입체로 ― 스마트시대의 지리산권 문화」를 일부 수정하여 실은 것이다.

저자 약력

범선규(范善奎)

전 국립경상대학교 사범대학 지리교육과 교수. 자연지리학(지형학) 전공, 고려대학교 대학원 지리학과 문학박사. 편저서로는 『문명과 기후』(공저), 『지리산권 지리지 선집』(공편), 『가천다 랑이논 보존관리 및 활용방안』 등이 있으며, 연구논문으로는 「『신증동국여지승람』과 『택리 지』가 갖는 기후 및 식생 연구 자료적 의의」, 「자연 경관을 담고 있는 사진 이미지의 자연지리 학적 활용과 과제」, 「『일본지리풍속대계』와 『일본지리대계』(조선편)의 사진이 갖는 자료적 의 의와 활용방안」 등이 있음.

정구복(鄭求福)

한국학중앙연구원 교수 퇴임. 충남대학교·전북대학교 문과대학 사학과 교수 및 한국사학사 학회 회장 역임. 저서로는 『조선시대 생활사 2』(역사비평사, 2000), 『고문서와 양반사회』(일 조각, 2002), 『임진왜란과 한일관계』(한일관계사연구논집편찬위, 2005), 『한국 역사학의 성과 와 과제』(일조각, 2007) 등이 있으며, 논문으로는 「고문서를 통한 가훈 연구」, 「조선전기 부농 의 재산 형성」, 「조선후기 사학사의 성격」 등 다수 있음.

최원석(崔元碩)

국립경상대학교 경남문화연구원 인문한국(HK)교수. 지리학 전공. 고려대학교 대학원 지리학 과 문학박사. 저역서로는 『사람의 산 우리 산의 인문학』, 『한국의 풍수와 비보』 등이 있으며, 연구논문으로는 「지리산유람록에 나타난 주민생활사의 역사지리적 재구성」, 「한국의 산 연구 전통에 대한 유형별 고찰」 등이 있음.

김준형(金俊亨)

국립경상대학교 사범대학 역사교육과 교수, 조선후기사 전공. 서울대학교 국사학과 문학박사. 저서로는 『진주권 지역의 고문헌』(열매, 2004), 『지리산과 인문학』(커뮤니케이션브레인, 2010), 『포은 정몽주와 그의 후손들』(한국문화사, 2013) 등이 있으며, 논문으로는 「조선시대 지리산에 대한 다양한 인식과 이용」,「조선시대 진주성의 규모와 모양의 변화」,「조선후기 진주에서 실시된 洞約의 분석」 등 다수 있음.

박용국(朴勇國)

국립 경상대학교 역사교육과 강사. 국립경상대학교 경남문화연구원 인문한국(HK)연구교수 및 (재)신라문화유산연구원 실장 역임. 한국고대사(신라사, 지역사) 전공. 경북대학교 사학과 문학박사. 저서로는『복자 정찬문』,『한국지명유래집(경상편)』(공저),『지리산 단속사, 그 끊지 못한 천년의 이야기』 등이 있으며, 연구논문으로는 「구한말·일제강점기 밀양지역의 국권회복운동 연구」, 「남명학파의 임진왜란 의병 설화」,「태계 하진의 家系와 行歷에 대한 연구」,「전통사회의 선비 공부」 등 다수 있음.

황의열(黃義洌)

국립경상대학교 인문대학 한문학과 교수. 국립경상대학교 경남문화연구원 인문한국(HK) 일반 연구원. 한국한문학 전공. 성균관대학교 한문학과 문학박사. 태동고전연구소 수료. 경상대학교 도서관장, 우리한문학회장 역임. 저역서로는『탈초 번역 최근첩』,『역주 당촌한화』,『대동운부군옥 1-20』(공역) 등이 있으며, 연구논문으로는 「한문 문체 분류의 재검토」,「『논어』의 해석 태도에 대하여–화법에 대한 이해를 중심으로」 등이 있음.

강정화(姜貞和)

국립경상대학교 경남문화연구원 인문한국(HK)교수. 한국한문학 전공. 경상대학교 한문학과 문학박사. 경남문화연구원 학술연구교수 역임. 저역서로는『선인들의 지리산 유람록 1-6』(공역),『지리산, 인문학으로 유람하다』(공저),『거문고에 새긴 외금내고, 청도 탁영 김일손 종가』 등이 있으며, 연구논문으로는 「한말 지식인의 지리산 유람」,「지리산 유람록 연구의 현황과 과제」 등이 있음.

한규무(韓圭茂)

광주대학교 관광경영학과 교수. 한국근대사 전공. 서강대학교 대학원 사학과 문학박사. 저서로는『대한민국 건국과 기독교』(공저),『한국기독교사 탐구』(공저),『광주학생운동』,『세계박람회와 지역문화』(공저) 등이 있으며, 연구논문으로는 「근대시기 전통사상과 서구사상의 '만남'–개신교와 타종교의 관계를 중심으로–」,「1930년대 미국인관광단의 한국방문 연구」,「『뜻으로 본 한국역사』와 1960년대 함석헌의 민주화운동」,「대한제국기~일제강점기 雲人 宋鴻의 계몽운동과 민족교육」 등 다수 있음.

박찬모(朴燦謨)

국립순천대학교 지리산권문화연구원 인문한국(HK)교수. 국문학(현대문학) 전공, 전남대학교 국어국문학과 문학박사. 편저서로는 『지리산권 불교설화』(공편), 『지리산권 문화와 인물』(공저), 『지리산 역사문화사전』(공저) 등이 있으며, 연구논문으로는 「조선산악회와 지리산 투어리즘」, 『일제 강점기 지리산유람록에 대한 시론적 고찰』, 「문순태의 『피아골』에 나타난 생태학적 상상력」 등이 있음.

서정호(徐正浩)

농촌진흥청 강소농지원단 전문위원. 국립순천대학교 지리산권문화연구원 인문한국(HK)연구교수 역임, 자원환경경제 전공. 고려대학교 대학원 경제학박사. 저역서로는 『지리산권의 큰 나무』, 『머무르고 싶은 지리산권의 명소 100선』 등이 있으며, 연구논문으로는 「일제강점기 지리산 탐방목적에 관한 연구」, 「지리산권의 생태마을 실천과정에 관한 연구」 등이 있음.

문동규(文銅桂)

국립순천대학교 지리산권문화연구원 인문한국(HK)연구교수. 서양철학 전공. 건국대학교 철학과 철학박사. 저역서로는 『지리산의 종교와 문화』(공저), 『사유의 사태로』(공역) 등이 있으며, 연구논문으로는 「형이상학의 종말과 사유의 문제」, 「깨달음과 초연함, 지리산 화엄사의 사사자삼층석탑: 진리의 현현」 등이 있음.

정경운(鄭敬運)

국립전남대학교 문화전문대학원 교수. 국문학(현대소설) 전공. 전남대학교 국어국문학과 문학박사. 편저서로는 『호남권 문화.관광 콘텐츠의 특성 및 개발방안』(공저), 『구술로 엮은 광주여성의 삶과 5·18』(공저), 『호남문학과 근대성 연구 1·2』 등이 있으며, 연구논문으로는 「'문화적 기억'으로서의 운주사−예술적 관습을 중심으로−」, 「일제강점기 광주읍 궁민(窮民) 연구: 천정(泉町) 궁민가옥 철거사건을 중심으로」, 「근대 여성 인텔리 룸펜의 문화사적 고찰(2)」, 「근대 문인의 '사회적 얼굴'로서의 우울」 등 다수 있음.

김기주(金基柱)

계명대학교 교양교육대학 교수. 유가철학 전공. 대만동해대학(臺灣東海大學) 철학연구소 철학박사. 동양대학교 초빙교수. 국립순천대학교 지리산권문화연구원 인문한국(HK)교수 등 역임.

저역서로『맑은 강물같은 문화의 흐름, 남계서원』,『서원으로 남명학파를 보다』,『조선시대 심경부주 주석서 해제』(공저),『심체와 성체 총론편』,『유교와 칸트』(공역) 등이 있으며, 논문은 「理想的道德與道德的理想−孟子道德哲學之再構成」(박사학위논문), 「기발리승일도설로 본 기호학파의 3기 발전」, 「이상사회에서의 일과 노동」 등 다수 있음.

지리산인문학대전18 토대연구08
지리산의 문화와 장소정체성

초판 1쇄 발행   2015년 10월 31일

엮은이 ㅣ 국립순천대·국립경상대 인문한국(HK) 지리산권문화연구단
펴낸이 ㅣ 윤관백
펴낸곳 ㅣ 도서출판 선인

등록 ㅣ 제5-77호(1998.11.4)
주소 ㅣ 서울시 마포구 마포대로 4다길 4(마포동 324-1) 곳마루빌딩 1층
전화 ㅣ 02)718-6252 / 6257
팩스 ㅣ 02)718-6253
E-mail ㅣ sunin72@chol.com
Homepage ㅣ www.suninbook.com

정가   31,000원
ISBN   978-89-5933-934-1   94910
       978-89-5933-920-4   (세트)

·이 책은 2007년 정부(교육과학기술부)의 재원으로 한국연구재단의 지원을 받
 아 수행된 연구임(KRF-2007-361-AM0015)

·잘못된 책은 바꾸어 드립니다.